그리스도론의 미래

글로벌 시대의 예수 그리스도

그리스도론의 미래
글로벌 시대의 예수 그리스도

ⓒ 김동건 2020

2020년 2월 20일 초판 1쇄

지은이 김동건
옮긴이 김동건
펴낸이 서진한
펴낸곳 대한기독교서회
편집책임 권오인

등록 1967년 8월 26일 제1967-000002호
주소 06173 서울시 강남구 테헤란로103길 14(삼성동)
전화 출판국 553-0873~4, 영업국 553-3343
팩스 출판국 3453-1639, 영업국 555-7721
e-mail cls1890@chol.com
http://www.clsk.org
facebook.com/clskbooks
instagram.com/clsk1890

The Future of Christology: Jesus Christ for a Global Age

by Dong-Kun Kim
tr. Dong-Kun Kim

Translated from the English Language edition of *The Future of Christology: Jesus Christ for a Global Age*, by Dong-Kun Kim, originally published by Lexington Books/Fortress Academic, an imprint of The Rowman & Littlefield Publishing Group, Inc., Lanham, MD, USA.
Copyright © 2019 by the author(s).
Translated into and published in the Korean language by arrangement with Rowman & Littlefield Publishing Group, Inc.
All rights reserved.

책번호 2297
ISBN 978-89-511-1993-4 93230

The Christian Literature Society of Korea, Seoul
Printed in Korea

* 책값은 뒤표지에 있습니다.

The Future of Christology:
Jesus Christ for a Global Age

그리스도론의 미래

글로벌 시대의 예수 그리스도

◇◇◇ 김동건

대한기독교서회

생명을 사랑하는
모든 사람들에게

한국어판에 부쳐

　이 책 『그리스도론의 미래: 글로벌 시대의 예수 그리스도』는 미국에서 영어로 출판된 *The Future of Christology: Jesus Christ for a Global Age* 의 한국어 번역판입니다. 이 책을 세계의 신학계와 독자들에게 소개하는 것이 좋겠다는 생각에, 먼저 미국에서 출판을 하였습니다. 포트리스출판사(Fortress Press)가 이 책의 출판에 적극적이었고, 출판 형식은 두 출판사(Lexington Books/Fortress Academic)의 연합 프로젝트로 추진되었습니다. 영어판은 2019년 7월에 종이책과 전자책(e-book) 두 종류로 미국과 영국에서 동시에 출간되었습니다.

　이 책의 한국어판 출판을 위해 대한기독교서회에서는 2019년 여름에 렉싱톤북스/포트리스아카데믹과 독점계약을 맺었습니다. 아울러 한국어판 번역에서, 저자가 영어 원고의 일부를 보완하는 것에 대해 미국의 원출판사로부터 동의를 받았습니다. 이 책의 번역은 저자가 맡는 것이 좋겠다는 대한기독교서회의 권유에 따라, 저자인 제가 번역을 하게 되었습니다. 그래서 이 책의 저자와 번역자가 모두 김동건이 되었습니다.

　이 모든 과정을 이끌어주신 주님께 감사드리며….

2020년 1월 10일
김동건

전체 서문

예수 그리스도에 대해 많은 말과 글이 있다. 우리 시대에 새로운 그리스도론이 필요한가? 예수 그리스도는 기독교의 중심에 있다. 예수 그리스도는 유대교와 이슬람 같은 다른 계시종교들과 구별되는 근거이다. 예수 그리스도는 기독교의 정체성(identity)의 핵심이며, 기독교의 영원한 화두이다. 기독교 역사에서 예수 그리스도에 대한 고백이 강했을 때 기독교는 생명력이 있었고, 그에 대한 고백이 흐렸을 때 기독교는 빛을 잃었다. 예수 그리스도는 신앙의 중심이고, 교회의 중심이고, 역사의 중심이다. 그러나 예수 그리스도는 한 분이지만, 매 시대는 새롭게 예수 그리스도를 만나야 한다. 우리는 그 시대의 언어, 그 시대의 사고방식, 그 시대의 가치관과 세계관을 가지고 예수 그리스도와 대화한다. 시대정신이 달라지면, 예수 그리스도를 만나는 방법이 달라진다.

그리스도론(Christology)은 예수 그리스도에 대한 체계적이고 학문적인 진술이다. 조금 넓게 보면, 예수 그리스도에 대한 일체의 신학적 사유와 진술을 지칭한다. 성서에는 예수 그리스도 자신의 말씀에서부터 그에 대한 다양한 증언과 고백이 기록되어 있다. 어떤 기록은 부분적이고, 어떤 기록은 서로 충돌을 일으킨다. 그리스도론은 이 다양한 증언과 고백을 일관성 있게 만든다. 우리는 그리스도론을 통해 예수 그리스도를 체계적으로 만날 수 있다.

그리스도론은 예수 그리스도의 세계로 들어가는 문(門)이며, 우리를 예수 그리스도에게 인도하는 지도의 역할을 한다. 매 시대는 새로운 그리스도론이 필요하다. 과거의 그리스도론으로는 예수를 '동시대적'으로 만날 수 없다. 15세기의 유럽 교회가 12세기 스콜라 신학의 예수 그리스도를 신자들에게 선포했을 때, 신자들은 답답하였다. 신자들은 살아 있는 방법으로 예수 그리스도를 만날 수 없었다. 결국 16세기에 종교개혁으로 이어졌고, 종교개혁의 시대는 그 시대의 정신 속에서 새롭게 그리스도를 만났다. 마찬가지로, 16세기의 루터와 칼뱅이 이해한 예수 그리스도를 21세기 한국교회에 선포한다면, 신자들은 그 선포와 자신들의 삶을 연결하기 어려울 것이다. 루터와 칼뱅의 그리스도론은 위대하지만, 그들의 그리스도론은 현시대에 새롭게 해석되어야 한다.

새로운 시대는 항상 새로운 방법으로 예수 그리스도를 만난다. 시대가 달라지면, 사용하는 언어가 달라지고 사고하는 방법이 달라진다. 예수 그리스도에 대한 '진술', 즉 그리스도론도 달라져야 한다. 예수 그리스도를 그 시대의 언어로 새롭게 진술할 때, 그 시대의 사람들은 그리스도를 자신의 삶 속에서 만날 수 있다. 그러므로 그리스도론은 성서의 예수 그리스도와 현시대 사이에 있는 시간과 공간의 괴리를 메워준다. 그리스도론의 재-진술에 대한 요청은 신앙이 항상 새롭게 고백되어야 하는 것과 같다. 자식이 부모의 신앙고백을 구경만 할 수 없듯이, 현시대가 과거의 그리스도론을 관찰만 해서는 안 된다. 새로운 시대는 언제나 예수 그리스도를 새롭게 만나고 진술해야 하는 운명을 가진다.

이번에 출판하는 그리스도론 책은 세 권으로 구성된다. 삼부작은 아무런 관점 없이 쓴 책은 아니다. 오늘날 예수 그리스도에 대한 많은 책이 나온다. 체계적인 그리스도론에서 예수에 대한 부분적인 연구서까지 다양하다. 필자는 그리스도론에 대한 포괄적인 저술을 오랫동안 계획했다. 1992년에 그리스도론으로 박사학위 논문을 마친 후, 지금까지 약 25년간

신학대학에서 그리스도론 과목을 강의했다. 그동안 여러 차례 그리스도론 책을 계획했으나 시간이 지나면서 구상은 달라졌고, 이제야 책을 마무리하게 되었다. 삼부작의 각 권은 독립적인 주제를 가지고 있는 개별적인 책이면서, 서로 연결된다. 세 권의 책은 반드시 순서대로 읽어야 하는 것은 아니다.

『예수: 선포와 독특성』은 교리적 전제 없이 예수의 선포, 가르침, 비유, 말씀, 기적, 윤리, 죽음과 부활을 다루고 있다. 역사적 예수는 그리스도론의 내용이며 토대이다. 이 책을 통해 독자들이 성서의 예수와 마주하며, 21세기에 예수를 새롭게 만날 수 있기를 기대한다.

『그리스도론의 역사: 고대 교부에서 현대 신학자까지』는 초기 기독교부터 현대까지 나타난 그리스도론들을 유형적으로 다룬다. 과거의 그리스도론들을 나열하는 것이 아니라, 기독교 역사에 나타난 중요한 그리스도론의 구조에 집중했다. 2,000년 기독교의 역사를 그리스도론이라는 일관된 관점으로 볼 수 있으며, 이를 통해 우리 시대의 그리스도론을 위한 통찰을 얻을 수 있을 것이다.

『그리스도론의 미래: 글로벌 시대의 예수 그리스도』는 그리스도론의 전통적 주제를 새롭게 해석하고, 우리 시대가 마주한 그리스도론의 주제들을 다룬다. 우주적 그리스도론, 만인구원론, 과학적 결정론 등 12개의 주제를 통해 21세기에 숙고해야 할 그리스도론의 초점들을 알 수 있을 것이다.

지금까지 인도해 주신 주님께 감사드린다.

김동건

『그리스도론의 미래: 글로벌 시대의 예수 그리스도』 서문

예수 그리스도는 기독교의 형성을 촉발했으며, 동시에 신학의 대상이 되었다. 그리스도론은 기독교의 역사와 함께 시작되어 지금까지 이어진다. 기독교 역사에서 그리스도론은 교회와 신앙의 토대로서 신학의 핵심 주제였다. 앞으로도 그리스도론의 중요성은 여전할 것이다. 먼 훗날, 만약 기독교가 열정을 상실하고 명목상의 종교로 전락하더라도, 그리스도론은 최후까지 남을 것이다. 그리스도론이 교회와 신학이 딛고 설 마지막 보루이기 때문이다.

이 책의 목적은 그리스도론이 현재 마주하고 있거나 앞으로 마주할 질문을 12개의 주제로 다루고, 그 질문에 대해 답변을 제시하는 것이다. 이 책은 2부로 구성되어 있다. 제1부에서는 전통적인 그리스도론과 연관된 5개의 주제를 다룬다. 그리스도론이 오래된 학문이기 때문에 세부적인 주제들이 많다. 하지만 그리스도론을 좁게 규정하면, 대부분의 주제들은 그리스도의 인격(person)과 사역(work)에 연관된다. 전자는 양성론과 삼위일체론이 중심이고, 후자는 다양한 형태의 구원론으로 발전했다. 제1부에서 다룰 주제는 그리스도론의 방법론, 성육신 신학, 우주적 그리스도, 구원론의 쟁점 등이다. 그리스도론의 새로운 주제에 관심을 두는 독자라면, 진부한 주제라고 실망할지도 모르겠다.

하지만 실망할 필요는 없다. 그리스도론의 전통적 주제에 대한 이해 없이는 새로운 주제로 나아갈 수 없다. 그리고 전통적 주제는 그만큼 중요한 주제이기도 하다. 현대라고 해서 그리스도론의 새로운 주제가 획기적으로 나타나는 것은 아니다. 그리스도론의 주제 자체는 과거와 큰 차이가 없다. 다만 동일한 주제를 얼마나 우리 시대에 의미 있게 해석할지가 관건이다. 제1부에서는 전통적 주제들을 21세기의 시대정신 속에서 재해석하려 한다. 예를 들면, 필자는 그리스도의 인격을 우주적 관점에서 해석할 것이고, 우주적 그리스도와 역사적 예수가 만날 수 있는 그리스도론의 새로운 유형을 제시할 것이다. 구원의 범위에 대해서는, 만인구원론의 타당성을 물으면서 구속사의 의미를 새롭게 재고할 것이다.

제2부에서는 그리스도론의 이슈들과 연관된 7개의 주제를 다룬다. 즉 생명 살림의 제자도, 다원성 속의 그리스도, 역사와 탈역사 사이의 그리스도, 공적 영역에서의 그리스도, 사적 그리스도와 신-종교혼합주의, 과학적 결정론, 우주 시대의 그리스도 등에 대해 논의할 것이다. 이 주제들 중 일부는 20세기에 시작된 주제이고, 일부는 앞으로 그리스도론이 직면하게 될 주제이다. 20세기 중반만 하더라도, 그리스도론에 대한 문제와 위기는 대체로 기독교 안에서 논의되었다. 그리스도론에 주어진 도전도 기독교의 범위를 벗어나는 경우는 많지 않았다. 그러나 현재는 그리스도론에 대한 문제제기에 한계가 없어졌다. 우리 시대의 기독교인은 예수 그리스도가 과연 21세기에 어떤 의미가 있는지를 다양한 차원에서 묻고 있다. 질문의 범위는 종교적 영역뿐만 아니라, 실존, 사회, 역사, 문화, 나아가 지구적 차원을 넘어선다. 21세기의 기독교인이라면 누구나 이런 질문을 던진다. 그리스도는 공적인 사회에서 어떤 역할을 하는가? 그리스도만이 유일한 구원자인가? 무한한 우주에서 그리스도는 누구인가?

지금은 기독교의 위기와 그리스도론의 위기가 함께 진행되고 있다. 기독교가 완전히 신뢰를 상실하고 좌절하기 전에 예수 그리스도를 마주하며 성서 본연의 정신을 회복해야 한다. 이 책의 관심은 그리스도론이 직면한 도전을 이겨내고 21세기를 새롭게 할 예수 그리스도의 모습을 찾는 것이다. 그리스도론은 언제나 그 시대와의 대화 속에서 형성된다. 새로운 시대는 새로운 유형의 그리스도론을 찾는다. 그리스도론이 달라진 시대정신 속에서 예수 그리스도를 의미 있게 해주지 못할 때 기독교 신앙은 위기에 빠진다. 그 시대를 매개할 수 없는 그리스도론은 공허하고 생명력을 상실한 그리스도론이다.

그리스도론은 현시대가 던지는 질문에 답변해야 한다. 과거의 그리스도론으로 21세기의 질문에 답변할 수 없다. 우리 시대에 주어진 질문에 답변하는 과정에서, 우리는 그리스도를 새롭게 만나고 그로부터 우리 시대에 해야 할 과제를 발견할 것이다. 이때 '그리스도'가 역사에 현재하게 되고, 그리스도에 대한 진술인 '그리스도론'은 생명을 얻는다. 이 책이 그리스도론이 마주하고 있는 모든 질문에 답변을 하지는 못한다. 하지만 문제를 찾고 답변을 구하는 과정을 통해 새로운 논의가 이루어지기를 바라며, 이 책에서 제기한 문제에 대해 더 좋은 답변을 하는 후학들이 나오기를 기대한다.

2020년 1월 10일
김동건

차례

한국어판에 부쳐 · 7

전체 서문 · 9

『그리스도론의 미래: 글로벌 시대의 예수 그리스도』서문 · 12

I부_ 전통적 그리스도론과 연관된 주제들

제1장 그리스도론의 방법론 · 23
  1. 위로부터의 방법 · 26
  2. 아래로부터의 방법 · 31
  3. 역사적 예수의 탐구로부터의 방법 · 37
  4. 상황과 실천으로부터의 방법 · 42
  5. 기타 · 46

제2장 성육신 신학과 전망 · 53
  1. 성육신 신학의 초점들 · 55
  2. 성육신 신학에 대한 해석과 전망 · 58
    1) 동정녀 탄생, 예수의 무죄성, 마리아론 · 58
    2) 다원주의적 성육신 해석 · 65
    3) 우주적 그리스도론의 성육신 · 77

제3장 우주적 그리스도와 역사적 예수의 조화 유형 · 81

1. 우주적 그리스도와 성서적 범재신론 · 84

   1) 새로운 세계관과 우주관 · 84

   2) 우주적 그리스도론, 삼위일체론, 양성론 · 85

   3) 성서적 범재신론: 인격적, 역사적, 관계적 · 89

2. 우주적 그리스도와 역사적 예수 · 98

3. 인격성 · 116

4. 역사성 · 128

   1) 역사 vs. 자연 · 128

   2) 순환적 사고와 역사적 사고 · 133

   3) 우주의 역사성 · 141

5. 그리스도와 우주의 상호성: 존재론적? 관계적? · 147

6. 제3의 본성과 개방적 인격성 · 158

   1) 필요성 · 158

   2) 우주성과 개방적 인격성 · 159

제4장 구원론의 쟁점들 · 169

1. 구원론의 초점들 · 171

2. 구원의 완성: 제한구원 vs. 만유구원 · 185

   1) 오리게네스 · 185

   2) 개혁교회와 아르미니우스주의 · 190

   3) 현대적 논의: 바르트와 몰트만 · 196

   4) 결론: 열린 긴장론 · 204

3. 현재의 구원: 구원의 다양한 형태들 · 215

   1) 구원의 현재성 · 215

   2) 구원의 다차원성 · 220

제5장 구원: 하나님의 은혜인가, 인간의 협력인가? · 225

1. 오직 은혜: 아우구스티누스 · 227
2. 두 은혜와 인간의 협력: 아퀴나스 · 233
3. 은혜 안에서 인간의 응답성: 브루너와 바르트 · 237
4. 결론 · 242
   1) 은혜와 결단: 동일한 근원 · 243
   2) 배려하는 은혜 · 247
   3) 구원사건의 배열구조 · 249

II부_ 그리스도론의 이슈와 연관된 주제들

제6장 그리스도의 개방된 제자도 · 257

1. 생명 살림과 구원의 관계 · 258
2. 기독교인의 책임성과 인간의 책임성 · 266

제7장 다원성 시대의 그리스도 · 271

1. 다원성의 시대: 절대성과 상대성 · 272
2. 결론 · 280

제8장 역사와 탈역사 사이의 그리스도 · 289

1. 신앙과 역사 · 291
   1) 신앙과 역사의 긴장 · 291
   2) 신앙의 그리스도와 역사적 예수 · 294

2. 탈역사화의 시대정신 · 317
   1) 범주의 변화 · 318
   2) 역사비평방법의 한계 · 320
   3) 역사의 부담으로부터 도피 · 324
3. 결론 · 329

제9장 공적 영역의 그리스도 · 337

1. 교회와 공공기관의 관계 · 339
2. 공적신학의 전통과 네 모델 · 349
   1) 20세기 중반까지 · 349
   2) 현대의 공적신학: 20세기 중반 이후 · 353
   3) 공적신학의 네 모델: 2010년 이후 · 356
3. 결론: 전망과 지역교회 모델 · 374
   1) 전망 · 374
   2) 공적신학에 대한 규정 · 377
   3) 지역교회 모델 · 380

제10장 포괄적 그리스도론의 쇠퇴와 사적 그리스도론의 등장 · 393

1. 상황 그리스도론과 포괄적 그리스도론 · 395
2. 사적 그리스도론의 출현 · 402
3. 결론 · 406

제11장 과학적 결정론과 그리스도 · 411

    1. 자연과학과 사고방식의 변화 · 413

    2. 과학적 결정론 · 419

    3. 열린 결론 · 427

제12장 지구인의 그리스도? · 433

    1. 외계의 지적 생명체 · 434

    2. 예수 그리스도의 보편성 · 438

참고 도서 · 447

인명 찾아보기 · 473

주제 찾아보기 · 479

Topics Related to Traditional Christology

I부
전통적 그리스도론과 연관된 주제들

제1장 그리스도론의 방법론

제2장 성육신 신학과 전망

제3장 우주적 그리스도와 역사적 예수의 조화 유형

제4장 구원론의 쟁점들

제5장 구원: 하나님의 은혜인가, 인간의 협력인가?

Methodology

of Christology

제1장 그리스도론의 방법론

1. 위로부터의 방법
2. 아래로부터의 방법
3. 역사적 예수의 탐구로부터의 방법
4. 상황과 실천으로부터의 방법
5. 기타

모든 학문에는 방법론이 있다. 그리스도론에도 방법론이 있다.[1] 하지만 그리스도론의 방법론은 그리스도론을 구축할 수 있는 포괄적 관점이나, 그리스도론에 속한 여러 주제에 일관되게 적용할 수 있는 방법론을 의미하지는 않는다. 그리스도론의 방법론에 대한 논의는 그리스도론의 역사에서 심각한 주제가 되지 않았다. 그 이유는 두 가지이다.

첫째, 그리스도론이 다양한 소주제를 가지고 있고, 논의가 복잡하기 때문에, 어떤 방법론을 특정하기가 어렵다. 그리스도론은 전통적으로는 철학과 밀접한 관계가 있었으나, 근대로 오면서 역사학, 언어학, 지역학, 사회학 등과도 상당한 관계가 있다. 그러므로 그리스도론 연구에서는 연역법, 귀납법, 해석학과 같은 철학적 방법뿐만 아니라, 역사학, 언어학, 사회학 등에 사용되는 여러 이론과 모델이 사용된다. 더구나 그리스도론에서는 다루는 대상이 그리스도의 신성과 부활을 위시해 종교적인 부분과 초월적인 부분이 상당하다. 그래서 그리스도론에는 여러 방법과 이론이

---

[1] 좁은 의미에서 그리스도론은 예수 그리스도의 인격/위격에 대한 논의이며, 특히 그의 인성과 신성에 대한 논의이다. 예수 그리스도의 사역을 다루는 구원론은 함께 다루기도 하고, 독립된 주제로 다루기도 한다. 하지만 최근에는 그리스도론을 보다 넓은 의미로 정의하고 있으며, 그것은 역사적 예수에 대한 연구와 다문화-다종교 사회에서의 다양한 예수 연구를 포함한, 예수 그리스도에 대한 일체의 사유를 의미한다. 이 책에서는 좁은 의미와 넓은 의미 모두를 사용하겠지만, 독자들은 문맥에 따라서 어떤 의미인지 쉽게 구별할 수 있을 것이다.

복잡하게 사용되며, 그리스도론에만 적용되는 방법론을 단순화하기는 힘들다.

둘째, 그리스도론의 방법론에 대한 논의는 비교적 최근에 논의되었다. 최근에 논의되는 방법론은 예수 그리스도를 인식하는 인식론적 방법과 연관된다. 그것은 예수 그리스도에게 접근할 때 신성에서 출발하는 것과 인성에서 출발하는 것의 차이를 지적하는 정도이다. 만약 그리스도론에 대한 정의를 '예수 그리스도에 대한 일체의 사유'로 넓게 정의한다면, 역사적 예수의 탐구와 상황을 매개로 하는 그리스도론에서 사용하는 방법론을 추가할 수 있다. 그러므로 본 장에서는 방법론에 대해 긴 논의를 하지는 않겠다. 최근에 논의된 방법론의 초점을 간략하게 지적하고 앞으로의 전망을 보려 한다.

1. 위로부터의 방법

위로부터의 방법(method from above)은 예수 그리스도의 신성에서 출발하는 방법론이다. 그리스도의 신성에서 출발하여 인성을 향한다. 따라서 이 방법에서는 예수 그리스도의 선재(preexistence)가 전제된다. 그리스도가 역사 속으로 들어오기 이전에 선재했기 때문에, 성육신도 당연한 것으로 인식한다. 논리는 대체로 연역법적 경향이 있다. 위로부터의 방법에서는 성부와 그리스도의 일치가 중요한 토대이다. 따라서 이 방법의 그리스도론은 삼위일체론 내에 위치하거나, 삼위일체론을 염두에 두며 그리스도론이 전개되는 경우가 흔하다. 현대 신학자 중에 위로부터의 방법을 대표하는 바르트를 보면 확연히 알 수 있다. 바르트의 신학은 그리스도 중심 신학으로서 그리스도론이 결정적으로 중요한 자리를 차지한다. 그의 대표작 『교회 교의학』을 보면, 그리스도론이 삼위일체론을 전제하고 있으며 구조적으로 서로 연결되어 있다.

성서에서는 요한서신(요 1:1이하, 요일 1:1이하)과 바울서신(고후 8:9, 빌 2:5이하 등)이 그리스도의 선재와 신성에 대한 전거로서 해석되었다. 이 구절들은 '말씀'의 선재를 전제로 하고 있으며, 말씀은 하나님과 함께 있었고, 말씀이 성육신하여 인간이 되었다는 것을 말한다. 위로부터의 방법은 예수 그리스도에 대한 전통적인 접근방법이다. 위로부터의 방법을 위한 교리적 근거는 니케아 회의와 칼케돈 회의에서 마련되었다. 니케아 회의(325)에서는, 예수 그리스도와 성부의 동일본질(homoousios)이 확립됨으로 예수 그리스도가 삼위일체의 한 위격(person)으로서 분명한 자리매김을 했다. 칼케돈 회의(451)에서는, 예수 그리스도의 두 본성인 신성과 인성이 위격으로 연합한다는 고전적 결의를 했다. 니케아와 칼케돈의 핵심이 바로 예수 그리스도의 선재, 동일본질, 두 본성이라는 것을 알 수 있다.

엄밀한 의미에서, 아래로부터의 방법이 나타나기 전의 그리스도론은 대체로 위로부터의 방법의 특징을 가지고 있다. 고대교회의 그리스도론은 대부분 위로부터의 그리스도론이다. 테르툴리아누스(Tertullianus), 오리게네스(Origenes), 아우구스티누스(Augustinus), 카파도키아 교부들(Cappadocian Fathers)과 같은 서방과 동방을 대표하는 교부들의 그리스도론도 여기에 속한다. 중세의 대표적인 신학자인 아퀴나스(T. Aquinas)와 안셀무스(Anselmus, Cantaberiensis), 종교개혁가 루터(M. Luther)와 칼뱅(J. Calvin)의 그리스도론도 위로부터의 방법의 특징을 가지고 있다. 18세기 계몽주의 이전의 그리스도론은 대부분 예수 그리스도의 신성에서 출발하는 위로부터의 방법을 따른다. 그리고 현대에도 개신교 정통주의에 속한 신학자는 위로부터의 방법을 선호한다. 현대 신학자로는 바르트(K. Barth)와 브루너(E. Brunner)가 명확히 위로부터의 방법을 택했고, 불트만(R. Bultmann), 본회퍼(D. Bonhoeffer), 몰트만(J. Moltmann)은 부분적으로 그러하다. 하지만 다수의 현대 신학자들은 위로부터의 방법과 아래로부터의 방법의 특징을 함께 가지기 때문에, 하나의 방법으로 분류하기는 어렵다.

위로부터의 방법은 상당히 장점이 있다. 예수 그리스도의 선재에서 성육신, 나아가 예수 그리스도의 구원의 완성까지를 하나의 체계 안에서 진술할 수 있다.(선재 → 성육신 → 예수 그리스도의 사역 → 구원의 완성과 종말) 또한 위로부터의 방법은 그리스도론과 삼위일체론을 연결하기에 가장 좋은 구조를 가진다. 그리스도론이 삼위일체론의 근거가 될 뿐 아니라, 동일한 논리 체계를 유지할 수 있다. 또 그리스도가 선재한 신성이기 때문에 성부 하나님과 동일본질을 유지하기에 유리하다. 이 방법에서는 예수 그리스도의 신성을 확보해야 하는 어려움을 피할 수 있다. 그리고 신성을 전제로 하기 때문에 예수가 왜 하나님인지에 대한 변증적인 논쟁에서도 벗어날 수 있다.

하지만 위로부터의 방법이 가지는 약점도 있다. 위로부터의 방법에 대해서는 포스트모던 시대에 맞지 않다는 지적이 꾸준히 제기되었다. 니케아-칼케돈 교리에 토대를 둔 위로부터의 방법, 그리고 그 근저에 있는 이원론적 구조가 현대의 사고방식과 어울리지 않는다는 비판이다. 현대는 이미 아래로부터의 그리스도론에 익숙해졌으며, 그것이 포스트모던의 시대적 흐름에 부합한다는 것이다.[2] 또 위로부터의 방법에 대한 '인식론적 비판'이 있다. 그리스도의 선재, 성육신, 두 본성의 연합과 같은 주제는 인간이 인식하고 다룰 수 있는 주제가 아니라는 주장이다. 판넨베르크(W. Pannenberg)는, 위로부터의 방법은 인간이 선재로부터 성육신의 과정을 따라서 사고할 수 있는 자리에 있을 때에만 적절한 방법이라고 주장한다. 위로부터의 방법은 인간이 하나님의 위치에 있을 때 가능한 방법으로서, 인간의 인식으로는 불가능하다는 것이다.[3]

하지만 판넨베르크의 인식론적 비판을 그대로 수용할 수는 없다. 두

---

2 William R. Baker, "The Chalcedon Definition, Pauline Christology, and the Postmodern Challenge of 'From Below' Christology," *Stone-Campbell Journal* 9, no. 1 (Spring 2006): 77-97.

3 Wolfhart Pannenberg, *Jesus: God and Man*, trans. Lewis L. Wilkins and Duane A. Priebe (London: SCM, 1968), 33-35; Wolfhart Pannenberg, *Systematic Theology*, vol. 2, trans. Geoffrey W. Bromiley (Grand Rapids: William B. Eerdmans Publishing Company, 1991), 278-80.

가지 이유가 있다. 첫째, 위로부터의 방법은 인식론적 비판을 받아들이지 않는다. 예를 들면, 바르트는 하나님을, 스스로 알려지는 자이며 계시의 주체(subject)로 본다. 바르트에게 인간은 하나님을 인식할 능력이 없을 뿐 아니라, 하나님은 결코 인간의 인식의 객체(object)가 아니다. 바르트는 하나님에 대한 인식의 가능성은 오직 중재자 예수 그리스도에 근거하며, 그 가능성은 은혜에 기인한다고 말한다. 즉 바르트는 인식론적 비판의 타당성 자체를 의문시한 것이다. 둘째, 위로부터의 방법은 선재, 성육신, 두 본성의 연합을 '존재론적'으로 이해한다. 즉 이 용어들은 하나님과 그리스도의 존재에 대한 표현이다. 니케아-칼케돈의 고백도 동일본질이라는 하나님의 존재에 대한 고백이지, 인식론적 고백이 아니다. 따라서 존재론적 함의를 인식론적 차원에서 비판한 것에 전적으로 동의하기는 어렵다. 어떤 그리스도론이든지, 인간을 인식의 주체로 본다면 아래로부터의 인식과정을 피할 수 없다. 푈만(H. G. Pöhlmann)은 위로부터의 그리스도론과 아래로부터의 그리스도론을 구별하지 않는다. 그리스도론은 존재론적으로는 위로부터의 그리스도론이고, 동시에 인식론적으로는 아래로부터의 그리스도론이라고 본다.[4] 즉 인간의 인식론적 부분을 분리해서, 위로부터의 방법을 비판하는 것은 무리가 있다. 또한 위로부터의 그리스도론은 다양한 해석학을 사용해서 인식론적 문제를 보완할 수 있다.

위로부터의 방법이 가지는 약점은 전혀 다른 곳에 있다. 위로부터의 방법은 예수 그리스도의 신성 확보와 삼위일체론에 강점이 있는 만큼, 예수의 선포와 삶이 취약하다. 이 부분은 역사적 예수와 조화를 이루기 어려운 문제로 연결된다. 역사적 예수는 역사비평방법에 의해 재구성된 예수이다. 역사적 예수의 탐구는 예수의 선포, 비유, 말씀, 기적 등을 집중적으로 연구한다. 위로부터의 방법은 역사비평과는 전혀 다른 방법론을 사

---

4 H. G. 푈만, 『교의학』, 이신건 옮김 (서울: 신앙과지성사, 2012), 323-32.

용하며, 상호 협력적으로 되기가 어렵다. 예수에 대한 역사비평의 연구 결과를 고려하지 않는 그리스도론은 교리적이고 도그마가 될 가능성이 있다. 따라서 위로부터의 그리스도론은 예수의 사역에 대한 연구와, 역사비평에 의한 성서와 성서본문의 전승에 대한 연구를 참고해야 한다.

2. 아래로부터의 방법

　아래로부터의 방법(method from below)은 예수 그리스도의 인성에서 신성으로 상향하는 접근방법이다. 아래로부터의 방법은 18세기 계몽주의 이후에 나타났다. 계몽주의는 인간 이성에 대한 확신, 역사의식의 생성, 자연과학의 발달, 다양한 학문의 분과에 대한 전문성으로 근대를 열었다. 계몽주의 이후, 합리주의 신학은 신학의 흐름에서 중요한 위치를 차지했다. 합리주의 신학의 이성과 인간성에 대한 강조는 그리스도론에 그대로 나타났다. 즉 아래로부터의 방법은 합리주의적 사고와 역사적 사고의 영향을 받았다. 이 방법은 그리스도의 신성을 연역적으로 전제하지 않고, 예수의 삶과 죽음에 대한 탐구를 거쳐 귀납적으로 고찰한다.

　신학에서 합리성과 이성에 대한 강조는 19세기 개신교 자유주의 신학에서 절정에 이르렀다. 아래로부터의 방법은 자유주의 신학에서 중요한 역할을 했다. 그 당시에 아래로부터의 그리스도론에 기여한 신학자로는 슐라이어마허(F. Schleiermacher)와 리츨(A. Ritschl)을 들 수 있다. 하지만 자유주의 신학이 추구한 아래로부터의 그리스도론은 19세기 개신교 자유주의 신학의 퇴조와 함께 영향력을 상실했다. 몇 가지 이유가 있다. 첫째, 그리스도론이 인간학이 되는 문제가 노출되었다. 이성을 통해 예수의 초월적 측면, 곧 기적과 부활이 합리주의적 범주에서 해석되었다. 예수가 선포한 하나님 나라는 세상의 윤리가 되고, 종말론적인 지평은 희석되었다. 둘째, 역사적 사고로는 초월적 요소를 다룰 수 없다는 것이 자명해졌다.

아래로부터의 방법은 예수의 인성과 그의 사역에 집중할 수밖에 없으며, 인성과 신성의 연속성을 확보하기 어려웠다. 셋째, 20세기 초에 부상한 신정통주의 신학에 의해 자유주의 신학이 쇠퇴했다. 신정통주의 신학은 그리스도론에서 위로부터의 방법을 강력히 옹호했고, 위로부터의 방법을 새롭게 그리스도론에 적용했다. 이런 일련의 과정을 거치면서 19세기 자유주의 신학에서 사용된 아래로부터의 방법은 타당성을 잃었다.

하지만 20세기에 접어들면서 개신교 자유주의 신학이 신학적 사조로는 쇠퇴하였지만, 합리주의적 신학에 대한 영향을 상실하지는 않았다. 이런 경향은 그리스도론에서 아래로부터의 방법을 재고하게 만들었다. 20세기 중반 즈음 정통주의 그리스도론의 방법론에 문제를 제기하면서, 예수의 사역, 선포, 윤리를 새롭게 해석하는 신학의 흐름이 조성되었다. 그것은 그리스도론을 교리적으로 접근하기보다는 예수의 인간성과 역사적 인격성에 관심을 가지는 것으로 나타났다. 20세기 중반 이후, 19세기와는 다른 여러 형태의 아래로부터의 그리스도론이 나타났다. 틸리히(P. Tillich), 알트하우스(P. Althaus), 큉(H. Küng), 판넨베르크(W. Pannenberg) 등이 아래로부터의 그리스도론에 속한다.[5]

---

5 위로부터의 방법과 아래로부터의 방법에 대한 분류는 학자에 따라 차이가 있다. 소브리노(J. Sobrino), 본회퍼, 역사적 예수의 탐구, 판넨베르크의 그리스도론을 아래로부터의 방법에 속하는 것으로 보기도 한다. [Daniel Qin, "The Starting Point of Christology: From Below or From Above? Part 1," *Asian Journal of Pentecostal Studies* 18, no. 1 (February 2015): 22-23.] 그러나 본회퍼의 그리스도론을 아래로부터의 방법으로 분류하는 것은 석연찮다. 본회퍼의 그리스도론에서 실존론적 관심이 해석학의 주요한 부분으로 작용한다는 점에서, 아래로부터의 방법의 요소를 가지는 것은 맞다. 하지만 실존을 넘어서는 그리스도의 초월적 성격이 전체 그리스도론의 구조를 형성하고 있다는 점에서, 본회퍼의 그리스도론은 위로부터의 방법에 가깝다. 또 해방신학 같은 상황신학과 역사적 예수의 탐구를 아래로부터의 방법으로 보는 것에도 무리가 있다. 필자는 상황신학의 그리스도론과 역사적 예수의 탐구는 별도로 분류했으며, 각기 고유한 방법론을 가지는 것으로 평가한다.

틸리히는 상황을 신학의 중요한 준거(準據)로 본다. 상황은 그 시대 속에서 개인과 집단이 가지는 다양한 변화와 경험의 총체를 의미한다. 틸리히가 신학을 '교회의 신학'으로 국한시키지 않고 문화라는 넓은 차원에 둔 것은 인간이 처한 실존적 상황과 역사성을 주요한 사고의 범주로 삼았기 때문이다. 틸리히는 신학방법론으로 상관방법을 사용한다. 그것은 신과 인간의 어느 한쪽의 일방적 의존이 아닌 상호의존이며, 어느 한 요소의 희생을 피해서 균형을 추구한다. 상관방법은 실존적 '물음'과 신학적 '답변'의 상호의존을 통해 기독교 신앙의 내용을 파악하는 방법이다. 틸리히의 신학은 언제나 구체적 '상황' 속에 있는 '실존적 물음'에서 시작한다. 즉 틸리히 사상의 신학적 구조와 방법론은 그리스도론의 '아래로부터의 방법'과 궤를 같이한다. 틸리히는 그리스도론에서 철저히 '인간' 예수로부터 시작한다. 그는 예수가 인간이 가지는 모든 한계 속에 있었다고 본다. 틸리히에게 예수는 인간의 유한성이 주는 불안을 경험했고, 죽을 수밖에 없는 비존재(non-being)의 위협에도 직면했다. 틸리히는 예수가 인간 존재가 가지는 실존적 한계 안에 있었다고 말한다.[6] 이 점에서 틸리히의 그리스도론은 전형적인 아래로부터의 방법을 사용한다. 한편, 틸리히는 하나님을 전통적인 존재론의 범주에서 이해하지 않는다. 그는 하나님을 비-존재적으로 보며, 모든 유한한 존재의 근원이 되는 '존재의 힘'(power of being)으로 규정한다. 당연히 예수에게도 신성, 두 본성, 선재와 같은 어떠한 유신론적 개념이 적용되지 않는다. 따라서 틸리히의 그리스도론은 아래로부터 시작하지만, '신성'이라는 목표로 나아가는 상향식 궤적을 가지지는 않는다.[7] 정리하면, 틸리히의 그리스도론은 역사-문화적 상황과 인

---

6 Paul Tillich, *Systematic Theology*, vol. 2. (London: James Nisbet & Co. LTD, 1968), 146-50.

7 Paul Tillich, *Systematic Theology*, vol. 3. (London: James Nisbet & Co. LTD, 1968), 153-57.

간 예수에서 출발하는 아래로부터의 방법이다. 그러나 틸리히의 그리스도론이 그리스도의 신성을 전제로 하는 존재론적 그리스도론이 아니기 때문에, 일반적인 형태의 상향식으로 규정하기는 어렵다.

판넨베르크는 자신의 그리스도론을 아래로부터의 그리스도론이라고 명명하고, 인간 예수에서 출발한다. 판넨베르크는 예수의 선포, 메시지, 죽음, 부활에 집중한다. 이 점에서 아래로부터의 방법이라고 할 수 있다. 하지만 일반적인 아래로부터의 방법과는 차이가 있다. 방법론적으로 판넨베르크의 그리스도론은 두 가지 특징을 가진다. 첫째는, 예수 그리스도의 신성을 전제하고, 하나님과 예수의 일치를 토대로 삼위일체론을 추구한다. 판넨베르크에게 그리스도론의 목적은 그리스도가 하나님이라는 것을 보여주는 것이다.[8] 이 점에서 판넨베르크의 그리스도론은 아래로부터의 그리스도론과는 차이가 있다. 둘째는, 예수의 신성 확보와 하나님과의 일치를 예수의 삶과 부활에서 찾는다. 판넨베르크는 예수의 삶은 예수의 독특성을 보여주며, 부활은 전체 보편사의 종말과 비밀을 열어준다고 본다. 그는 부활을 통해 예수가 하나님의 최종적인 계시이고 일치라는 것이 확인되었다고 주장한다.[9] 그래서 판넨베르크의 그리스도론은 위로부터의 방법이 신성을 전제로 하고 성육신을 먼저 다루는 것과는 반대의 과정을 거친다. 판넨베르크는 예수의 사역과 활동을 다루고, 십자가와 부활을 통해 예수의 신성을 확립한다. 즉 예수의 삶, 죽음, 부활에서 신성을 확립한 다음, 성육신을 결론으로 받아들이는 방법을 취한다. 그러므로 판넨베르크의 그리스도론은 예수의 활동에서 시작한다는 점에서 아래로부터의 그리스도론이지만, 신성을 전제하고 삼위일체론을 추구한다는 점에서 내용적으로는 위로부터의 그리스도론과 유사하다.

---

8   Pannenberg, *Jesus*, 30.
9   Wolfhart Pannenberg, *The Apostles' Creed in the Light of Today's Questions*, trans. Margaret Kohl (Philadelphia: Westminster Press, 1972), 64-65.

큉의 초기 그리스도론에서는 '위로부터의 방법'이 사용되었다. 큉은 그리스도론을 예수 그리스도의 선재에서 시작할 뿐 아니라, 그리스도론의 큰 뼈대로서 바르트적인 '그리스도 집중'을 보여준다.[10] 하지만 1970년대부터 방법론적인 변화가 나타나며, 대표적인 그리스도론 저술인 『기독교인 됨에 관하여』에서는 '아래로부터의 방법'이 특징적으로 나타난다. 큉은 예수를 역사적으로 이해할 수 있다고 본다. 큉에 따르면, 예수의 경우 다른 종교와 달리 신화적 요소가 역사가 된 것이 아니라, 오히려 역사에서 신화가 되었다.[11] 큉은 예수의 심리와 의식을 알 수는 없지만 예수의 선포의 핵심은 알 수 있다고 믿는다. 그는 예수가 자신의 시대에서나 우리의 시대에서나 완전히 다르다고 본다. 그 '다름'이 바로 예수의 독특성으로 규정된다. 예수는 다른 종교 지도자들과는 차원이 다르다는 것이다. 큉에게 예수는 제관(祭官)보다도 더 하나님에 가깝고, 고행자보다도 더 세상으로부터 자유롭고, 도덕가보다도 더 도덕적이고, 혁명가보다 더 혁명적이다.[12] 큉은 예수의 지상 활동에서 발견된 독특성을 메시아성(messiahship)으로 연결한다. 큉은 부활 후에 메시아적 성격이 예수에게 '추가된 것'이 아니라고 본다. 부활은 예수의 메시아 됨이 확인되고 하나님과의 일치가 드러나는 사건이다. 큉은 부활 후에 메시아적 칭호가 예수에게 확고해진 이유를, 부활 전에 이미 예수의 삶과 행적에 메시아적 성격이 있었고, 부활 후에 제자들이 이를 재인식했기 때문이라고 보았다.[13] 큉의 그리스도론에서, 예수의 독특성은 예수의 생애에 드러나고, 부활을 통해 확증되고 보편화되

---

10 Hans Küng, *Justification: The Doctrine of Karl Barth and a Catholic Reflection*, trans. Thomas Collins, Edmund F. Tolk, and David Granskou (London: Burns & Oates, 1981), 35-37.

11 Hans Küng, *On Being a Christian*, trans. Edward Quinn (London: Collins, 1977), 148.

12 Ibid., 211-13.

13 Ibid., 293-94.

는 특징을 가진다. 즉 큉의 그리스도론은 인간 예수라는 아래로부터의 방법에서 출발해서, 예수에게서 인간적인 어떤 범주로도 파악할 수 없는 독특성을 찾는 것으로 나타난다. 그 독특성은 예수의 메시아성으로 연결되고, 다시 예수와 하나님의 일치를 위한 근거가 된다.

    아래로부터의 방법을 평가하는 것은 간단하지 않다. 19세기의 아래로부터의 방법과 달리, 지금은 아래로부터의 방법을 단일하게 사용하는 경우는 많지 않기 때문이다. 틸리히, 판넨베르크, 큉의 그리스도론처럼 아래로부터의 방법은 다양한 형태로 나타나고, 내용적으로는 위로부터의 방법과 함께 사용되기도 한다. 따라서 각 그리스도론에 대해 개별적인 평가를 해야 할 것이다. 그럼에도 불구하고 아래로부터의 방법에 대해 개략적인 장점과 단점을 하나씩 말할 수는 있다. 가장 큰 장점은 예수의 사역과 활동에 관심을 기울인 것이다. 반면 그리스도의 신성을 명시적으로 전제하지 않기 때문에, 신성을 확보해야 하는 어려움이 있다. 그리스도의 사역과 신성이 연결되지 않으면, 삼위일체론을 다룰 수 있는 구조가 만들어지지 않는 단점이 따른다.

3. 역사적 예수의 탐구로부터의 방법

아래로부터의 방법의 다른 하나의 흐름은 역사적 예수의 탐구(quest of the historical Jesus)로 나타났다. 역사적 예수의 탐구는 19세기 자유주의 신학에서 발전된 아래로부터의 그리스도론과 같은 뿌리를 가지고 있다. 이는 인간 예수에서 출발한다는 점에서 아래로부터의 방법과 유사하다. 하지만 역사적 예수의 탐구는 예수의 '신성'에 대해 어떠한 전제도 가지지 않는다. 이 방법은 예수를 유대 지역에서 태어나 활동한 한 인간으로 규정하면서 시작한다. 역사적 예수의 탐구의 주된 목적은 예수의 가르침, 선포, 비유, 죽음, 부활을 역사적으로 추적하고, 거기에 나타난 의미를 찾는 것이다. 따라서 예수의 선재, 신성, 양성론, 구원론, 삼위일체론을 직접적인 주제로 삼지는 않는다. 이 점에서, 역사적 예수의 탐구는 '아래로부터의 그리스도론'과 구별된다. 아래로부터의 그리스도론이 인성에서 출발해서 신성으로 올라가는 상향식인 것에 비해, 역사적 예수의 탐구는 인간 예수에게 집중한다. 그래서 역사적 예수의 탐구를 그리스도론의 한 형태로 분류할 수 있는지에 대해서는 논란의 여지가 있다. 하지만 역사적 예수의 탐구가 그리스도론의 역사에 끼친 영향, 중요성, 다루는 주제와 방법론을 고려하면, 그리스도론의 한 분야로 보는 것이 정당하다. 다만 역사적 예수의 탐구 중에 예수론(Jesusology)의 형태를 가지는 극단적인 경우는 그리스도론으로 보기 어렵다.

또한 역사적 예수의 탐구는 아래로부터의 방법과 성서해석에서 명확하게 차이가 난다. 아래로부터의 그리스도론은 예수의 말씀의 역사성과 진정성에 대해 예민하게 반응하지 않는다. 반면 역사적 예수의 탐구는 역사비평방법에 따라, 예수의 말씀 중에 후대에 편집/수정된 것을 철저히 분리한다. 따라서 아래로부터의 그리스도론에서 인성과 신성의 일치, 성육신, 예수와 하나님의 관계가 중심 주제인 반면, 역사적 예수의 탐구에서는 주된 주제가 아니다. 역사적 예수의 탐구는 역사비평방법을 주된 도구로 사용하며, 귀납법적 논리를 따라간다. 최근에는 역사비평방법의 단점을 극복하기 위해 다양한 방법이 논의되고 있다.[14] 또 역사적 예수의 탐구에서 역사비평방법을 단독으로 사용하기보다는 사회비평이론, 문화이론, 언어분석방법 등을 함께 사용하는 경우가 흔히 있다.

역사적 예수의 탐구는 18세기에 시작해서 지금까지 약 250년이 되었다. 그동안 세 단계를 거치며 접근방법, 강조점, 관점 등이 달라졌다. 역사적 예수의 탐구의 발전과정과 초점의 변화에 대해서는 여기서 다루지 않겠다.[15] 역사적 예수의 탐구의 결과는 아주 다양하다. 하지만 예수의 '메시

---

14 역사적 예수의 탐구에 사용되는 방법론, 특히 진정성 있는 '예수의 말씀'을 구별하는 기준에 대한 타당성이 지속적으로 논의되고 있다. 역사비평방법에 대해 부정적 입장을 가진 학자들은, 이 방법론으로 역사적 지식의 확실성에 도달할 수 있는지에 의문을 제기한다. 하지만 역사적 예수 연구가들 사이에서는 방법론에 대한 회의론보다는 보완에 무게가 실린다. 예를 들면, 역사비평방법의 엄격성에 제한을 두면서 역사를 '신학적'으로 이해하는 방법, 서사비평을 적절히 사용하는 방법, 부활과 같은 초월적 성격의 주제에는 역사비평을 적용하지 않는 방법 등을 들 수 있다. Cf. Michael R. Licona, "Is the Sky Falling in the World of Historical Jesus Research?" *Bulletin for Biblical Research* 26, no. 3 (2016): 353–68; Seth Heringer, "Forgetting the Power of Leaven: The Historical Method in Recent New Testament Theology," *Scottish Journal of Theology* 67, no. 1 (February 2014): 85–104.

15 역사적 예수의 탐구의 발전사에 대한 비교적 자세한 논의는 "제8장 역사와 탈역사 사이의 그리스도"를 참고하라. 여기서 역사적 예수의 탐구의 각 단계별 흐름, 장점과 단점, 앞으로의 전망을 볼 수 있다.

아성'을 기준으로 두 부류로 나눌 수 있다. 두 부류는 역사비평방법, 언어 분석, 성서자료에 대한 전승사적 분석, 성서 외의 자료 사용, 예수 당시의 지역학에 대한 참고 등에서 유사한 연구방법을 사용한다. 두 부류 모두 예수의 메시아 됨을 전제로 하지 않는다. 그러나 결과는 전혀 다르다.

첫째 부류의 연구 결과는 예수가 한 명의 뛰어난 인물로 귀결된다. 가끔 예수가 비극적 인물이나, 묵시종말적(apocalyptic) 최후를 맞이한 예언자적인 모습이 되기도 한다. 어떤 경우이든, 예수의 메시아성이 거부된다는 점에서는 동일하다. 18세기 역사적 예수의 탐구 이후 다양한 모습의 예수상이 제시되었으며, 상당수는 이 부류에 속한다. 라이마루스(H. S. Reimarus), 슈트라우스(D. F. Strauss), 르낭(J. E. Renan), 바이스(J. Weiss), 슈바이처(A. Schweitzer), 그 외 19세기 자유주의 신학자들 중 다수가 해당된다. 20세기 중반 이후로는 샌더스(E. P. Sanders), 크로산(J. D. Crossan), 펑크(R. W. Funk), 보그(M. J. Borg), 그 외 예수 세미나(Jesus Seminar)의 회원 대부분과 역사적 예수의 제3의 탐구(third quest)가 해당된다. 이 부류는 역사적 예수와 부활 이후에 고백된 신앙의 그리스도 사이의 '연속성'에 대해 부정적이다. 예수의 부활은 전적으로 부정된다. 예수의 신성은 적극적으로 부정되거나, 거부된다.

둘째 부류의 연구 결과는 예수의 '메시아성'을 인정하는 방향으로 귀결된다. '메시아성'은 예수에게 나타난 독특성으로 해석되고, 가끔 예수의 신성으로 해석되기도 한다. 그러나 예수의 메시아 됨을 인정하지만, 예수의 '신성'을 주된 주제로 다루지는 않는다. 이 부류는 예수의 부활을 대체로 긍정적으로 해석한다. 역사적 예수와 신앙의 그리스도 사이의 연속성에 대해서도 긍정적이다. 이 점에서, 위 첫째 부류와 명확히 구별된다. 케제만(E. Käsemann), 푹스(E. Fuchs), 보른캄(G. Bornkamm), 에벨링(G. Ebeling)을 위시한 새 탐구(new quest)에 속한 학자들 대부분, 예레미아스(J. Jeremias), 고펠트(L. Goppelt) 등이 이 부류에 속한다. 타이센(G.

Theissen), 그닐카(J. Gnilka), 한(F. Hahn), 던(J. D. G. Dunn)은 소극적이지만 이 부류로 볼 수 있다.

    위 두 부류 모두 예수의 선포, 말씀, 비유, 사역과 삶에 집중했다는 것이 장점이다. 오늘날 역사적 예수의 탐구를 통해 과거 어느 때보다 예수에 대해 깊이 있는 이해가 가능하다. 또한 역사적 예수의 탐구는 역사비평방법을 발전시켰다. 역사적 예수의 탐구와 방법론의 발전은 상호영향을 주면서 발전했다. 역사비평방법의 발전은 성서에 대한 이해를 높였다. 최근에는 역사비평방법이 예수 당시의 지역학과 현대의 사회-문화이론과 연계되면서, 예수 시대와 성서의 배경에 대해 입체적 이해가 이루어지는 것도 긍정적이다. 역사적 예수의 탐구가 교회의 교리화된 그리스도론을 받아들이지 않고 도그마에 빠진 그리스도의 모습에 문제제기를 한 것도 좋다.

    그러나 두 부류에 대한 세부적인 평가는 다를 수밖에 없다. 첫 번째 부류에서는 역사비평방법이 과도하게 사용되는 경향이 있다. 역사비평방법은 성서의 초월적인 부분은 다룰 수 없다. 즉 예수의 신성, 부활, 기적과 같은 주제는 역사비평의 대상이 아니다. 그런데 첫 번째 부류에서 역사비평방법이 초월적 주제에 적용됨으로써 예수의 독특성이 상실되는 경우가 자주 나타나며, 결과적으로 예수는 위대한 한 명의 인물로 재구성된다. 이 부류에서는 역사적 예수와 그리스도가 분리되며, 연속성을 가지기 어렵다. 예수의 모습은 인간적 부분만 부각된 '예수론'이 될 위험이 있다. 첫 번째 부류의 연구 결과는 그리스도론의 형태로 보기 어렵다.

    두 번째 부류는 역사적 예수와 신앙의 그리스도가 만날 수 있는 실제적인 토대를 마련해 주고 있다. 역사비평방법을 예수의 탐구에 사용하더라도, 그 결과가 반드시 부정적인 것이 아니라는 것을 보여준다. 예수의 공생애 활동과 선포에서 예수의 독특성 혹은 메시아성이 확보되기 때문에, 전통적인 그리스도론과 보완적이 된다. 위로부터의 방법은 예수의 신성을 전제로 하지만, 예수의 공생애 사역 부분이 취약하다. 따라서 전통적인 위로부터의 그리스도론이 두 번째 부류의 연구 결과를 받아들이면, 역사적이고 활기찬 그리스도론을 구축할 수 있다. 즉 예수의 신성, 독특성, 예수와 성부의 일치에 대한 근거를 예수의 사역에 둘 수 있다. 두 번째 부류는 그리스도론의 중요한 형태로 볼 수 있다.

4. 상황과 실천으로부터의 방법

상황과 실천으로부터의 방법(method from context and praxis)은 예수 그리스도에 대한 인식론적인 접근과 뚜렷한 차이를 보여준다. 이 방법은 상황과 실천을 매개로 한다는 점에서, 위로부터의 방법과 아래로부터의 방법 모두와 차별된다. 상황과 실천으로부터의 방법이 가장 잘 드러난 것은 남미의 해방신학의 그리스도론이다. 보프(L. Boff)는 서구 그리스도론이 정통교리(orthodoxy)에 우선을 두었지만, 해방 그리스도론은 정통실천(orthopraxis)에 우선적 관심을 둔다고 천명했다.[16] 보프의 주장은 해방 그리스도론의 방법론을 단적으로 표현한 것이다.

상황과 실천의 그리스도론이 인간 예수와 사역에 관심을 가지기 때문에 아래로부터의 그리스도론처럼 보일 수도 있다. 그러나 상황과 실천의 그리스도론은 자신만의 관점과 해석학을 가진 독립적인 방법론으로 보는 것이 적절하다. 해방 그리스도론은 20세기 중반 이후에 나타나 그리스도론의 주요한 흐름을 형성했으며, 아주 활기찬 그리스도론의 모습을 가지고 있다. 해방 그리스도론은 사실 아주 다양하다. 이념의 수용 여부, 사회변혁 모델의 선택, 교리 해석 등에서 다양할 수밖에 없는 요소가 많다. 즉 사회주의 이념을 적극적으로 받아들이는 입장부터 거부하는 입장까

---

16 Leonardo Boff, *Jesus Christ Liberator: A Critical Christology for Our Times*, trans. Patrick Hughes (London: SPCK, 1980), 43-47.

지, 사회변혁과 실천도 과격한 모델부터 온건한 변화를 추구하는 모델까지 스펙트럼이 넓다. 해방 그리스도론을 대표하는 신학자 중에도, 교리적으로 자유로운 소브리노(J. Sobrino) 같은 신학자부터 니케아-콘스탄티노플 신조와 칼케돈 교리를 존중하는 보프까지 다양하다. 그럼에도 불구하고, 해방 그리스도론을 하나로 묶는 공통된 방법론적 요소가 있다. 그것은 억눌린 자의 해방을 목표로 하는 것이며, 바로 '상황과 실천으로부터' 예수를 매개하는 것이다.[17] 이런 의미에서, 모든 해방신학은 동일한 관심, 목적, 정체성을 가진다.

해방 그리스도론은 이론적으로 접근해서는 예수를 만날 수 없다고 보았다. 해방 그리스도론은 '오늘 어떻게 예수를 만날 수 있느냐?'에 대한 답변을 찾기 위해 '실천'이라는 요소를 추가했다. 여기에서 해방 그리스도론의 방법론이 비롯된다. 해방 그리스도론의 방법론적 특징은 두 가지이다. 하나는 상황이고, 다른 하나는 실천이다. 상황과 실천을 떠나서는 예수 그리스도가 누구인지 알 수 없다는 것이다. 해방 그리스도론에서, 자신이 처한 상황을 떠난 예수는 공허한 예수일 뿐이다. 자신의 자리에서 '오늘' 현재하는 예수 그리스도를 만날 수 있다. 또한 예수는 단지 교리와 인식에 의해 알 수 없고, 오직 실천을 통해서만 알 수 있다. 이 두 가지 특징이 해방 그리스도론의 방법론을 만들며, 이 관점을 체계화한 것이 해석학적 나선(hermeneutic spiral)이다.

해석학적 나선은 두 원칙이 하나의 '연결'(link)을 만든다. 두 원칙은 다음과 같이 작용한다. 하나는, 자신이 처한 상황에서 출발한다. 역사적 실체인 가난한 자의 눈으로 성서를 읽는 것이다.[18] 다른 하나는, 해방을 위한

---

17 Leonardo Boff and Clodovis Boff, *Salvation and Liberation: In Search of a Balance between Faith and Politics*, trans. Robert R. Barr (Quezon City: Claretian Publications, 1985), 24-25.

18 Boff, *Jesus Christ Liberator*, 268.

실천과 변혁을 위해 성서를 현실에 적용하는 것이다. 이렇게 상황과 실천이라는 해석학의 두 원칙이 해방 그리스도론의 방법론을 구성한다. 즉 해방 그리스도론에서 중요한 것은 해방 그리스도론의 성격을 결정하는 '방법론'이다. 남미에 여러 해방 그리스도론이 있으나, 상황에서 출발하여 상황을 변화시키는 실천을 지향하는 구조는 동일하다. 해석학적 구조가 동일하기 때문에 남미의 모든 해방 그리스도론은 유사한 정체성을 가지고 있으며, '상황과 실천으로부터의 그리스도론'이라는 독특한 유형을 만들었다.

해석학의 두 원칙은 한 번의 순환에 의해 완성되거나, 제자리로 돌아오는 원(circle) 모양이 아니다. 그것은 나선의 형태로서, 상황이 주는 시각으로 성서의 예수를 만나고, 예수로부터 실천이라는 현실로 나아온다. 그리고 예수-따름을 현실에 적용한 다음, 다시 성서로 돌아온다. 이때 신자는 성서에서 예수를 새롭게 만나며, 예수로부터 새롭게 해방적 실천을 향해 나아간다. 따라서 해석학적 나선은 두 원칙 사이를 반복하거나, 출발한 자리에서 원래의 자리로 되돌아오지 않는다. 실천으로 인해 변화된 현실은 신자에게 새로운 시각을 주고, 신자는 그 시각을 가지고 성서로 돌아와서 실천을 향한 새로운 동인을 얻는다. 그러므로 해석학적 나선은 '완전한 해방'이라는 최종적인 목표를 향해 발전하면서 진행되는 구조를 가진다.

상황과 실천으로부터의 방법은 그리스도론의 방법론을 확장시켰다. 상황과 실천을 매개로 한 그리스도론은 예수-따름의 제자도에서 강점을 가진다. 또한 제자도가 개인의 삶의 영역을 넘어 사회-경제적 차원에서 행해짐으로, 사회-경제적인 차원이 예수를 만나는 장(場)이 된다. 상황과 실천으로부터의 방법은 그리스도론에 실천적 요소를 포함하기 때문에 해석학적으로도 유리하다. 또한 '오늘' 예수가 누구인지에 대해 보다 적극적으로 답할 수 있는 장점을 가진다. 아시아와 아프리카의 해방신학을 비롯한 대부분의 '행동신학'이 유사한 방법론을 사용한다.

상황과 실천의 그리스도론은 '상황'을 매개로 하므로 그리스도론이 구체적이고 활기가 있다. 자신의 특수한 상황을 반영하기 때문이다. 반면 모든 상황 그리스도론은 보편성과의 조화라는 문제를 가지고 있다. 성서는 다양한 상황을 무시하지 않는다. 복음서, 바울서신, 요한문서는 모두 복음이 특수한 상황에서 어떻게 뿌리내리고 전파되는지를 보여준다. 복음 선포는 언제나 특수한 상황 안에서 선포되었다. 하지만 복음에는 어떤 상황에도 제한당하지 않는 보편적 성격이 있다. 사랑, 생명 살림, 평화, 소외와 고통받는 자에 대한 배려, 종말론적인 희망, 다가올 부활과 같은 보편성이 복음에 담겨 있다. 복음의 특수성과 보편성은 상호 모순되거나 충돌하지 않는다. 상황과 실천의 그리스도론은 자신의 정체성을 유지하면서, 동시에 어떻게 보편성을 획득할 수 있을지의 과제를 가진다.

5. 기타

본 절에서는 지금까지 논한 그리스도론의 몇 가지 방법 외에 다른 방법에 대해 살펴보고, 결론을 대신해서 앞으로의 전망에 대해 언급하려고 한다.

몰트만은 그리스도론에서 방법론을 염두에 두었다. 그는 『십자가에 달리신 하나님』에서 위로부터의 그리스도론과 아래로부터의 그리스도론 모두를 반대했다. 몰트만은, 위로부터의 그리스도론으로는 십자가에서 죽은 예수의 신비를 선재한 신성으로부터 연역하기 어려우며, 해결되지도 않는다고 본다. 또한 그는 예수의 인성으로부터 접근하는 방법을 '예수론'이라 부르며, 예수론은 유한한 존재에 드러난 하나님의 무한한 본질을 추구할 수 없다고 믿는다. 예수론은 보편적인 인간성에 도달하거나, 인간의 자기 실존에 관한 질문에 도달할 수밖에 없다고 본 것이다.[19] 몰트만은 자신의 방법론을 '앞으로부터의 방법'이라고 주장한다. 이것은 '십자가와 부활'에 초점을 두어 종말론적 관점에서 그리스도론을 구축하는 방법이다. 몰트만은 이 방법으로, 예수의 '죽음'은 역사적인 것으로 간주하고 '부활'은 신학적으로 간주하면서 발생하는 괴리를 극복하려고 시도한다.[20] 하

---

19 Jürgen Moltmann, *The Crucified God: The Cross of Christ as the Foundation and Criticism of Christian Theology*, trans. R. A. Wilson and John Bowden (Minneapolis: Fortress, 1993), 87-98.

20 Ibid., 112-14.

지만 몰트만은 『예수 그리스도의 길』에서는 이 방법론을 포기한다고 밝혔다. 대신 그는 예수의 종말론적인 역사를 통전적 그리스도론(holistic Christology) 안에서 파악하겠다고 주장했다. 그것은 '십자가와 부활'에 집중된 초점을 '장차 오실 자'로 이동하는 것이고, 종말론적인 전 역사를 그리스도론 안에서 보려는 의도이다.[21]

몰트만의 그리스도론은 여러 가지 특징을 가지고 있기 때문에 하나의 방법론으로 규정하기 어렵다. 몰트만의 그리스도론은 앞으로부터의 방법이라는 특징이 있으나, 종말론적인 지향점을 향해 완성되어 가는 형태를 가지며 종말론적으로 개방되어 있기 때문에 고정되어 있지 않다. 이 점에서 위로부터의 그리스도론과 아래로부터의 그리스도론 모두와 차이가 있다. 한편, 몰트만은 그리스도론을 언제나 삼위일체론의 구조 안에서 다루려고 한다. 몰트만의 삼위일체론은 칼케돈 신앙고백을 따르는 정통주의적인 성격을 가진다. 삼위일체론의 구조 안에서 볼 때는 그의 그리스도론이 위로부터의 그리스도론의 특징을 가지고 있다. 몰트만의 삼위일체론에서 십자가는 그리스도론과 삼위일체론의 연결고리 역할을 한다. 몰트만에게 십자가를 떠난 하나님 이해는 없으며, 십자가를 통해 삼위의 관계가 드러난다. 이 측면에서 몰트만의 그리스도론은 삼위일체론적 그리스도론의 특징을 가진다.

현대 신학자들의 그리스도론은 어느 하나의 방법으로 규정되지 않는 경우가 많다. 예를 들면, 불트만의 그리스도론은 위로부터의 그리스도론과 아래로부터의 그리스도론의 특징을 함께 가지고 있다. 불트만은 바울과 요한이 예수의 십자가와 부활에만 관심이 있었고, 우리는 십자가와 부활의 케리그마 배후로 들어갈 필요가 없다고 주장했다. 우리는 신앙을 위

---

21 Jürgen Moltmann, *The Way of Jesus Christ: Christology in Messianic Dimensions*, trans. Margaret Kohl (London: SCM, 1990), 3-4.

해서 부활한 그리스도에 대한 믿음만으로 충분하다는 것이다.[22] 또 불트만은 신앙을 실존과 연결하면서 현재적 결단을 강조한다. 하지만 불트만 신학에서, 인간은 응답의 능력을 상실했기 때문에 인간에게 응답을 가능하게 하는 것은 하나님의 은혜이다. 하나님은 인간의 구원을 위해 행했으며, 구원의 은혜는 오직 그리스도의 십자가와 부활을 통해 확보된다. 따라서 구원의 토대는 인간으로서는 선물로 받아들여야 하는 그리스도의 죽음과 부활이다.[23] 불트만이 인간의 행위에 선행하는 구원과 은혜를 전제한다는 점에서, 그의 그리스도론을 '위로부터의 방법'이라고 할 수 있다. 한편, 불트만은 역사비평방법을 도구로 역사적 예수의 선포, 가르침, 비유, 윤리에 접근했다. 불트만은 『공관복음 전승사』, 『예수』, 『신약신학』 제1권에 이르기까지 역사적 예수에 관심을 가졌다. 그의 양식비평에 토대를 둔 연구의 결과가 『예수』이다. 불트만의 역사비평방법에 근거한 일련의 연구와 그 결과인 『예수』, 그리고 역사적 예수의 선포와 인간의 결단을 통해 구원에 도달할 수 있다는 입장[24]은 전형적인 아래로부터의 방법에 의존한다는 것을 보여준다.

불트만처럼 위로부터의 방법과 아래로부터의 방법이 명확하게 공존하는 경우는 많지 않으나, 복합적인 경우는 상당히 많다. 이미 언급한 판넨베르크도 자신의 그리스도론을 아래로부터의 방법에 의한다고 주장하

---

22 Rudolf Bultmann, "The Primitive Christian Kerygma and the Historical Jesus," in *The Historical Jesus and the Kerygmatic Christ: Essays on the New Quest of the Historical Jesus*, trans and eds. Carl E. Braaten and Roy A. Harrisville (New York: Abingdon Press, 1964), 20.

23 Rudolf Bultmann, *Theology of the New Testament*, vol. 1, trans. Kendrick Grobel (London: SCM, 1952), 294.

24 Rudolf Bultmann, *Jesus and the Word*, trans. Louise Pettibone Smith and Erminie Huntress (New York: Charles Scriber's Sons, 1958), 35; Bultmann, *Theology of the New Testament*, vol. 1, 44.

지만, 그의 그리스도론에는 신성과 선재가 암묵적으로 전제되기 때문에 내용적으로는 위로부터의 그리스도론이다. 즉 인식론적으로는 아래로부터이지만, 존재론적으로는 위로부터이다. 또 보프는 그의 그리스도론을 상황과 실천의 방법으로 접근했다. 보프는 모든 그리스도론은 지역적이고 편파적일 수밖에 없다고 단언했다. 하지만 보프의 삼위일체론에는 위로부터의 방법과 상황과 실천으로부터의 방법이 함께 사용되고 있다. 보프는 삼위의 관계는 영원부터 함께 존재했고, 성령은 아버지와 아들로부터 출원되었다고 주장한다.[25] 보프의 삼위일체론에서 성자의 선재와 신성은 전제되며, 그것은 니케아-칼케돈 신조의 전승 위에 있다. 이 점에서 보프는 위로부터의 그리스도론의 중요한 요소를 가진다. 하지만 보프는 인간이 하나님을 인식하는 것은 오직 아들을 통해서만 가능하다고 믿는다. 인간은 예수의 사역과 활동을 통해서 하나님을 알 수 있다고 본다.[26] 보프는 역사적 실천을 위해 가난한 자의 시각을 가지고 예수와 예수의 활동을 해석한다. 이 점에서 그의 그리스도론은 상황과 실천으로부터의 방법에 의존한다. 즉 보프는 예수를 존재론적으로는 위로부터의 방법으로 이해하고, 해석학적으로는 상황과 실천으로부터의 방법을 사용한다. 이렇게 여러 방법론이 복합적으로 사용되는 것이 현대 그리스도론에서는 드문 경우는 아니다.

지금까지 다룬 그리스도론의 방법들은 그리스도론을 이해하기 위한 하나의 방편이다. 이 방법들은 그리스도론을 교과서적으로 설명하기 위한 측면이 있다. 그리스도론은 여러 주제로 구성되어 있다. 하나의 방법론으로 그리스도론 전체를 분석하고 설명하기는 어렵다. 그래서 전형적인

---

25 Leonardo Boff, *Trinity and Society*, trans. Paul Burns (Kent: Burns & Oates, 1988), 95.
26 Ibid., 28-29.

위로부터의 방법, 혹은 아래로부터의 방법으로 보이는 그리스도론이지만, 세부적으로 들어가면 전혀 다른 요소들을 가지고 있는 경우가 종종 있다. 현대의 상당수의 창조적인 그리스도론은 특정 방법으로 규정되지 않는다. 또한 고유의 문화에서 발전한 아시아와 아프리카의 그리스도론들도 하나의 방법론으로 설명되지 않는다. 토착화과정에서 그리스도론에 많은 문화적 요소가 섞이기 때문이다. 이런 특징은 최근의 공적신학과 여성신학의 흐름에서도 두드러진다. 다수의 공적신학과 여성신학은 실천(praxis)을 염두에 두고 있기 때문에, 단일한 형태를 가지지 않는다. 실천은 반드시 그 사회적, 문화적, 역사적 상황을 고려해야 하기 때문이다. 그러므로 본 장에서 다룬 방법론들은 그리스도론에 나타나는 작은 특징에 지나지 않는다. 그리스도론의 방법론은 그리스도론에 대한 이해를 넓히기 위한 참고로 보면 된다.

20세기 중반 이후, 다양한 관점에서 접근하는 그리스도론이 많이 등장했다. 토착 문화의 관점, 여성의 관점, 인종의 관점, 성(性)의 관점 등을 따라 예수를 이해한다. 관점에 따라서 사용하는 방법과 도구도 다양하다. 이제 몇 개의 방법론으로 그리스도론을 규정하거나 범주화하는 것은 힘들다. 앞으로는 더욱 다양한 형태의 그리스도론이 나올 것이다. 현대는 포괄적인 그리스도론이 쇠퇴하는 시대에 접어들었다. 그리스도론을 얼마의 방법론으로 분류하기 어려울 만큼 세분화되고 있다. 지금은 역사적 유형,

---

27 그리스도론은 가장 기본적으로 네 유형, 곧 존재론적 그리스도론, 인본주의적-역사적 그리스도론, 상황 그리스도론, 우주적 그리스도론으로 나눌 수 있다.(참고, 이 책 제3장, 81쪽) 세부적인 특징을 고려하면, 그리스도론의 유형은 상당히 많아진다. 필자는 『그리스도론의 역사: 고대 교부에서 현대 신학자까지』(서울: 대한기독교서회, 2018)에서, 구조와 특징에 따라 그리스도론을 여러 유형으로 분류했다. 또한 20세기 이후로 다양한 형태의 그리스도론이 나타났기 때문에, 현대 그리스도론의 유형을 약 10개 정도로 분류했다.

기능적 유형, 도덕주의적 유형, 사회적 유형, 심리주의적 유형, 범재신론적 유형 같은 여러 형태의 그리스도론이 나타나고 있다. 21세기에는 단지 몇 개의 강조점만을 가진 그리스도론도 나타날 것이다. 따라서 그리스도론을 방법론으로 규정하기는 갈수록 어려울 것이다. 필자는 다양한 그리스도론을 이해하기 위한 가장 좋은 방법은, 유형을 따라 이해하는 것이라고 믿는다.[27]

Incarnational Theology

and Prospects

제2장 성육신 신학과 전망

1. 성육신 신학의 초점들

2. 성육신 신학에 대한 해석과 전망

    1) 동정녀 탄생, 예수의 무죄성, 마리아론

    2) 다원주의적 성육신 해석

    3) 우주적 그리스도론의 성육신

성육신은 그리스도론의 주된 주제이다. 성육신은 '신이 육체 안에서 인간이 된다.'는 뜻으로 라틴어[incarnatio]에서 비롯되었다. 기독교는 고전기 때부터 성육신을 하나님이 예수의 인격 안에 육화되었다는 의미로 사용했다. '하나님이 인간이 되셨다.'는 고백은 성육신 신학의 핵심이다. 21세기 들어 성육신교리는 진부하게 여겨지고, 신학적 매력을 상실하고 있다. 일반 교인들도 깊게 관심 가지는 주제는 아니다. 교인들은 성육신을 대부분 신앙의 차원에서 받아들인다. 성육신교리가 시들한 가장 큰 이유는 성육신을 '그 순간'의 사건으로 국한해서 보기 때문이다. 성육신에 담긴 풍요로운 의미를 놓치면, 성육신교리는 하나의 건조한 도그마가 된다.

20세기 중후반에 이어 21세기에도 성육신 신학의 타당성이 시험대에 오를 것이다. 여러 가지 도전이 있다. 첫째, 예수에게 '남성'이라는 성별(sex)을 배제하고 성육신을 해석할 수 있는지 여부이다. 둘째, 그리스도가 '구원자'로서 성육신했는지에 대한 물음이다. 셋째, 그리스도가 '오직 예수'에게만 성육신했는지에 대한 논의이다. 넷째, 그리스도의 '인간'으로의 성육신이 자연과 우주를 포괄할 수 있는지에 대한 의문이다.

성육신교리는 신학적으로 여전히 중요하다. 예수 그리스도의 성육신을 어떻게 보는지에 따라 그리스도론의 형태와 의미가 달라진다. 성육신 신학을 포기하면, 그리스도론의 근저가 사라진다. 본 장에서는 위에서 언급한 몇 가지 도전과 성육신 신학의 의미, 새로운 해석, 앞으로의 전망을 보려 한다.

1. 성육신 신학의 초점들

성육신은 하나의 교리가 아니다. 성육신 신학은 교리로서 시작하지 않았다. 모든 종교는 자신의 신에 대해 고백한다. 신에 대한 고백이 그 종교의 핵심이며, 신에 대한 고백이 없는 종교는 없다. 기독교는 성서의 하나님을 고백한다. 하나님에 대한 고백은 가장 심오한 것이며, 기독교의 근원이다. 유대교나 이슬람교와 달리 기독교는 성부 하나님에 대한 고백과 함께 그리스도를 고백한다. 더 정확하게 말하면, '성육신하신 신'에 대한 고백이 기독교의 근원이다. 인간이 된 하나님 고백이 기독교를 다른 계시종교와 구별되게 만든다. 성육신한 하나님! 이 한 마디가 기독교의 신관(神觀)과 신앙고백의 핵심을 보여준다.

성육신한 하나님에 대한 믿음은 기독교의 가장 초기에 시작되었다. 성육신이라는 교리가 형성되기 전에, 먼저 역사 속으로 들어오신 하나님에 대한 고백이 있었다. 예수 그리스도 안에 나타난 하나님에 대한 설명이 뒤따라왔고, 그것이 성육신 신학으로 발전되었다. 기독교가 신앙의 정체성에 내적인 위기가 있을 때, 혹은 외부의 타문화와 종교로부터 공격을 받을 때, 성육신 사상은 언제나 기독교를 지키는 방패의 역할을 했다. 예수 그리스도를 통해 역사 속으로 들어오신 하나님만큼 독특한 사상도 없다. 성육신 신학에는 결코 자연종교의 신성이나 다른 계시종교와 혼동될 수 없는 독특성이 있다. 하나님이 인간이 되었다는(요 1:14) 사상은 기독교의 정체성을 이룬다. 이런 의미에서, 성육신은 그리스도론 전체를 상징하며 삼위일체 신관의 시작이다.

그리스도론의 주제로서 '성육신'은 예수 그리스도의 '인격'과 '사역' 모두와 연관된다. 그리스도론의 두 핵심 주제는 예수 그리스도의 인격과 사역이다. 인격은 '그리스도는 누구인가?'에 대한 질문과 답변이며, 사역은 '그리스도는 무슨 일을 했는가?'에 대한 질문과 답변이다. 그리스도의 '인격'과 연관해서, 성육신교리는 두 가지 초점을 가지고 발전했다. 첫째, 성육신은 그리스도와 성부의 관계를 설명하는 중심 개념의 역할을 한다. 초기교회는 그리스도와 성부의 관계를 적극적으로 규명해야 했다. 교회는 그리스도를 선재한 신성이며, 하나님과 동일본질(homoousios)로 고백했다. 니케아 공의회(325)는 성부와 동일한 본질인 성자가 성육신하여 인간이 되었다고 규정했다. 성육신은 신적 본질과 세계/역사를 매개하는 계시적 사건을 의미한다. 성부와 성자의 관계를 더 추구하면 삼위일체론으로 발전한다. 둘째, 성육신한 예수 그리스도의 신성과 인성의 관계를 밝혀야 했다. 성육신이 단지 신성이 통과하는 통로의 역할을 하는지, 신성이 참으로 인성을 취하는지 등이 심각하게 논의되었다. 칼케돈 신조(451)는 성육신에서 신성과 인성이 어느 쪽의 손상 없이, 참 하나님과 참 인간이라는 두 본성이 유지된다고 고백했다.(vere Deus, vere homo) 신성과 인성의 관계를 더 추구하면, 양성 그리스도론이 된다. 이렇게 성육신교리는 예수 그리스도의 인격에 대한 질문의 중심에 있다.

한편, 예수 그리스도의 사역도 성육신과 연관이 있다. 안셀무스는 '하나님은 왜 인간이 되었는가?'(Cur Deus homo)라고 물었다. 이 물음은 성육신이라는 그 순간의 사건을 말하는 것이 아니라, 그리스도의 사역에 대한 질문을 내포하고 있다. 이 질문에 대한 많은 답변이 있었고, 그 답변은 구원론으로 발전했다. 즉 성육신은, 하나님의 사랑이 예수 그리스도 안에서 구원의 역사를 행한다는 것을 보여주는 사건이다. 이렇게 그리스도의 인격과 사역은 분리될 수 없는 주제로서 그리스도론의 중심이다. 그리스도론의 역사를 보면, 예수 그리스도의 인격과 사역이 분리되어 연구되기도 하고, 어느 한쪽이 더 강조되기도 했다. 근래에는 두 주제를 구별하지만, 분리하지 않고 연결해서 통합적으로 본다.

성육신교리는 고전기의 길고 힘든 과정을 거치며 니케아-칼케돈 공식(formulas)을 만들어냈다. 니케아-칼케돈 신학은 많은 도전과 공격을 받았지만, 현대까지 그 틀을 유지한다. 그리스도론의 역사를 보면, 2,000년간 성육신교리를 어떻게 지켜왔는지를 알 수 있다. 성육신은 존재론적으로 신과 인간을 연결하는 역할을 한다. 동시에 성육신은 하나님의 피조세계를 향한 사랑과 구원의 의지를 보여줌으로 구원론의 토대가 된다. 재해석은 필요하지만, 성육신 신학은 결코 포기할 수 없는 그리스도론의 중심이다. 그리스도에 대한 신앙고백은 본질적으로 그리스도에게 나타난 하나님에 대한 신앙고백이다.

2. 성육신 신학에 대한 해석과 전망

1) 동정녀 탄생, 예수의 무죄성, 마리아론

성육신에는 몇 가지 부수적인 주제가 있다. 성격에 따라 두 가지로 나눌 수 있다. 하나는, 출생 이야기의 역사성 문제이다. 전통적으로 성육신은 신학적 주제였다. 하지만 근대로 오면서 역사비평방법으로 성서를 보면서 예수의 출생이 연구의 대상이 되었다. 다른 하나는, 예수의 무죄성과 마리아론(Mariology)이다. 예수의 무죄성과 마리아론은 관심 있는 주제가 된 적이 있었다. 출생 이야기의 역사성, 마리아론, 예수의 무죄성은 성육신 신학의 핵심 주제는 아니지만, 성육신과 연관해 지속적으로 제기되므로 간략히 언급하려 한다.

출생 이야기의 역사성

예수의 출생은 성서 도처에 기록되어 있다. 출생에 대한 언급은 공관복음과 그 외 기록으로 볼 수 있다. 공관복음에서 출생 이야기는 마태복음(마 1:18-25)과 누가복음(눅 1:5-2:20)에 나온다. 공관복음은 역사적 서술의 형태를 가지고 있고, 다른 곳에서는 여러 형태로 나타난다. 요한복음은 "말씀이 육신이 되어"(요 1:14)라는 성육신에 대한 직접적인 표현을 사용한다. 또 고백적 표현(딤전 3:16), 가현설 이단을 경계하는 신학적 진술(요일 4:2-3), 삼위일체론적 진술(빌 2:6-8)의 형태도 있다.

예수의 출생에 대한 역사적 평가는 대체로 '복음서'를 대상으로 한다. 출생 이야기에 대한 학자들의 입장은 다양하다. 학자들 중 다수는 출생 이야기에 대한 복음서 기록의 역사성을 심각한 주제로 다루지 않는다. 하지만 출생 이야기의 역사성을 주제로 하는 경우, 부정적인 입장이 우세하다. 크로산은 동정녀 탄생 이야기는 이사야(사 7:14)를 모델로 만들어낸 이야기라고 비판한다. 또한 예수가 다윗 혈통에서 태어난 것, 목자와 별 이야기, 동방박사, 유아 대학살, 이집트로 탈출한 것에 대해서도 역사성을 의심한다.[28] 반면 던은 마태와 누가의 출생 이야기를 구성하는 전승이 있었고, 그 전승에는 예수가 하나님의 아들이라는 확신이 내포되어 있었다고 본다. 던은 예수가 하나님의 아들이라는 전통은 아주 초기 단계에 형성되었다고 판단한다.[29] 출생 이야기를 전적으로 역사적으로 볼 수는 없지만, 역사와 신학이 섞여 있다고 본 것이다.

복음서에 기록된 예수의 출생과 관련된 언급을 역사성과 사실성 여부로 평가하기는 어렵다. 이유는, 무엇보다 예수의 출생과 주변 정황을 고증할 자료가 충분하지 않기 때문이다. 하지만 예수의 출생 이야기가 역사적으로 확정되지 않는다고 해서 성육신 신학이 무너지는 것은 아니다. 여전히 마태복음과 누가복음의 출생 이야기는 중요하다. 비록 마태와 누가의 기록에 신학적 의도가 포함되었더라도, 예수의 출생기사를 가볍게 여길 수는 없다. 성서의 기자는 왜 예수의 출생을 '동정녀 탄생'으로 묘사했는가? 그들은 출생기사를 통해 독자에게 무엇을 전달하려고 했을까? 이것이 핵심 질문이다.

마태와 누가 복음에 기록된 동정녀 탄생은 사실적 언어로 표현된 것이

---

28 John Dominic Crossan, *Jesus: A Revolutionary Biography* (New York: HarperSanFrancisco, 1994), 18-21.

29 James D. G. Dunn, *Jesus Remembered* (Grand Rapids: William B. Eerdmans Publishing Company, 2003), 340-48.

아니다. 문헌적으로 볼 때, 출생 이야기는 역사적 전승들을 언급하지 않는다. 증인에 대한 언급도 없다. 증명을 위한 역사적 진술이 아니라는 것을 알 수 있다. 오늘날 우리가 동정녀 탄생을 역사적 정황이나 생물학적인 것으로 분석하는 것은 이야기의 성격을 벗어난다. 동정녀 탄생을 역사실증주의적으로 규정하는 것은 성서기사에 내포된 의도와 진실을 보존하는 것이 아니라, 오히려 그것을 파괴한다.[30] 신학적 의미로 가득한 동정녀 탄생과 출생 이야기를 역사비평 차원으로 제한하면 초점을 벗어난다.

성서에는 다양한 언어가 있다. 사실적 언어도 있지만, 고백적 언어, 수사학적 언어, 시적 언어, 여러 은유와 상징도 있다. 이런 표현과 언어들은 각기 자신의 역할을 하면서 성서의 기사가 의도하는 것을 전달한다. 예수의 출생 이야기는 사실적 언어가 아니라 고백의 언어이고 신학적 언어이다. 예수의 출생 이야기는 성령에 의해, 동정녀 마리아를 통해 예수 그리스도가 역사 속으로 오는 신비로운 이야기이다. 출생 이야기는 자신만의 고유성을 가지고 다른 어떤 표현으로도 할 수 없는 것을 우리에게 전달하고 있다. 그 신비를 전달하기 위해 출생 이야기에 다양한 언어가 복합적으로 사용되었다. 출생 이야기를 담고 있는 고유한 언어를 역사의 범주로 제한하면, 원래의 의미를 잃어버린다.

예수의 출생 이야기에 나오는 세부적인 묘사, 곧 큰 별, 동방박사, 인구조사 등의 역사성은 성육신 신학에 영향을 주지 않는다. 성육신 신학은 출생 이야기와 그 배경이 되는 역사적 정황을 토대로 발전하지 않았다. 또한 성육신 신학은 마태와 누가의 출생 이야기에 의존하지 않는다. 복음서에 나오는 출생 이야기를 성서의 다른 부분과 분리할 수 없다. 성육신 신학은 성서 전체의 큰 틀 안에서 이해해야 한다.

---

30 Moltmann, *The Way of Jesus Christ*, 82-83.

예수의 무죄성과 마리아론

예수의 출생 이야기에서 두 가지 주제가 파생되었다. 하나는 동정녀 탄생을 예수의 무죄성의 근거로 보려는 논의이고, 다른 하나는 마리아를 수태고지의 중심에 두면서 마리아론을 발전시키게 된 것이다. 이 두 주제는 성육신의 본질과 상관이 없으며, 성육신 신학에서 부수적이다. 하나씩 간결하게 보겠다.

예수가 동정녀에게서 태어났다는 복음서의 기록은 비판의 대상이 되기도 했고, 동시에 예수의 무죄성의 근거가 되기도 했다. 동정녀 탄생에 대한 비판은 예수의 참 인간 됨과 연결된다. 만약 예수가 아버지 없이 태어났다면, 예수는 완전한 인간이라고 할 수 없다는 것이다. 이런 종류의 비판은 가현설적인 논지를 우려한 것으로서, 예수가 죄에 물든 현 세계가 아닌 다른 곳으로부터 온 메신저라는 입장을 거부하는 과정에서 나왔다.

한편, 동정녀 탄생은 예수의 무죄성의 근거로 주장되었다. 이런 주장은 서방교회에서 초기부터 있어 왔다. 무죄성을 주장하는 배경은 원죄설이다. 원죄설에는, 죄는 성(性)을 통해 전이된다는 유전설이 자리한다. 만약 예수가 부모에게서 자연적인 방법으로 태어났다면, 예수는 아담의 죄에서 시작된 유전설로부터 자유로울 수 없으며, 예수를 새로운 인류의 근원으로 보기가 어려워진다는 것이다. 한동안 교회는 원죄설과 유전설을 가르쳤다. 이런 맥락에서, 예수가 성적인 결합 없이 동정녀에게서 태어난 것은 무죄성을 의미하는 것으로 생각했다. 하지만 지금은 인간을 영과 육이라는 이원론적으로 보지도 않을뿐더러 수태고지를 생물학적 진술로 보지도 않는다. 그러므로 동정녀 탄생에 대한 양 극단의 주장은 오늘날에는 초점을 잃은 주제이다.

동정녀 탄생과 연관해 보다 진지한 주제는 '마리아론'이다. 마리아론은 그리스도론과 연관해서 발전했다. 고대교회에서 성육신 논쟁 중 하나는 마리아의 위치에 대한 것이었다. 마리아론의 시작을 3세기부터로 볼 수도 있지만, 마리아에 대한 숭배와는 거리가 멀었다. 4세기까지 마리아에게 직접 기도를 드린 경우는 극히 드물게 나타난다. 다만 '하나님을 낳은 자'(theotokos)라는 명칭은 5세기에 일반적으로 사용되었다.[31] 알렉산드리아의 키릴로스(Kyrillos)와 콘스탄티노플의 네스토리우스(Nestorius) 사이에, 마리아의 명칭이 발단이 되어 심각한 논쟁이 벌어졌다. 네스토리우스는 하나님을 낳은 자라는 명칭은 신성과 인성이 혼동될 가능성이 있다고 보았다. 그는 마리아에게 '그리스도를 낳은 자'(Christotokos)라는 명칭이 적합하다고 주장했다. 반면 키릴로스는 예수 그리스도가 하나님이라면, 그를 낳은 마리아는 분명 하나님의 어머니라고 주장했다. 키릴로스의 주장은 말씀이 성육신하여 예수와 결합하는 순간에 초점이 있는 것이 아니라, 선재한 말씀의 성육신에 초점이 있었다. 논쟁이 격렬해지면서 예수 그리스도의 두 본성의 연합을 해결하기 위해 칼케돈 공의회(451)가 열렸다. '하나님을 낳은 자'라는 호칭은 정통교리의 시금석 중의 하나인 칼케돈 고백에서 유지되었다. 그런데 유의할 점은, 키릴로스와 네스토리우스의 논쟁이 시발된 것은 마리아의 명칭에서 비롯되었으며, 이 논쟁의 내용은 마리아의 신성화와는 상관이 없다. 논쟁은 전적으로 신성인 말씀/로고스가 어떻게 인간과 연합하느냐에 대한 양성 그리스도론(two-nature Christology)에 초점이 있었다.[32] 하지만 그 후 중세를 거치며 마리아론이 발전했다.

성서에 마리아에 대한 언급은 많지 않다. 마리아론의 중요한 근거는

---

31 Andrew Louth, "Pseudonymity and Secret Tradition in Early Christianity: Some Reflections on the Development of Mariology," *St Vladimir's Theological Quarterly* 60, no. 4 (2016): 445-46.

32 마리아에 대한 평가와 상관없이, 대부분의 학자들은 431년 에베소회의의 초점도 마리아론이 아니라, 그리스도론이라는 것에 동의한다. Cf. A. Edward Siecienski, "Mariology in Antioch: Mary in the Writings of Chrysostom, Theodoret of Cyrus, and Nestorius," *St Vladimir's Theological Quarterly* 56, no. 2 (2012): 133.

동정녀 출생 부분이다. 마리아론이 독립된 신학으로 형성된 것은 16세기 말에서 17세기 초였다. 핵심 사상은, 마리아는 평생 동정녀이며, 하나님의 어머니이고, 또한 원죄에 물들지 않았으며, 사망 후 승천하였다는 것이다. 지금도 마리아는 가톨릭과 성공회에서 교리적으로,[33] 그리고 기독교를 떠나 많은 사람들에게 실제적으로[34] 중요한 역할을 한다. 개신교는 마리아론을 받아들이지 않았고, 마리아의 위치에 대해 공식적으로 입장을 정리하지는 않았다. 개신교에서는 일반적으로 마리아를 예수의 어머니로 존경하는 정도이다.

신약성서에서 마리아의 동정녀 탄생 기사는 마태복음과 누가복음뿐이다. 요한문서와 바울서신은 언급이 없거나 거의 의미를 부여하지 않는

---

33 가톨릭과 성공회에서는 마리아가 '구원의 역사'에서 일정한 역할을 한다고 믿는다. 마리아의 역할에 관한 성서의 근거에 대해서는 해석의 차이가 있지만, 전체적으로 봐서 성서적 근거는 확보된다고 본다. Frederick H. Borsch, "Mary and Scripture: A Response to Mary: Grace and Hope in Christ. An Agreed Statement of the Anglican-Roman Catholic International Commission," *Anglican Theological Review* 89, no. 3 (Summer 2007): 395-96.

34 치구미라(G. Chigumira)는, 남아프리카에서 마리아는 사람면역결핍바이러스(HIV)와 후천성면역결핍증(AIDS)에 감염된 여성들에게 힘을 주고 현실을 이겨내게 하는 역할을 한다고 보고한다. 치구미라는 고통의 현장에서 마리아가 '해방적 모델'을 제시해 준다고 말한다. [Godfrey Chigumira, "Mary as a Symbol of Inspiration for the Empowerment of Southern African Christian Women Disproportionately Infected/Affected by HIV and AIDS," *Black Theology: An International Journal* 12, no. 2 (August 2014): 117-38.] 2015년 12월, 「내셔널 지오그래픽」은 '세계에서 가장 영향력 있는 여성'이라는 표지기사를 게재했다. 가장 영향력 있는 여성으로 선정된 자는 마리아였다. 마리아는 기독교와 이슬람을 포함해서 세계적으로 가장 많이 검색되고, 언급되고, 삶을 변화시키는 자로 평가되었다. 마리아는 지금도 수많은 사람들에게 어머니로서, 슬픔의 위로자로서, 치유자로서, 영적인 인도자로서, 때로는 혁명가로서 영향을 미치고 있다. Maureen Orth, "How the Virgin Mary Became the World's Most Powerful Woman," *National Geographic*, December 2015, https://www.nationalgeographic.com/magazine/2015/12/virgin-mary-worlds-most-powerful-woman/.

다. 성서에는 마리아론에 대한 신학적 근거가 미미하다. 사도신경에 "성령으로 잉태하사 동정녀 마리아에게 나시고"라는 표현이 있다. 이 표현은 마태복음(마 1:18)과 누가복음(눅 1:34-35)에 근거를 두고 있지만, 의미는 마리아론과 거리가 있다.

신약에서 마리아는 중심 역할을 하지 않는다. 마리아는 예수의 사역 기간 동안 예수를 따르던 공동체에 속하지 않았다. 예수의 수난현장과 부활현현에서도 마리아에게 별다른 위치가 주어지지 않는다. 마리아가 중요하게 언급되는 곳은 유일하게 수태고지 부분이다. 그러나 수태고지에서도 마리아는 중심에 있지 않다. 수태고지의 중심은 성령과 예수이다. 수태고지는 예수의 출생을 알리는 놀라운 사건이지, 마리아의 역할을 부각하지 않는다. 마리아는 성령의 음성을 들을 뿐이다. 마리아의 역할은 성령에 순종하는 것으로 제한된다. 그러므로 마리아의 성격은 독립적인 역할보다는 성령의 역사에 참여하는 범위에서 규정되는 것이 바람직하다.[35] 수태고지는 신학적으로 말하면 삼위일체론적 사건이다. 하나님께서

---

35 물론 마리아의 역할에 대해서는 다양한 평가가 있다. 마리아를 신앙의 모범으로 보는 입장도 있다. 마리아는 하나님의 부름에 대해 '예'라고 대답하고 그것을 자신의 소명으로 받아들인다. 이것은 이스라엘의 역사에 나타나는 예언자들의 모습과 연결된다. 이런 맥락에서, 마리아의 역할이 성령에 응답해서 구원의 역사에 참여하는 것으로 해석된다. [Mary Foster Parmer, "Saying Yes to God's Call: The Prophetic Voices of Mary and Mary," *Journal of Theta Alpha Kappa* 34, no. 1 (Spring 2010): 41-42.] 게다가 과거에는 마리아라는 주제가 종종 기독교의 통일을 방해하는, 즉 가톨릭, 동방정교, 개신교 신자들 사이에서 교회를 분열시키는 주된 이슈였다. 하지만 상당 기간 이어진 초교파적 대화와 다양한 기독교 전통의 신학자들이 마리아를 연구한 이후, 오늘날에는 에큐메니컬 운동에서 마리아에 대해 놀라운 일치를 보이고 있다. [Maxwell E. Johnson, "The Blessed Virgin Mary and Ecumenical Convergence in Doctrine, Doxology, and Devotion," *Worship* 88, no. 6 (November 2014): 483-85.] 필자는 마리아에 대한 긍정적인 평가에 반대하지 않는다. 다만 필자의 주장은 마리아가 수태고지의 중심이 아니라는 것이다. 더군다나 마리아론은 성육신 신학의 중심 테마가 아니다.

성령을 통해 아들로 하여금 세계를 구원하게 하는 그 시작을 장엄하게 고지하는 사건이다.

수태고지에서 시작된 동정녀 탄생은 예수의 무죄성을 보증하지도 않고, 예수의 신성을 입증하지도 않는다. 마리아에 대한 언급이 시작된 것은 3세기이며, 어느 정도 형태를 갖춘 것은 5세기경이다. 그러나 예수의 신성에 대한 고백은 훨씬 빨라 1세기 중반에 시작되었다. 예수의 신성에 대한 고백은 성서의 초기 기록과 거의 비슷한 시기에 일어났다. 그 후, 2세기 초 이그나티우스(Ignatius)에게서 예수 그리스도의 선재와 신성을 전제로 한 '영-그리스도론'이 나타났고, 2세기 후반에서 3세기 초의 테르툴리아누스에 이르면 '로고스 그리스도론'이 굳건하게 체계를 갖춘다. 그리스도의 신성이 확보되는 '존재론적 그리스도론'의 형성 과정에서 동정녀 마리아는 언급되지 않았으며, 아무런 역할을 하지 않았다. 따라서 예수가 동정녀에게서 태어났다는 것이 예수의 무죄성과 신성에 어떤 영향도 주지 않는다. 또한 동정녀 탄생이 그리스도에 대한 신앙을 유발시키지도 않는다. 복음서는 마리아에 대해 부수적으로 말할 뿐이다. 동정녀 탄생은 신앙의 구성적 요소가 아니다.

2) 다원주의적 성육신 해석

20세기 중반 이후부터 지금까지 성육신에 대한 다양한 해석이 나타났다. 현대 신학자들 중에는 '전통적인 범위' 안에서 성육신을 재해석하는 경우가 많다. 전통적인 범위라는 것은 두 가지를 기준으로 삼는다. 하나는, 하나님이 예수에게 성육신했다는 것을 '존재론적' 사실로 받아들이는 것이다. 오직 나사렛 예수에게 성육신이 일어났으며, 성육신은 상징적·은유적·기능적 역할로 대체되지 않는다. 따라서 예수에게서 하나님은 완전히 계시되며, 예수를 떠난 하나님 인식은 제한된다. '그리스도'라는 용어는 예수의 존재와 인격에 배타적으로 적용된다. 다른 하나는, 예수의 신성과 인성이라는 '두 본성'을 유지하는 것이다. 이는 니케아-칼케돈을 거치며 체계화된 양성론의 골격을 벗어나지 않는다. 대체로 위 두 가지 기준이 충족되면, 전통적 범위의 성육신 해석이 가능하며 삼위일체론과 양성 그리스도론의 구조도 갖추어진다. 가톨릭 신학자로는 라너(K. Rahner), 발타자르(H. U. von Balthasar), 보프(L. Boff) 등, 개신교 신학자로는 바르트(K. Barth), 브루너(E. Brunner), 본회퍼(D. Bonhoeffer), 판넨베르크(W. Pannenberg), 융엘(E. Jüngel) 등이 전통적인 범위 안에서 성육신 신학을 재해석했다. 그들의 성육신 해석은 독창적이지만 전통적 범위를 크게 벗어나지 않고, 삼위일체론에서도 뛰어난 공헌을 보여준다.

하지만 전통적인 성육신 신학과는 성격이 다른 해석도 제법 있다. 이 새로운 시도들은 모두 시대정신을 반영하며, 현시대 속에서 성육신의 의미를 추구하는 과정에서 나왔다. 그중에는 어느 정도 전통적인 성육신 신학과 연속성을 가질 수 있는 것도 있는 반면, 전통적인 범위를 완전히 벗어나는 것도 있다. 먼저 연속성을 가질 수 있는 해석 중에서 몇 가지 눈여겨볼 만한 것이 있다.

첫째, 성육신에서 '남성'이라는 성별의 우선성을 배제하는 해석이다. 여성신학을 비롯해 다수의 신학자들이 성육신을 간성(intersex)의 관점에서 해석한다. 이 입장은 성육신에서 예수의 성별을 남성으로 국한해선 안 된다고 본다. 예수의 성별은 신성을 위한 어떤 기능, 역할, 본질적 차이도 나타내지 않는다는 것이다. 예수의 성육신은 하나님이 인간이 되었다는 의미이지, 남성이라는 성별을 지시하는 것은 아니라는 주장이다.[36] 즉 성육신에서 '인간'이 성별을 나타내는 '남성'보다 우선적이라는 해석이다.

---

36 Susannah Cornwall, "Sex Otherwise: Intersex, Christology, and the Maleness of Jesus," *Journal of Feminist Studies in Religion* 30, no. 2 (Fall 2014): 23-39.

둘째, 성육신을 성인 구원자의 출생으로 보지 않고, '아기'의 출생으로 보는 입장이다. 이 입장은 예수가 구원자라는 강하고 지배하는 자로 온 것이 아니라, 약하고 부서지기 쉬우며 누군가의 돌봄이 필요한 모습으로 왔다고 본다. 예수는 폭력적인 세상에서 연약한 자로서, 평화와 화해를 위해 가장 작은 자로서 삶을 시작했다는 것이다. 즉 강력한 구원자의 모습이 전제되지 않은, 불안하고 상처받기 쉬운 한 아기의 출생이 성육신이라는 것이다. 이 입장은 두려워하고 연약하며 미래를 알 수 없는 것이 바로 인간의 삶이며, 모든 인간의 모습이라는 것을 강조한다. 이것이 '참 인간이 되었다.'는 성육신의 진정한 의미라고 주장한다.[37]

셋째, 성육신을 인간 중심에서 탈피하여 생태계와 자연 중심으로 해석하는 것이다. 자연 중심의 입장에는 여러 관점의 해석이 있다. 크게 두 부류로 나누어진다. 하나는, 칼케돈 신학의 두 본성론을 유지하면서, 구원을 인간 중심으로 국한하지 않고 땅과 자연이라는 생태계로 확장하는 것이다. 예를 들면, 성육신을 하나님의 피조세계의 구원사의 흐름 아에서 파악한다. 성육신은 모든 피조물의 회복을 위한 것이고, 성육신한 그리스도는 피조세계의 완성과 구원을 향한다. 성육신한 그리스도의 인성은 인류에 제한되지 않으며, 오히려 인류가 이 세계의 한 부분으로 간주된다.[38] 다른 하나는, 신성과 인성이라는 두 본성에 대한 근본적인 변화가 요청되는 해석이다. 이 부분은 다음 항(項), "우주적 그리스도론의 성육신"에서 별도로 보겠다.

위 세 부류의 해석들은 대체로 긍정적이다. 전통적인 성육신의 전통을

---

37 Elizabeth O'Donnell Gandolfo, "A Truly Human Incarnation: Recovering a Place for Nativity in Contemporary Christology," *Theology Today* 70, no. 4 (January 2014): 382-93.

38 Joseph A. Bracken, "Incarnation, Panentheism, and Bodily Resurrection: A Systems-Oriented Approach," *Theological Studies* 77, no. 1 (March 2016): 32-47.

유지하면서, 고려할 수 있는 해석들이다.

그러나 전통적인 해석의 범위를 벗어나거나 연속성을 가지기 어려운 해석이 있다. 21세기에 전통적인 성육신 신학은 중요한 시험대에 올랐다. 성육신은 두 가지 큰 도전에 직면했다. 하나는 다원주의적 성육신 해석이고, 다른 하나는 새로운 우주관에 기인한다. 후자에 대해서는 다음 항에서 보겠고, 여기서는 다원주의에 의한 도전을 보겠다.[39]

20세기 중후반, 종교다원주의로 인해 상당한 논란이 있었다. 타종교의 입장에서 볼 때, 성육신 신학과 그리스도론은 매우 배타적인 교리일 뿐 아니라, 타종교와의 대화에서 최대 걸림돌이다. 그래서 다원주의는 그리스도론 중심에서 신 중심으로 전환할 것을 요청한다. 다원주의를 대표하는 니터(P. F. Knitter), 파니카(R. Panikkar), 힉(J. Hick)은 모두 그리스도 중심 신학을 거부한다. 그들은 하나님이 예수 그리스도에게서만 계시되었다는 사상을 받아들이지 않는다. '오직 예수'를 언급하는 성서구절(요 14:6, 행 4:12)은 예수를 통해 구원을 경험한 자들의 고백으로 여긴다. 다원주의는 예수의 추종자들의 고백을 절대화해서 보편적 진리로 간주하면 안 된다고 주장한다. 따라서 다원주의는 구원자 그리스도를 나사렛 예수로 제한하지 않는다. 그리스도는 다양한 종교에서 여러 형태로 존재한다는 것이다. 니터는 신-중심적 모델을 제안하면서, 역사적으로 그리스도는 라마(Rāma), 크리슈나(Krishna), 이슈바라(Ishvara), 푸루샤(Purusha) 등 많은 인물로 나타났다고 주장한다.[40] 즉 니터는 예수가 그리스도라는 것을 부

---

39 여기서 다원주의를 다루려는 것은 아니다. 포스트모더니즘과 다원주의에 대해서는 "제7장 다원성 시대의 그리스도"에서 자세히 다룰 것이고, 지금은 다원주의가 성육신과 어떻게 연관되는지만 보려 한다.

40 Paul F. Knitter, *No Other Name?: A Critical Survey of Christian Attitudes Toward the World Religions* (New York: Orbis Books, 1985), 156.

정하지 않는다. 다만 그리스도가 오직 예수로만 성육신한 것이 아니라, 다른 많은 역사적 인물로도 현현했다는 것이다. 파니카 역시 구원자 그리스도가 나사렛 예수라는 한 인물에 제한될 수 없다고 믿는다.[41] 예수에게서 그리스도라는 절대성을 배제하는 것은 대부분의 다원주의자들의 공통된 주장이다. 그들은 신성의 성육신은 여러 종교에서 언급된다고 본다. 예를 들면, 힌두 전승에서는 브라만(Brahman), 혹은 신성이 역사적 실체로 현현한 경우가 드물지 않다. 신성이 성육신하고, 인간의 한계 안으로 들어온 경우들이다. 기독교의 성육신과 인도 전승의 성육신의 유사성은 비교종교학 차원에서 흔히 다루어지는 주제이다.[42]

힉의 다원주의적 그리스도론은 전통적인 성육신 신학에 대한 비판에서 시작한다. 그리스도론의 배타성이 성육신에서 시작된다고 보기 때문이다. 힉은 성육신을 신화적 개념으로 규정한다. 그는 하나님이 예수에게서 인간이 되었다는 성육신의 언어를 사실적으로 받아들이지 않는다.

> 성육신을 문자적 의미로 서술하지 못하는 이유는 전적으로 성육신이 문자적 의미를 가지고 있지 않기 때문이다. 성육신은 신화적 개념이며, 비유적 표현이며, 하나의 시적 상상이다.[43]

힉은 성육신이 예수를 구원자로 믿는 자의 '경험적 사실'을 표현한 것이라고 주장한다. 힉에게 성육신은 듣는 자에게 전달하기 위한 상징이며

---

41 Raimundo Panikkar, *The Unknown Christ of Hinduism: Towards an Ecumenical Christophany* (New York: Orbis Books, 1981), 8-9.

42 Cf. Jeffery D. Long, "Universal Avatā: A Hindu Theology of Divine Incarnation in the Tradition of Sri Ramakrishna," *Studies in Interreligious Dialogue* 22, no. 2 (2012): 170-85.

43 John Hick, *God Has Many Names: Britain's New Religious Pluralism* (London: Macmillan, 1980), 55.

'실천적 진실'일 뿐이다.[44] 하나님이 오직 예수에게 성육신했다면, 하나님과 인간 사이의 유일한 접촉점은 예수밖에 없다. 그래서 힉은 성육신이 예수에게 일어난 배타적 사건이 아니라는 것을 밝히는 것에 치중한다. 힉은 성육신을 신화적 개념으로 규정한 다음, 구원의 주체를 예수로 보지 않고, 예수 안에 나타난 하나님이라고 주장한다. 힉에게 예수는 1세기에 살았던 한 명의 유대인이며, 일생을 하나님 중심으로 산 사람이다.[45]

다원주의의 성육신 해석은 정통주의의 입장에서는 대단히 곤혹스러운 주장이다. 기독교는 삼위일체의 제2위격인 성자가 나사렛 예수에게 성육신했으며, 오직 예수를 통해서만 하나님이 계시되었다고 믿기 때문이다. 성육신은 하나님의 자기 계시를 의미한다. 예수를 통해 하나님이 자신을 결정적으로 드러냈다는 것이다. 따라서 예수를 떠난 하나님 이해는 불가능하다. 이 점에서, 성육신은 배타적으로 오직 예수에게 일어난 사건이다.

---

44 John Hick, "Jesus and the World Religions," in *The Myth of God Incarnate*, ed. John Hick (London: SCM, 1977), 177-78.

45 John Hick, *Christianity at the Centre* (London: Macmillan, 1986), 19. 힉이 주장한, 예수를 한 사람의 유대인으로 보는 견해는 최근 역사적 예수의 탐구, 특히 제3의 탐구(third quest)에서는 당연한 것으로 여겨진다. 제3의 탐구에서는 예수를 유대의 상황 안에서 이해하고, 예수를 그가 속한 1세기의 유대종교, 문화, 사회-경제적 제도와 분리시키지 않으려 한다. 과거의 역사적 예수의 탐구에서는 예수를 유대사회와 분리시키는 경향이 있었다. 예수의 특징이 율법, 유대종교, 유대사회와의 차별성에서 확보된다고 믿었기 때문이다. 지금은 역사적 예수를 연구하면서, 예수를 유대사회로부터 분리하는 것은 거의 배제되었다. 그러나 역사적 예수의 탐구에서 유대의 종교와 사회의 중요성을 환기한 것은 제3의 탐구만의 공헌은 아니다. 제3의 탐구 이전에 버미스(G. Vermes)의 『유대인 예수: 역사가의 복음서 읽기』(1973)와 샌더스(E. P. Sanders)의 『예수와 유대교』(1985)는 예수와 유대교의 관계를 재평가하도록 만들었다. 그래서 던(J. D. G. Dunn)은 버미스와 샌더스의 공헌을 결정적으로 평가하면서 버미스를 '세례 요한'으로, 샌더스를 제3의 탐구의 '시작'으로 표현한다. Cf. Dunn, *Jesus Remembered*, 88-89.

그러므로 예수 그리스도의 독특성을 떠나는 순간 기독교는 자신의 정체성을 상실한다. 당연히 정통주의 기독교로서는 예수 외에 다른 구원자가 있다는 다원주의의 입장을 받아들이기는 어렵다.

그러나 우리는 다원주의의 해석을 전적으로 무시하기도 어렵다. 다원주의는 현시대의 문화적 현상을 반영한 하나의 흐름이다. 다원주의적 성육신 해석은 결코 없어지지 않는다. 21세기에는 더욱 심화될 것이다. 앞으로, 규범적이고 배타적인 성육신 신학을 유지하기는 쉽지 않다. 다가오는 세기에 성육신 신학에 대한 재해석 작업은 지속적으로 요청될 것이다. 더구나 지구는 다종교 사회이고, 다문화 사회이다. 범세계적인 화합과 하나의 지구에 대한 연대와 책임이 중요한 시점이다. 기독교가 타종교와 대화하지 않을 수 없다. 예수 그리스도의 사랑, 화해, 생명 살림의 역사를 기독교라는 종교의 울타리 안에 묶어두어서는 안 된다. 그렇다면 성육신 신학에 대한 재해석은 가능한가? 가능한 길은 두 가지가 있다. 하나는 우주적 그리스도론의 형태이고, 다른 하나는 교리적 차원의 형태이다.

첫째, 우주적 그리스도론 유형 중에서, 부활한 예수의 인격을 개방적으로 보는 방법이 가능하다. 부활한 그리스도는 역사적 예수의 개체성 안에 머물지 않는다. 그리스도의 개방적 인격성(open personhood) 안에 인류, 역사, 자연 모두 들어올 수 있다. 이는 범재신론적인 개방성이다. 이것은 자연과 우주를 포용할 수 있는 우주적 그리스도론의 개념이다. 이런 유형의 그리스도론에서는, 표현은 그리스도 중심적이지만, 내용적으로는 교리적 폐쇄성을 극복할 수 있다. 포스트모던의 다원성과 자연-생태계의 문제까지 고려할 수 있는 구조이다. 이 주제에 대해서는 다음 항에서 짧게 언급하겠고, 제3장에서 별도로 다루려 한다.

둘째, 교리적 차원에서는 다양한 시도가 가능하다. 무엇보다 영-그리스도론(Spirit Christology)의 한 형태로 발전시킬 수 있다. 결국 초점은 성육신을 오직 예수에게만 나타난 계시의 사건으로 볼지, 혹은 많은 계시-

사건의 하나로 볼지에 달렸다. 성서는 성육신을 예수에게 나타난 배타적 사건으로 증언한다. 성서가 말하는 그 의미는 무엇일까? 성육신을 예수의 출생 순간의 묘사에 국한해서 보면 본질을 놓친다. 성육신 이야기를 분리해서 그것만 본다면, 예수의 성육신은 신화처럼 보이거나 후대에 첨가된 하나의 신앙고백으로 보일 수 있다. 하지만 성육신은 예수의 공생애 전체에 대한 성찰이며, 요약이다. 성육신의 '내용'은 예수의 공생애에 나타난다. 예수의 하나님 나라의 선포, 말씀, 그의 삶에는 독특성이 있다.[46] 그리고 '언어-사건'(word-event)이라는 차원에서, 예수의 선포에는 예수의 결단과 신앙이 들어 있다. 예수는 그 자신의 결단을 통해 '신앙의 증인'이 되었다.[47] 예수의 인격과 영은 그의 선포, 가르침, 말씀에서 분리되지 않는다. 즉 예수는 자신의 선포와 완전히 일치되었고, 예수는 자신이 선포한 신앙의 근거가 되었다.[48] 예수의 말씀에는 예수의 존재, 결단, 믿음이 들어

---

46 비록 대다수의 학자는 아니지만, 상당수의 학자는 예수의 선포와 말씀이 메시아적 요소를 가진다고 믿는다. 만약 예수가 메시아적 칭호를 완전히 거부했고, 예수의 공생애 활동이 제자들로부터 '메시아적'이라고 인식되지 않았다면, 왜 부활절 이후에 제자들이 갑자기 예수를 그리스도라고 강력하게 고백했는지를 설명하기가 매우 어렵다. 사실 '그리스도'는 예수 당시에 흔한 칭호가 아니었다. 제자들의 부활 체험만으로 이런 고백에 도달할 수는 없었다. 제자들의 부활 체험은 예수의 공생애 활동에서 드러난 메시아적 요소를 확신하게 만들었다. Cf. Graham N. Stanton, *The Gospels and Jesus* (Oxford: Oxford University Press, 1990), 220-27; Dunn, *Jesus Remembered*, 626-27; I. Howard Marshall, "Jesus as Messiah in Mark and Matthew," in *The Messiah in the Old and New Testaments*, ed. Stanley E. Porter (Grand Rapids: Wm. B. Eerdmans Publishing Co., 2007), 130; Jens Schröter, *Jesus of Nazareth: Jew from Galilee, Savior of the World*, trans. Wayne Coppins and S. Brian Pounds (Waco: Baylor University Press, 2014), 173-76; 김동건, 『예수: 선포와 독특성』 (서울: 대한기독교서회, 2018), 458-96.

47 Ernst Fuchs, *Studies of the Historical Jesus*, trans. Andrew Scobie (London: SCM, 1964), 60-63, 77-80.

48 Gerhard Ebeling, *The Nature of Faith*, trans. Ronald Gregor Smith (London: Collins, 1961), 59.

있다.[49] 다른 말로, 예수의 선포와 말씀은 예수의 독특한 인격과 영을 간직하고 있다. 예수가 당시 선포하고 결단한 그의 영은 지금 역사 안에 남아 있다. 따라서 비록 예수에게 나타난 계시가 다른 역사적 사건이나 인물과 대체되지 않지만, 우리는 예수의 영을 역사 안에서 여러 형태로 만날 수 있다. 물론 영-그리스도론은 고대로부터 다양한 형태가 있어 왔다. 여기서 필자가 주장하는 영-그리스도론의 형태는, 성육신의 고유성은 유지하면서 예수의 독특성과 연속성을 가지는 계시-사건들을 성령으로 연결하는 구조이다. 즉 예수에게 나타난 계시는 최종적이다. 예수를 떠난 하나님의 부가적인 계시는 없다. 그러나 예수에게 나타난 계시가 2,000년 전에 고정된 것은 아니다. 성령은 지금도 역사하며, 하나님의 섭리는 계속된다. 하나님의 계시는 현재도 성령을 통해 새롭게 나타난다. 성령은 다름 아닌 그의 독특성과 인격성과 분리되지 않는 예수의 영이다. 예수의 계시는 역사 속에 현재하는 모든 계시의 기준이며 근거이다.

예수를 원형으로 보는 것은 틸리히의 신학과 민중신학과 같은 다른 신학에서도 나타난다. 하지만 중요한 점에서 다르다. 필자가 제시하는 영-그리스도론에서는 예수의 영과 분리될 수 없는 그의 존재가 원형이 된다. 반면 틸리히와 민중신학에서는 예수의 존재/인격 자체는 특별하지 않다. 틸리히는 성육신을 전통적 유신론과 전혀 다르게 해석한다. 틸리히에게 성육신은 '새로운 존재', 곧 그리스도가 '결정적인 때'에 실존의 모든 조건을 가진 인간 예수에게 나타난 것을 의미한다. 틸리히는 '결정적인 때'를 성서의 용어를 빌려 카이로스로 표현한다. 틸리히에게 카이로스는 신에 의해 선택된 시간이며, 완성된 시간이고, 충만한 시간이다. 즉 성육신은 선택된 시간에 새로운 존재가 역사에 출현한 사건이다. 틸리히는 이

---

49 Gerhard Ebeling, *Word and Faith*, trans. James W. Leitch (London: SCM, 1963), 295-96.

순간을 '역사의 중심'으로 선택된 시간이라고 말한다.[50] 주의할 점은, 새로운 존재가 예수에게 '나타났다'는 것이지, 예수로 '성육신한 것'이 아니라는 점이다.[51] 다른 말로, 틸리히 사상에서, 만약 여러분이 성육신의 주체를 예수로 간주하고 '예수의 성육신'을 구속사의 시작으로 본다면, 틸리히의 그리스도론을 오해하는 것이다.[52] 틸리히에게 성육신의 주체는 '새로운 존재'이며, 새로운 존재가 예수에게 임한 독특한 성격으로 말미암아 역사의 의미가 달라진 것이다. 따라서 틸리히에게 예수는 구원의 주체가 아니다. 구원은 새로운 존재에 의해 가능하고, 새로운 존재는 신의 임재이며 성령의 임재이다. 예수는 존재론적으로 '새로운 존재'와 일치되지 않기 때문에, 예수는 신과 인간 사이를 화해하고 구원할 수 있는 중보자가 아니다. 예수는 또한 구원자도 아니다. 그래서 틸리히는 이렇게 주장한다. "구원과 중재는 참으로 하나님에게서 온다."[53] 틸리히는, 예수-사건은 역사 속에서 무수히 나타난 구원사건들의 '종석'(keystone),[54] 모든 영

---

50 Tillich, *Systematic Theology*, vol. 3, 394.
51 틸리히가 '예수가 인간으로 나타났다.'는 말을 했기 때문에, 틸리히의 그리스도론을 영지주의라고 지적하는 경우가 있다. [Cf. John Thatamanil, "Tillich and the Postmodern," in *Cambridge Companion to Paul Tillich*, ed. Russell Re Manning (Cambridge: Cambridge University Press, 2009), 298.] 그러나 틸리히는 영지주의와는 거리가 멀다. 틸리히에게 예수는 다른 사람들과 동일하게 유한성을 가진 한 인간이다. 예수는 인간으로서 '새로운 존재'의 담지자(bearer)이기 때문에, 틸리히의 그리스도론은 영지주의보다는 오히려 양자론에 가깝다.
52 Cf. George Pattison, *Paul Tillich's Philosophical Theology: A Fifty-Year Reappraisal* (New York: Palgrave Macmillan, 2015), 55-56.
53 Tillich, *Systematic Theology*, vol. 2, 108. 이런 의미에서, 틸리히는 중재자를 하나님 및 인간과 나란히 존재론적 실체로 보는 그리스도론을 '잘못된 그리스도론'이라고 비판한다. 틸리히는 예수를 존재론적으로 그리스도로 간주하는 것은 예수를 반신(half-god)이며 동시에 반인(half-man)으로 만드는 것이라고 생각하기 때문이다. Ibid., 107-11.
54 Tillich, *Systematic Theology*, vol. 3, 156.

적 경험에 대한 '기준'(criterion),[55] 그리고 '규범'(norm)이라고 부른다.[56] 그러나 틸리히에게 예수-사건은 유일한 구원사건이 아니다. 그러므로 틸리히에게 예수의 '존재'는 독특성의 근거가 되지 않는다. 틸리히는 예수를 원형으로 보지만, 그 이유는 하나님이 예수에게 '존재의 힘'으로 나타났기 때문이다.

한편, 민중신학은 예수의 유일성을 거부하며, 예수-사건을 많은 메시아 사건들 중의 하나로 간주한다. 즉 민중 그리스도론은 예수를 한 명의 인격이라는 존재론적으로 접근하지 않고, 하나의 사건으로 본다. 민중 그리스도론은 '역사적 예수'에 관심을 보이지만, 역사적 예수도 역사비평방법에 의해 재구성된 예수를 의미하지 않는다. 도그마의 그리스도를 탈피하려는 민중 그리스도론의 의도는 남미의 해방 그리스도론과 유사하지만, 결정적으로 다른 점이 있다. 해방신학은 예수를 존재론적인 '인격'(person)으로 보는 반면, 민중신학은 예수를 집단적 개념인 민중사건/메시아적 '사건'(event)의 하나로 본다. 민중 그리스도론에서 '메시아'는 절대적 개념이 아니며, '메시아적'(messianic)이라는 용어도 예수에게만 적용되지 않는다. 성서와 역사 속에는, 많은 메시아적 사건들이 예수 이전과 이후에 있었다고 본다.[57] 또한 민중 그리스도론에서 민중과 메시아는 동일시된다.[58] 민중과 메시아의 동일시는 민중의 구원을 위해 외부로부터의 구원자가 필요 없다는 의미이다. 즉 민중 그리스도론에서 구원은 민중을 통해서 온다. 민중 그리스도론의 여러 장점에도 불구하고, 나사렛 예수의 고유성과 인격성이 약화되는 것은 해결해야 할 과제이다.[59]

---

55 Ibid., 153.
56 Paul Tillich, *Systematic Theology*, vol. 1. (London: Jamse Nisbet & Co. LTD, 1968), 56.
57 안병무, 『민중신학 이야기』 (서울: 한국신학연구소, 1987), 59; 김용복, 『한국 민중과 기독교』 (서울: 형성사, 1981), 115-17.
58 김용복, 『한국 민중과 기독교』, 109-13.

반면 영-그리스도론에서는 예수는 존재론적으로 그리스도이다. 영-그리스도론은 예수의 성육신, 독특성, 계시의 최종성을 유지한다. 예수의 인격이 해체되거나 모호해지면, 기독교의 정체성의 근거가 상실된다. 이 점에서, 역사적 예수는 결코 포기할 수 없는 중요성을 가지고 있다. 그런데 영-그리스도론은 예수 이전과 이후의 많은 '계시-사건들'을 자신의 체계 안에서 수용한다. 예수에게 드러난 독특성은 다른 계시-사건들에도 나타났다. 이 계시-사건들은 성령으로 연결되어 있고, 따라서 예수의 영이 함께하는 사건들이다. 역사 속의 계시-사건들은 삼위일체적 연속성 속에 있다. 모든 계시-사건들은 성부가 성령을 통해 그리스도와 함께 역사한 사건이다. 이런 형태의 영-그리스도론은 예수의 인격을 유지하면서, 역사 속에 나타난 다양한 구원사건을 포용할 수 있는 구조이다. 다만 종교다원주의 입장에서는 필자가 주장하는 영-그리스도론에 동의하지 않을 것이다. 그러나 교회가 성육신, 예수의 독특성, 기독교의 정체성을 유지하면서, 교리적으로 확장할 수 있는 범위는 여기까지이다.

---

59 서구 신학자들로서는 민중과 예수/메시아의 동일시가 가장 이해하기 어려운 부분이다. 즉 예수의 집단적 인격과 민중구원론이 가장 심하게 오해를 받는다. 예를 들면, 바그너(H. Wagner)는 민중이라는 용어가 구원의 성격을 가지고 있다는 사실을 이해하지 못한다. 민중신학에 아주 호의적인 몰트만조차 이 부분에 대해서는 동의하지 못한다. 그는 '민중이 메시아/예수이다.'라는 명제를 받아들이기 어려웠다. 몰트만은 이렇게 질문한다. "만약 민중이 하나님의 고난받는 종처럼 세계를 구원한다면, 민중은 누가 구원하는가?" 몰트만은 그리스도론과 구원론을 존재론적으로 결부시켜서 사고하는 서구 신학방법에 익숙하기 때문에, 민중구원론을 받아들이지 못했다. 다만 퀴스터(V. Küster)는 서구 신학자로서는 드물게 '예수-사건'과 예수와 민중의 '동일시'의 의미를 비교적 잘 이해하고 있다. Cf. 헤르빅 바그너, "한국의 민중신학자들에게 보내는 편지," 『민중신학, 세계 신학과 대화하다』, 이정용 편 (서울: 동연, 2010), 273-74; Jürgen Moltmann, *Experiences in Theology: Ways and Forms of Christian Theology,* trans. Magaret Kohl (London: SCM Press, 2000), 259; Volker Küster, "Jesus and the Minjung Revisited: The Legacy of Ahn Byung-Mu(1922-1996)," *Biblical Interpretation* 19, no. 1 (2011): 1-18.

3) 우주적 그리스도론의 성육신

서구신학의 전통에서 신학의 중심은 인간이었다. 창조론과 구원론에서도 인간이 중심에 있다. 인간 중심의 전통에서 자연과 피조세계는 신학의 부차적인 주제였다. 1970년대 중반 이후, 인간 중심의 신학에 대한 비판이 본격화되었다. 자연과 생태계에 대한 관심이 점증했고, 신학의 프레임이 인간 중심에서 자연으로 변화되기 시작했다. 1990년이 되면서 가톨릭과 개신교에서 변화의 움직임이 표면화되었다. 교황 요한 바오로 2세(John Paul II)는 1990년 1월 1일 평화의 메시지에서 〈모든 피조물과 함께하는 평화〉를 발표했다. 개신교에서는 1990년 세계교회협의회(World Council of Churches)의 JPIC(Justice, Peace, Integrity of Creation) 세계대회에서 환경에 대한 관심을 공식적으로 표명했다. 자연과 생태계 파괴에 대한 심각성과 함께 자연을 보는 신학적 관점도 변화되었다. 인간이 더는 자연을 지배하는 위치로 간주되지 않았고, 파괴되어 가는 생태계를 보존하는 것이 신학적 과제가 되었다. 자연을 살아 있는 유기체로 보면서 인간을 피조세계의 일부로 보게 된 것이다. '정의, 평화, 창조의 보존'은 현대신학의 관심을 명확하게 보여준다.

신학적 관심과 주제도 달라졌다. 무엇보다 신학의 범주에 변화가 왔다. 인간-역사의 범주에서 자연-우주로 무게중심이 이동했다. 이런 변화는 그리스도론에 직접적인 영향을 주고 있다. 전통적인 그리스도론, 특히 양성 그리스도론에 대한 재해석이 요구된다. 전통적으로, 교회는 예수 그리스도의 본성을 신성과 인성이라는 존재론적 개념으로 규정했다. 성육신은, 그리스도가 '참 인간'이 되었다는 것을 의미했다. 성육신 신학의 중심에는 인간이 있고, 자연은 들어올 여지가 없고 소외된다. 또 성육신 신학에서 구원은 인간 중심이다. 인간 중심의 구원은 자연과 생태계를 포괄하기 어렵다.

성육신교리는 21세기에 유지될 것인가? 현재 우리에게 가장 관심 있는 질문이다. 21세기에도 여전히 중요한 주제인가? 그렇다. 성육신은 예수 그리스도의 정체성에 대한 표현이다. 다만 성육신에 대한 새로운 인식과 표현이 필요하다. 즉 자연과 생태계, 나아가 우주를 포괄할 수 있는 성육신 해석이 필요하다.[60] 간단한 일은 아니다. 왜냐하면 재해석 작업은 단순히 구원 개념의 확대로 가능하지 않으며, 예수의 인격에 대한 존재론적 재해석이 수반되기 때문이다. 성서는 예수의 두 본성을 신성과 인성으로 진술하며, 니케아-칼케돈을 이어 교회는 2,000년간 예수의 양성을 정통교리로 규정했다. 그럼에도 불구하고, 가능한 길은 우주적 그리스도론이다. 고전적 유신론과 양성 그리스도론에서는 근본적인 해결이 어렵다. 우주적 그리스도론의 유형 속에서 성육신의 개념을 새롭게 정립하는 방안이 대안이다. 다음 장에서 우주적 그리스도론을 본격적으로 다루겠다.

---

60 이미 여러 시도들이 있었다. 예를 들면, 예수의 몸을 확장해서 해석하는 것이다. 켈리(A. J. Kelly)는, 성육신은 하나님과 피조세계의 대화이며, 예수의 '몸' 안에 하나님이 드러난 것이라고 주장한다. 그는 성육신한 몸을 세 단계로 본다. 첫 번째 단계는 인간의 몸이며, 두 번째 단계는 부활한 몸이며, 세 번째 단계는 우주적 몸이다. 켈리는 예수 그리스도의 몸은 확장되면서, 각 단계별로 피조세계에 자신을 드러내고 대화한다고 해석한다. [Anthony J. Kelly, "'The Body of Christ: Amen!': The Expanding Incarnation," *Theological Studies* 71, no. 4 (December 2010): 792-816.] 켈리의 해석은 예수의 몸에 대해 전혀 새로운 개념은 아니다. 유사한 해석은 오래전 샤르댕(Pierre Teilhard De Chardin)에게서 나타났다. 필자는 켈리의 해석을 긍정적으로 평가한다. 하지만 지금은 '몸'에 대한 개념의 확장만으로 자연-우주에 대한 시대적 변화를 포용하기는 어렵다. 체계적인 우주적 그리스도론이 필요한 때가 되었다.

Harmony

of the Cosmic Christ

and the Historical Jesus

제3장 우주적 그리스도와 역사적 예수의 조화 유형

1. 우주적 그리스도와 성서적 범재신론

   1) 새로운 세계관과 우주관

   2) 우주적 그리스도론, 삼위일체론, 양성론

   3) 성서적 범재신론: 인격적, 역사적, 관계적

2. 우주적 그리스도와 역사적 예수

3. 인격성

4. 역사성

   1) 역사 vs. 자연

   2) 순환적 사고와 역사적 사고

   3) 우주의 역사성

5. 그리스도와 우주의 상호성: 존재론적? 관계적?

6. 제3의 본성과 개방적 인격성

   1) 필요성

   2) 우주성과 개방적 인격성

21세기에 우주적 그리스도론은 중요한 유형이 될 것이다. 우주적 그리스도론에도 다양한 형태가 있다. 우주적 그리스도론은 범재신론과 연결되어 있다. 둘은 상호영향을 준다. 범재신론도 아주 다양하다. 어떤 형태의 범재신론인지가 중요하다. 필자는 인격적, 역사적, 관계적 성격을 가진 범재신론을 토대로 하는 우주적 그리스도론을 주장할 것이다. 범재신론의 목적은 고전적 유신론의 한계를 극복하는 것이다. 하지만 범재신론의 단점은 유신론이 유지한 하나님의 인격성과 역사성이 약해지는 것이다. 따라서 범재신론의 틀과 유신론의 장점인 하나님의 인격성과 역사성을 함께 유지하는 것이 관건이다.

본 장에서 우주적 그리스도와 역사적 예수의 결합이 시도될 것이다. 필자는 샤르댕(P. Teilhard de Chardin)과 몰트만(J. Moltmann)의 우주적 그리스도론을 비판 및 보완하면서, 지금까지 없었던 새로운 유형의 그리스도론을 제시하려 한다. 대부분의 학자들은 우주적 그리스도와 역사적 예수는 대립되며 결코 조화를 이룰 수 없는 것으로 본다. 우주적 그리스도는 주로 바울서신과 요한문서에 의존하고 범재신론의 틀을 사용하는 반면, 역사적 예수는 공관복음에 의존하고 역사비평방법을 사용한다. 하지만 사실은 우주적 그리스도와 역사적 예수는 상호 보완적이며, 양자가 결합할 때 이상적인 그리스도론의 형태가 된다. 마지막으로, 필자는 양성론의 재해석 가능성을 보려 한다. 우주적 그리스도의 본성이 자연과 우주를 포괄할 수 있는 제3의 본성과 그리스도의 개방적 인격성에 대해 논의하겠다. 본 장에서 그리스도론의 중요한 대부분의 주제와 요소가 다루어져야 하기 때문에, 이 장의 길이는 다른 장에 비해 상당히 길다.

1. 우주적 그리스도와 성서적 범재신론

1) 새로운 세계관과 우주관

20세기 중반 이후에 얼마의 우주적 그리스도론(cosmic Christology)이 나타났다. 대부분의 우주적 그리스도론은 인간 중심에서 벗어나 자연과 생태계의 중요성을 강조한다. 우주적 그리스도론이 인간 중심의 그리스도론을 넘어서려는 것은 사실이다. 하지만 '우주적'이라는 개념이 여전히 '지구적'이라는 범주에 머물고 있지는 않은지 검토가 필요하다. 즉 '우주적 그리스도'라고 표현하지만, 그 기저에 놓인 우리의 사고방식은 인간 중심으로부터 지구의 자연과 생태로, 범주가 전환되었을 뿐이다. 이제 지구 중심을 넘어서는 진정한 우주적 그리스도론이 요청된다. 21세기 초반을 지난 지금은 20세기와 상황이 다르다. 우주관이 달라지고 있기 때문이다.

크뤼천(P. Crutzen)의 용어를 빌리면, 2,000년이 되면서 지구는 충적세(沖積世)를 지나 인류세(人類世)로 들어왔다. 인류세는 인류가 지구에 미친 흔적이 그 이전과 다른 새로운 환경을 야기했다는 인식에서 현재 인류 이후의 시대를 의미하는 용어이다.[61] 2019년 현재, 벌써 21세기의 초반이 지나고 있다. 인간 중심적 사고, 기껏해야 지구 중심의 그리스도론, 그러면서

---

61 Jonathan Amos, "Geologists Search for Anthropocene 'Golden Spike'," *BBC News*, August 30, 2016, http://www.bbc.com/news/science-environment-37200489.

다시 기독교라는 종파 중심의 그리스도론은 한계에 왔다. 20세기 중반 이후 인간이 자연의 일부라는 인식이 생겼고, 지금은 무한한 우주에 대해 알게 되면서 세계관과 우주관에 변화가 일어났다.

갈릴레이(G. Galilei)의 지동설 이후 프톨레마이오스(Ptolemaios)의 우주관이 폐기된 것처럼, 인류는 새로운 우주관의 시대에 살게 될 것이다. 지난 우주관을 그냥 유지할 수는 없다. 인류는 무한한 우주에 대해 이제 막 첫걸음을 내딛었다. 조만간, 우주의 시작이라는 빅뱅이 있었는지, 혹은 빅뱅 없이 원래 우주가 존재했는지도 밝혀질 것이다. 지구 외에 다른 행성에 지적인 생명체가 있는지 여부도 알게 될 것이다. 무한한 우주, 그 속의 작은 별 지구, 그리고 지구 안에서 인간은 하나의 종(種)이다. 예수 그리스도의 성육신과 우주적 완성을 '인간 중심-지구 중심'에서 보는 것은 변화하는 우주관과는 맞지 않다. 무한한 우주에서 지구의 의미에 대해 진지하게 숙고해야 할 때가 되었다. '우주적 그리스도'가 사실은 지구 중심적 그리스도가 될 위험이 있다. 무한한 우주와 새로운 생명체를 염두에 둔 진정한 우주적 그리스도론이 필요하다. 현재로서는 무한한 우주를 중심으로 하는 그리스도론을 체계화하기는 어렵지만, 그 가능성을 염두에 두고 지평은 열어두어야 한다. 인류가 우주에 대해 더 잘 알게 될 때, 우주적 그리스도론의 내용은 더 구체화될 것이다.

2) 우주적 그리스도론, 삼위일체론, 양성론

사람들은 예수에게 물었다. 당신은 누구입니까? 이 질문은 예수의 공생애에서부터 시작되었다. 예수의 선포, 가르침, 삶이 너무나 독특했기 때문에 사람들은 이런 질문을 했다. 예수가 누구인지에 대한 질문과 답변은 현대까지 지속된다. '당신은 누구인가?'라는 질문은 예수 그리스도의 인격/위격에 대한 질문이다. 예수 그리스도의 인격은 사역과 함께 그리스도론의 가장 중심 주제이다. 예수 그리스도의 인격(person), 혹은 위격(hypostasis)에 대한 논의는 두 개의 주제로 발전했다. 하나는, 그리스도와 성부 하나님 및 성령의 관계를 규정하는 삼위일체론이다. 다른 하나는, 그리스도의 한 인격과 두 본성인 신성과 인성의 관계를 규정하는 양성론이다. 그리스도론은 좁게는 양성론만을 다루지만, 넓게는 삼위일체론과 양성론 모두를 주제로 삼는다. 삼위일체론과 양성론은 분리될 수 없고, 어느 하나에 변화가 오면 다른 하나도 영향을 받는다.

    삼위일체론은 교리로서 출발하지 않았다. 삼위일체론이라는 용어는 성서에 없다. 삼위일체론은 성서에 나타난 하나님의 존재와 역사하심을 체계화한 것이다. 하나님은 세계와 어떻게 관계 맺는가? 하나님으로 체험된 삼위일체의 세 인격의 관계는 무엇인가? 삼위 하나님은 어떤 모습인가? 이런 질문에 대답하는 과정에서 삼위일체론 교리가 형성되었다. 성서는 하나님에 대해 모호하게 말하지 않는다. 하나님의 구체적인 행위에 근거해서 진술한다. 성서 전체에 걸쳐 삼위 하나님에 대한 증언이 나타난다. 성서는 이스라엘 역사에 나타난 하나님과 역사 속에서 응답한 하나님에 대해 진술하고, 예수 그리스도 안에 나타난 하나님을 보여주며, 또 현재 성령의 역사 안에서 체험되는 하나님을 증언한다.

    그러므로 삼위일체론은 성서의 진술을 체계화한 것이지, 비현실적이거나 공허한 교리가 아니다. 기독교의 삼위일체적 신앙은 예수 그리스도로 성육신하고 믿음의 공동체 안에서 경험된 하나님에 대한 고백이다. 삼위일체론에 대한 성서적 근거는 풍부하다. 성서는 하나님의 유일한 주권을 강조하고, 한 분이심을 강조하며, 동시에 하나님의 실체는 예수 그리스도 안에서 성령을 통하여 임재한다고 증언한다. 하나님을 삼위일체라 부르는 것은, 성서적 증언과 교회의 경험이 일치하는 데 기인한다. 만약 삼위일체론이 단지 하나의 교리였다면, 긴 기독교의 역사 동안 존속하기 힘들었을 것이다. 삼위일체론이 2,000년간 기독교의 신관으로 유지된 것은 성서적 근거와 함께 교회 공동체 안에서 삼위일체 하나님이 생생히 체험되었기 때문이다.

　삼위일체론은 신학적-신앙적 중요성에도 불구하고 중세 때부터는 큰 관심을 끌지 못했다. 교회는 대체로 전통적인 삼위일체론을 지켰고, 삼위일체론에 대한 논의는 삼위의 내적 관계를 묻는 존재론적 범위를 크게 벗어나지 않았다. 하지만 1970년대 중반 이후 삼위일체론에 대한 관심이 고조되었다. 1980년대 이후로는 삼위일체 르네상스라고 할 만큼 창조적인 해석이 활발하게 이루어지고 있다. 무엇보다 삼위일체론을 사변적 교리로 보지 않고 하나님의 구원 경험에 대한 진술로서 여기는 시각이 확보되었다. 또한 삼위일체론을 사회적-공동체적으로 해석하는 관점, 삼위일체론을 구원론과 연결하는 관점, 그리고 삼위일체론과 세계 종교 사이의 대화를 모색하는 관점은 상당히 고무적이다.

　하지만 지금은 새로운 변화가 요청된다. 삼위일체론이 현재 마주한 문제는 '우주'의 문제이다. 현대에는 자연과 생태계를 넘어 우주관에 변화가 일어나고 있다. 무한한 우주의 시대에 삼위일체 하나님이 어떻게 고백될 수 있는지가 관건이다. 기독교는 현재 기로에 놓여 있다. 인류는 과학혁명의 시대를 넘어 어느 순간 새로운 우주의 시대를 맞이하게 되었다. 우주적 삼위일체(cosmic Trinity)가 요구된다. 지금까지의 삼위일체론이 삼위의 내적 관계, 역사, 문화, 타종교, 지구의 생태계를 범주로 했지만, 전혀 다른 차원의 삼위일체론이 필요한 시대가 되었다. 그것은 삼위일체론적 범재신론(trinitarian panentheism)의 형태가 될 것이다.

　그리스도의 양성론(doctrine of two natures)도 자연, 생태계, 나아가 우주를 포괄할 수 있는 해석이 필요하다. 양성론에 대한 재해석이 삼위일체론보다 더 어렵다. 왜냐하면 양성론은 신성과 인성의 구조 안에서 그리스도의 인격적 실체를 규정하고 있기 때문이다. 양성 그리스도론이 새롭게 재해석될 수 있다면, 삼위일체론도 함께 재해석될 수 있는 여지가 생긴다. 쉬운 일은 아니다. 무엇보다 예수 그리스도의 신성과 인성이라는 인격에 대한 존재론적 재해석이 필요하기 때문이다. 그리스도론의 역사에 나타난 많은 그리스도론을 크게 네 가지 유형으로 분류할 수 있다.

첫째, 고대교회에 나타난 존재론적(ontological) 그리스도론이다. 존재론적 그리스도론은 가장 오래된 고전적 유형이다. 존재론적 그리스도론에서는 그리스도의 선재, 성육신, 두 본성 등이 주요 주제로 다루어진다. 존재론적 그리스도론은 여러 유형으로 세분된다. 영-그리스도론, 로고스 그리스도론, 케노시스 그리스도론, 삼위일체적 그리스도론의 유형이 여기에 속한다. 존재론적 그리스도론은 지금까지 중요한 유형으로 남아 있으며, 여전히 활발한 역할을 한다.

둘째, 인본주의적-역사적(humanistic-historical) 그리스도론이다. 18세기 계몽주의 이후 이성과 역사가 강조되면서 부상한 그리스도론의 유형이다. 이 유형에서는 이성과 역사가 중심 범주가 된다. 합리주의적 그리스도론과 역사적 예수를 추구하는 형태가 여기에 속한다. 이성-역사의 절대성은 최근에 약화되었지만, 아직은 강력한 준거의 역할을 하고 있다.

셋째, 20세기 중반에 나타난 상황(contextual) 그리스도론이다. 상황이 그리스도를 이해하는 요소가 되며, 상황이 해석학적 매개가 되는 그리스도론이다. 상황 그리스도론에는 매우 다양한 형태가 포함된다. 해방신학, 문화신학, 여성신학, 행동신학이 전형적인 형태이다. 또한 포스트모더니즘의 영향을 받은 다원화된 그리스도론도 여기에 속한다. 상황 그리스도론은 앞으로 더 다양화될 것이고 확대될 것이다.

넷째, 우주적 그리스도론이다. 이는 자연과 우주를 범주로 하는 그리스도론 유형이다. 우주적 그리스도론은 앞서 언급한 세 종류의 유형과 근본적으로 다른 점이 있다. 존재론적 그리스도론, 인본주의적-역사적 그리스도론, 상황 그리스도론에서 중심 범주는 이성, 사회, 역사, 문화이지만,

'인간 중심적'이라는 점이 공통적이다. 하지만 우주적 그리스도론에서 중심은 자연-우주이다.

위 네 가지 유형의 그리스도론은 모두 자신의 역할이 있다. 각 유형은 그 시대와 그리스도 사이의 대화 속에서 만들어진다. 신자들은 각 유형을 통해 자신의 시대에 그리스도를 만날 수 있다. 21세기의 상당 기간 동안은 네 유형이 함께 공존할 것이다. 하지만 지금은 자연과 우주가 중요한 범주로 부상했다. 인류는 더 넓은 우주의 시대로 들어섰다. 다가오는 시대에 가장 관심을 끄는 것은 위 네 유형 중에서 우주적 그리스도론이다. 우주적 그리스도론은 인간, 자연, 우주를 모두 포괄할 수 있다. 20세기에 우주적 그리스도론은 충분히 발전하지 못했고, 사람들의 관심도 크게 끌지 못했다. 21세기에는 다양한 형태의 우주적 그리스도론이 나타날 것이다.

어떤 형태의 우주적 그리스도론이 필요할 것인가? 21세기의 우주관의 변화를 반영하고, 자연과 생태계를 포괄하기 위해서는 그리스도의 인격에 대한 새로운 이해가 필요하다. 신-인 양성을 넘어 자연과 우주를 매개할 수 있는 형태가 요청된다. 즉 그리스도의 두 본성을 새롭게 정립할 수 있는 유형이다. 전통적으로 그리스도는 신성과 인성의 연합이라는 두 본성으로 규정되었다. 그런데 두 본성은 자연과 우주를 포괄하는 방식으로는 적합하지 않다. 우주적 그리스도론에서 자연과 우주를 포함하는 그리스도의 제3의 존재양식, 혹은 그에 상응하는 양성론에 대한 재해석이 고려되어야 할 것이다.

3) 성서적 범재신론: 인격적, 역사적, 관계적

우주적 그리스도론은 범재신론(panentheism)과 짝을 이룬다. 범재신론의 성격과 우주적 그리스도의 모습은 묶여 있다. 범재신론은 신관(神觀)이기 때문에, 당연히 그리스도론과 상호영향을 준다. 우주적 그리스도론은 범재신론이라는 구조 위에 있고, 우주적 그리스도론은 범재신론의 핵심 내용을 구성한다. 범재신론에는 다양한 형태가 있다. 따라서 어떤 성격의 범재신론인지가 우주적 그리스도론에 대단히 중요하다. 하지만 범재신론은 매우 정의 내리기 어려운 용어이다. 범재신론은 사용하는 사람에 따라 의미가 달라서 많은 오해를 가져왔다. 범재신론을 신과 세계/우주의 일치로 보는 해석부터, 신이 세계 속에서 활동한다고 보는 해석까지 다양하다. 그렇다 보니 기독교 정통주의 안에서도 범재신론을 긍정적으로 보는 입장부터 이교적인 것으로 보는 입장까지 공존한다. 그러면 범재신론의 개념을 명확히 하면서, 어떤 성격의 범재신론을 추구할 것인지를 보자.

먼저 범재신론은 범신론(pantheism)과 구별되어야 한다. 범재신론은 신과 세계의 관계를 설명하는 하나의 관점이며, 그 관점에 의해 구축된 신관을 지칭한다. 범재신론은 고전적 유신론(classical theism)에서 나타나는 신과 피조세계의 대립을 극복하는 데 유리하다. 고전적 유신론은 고대교회에서 형성되어 서방교회의 역사 속에서 계승된 전통적인 신관이다. 고전적 유신론에서는 창조주와 피조물의 질적 차이, 초월과 내재의 대립, 신의 은혜와 자연의 관계가 해결되어야 할 주제들이다. 범재신론은 자연과 우주를 중심에 둘 수 있을 뿐 아니라, 신과 피조물의 대립을 피하기도 쉽다. 그러나 범재신론은 범신론이 될 수 있기 때문에 주의해야 한다. 신과 우주가 일치가 되거나, 신과 우주를 동일시하면 범신론이 된다. 즉 우주가 곧 신이 된다. 범신론은 고대로부터 여러 종교와 철학에 나타났다. 크게 두 가지 형태가 있다. 하나는, 신을 실체로 보고 세계를 신의 유출로 보는 형태이다. 다른 하나는, 세계를 실재하는 것으로 보고 신을 세계의 총합이라고 보는 형태이다. 세부적으로는 신에 대한 세계의 상대적 독립을 인정하는지 여부에 따라 여러 형태가 나온다. 스토아 철학, 도가(道家)사상, 우파니샤드, 스피노자(B. Spinoza)의 철학 등에서 범신론을 찾아볼 수 있다.

어떤 종류의 범신론도 기독교의 삼위일체 신관과는 너무나 다르고, 기독교의 정체성과도 거리가 멀다.

범재신론은 기독교 초기부터 있었다. 동방교회와 신학에서 우주적 비전은 중요한 역할을 했다. 범재신론은 이레네우스(Irenaeus), 오리게네스(Origenes), 아타나시우스(Athanasius), 카파도키아 교부들(Cappadocian Fathers) 등에게 나타난다. 동방교회에서 성육신의 우주적 의미, 하나님의 능력이 세계의 모든 구석구석에 미친다는 사상, 구원의 우주적 완성은 익숙한 주제였다. 동방교회는 하나님과 세계를 분리하지 않았다. 하나님 안에 세계가 있고, 세계 안에 하나님이 있다는 사상은 교부들에게서 드물지 않았다. 동방교회의 범재신론은 크게 두 가지 형태가 있다. 하나는, 하나님/로고스 안에 세계가 있다는 사상이다. 다른 하나는, 하나님의 초월성과 내재성을 구별하는 것이다. 하나님은 세계를 초월하지만, 동시에 하나님의 에너지가 세계 안에 있다는 사상이다. 두 종류의 범재신론은 크게 다르지 않고, 후자는 전자를 보완하는 과정에서 나왔다.[62] 동방교회에서는 구원이 우주적 성격을 가지며, 인간과 피조물의 신화(神化, deification)사상이 발전했다.

한편, 서방교회는 대체로 하나님과 세계를 분리된 것으로 봤다. 하나님은 창조주이며, 피조물과는 질적인 차이가 있다. 하나님은 피조세계에 대해 초월적이며, 인간과 피조세계는 하나님의 은혜의 대상이다. 따라서 서방 전승에서는 범재신론과 신화사상이 발전하지 못했고, 대신 은혜론이 중요한 역할을 했다. 아우구스티누스, 아퀴나스, 종교개혁가 루터와 칼뱅을 거치며 은혜론은 서방교회 신관의 중요한 구성요소가 되었다.

하지만 중요한 것은, 동방과 서방의 관점 중에 어느 하나를 옳다고 볼

---

62 Christopher C. Knight, "Science and the Eastern Orthodox Church: Historical and Current Perspectives," *Science & Christian Belief* 25, no. 1 (April 2013): 37–47.

수 없다는 점이다. 동방과 서방 모두는 각기 자신의 관점으로 하나님과 세계의 '관계'를 설명했다. 두 관점 모두 성서적이며, 나름의 장점을 가지고 있다. 또한 창조주 하나님의 절대성, 자연에 대한 하나님의 은혜, 세계에 대한 하나님의 섭리 같은 핵심 내용에서는 동방과 서방이 크게 차이가 없다. 예를 들면, 동방이 '하나님 안에 세계가 있다.'고 주장한다고 해서, 동방이 하나님의 본질이 세계와 동일하다고 생각한 것은 아니다. 다만 동방은 유한하고 죄 속에 있는 피조물도 여전히 하나님과의 관계 속에 있다고 본 것이다. 따라서 범재신론에 대한 동방과 서방의 차이는, 각기 다른 전승과 관점의 차이에서 비롯된 것이다.

그 후 근대적 의미의 범재신론은 1828년에 크라우제(K. C. F. Krause)에 의해 처음 사용되었다. 하지만 19세기에는 기독교에서 범재신론이 별다른 주목을 받지 못했다. 정통주의 기독교인들이 쉘링(F. W. Schelling)과 헤겔(G. W. F. Hegel)이 범신론자인지에 대해 논쟁을 하는 정도였다. 범재신론은 20세기에 와서 본격적으로 논의되었다. 1950년대 중반 하트숀(C. Hartshorne)과 리즈(W. L. Reese)가 범재신론의 다양한 형태와 그에 대한 정의를 내렸고, 보다 최근에는 쿠퍼(J. W. Cooper)가 범재신론의 형태를 새롭게 제시했다. 하트숀과 쿠퍼의 범재신론에 대한 기준은 상당히 차이가 있다. 하트숀은 범재신론의 범위를 좁게 본다. 그에 따르면, 신의 본질(essence)은 세계를 포함하지 않는다. 신은 세계 안에 '내재'하며, 세계는 하나님 안(within)에 존재한다. 즉 세계는 하나님 안에 있지만, 세계는 신의 본질 밖(outside)에 있다.[63] 만약 이런 기준을 따른다면, 몰트만과 판넨베르크는 범재신론자가 아니다. 한편, 쿠퍼는 범재신론의 범위를 아주 넓게 본다. 쿠퍼에게 범재신론을 규정하는 중요한 기준은 신이 자신의 존재(being) 안에 세계를 포함하고

63　Charles Hartshorne and William L. Reese, *Philosophers Speak of God* (Chicago: University of Chicago Press, 1953), 22.

있는지 여부이다.64 이 기준에 의하면, 고전적 유신론이 아니면, 거의 모두가 범재신론에 해당된다. 쿠퍼는 몰트만뿐만 아니라, 판넨베르크도 범재신론자로 분류한다. 그가 판넨베르크를 범재신론자로 보는 이유는, 판넨베르크가 하나님을 무한하고 모든 것을 포괄하는 힘의 장(force field)으로 본다는 것 때문이다.65 몰트만은 스스로 범재신론자라고 말하고, 일반적으로도 범재신론을 대표하는 신학자로 간주된다. 이에 반해, 판넨베르크는 자신이 범재신론자가 아니라고 밝혔으며,66 대부분의 학자들도 판넨베르크를 범재신론자로 분류하지 않는다.67 여기서 몰트만과 판넨베르크가 범재신론자인지를 논하려는 것은 아니다. 그만큼 범재신론에 대해 다수가 동의하는 기준을 마련하는 것이 어렵다는 것이다. 개별 학자들을 범재신론의 형태에 따라 분류하는 것은 상당히 복잡하지만, 20세기 이후 나타난 기독교 범재신론에 몇 가지 형태가 있다는 것에는 함의가 있다. 즉 생태계의 해방을 추구하는 범재신론, 존재론적 범재신론, 상호내재적 범재신론, 그 외 범재신론에 가까운 형태, 범재신론적인 우주관만 취하는 형태 등이다.68

---

64 John W. Cooper, *Panentheism: The Other God of the Philosophers, From Plato to the Present* (Grand Rapids: Baker Academic, 2006), 18.
65 Ibid., 266-69.
66 판넨베르크는 성령이 초월적 성격을 가지기 때문에 기독교는 범신론 혹은 범재신론이 될 수 없다고 본다. Wolfhart Pannenberg, *An Introduction to Systematic Theology* (Grand Rapids: Wililam B. Eerdmans Pub., 1991), 45-46.
67 Stanley J. Grenz, *Reason for Hope: The Systematic Theology of Wolfhart Pannenberg* (Grand Rapids: Wm. B. Eerdmans Publishing Co., 2005), 288-89. 범재신론에 대한 여러 학자의 글을 엮은 아래의 책에서, 누구도 판넨베르크의 신학을 범재신론으로 보지 읺는다. Cf. Philip Clayton and Arthur Peacocke, eds., *In Whom We Live and Move and Have Our Being: Panentheistic Reflections on God's Presence in a Scientific World* (Grand Rapids: William B. Eerdmans Pub., c2004).
68 독특한 유형도 있는데, 그중의 하나는 '구원론적 범재신론'이다. 구원론적 범재신론은, 세계는 그냥 존재하는 것이 아니라 하나님의 은혜로 존재하는 것이며, 세계는 하나님의 구원에 의존한다는 전제를 가지고 있다. 이는 그리거슨(N. H. Gregersen)

한편, 2001년에 존템플턴재단(John Templeton Foundation)에서 후원하는 범재신론 심포지엄이 있었다. 그 후 심포지엄에서 논의된 글들을 분류하기 위해 네 가지 기준이 마련되었다.[69] 네 가지 기준은 학자들이 주장하는 다양한 범재신론의 성격을 구별하는 데 유용하다. 이 기준에 따라 살펴보면, 어떤 범재신론인지 그 특징이 대체로 드러난다. 그러면 네 가지 기준이 어떤 것인지 요지를 보면서, 이에 대한 필자의 생각을 밝히겠다.

첫째, 신이 세계에 대해 어떻게 행위하는지의 기준이다. 신이 창조주로서 지속적으로 행위하는지, 혹은 단지 세계를 창조만 했는지 여부이다. 이 기준은 신이 통일된 계획을 가지고 세계 안에서 행하는지 여부와 관계된다.

이 기준에 대해 필자의 입장은 다음과 같다. 하나님은 지금도 세계를 섭리한다. 하나님이 세계를 창조하고 더는 관여하지 않는다는 사상은 성서적이 아니다. 그것은, 세계는 자체적인 법칙에 따라 움직인다는 이신론(deism)이다. 성서는 삼위일체 하나님의 역사를 우주의 창조에서 시작한다. 성부는 성자를 통해 성령과 함께 만물을 창조했다. 또한 하나님은 피조세계를 그냥 놔두지 않고, 창조의 완성을 향해 섭리해 나간다. 하나님의 세계 창조와 세계 구원은 분리되지 않는다. 하나님과 우주는 우연에 의해 나란히 존재하게 된 것이 아니다. 하나님은 만유의 존재의 근거이다. 우주는 하나님에 의해 창조되었으며, 우주는 창조의 완성을 향해 통일된 섭리 속에 있다. 그 창조의 완성을 향해 가는 동안, 우주는 하나님과 분리되지 않고 하나님 안에 있다.

둘째, 신과 세계의 관계를 설명할 때 어떤 언어가 사용되는지의 기준이

이 처음 주장한(2004) 이후, 일부 학자들에게 관심을 받고 있다. Cf. Roger E. Olson, "A Postconservative Evangelical Response to Panentheism," *Evangelical Quarterly* 85, no. 4 (October 2013): 331-35.

69　Edgar A. Towne, "The Variety of Panentheisms," *Zygon* 40, no. 3 (September 2005): 779-86.

다. 신이 세계와 '함께'(with) 존재하는지, '안'(in, within)에 존재하는지, 혹은 '일치되는지'(is) 등이다.

이 기준에 대해 필자의 입장은 다음과 같다. 하나님과 우주의 관계를 '안'으로 표현하면 무리가 없다. 다만 하나님과 우주가 어떤 형태이든지 동일시되는 것은 피해야 한다. 하나님과 우주가 일치되면, 범신론이 된다. 또한 하나님과 세계가 일치되면, 하나님의 초월성이 상실되고 하나님의 자유가 제한된다. 하나님의 만유 창조, 그리스도의 성육신, 만유의 구원은 전적으로 하나님의 자유에 기인한다. 은혜론과 구원론은 하나님의 자유와 연결이 된다. 따라서 하나님이 피조세계에 충만하고, 피조세계는 하나님 안에 있다는 관계 규정이 적절하다. 즉 하나님과 만유의 관계는 '하나님이 만유 안에 있고, 만유가 하나님 안에 있다.'는 명제를 벗어나면 안 된다.(엡 4:6, 골 1:17) 그러므로 하나님의 초월성과 만유 안에 하나님이 있다는 내재성이 동시에 충족되어야 한다.

셋째, 신이 시간과 공간에 어떻게 관계되는지의 기준이다. 신과 세계가 이원론에 토대를 둔 '공간적 관계'인지, 혹은 최근 과학이론에 근거한 4차원적 시간을 포함한 '시간적 관계'인지를 묻는 기준이다.

이 기준에 대해 필자의 입장은 다음과 같다. 이 기준에는, 공간과 시간에 대한 정의가 전제되지 않고는 답하기가 쉽지 않다. 그럼에도 단순하게 말하면, 하나님과 우주의 관계는 공간과 시간 모두에 관계된다. 범재신론에서 시간 요소가 배제되면 범신론이 될 위험이 커진다. 성서의 범재신론은 하나님의 구원사와 조화 안에 있다. 우주는 구원의 완성을 향한다. 즉 구원은 시간과 함께 진행된다. 우주는 하나님과 함께 구원의 완성을 향해 나아간다. 인류, 사회, 자연, 만유 모두는 시간의 흐름 안에 있다. 구원은 하나님 나라를 향해 완성되어 가는 것으로 강한 역사성을 가진다. 이것이 성서가 말하는 구속사이다. 범재신론에서 시간성이 약화되면, 공간적 범신론이 되거나 모호한 개념주의적 범재신론이 된다. 시간성, 곧 역사성을 상실한 범재신론은 성서적이지도 않을뿐더러 구원의 완성을 향하는 역동성도 상실한다. 즉 그 결과는 범재신론에서 실천의 약화로 나타나며, 구원을 향한 동기도 약화될 수밖에 없다. '만유가 그리스도 안에 있다.'는 범재신론의 명제는 만유회복과 구원을 위한 것이다. "하늘에 있는 것이나 땅에 있는 것이 다 그리스도 안에서 통일되게 하려 하심이라."(엡 1:10)

넷째, 신과 우주가 서로 의존하는지의 기준이다. 이것은 신이 홀로 독립적인지, 혹은 우주와 서로 영향을 주고받는 의존적 관계인지를 묻는 기준이다.

이 기준에 대해 필자의 입장은 다음과 같다. 이 기준은 아주 예민한 주제이며, 여러 입장이 있다. 신과 우주를 의존적으로 보는 입장은, 신이 없는 우주는 없으며 우주가 없는 신도 없다고 본다. 정통주의 교회가 범재신론을 반대한 이유 중의 하나가 하나님의 우주에 대한 의존성이다. 하나님이 우주에 의존한다면, 전통적으로 믿어온 하나님의 영원성과 불변성이 파괴된다고 믿기 때문이다. 교회의 우려가, 근거가 없는 것은 아니다. 하나님은 만유에 의존하지 않기 때문에, 초월성과 자유를 가지고 있다. 만약 하나님이 필연적으로 우주에 의존해야 한다면, 스스로 존재하는 하나님의 자충족(self-sufficiency)의 본질이 훼손된다. 하지만 하나님의 의존성을 하나님의 존재와 본질과 연결할 필요는 없다. 성서는, 하나님은 누구에게도 의존하지 않는 비-의존적이라고 말한다. 그러나 성서는, 하나님은 자유에 의해, 스스로 자신을 낮추어 피조물과 계약을 맺고 자신을 제한한다고 말한다. 하나님은 피조세계의 외침에 귀를 기울인다.(시 94:9, 렘 33:3) 그러므로 하나님의 피조세계에 대한 관계는 필연적 의존성이 아니라, 자발적 상호성이라고 할 수 있다. 자발적 상호성은 하나님의 인격성에 기반한다. 이것은 하나님이 피조물과 관계하는 방식이다. 하나님과 우주의 상호성은 존재론적이라기보다, 상호적 관계로 규정해야 한다.

필자는 위 네 가지 기준에 따라 밝힌 범재신론의 형태를 '성서적 범재신론'이라고 말하겠다. 이는 성서의 유신론의 장점을 유지하는 범재신론이라고 할 수 있다. 즉 '인격적', '역사적', '관계적' 성격을 가지는 범재신론이다.[70] 한편, 범재신론과 하나님의 인격성과 역사성은 모순되는 단어처럼 보일 것이다. 일반적으로 범재신론과 전통적인 유신론은 서로 다른 구조로 인식되고, 범재신론과 하나님의 인격적-역사적 성격은 대립되는 개념으로 여겨졌다. 범재신론에서는 인격성과 역사성이 취약하다. 우주적 그리스도론이 다른 유형의 그리스도론에 비해 인격성과 역사성이 약한 것도 범재신론적 성격 때문이다. 따라서 범재신론과 유신론의 특징인 하나님의 인격성과 역사성이 함께 유지될 수 있다면, 이상적인 형태가 될 것이다. 성서의 범재신론은 아주 독특하다. 하나님의 구원섭리는 분명 삼위일체적이며 역사적이다. 하나님은 특정 시간과 공간 안에서 자신의 현존을 드러냈다. 동시에 하나님은 피조물과 인격적 관계를 가지는 분이다. 이런 역사적-인격적 범재신론의 구조 안에 우주적 그리스도론이 자리한다. 인격적-역사적 범재신론과 우주적 그리스도론을 함께 유지할 수 있는 형태가 우리 시대를 매개할 수 있는 그리스도론의 한 유형이 될 것이다.

---

70 일반적으로, 범재신론은 고전적 유신론과 범신론의 장점을 취한 것이라고 규정할 수 있다. 그러나 이 규정은 너무 추상적이고 모호하다. 그래서 필자는 '성서적 범재신론'의 특징을 인격적, 역사적, 관계적이라는 세 개념으로 제시한 것이다. 이 개념들의 의미는 나중에 자세히 다룰 것이다.

2. 우주적 그리스도와 역사적 예수

우주적 그리스도론에 대한 성서적 근거는 무엇인가? 20세기의 우주적 그리스도론은 골로새서와 에베소서를 재발견하면서 근거를 마련했다.[71] 골로새서에서는 그리스도의 시간과 공간적 확장을 발견할 수 있다. 그리스도는 죽음과 부활을 넘어 시간과 공간의 구애를 받지 않는다. 우주가 그리스도의 몸이라는 표상도 발견할 수 있다. 에베소서에는 우주적 그리스도의 지배와 통치, 그리고 그리스도 안에서 만유구원이 강조된다. 학자에 따라 조금 다른 평가도 있다. 골로새서에서 우주적 그리스도의 공간적 표상을 발견할 수 있고, 그 외 바울서신에서는 종말론적/시간적 표상이 우세하다고 보기도 한다.[72] 물론 바울서신뿐만 아니라, 요한서신과 사도행전에도 우주적 그리스도에 대한 언급이 있다. 우주적 그리스도론에서 주로 의존하는 성서구절은 다음과 같다. 그리스도 안에서의 창조(요 1:1-14), 그리스도의 만유를 위한 죽으심과 화해(고후 5:19, 엡 2:16, 골 1:20), 만유를 통치하심(엡 1:22-23, 고전 15:25-28, 행 3:21, 요 17:21), 그리스도 안에 만유가 있음(골 1:15-20), 만유의 통일과 구원(엡 1:10) 등이다. 직접적인 언

---

71 Jürgen Moltmann, *Jesus Christ for Today's World*, trans. Margaret Kohl (Minneapolis: Fortress Press, 1994), 88.

72 Vicky Balabanski, "The Holy Spirit and the Cosmic Christ: A Comparison of Their Roles in Colossians and Ephesians, or 'Where Has the Holy Spirit Gone?'" *Colloquium* 42, no. 2 (November 2010): 177-85.

급은 아니지만 하나님의 세상에 대한 사랑(요 3:16, 요일 4:9), 구원의 완성과 새 하늘과 새 땅이라는 범세계적 표상(사 65:17, 벧후 3:13, 계 21:1, 사 11:6-9)도 추가할 수 있다. 그 외에 바울서신과 요한서신의 일부, 구약과 요한계시록의 일부가 인용될 수 있다.

하지만 예수 그리스도에 대한 역사적 이해를 위해 아주 중요한 공관복음서는 대체로 제외되었다. 즉 우주적 그리스도론에 복음서의 예수는 거의 반영되지 않았다. 물론 골로새서와 에베소서 같은 특정 부분을 강조하는 그리스도론이 불가능한 것은 아니다. 그러나 성서의 특별한 부분에 의존해서 그리스도론을 구축하면, 그리스도론의 포괄성을 상실한다. 일례로, 18세기부터 이어온 '역사적 예수의 탐구'는 복음서에 의존한다. 역사적 예수의 탐구가 복음서 외의 자료를 참고하지만, 결정적인 것은 복음서이다. 역사적 예수의 탐구가 가지는 가장 심각한 문제는 포괄적 그리스도론이 되기 어렵다는 것이다. 물론 역사적 예수의 탐구가 상당히 긍정적 기여를 했지만, 다수의 예수 연구가 '신앙의 그리스도'와 연결될 수 있는 연속성을 상실한 것은 아쉬운 부분이다.

한편, 20세기의 우주적 그리스도론을 대표하는 샤르댕과 몰트만도 바울서신과 요한문서에 의존하며, 범재신론의 틀을 가지고 있다. 범재신론에 근거를 두는 우주적 그리스도론은 실천(praxis)에 취약하다. 샤르댕과 몰트만의 우주적 그리스도론에서는 '시간'이 고려됨에도 불구하고, 실천적 차원이 약하다. 그러면 먼저 그들의 우주적 그리스도론에서 시간과 연관된 부분을 보겠고, 실천이 약한 이유를 검토하겠다.

샤르댕

창조적 진화론은 샤르댕의 우주적 그리스도론의 핵심이다. 샤르댕의 사상에서 진화는 창조와 연결되어 있어서 자연과학의 진화론과는 차이가 있다. 샤르댕은 진화를 물질이 낮은 단계에서 높은 단계로 나아가는 것으로 본다. 진화는 크게 세 단계의 임계점을 거치며 최종의 상태에 이른다. 첫 번째 단계는 생명의 출현이다. 생명의 출현 이후 물질은 복잡한 형태를 거치면서 오랜 기간 수많은 종으로 진화한다. 진화를 거듭하여 유인원이라는 영장류에 이르면서 두 번째 임계점에 도달하며, 이때 인간의 출현이 이루어진다.[73] 샤르댕에 의하면, 인간은 또 다른 생명의 출현이라고 할 수 있는 '반성의식'을 가진 존재이다. 반성의식은 자신을 성찰할 수 있는 의식을 말한다. 인간의 출현 이후 진화는 정신계로 들어선다.[74] 여기까지가 진화의 현재의 모습이며, 진화는 미래를 향해 계속된다. 샤르댕에 의하면, 진화는 공동사고라는 세 번째 임계점을 가진다. 공동사고는 초-사고이며, 진화가 도달하는 최종점이다. 샤르댕은 이 최종점을 오메가 점(omega point)이라고 부른다. 오메가는 장차 인류와 우주가 도달할 미래의 상태이다.

샤르댕은 '오메가'를 아주 복합적으로 사용하기 때문에, 의미는 단일하지 않고 다양하다. 대표적으로는 세 가지 의미를 가진다. 첫째, 오메가는 진화가 도달하는 미래의 최종점이다. 둘째, 오메가는 모든 차원에서 진화를 끌고가는 에너지의 근원이다. 셋째, 오메가는 그리스도를 의미한다. 오메가는 진화가 미래에 도달할 완성이라는 의미에서 진화에 속하지 않고 진화 밖에 있다. 동시에 오메가는 진화 안에서 만유를 이끄는 힘이기 때문에, 진화는 오메가에 의존한다.[75]

샤르댕의 사상에서, 우주적 그리스도는 우주가 진화하는 궤적과 함

---

73 Pierre Teilhard de Chardin, *The Future of Man*, trans. Norman Denny (New York: Harper & Row, 1964), 111-12; Pierre Teilhard de Chardin, *Man's Place in Nature: The Human Zoological Group*, trans. René Hague (London: Collins, 1966), 55-58.
74 Teilhard, *Man's Place in Nature*, 61-78.
75 Ibid., 115-21; Pierre Teilhard de Chardin, *Science and Christ*, trans. René Hague (New York: Harper & Row, 1968), 18-19, 122-23, 165-67.

께 드러난다. 샤르댕은 예수 그리스도를 미래의 궁극점(완성)과 현재 진화의 중심이라는 이중적 성격으로 파악한다. 샤르댕은 부활한 그리스도와 오메가를 동일시한다. 그리스도는 우주의 최종적 통일을 위한 초자연적인 역할을 한다. 즉 그리스도-오메가는 진화의 완성자이며, 현재의 진화를 질서 있게 만든다. 여기서 현재의 진화는 예수와 연결되며, 샤르댕은 예수를 나사렛 예수, 혹은 역사적 예수라고 말한다.[76] 하지만 샤르댕에게 '예수'는 역사비평방법으로 재구성된 역사적 예수가 아니라, 성육신하여 역사 안으로 들어왔고 세계의 일부가 된 그리스도를 의미한다. 즉 성육신한 예수는 우주의 구성요소처럼 만물 안에 존재한다.[77] 샤르댕의 그리스도론에서, 그리스도는 우주를 채우는 우주적 신체를 가지고 있다. 샤르댕에게 성육신은 예수에게서 일회적으로 끝나지 않는다. 샤르댕은 성육신을 우주의 그리스도화(Christification)를 지향하는 과정으로 본다. 우주는 통일체이고, 통일체는 중심이 있다. 이 우주의 중심이 예수이다. 샤르댕은, 예수는 죽음에서 부활함으로 우주적 위격이 되었으며, 우주는 그리스도와 함께 우주의 신성화가 시작되었다고 본다. 그러므로 샤르댕의 그리스도론에서, 그리스도는 우주의 중심이며 동시에 우주가 진화해 나아가는 종점이다. 샤르댕이 주장하는 '우주의 신성화'는 동방교부들의 '신화'(deification)와 유사한 사상으로 기독교 역사에서 드물었던 것은 아니다. 다만 샤르댕이 우주의 신성화를 진화의 차원에서 보면서, 신성화에 시간적 요소를 더해 오메가 점으로 수렴되는 것으로 본 것은 독창적이다.

그러면 우주의 진화를 이끌어가는 힘과 우주의 완성에 대해서 보려 한

---

76 Pierre Teilhard de Chardin, *The Divine Milieu: An Essay on the Interior Life*, trans. Bernard Wall (New York: Harper & Brothers, 1960), 94-95.
77 Ibid., 100-101.

다. 먼저 진화의 힘을 보자. 샤르댕은 진화를 이끌어가는 힘을 사랑으로 봤다. 여기서 과학과 종교를 연결하는 샤르댕의 사상적 특징이 드러난다. 샤르댕은 사물을 변화시키고 진화를 이끄는 사랑을 '에너지'로 본다. 에너지는 일을 하게 하는 동력, 혹은 힘이다. 샤르댕은 에너지를 접선적 에너지(tangential energy)와 근본적 에너지(radical energy)로 나눈다. 접선적 에너지는 물리적 형태의 에너지로서 모든 요소들을 질서 있게 연결한다. 근본적 에너지는 정신적이고 영적인 에너지인데, 사물들을 보다 높은 단계의 복합성과 중심성으로 인도한다. 사랑은 영적인 에너지로서 생명을 주고, 실체(reality)가 변화하게 하고, 낮은 단계의 에너지들을 활성화하게 한다. 샤르댕에게 사랑은 모든 실체를 통합하는 진화의 에너지이며, 모든 실체를 묶어주는 힘(force)이다. 따라서 사랑은 실제로 사물들을 움직이게 하는 우주적 동력이다.[78] 즉 샤르댕은 사랑을 개인, 사회, 자연과 우주를 변화시키는 에너지의 근원으로 봤다. 샤르댕이 사랑을 종교적 영역에 제한하지 않고 과학적 차원에서 사용한 것은 눈여겨볼 만하다.

한편, 샤르댕은 우주의 완성을 '통일됨'으로 본다. 우주의 창조는 통합을 향해 진행된다. 우주가 통일된 완성, 곧 샤르댕의 표현을 빌리면, 플레로마(Pleroma)에 도달하는 것은 구원을 의미한다. 여기서 이런 질문을 할 수 있다. 그렇다면 우주가 완성에 도달하면 죄는 극복되는 것인가? 이에 답변하기 위해, 먼저 죄와 원죄의 개념을 보는 것이 좋겠다. 샤르댕의 사상에서 죄와 원죄도 종교적-과학적이다. 샤르댕은 죄를 모든 우연적 존재가 가지는 존재론적인 유한성으로 규정한다. 피조된 우주는 우연적이며 유한하다. 그래서 샤르댕은, 우주는 창조의 순간부터 원죄가 있었다고

---

[78] Pierre Teilhard de Chardin, *The Phenomenon of Man*, trans. Bernard Wall (New York: Harper & Row, 1959), 64-65; Pierre Teilhard de Chardin, *Human Energy*, trans. J. M. Cohen (London: Collins, 1969), 32-34.

본다. 샤르댕은 이렇게 말한다.

> 원죄는 본질적으로 유한한 존재의 창조적 행위에 대한 반작용이다. 필요불가결하게도, 원죄는 그 자체로 모든 피조물을 매개로 존재한다. 원죄는 모든 창조의 다른 한 측면이다.[79]

그러므로 샤르댕에게 죄는 '우주적'이고 '어디나' 존재한다. 기독교에서 전통적으로 죄가 윤리적이고 인간론의 차원에서 다루어진 것에 반해, 샤르댕은 죄를 존재론적이고 우주적인 차원에서 다룬다.[80] 다른 말로, 죄를 창조와 함께 전 우주에 존재하는 것으로 보기 때문에, 죄는 우주의 존재론적 구조 안에 위치하게 되었다. 따라서 샤르댕에게 죄가 우주적이기 때문에, 구원도 우주적이다. 샤르댕의 사상에서 구원의 중심은 인간이 아니다. 구원은 우주적 질서 안에서 일어나며, 우주적 통일이다. 샤르댕이 성육신을 우주 진화의 중심에 두고, 구원을 우주의 존재론적 통일로 봄으로써, 성육신과 구원의 범위가 확장되었다.

샤르댕에게 우주의 통일은 여러 단계를 거친다. 창조는 시간의 처음에 한순간 행해진 것이 아니라, 통일을 향한 과정이다. 샤르댕은 이 과정을 진화로 본다. 하나님은 통일을 향해 창조했고, 통일함(unification)으로 창

79　Pierre Teilhard de Chardin, *Christianity and Evolution*, trans. René Hague (San Diego: A Harvest Book, 1974), 40.
80　전통적인 기독교의 '죄'와 '원죄' 개념은 과학적 세계관을 가진 현대인에게 이해되기 어렵다. 더군다나 진화론과 현대생물학에서 원죄를 논하기는 더욱 어렵다. 그런데 샤르댕의 진화신학에서 죄, 원죄, 성육신, 구원을 우주적 차원에서 볼 수 있는 가능성이 발견된다. 이 점에서 샤르댕의 그리스도론을 긍정적으로 평가할 수 있다. Cf. Nathan Halloran, "Evolution and the Nature and Transmission of Original Sin: Rahner, Schoonenberg and Teilhard de Chardin," *Colloquium* 44, no. 2 (November 2012): 177-78.

조를 완성한다. 따라서 샤르댕에게 창조와 진화는 대립되지 않는다. 또한 인간과 자연도 대립적이지 않다. 인간과 자연은 동일한 차원에서 진화의 완성을 향한다.[81] 더 정확히 말하면, 샤르댕에게는 근본적으로 물질(matter)과 정신(spirit)이 이원론적이 아니다. 물질과 정신은 대립적 실체가 아니라, 함께 발전한다. 물질과 정신은 진화의 과정에 연결되어 있다. 물질은 우주가 어떻게 발생하고 지금까지 왔는지를 보여주고, 정신은 우주가 어디로 갈지를 보여준다. 샤르댕은 양자의 관계를 이렇게 표현한다. "물질은 정신의 모체(matrix)이고, 정신은 물질의 더 높은 상태이다."[82] 샤르댕은 물질과 정신이 함께 '그리스도 안에서' 완성되어 간다고 보았다. 그래서 샤르댕에게 창조, 우주의 진화, 우주의 완성은 모두 그리스도론적인 성격을 가지고 있다. 우주는 그리스도 안에서 창조되었고, 진화는 그리스도 안에서 계속되는 창조의 과정이며, 우주는 그리스도 안에서 통일되며 완성된다.[83]

---

81 샤르댕 사상에서 인간과 자연의 통일성은 중요한 부분이다. 21세기에 자연과 생태계에 대한 관심이 고조되면서, 샤르댕이 다시 주목받고 있다. 특히 인간과 자연의 이원화의 극복, 생태윤리, 우주적 영성과 연관된 연구에 대해서는 다음의 논문을 참고하라. Cf. Robert Faricy, "The Exploitation of Nature and Teilhard's Ecotheology of Love," *Ecotheology* 10, no. 2 (August 2005): 181-95; Ursula King, "One Planet, One Spirit: Searching for an Ecologically Balanced Spirituality," *Ecotheology* 10, no. 1 (April 2005): 66-87; Travis D. Tucker, "An Ecumenical Response to the 'Sunday-Monday Gap': Two Themes in E. Glenn Hinson and Pierre Teilhard de Chardin," *Journal of Ecumenical Studies* 47, no. 1 (Winter 2012): 87-100.

82 Pierre Teilhard de Chardin, *Heart of Matter*, trans. René Hague (San Diego: A Harvest Book, 1978), 35.

83 이 책의 "샤르댕" 부분은 필자의 다음 글을 참조 및 인용했다. 김동건, 『그리스도론의 역사』, 945-53.

몰트만

몰트만의 그리스도론은 여러 특징이 있어서 단순하게 규정하기 어렵다. 그의 그리스도론은 삼위일체적 그리스도론, 종말론적 그리스도론, 우주적 그리스도론의 특징들을 가지고 있으며, 이 특징들은 서로 연결되어 있다. 그래서 몰트만의 그리스도론은 접근하는 관점에 따라 다른 측면을 볼 수 있다. 우리의 관심인 우주적 그리스도론을 조명하기 위한 하나의 관점을 든다면, 그것은 삼중적 창조와 그리스도의 삼중직이다. 이는 그의 창조신학에 잘 드러난다.

몰트만의 창조신학은 우주적 그리스도론의 출발일 뿐만 아니라, 그의 자연신학의 교두보이다. 몰트만은 창조를 무로부터의 창조(creatio ex nihilo)라는 한 번의 창조로 보지 않는다. 그는 창조를 세 단계로 보며 삼위일체론적으로 해석한다. 세 단계는 원창조(creatio originalis), 계속되는 창조(creatio continua), 만유의 완성인 새 창조(nova creatio)이다. 몰트만은 삼중적 창조의 세 단계에 그리스도의 전통적 삼중직을 적용했고, 각 단계에 따라 그리스도의 중재적 역할이 나온다.

원창조: 몰트만은 원창조에서 두 가지를 피한다. 그것은 물질로부터의 창조와 하나님으로부터의 유출이다. 세계는 이미 존재하던 물질로부터 창조되지 않았다. 창조는 무로부터의 창조이며, '무'는 절대적인 무의 상태를 의미한다. 동시에 세계는 하나님의 본질로부터 창조되지 않았고, 하나님에게서 파생된 것도 아니다. 몰트만에게 창조는 전적으로 하나님의 결정에 의한 것이며 하나님의 자유에 기인한다.[84] 이 단계의 창조에서 그리스도의 사역은 만물을 존재하게 하는 '근거'로서의 그리스도이다. 몰트만은 그리스도를 통한 창조를 '지혜', '영', '말씀'을 통한 창조라고 표현

---

84 Jürgen Moltmann, *God in Creation: A New Theology of Creation and the Spirit of God*, trans. Margaret Kohl (Minneapolis: Fortress Press, 1993), 73-75.

한다. 그리스도는 모든 창조의 토대이며, 모든 것이 그리스도를 통해서 창조되었다.(고전 8:6)[85] 몰트만은 만물이 하나의 통일성 안에 있다고 본다. 이유는, 만물이 하나님의 지혜를 통해 창조되었기 때문에, 만물의 다양성에는 하나의 초월적인 '통일성'이 선행된다는 것이다.[86] 즉 시간과 공간 안에 있는 만물의 다양성의 근저에는 내재적인 통일성이 있고, 이 통일성을 말씀, 지혜, 영이라고 할 수 있다.

계속되는 창조: 몰트만에게 창조는 시간적으로 진행되는 미래를 향해 열려진 과정이다. 하나님은 새로운 것을 창조하며 그가 창조한 것을 발전시킨다. 언제나 새로운 생명의 형식들이 생성된다.[87] 몰트만은, 계속되는 창조는 방향성 없는 움직임이 아니라, 새 창조를 향한다고 본다. 현재의 역사와 자연은 계속되는 창조의 단계 속에 있다. 모든 피조물이 구원을 기다린다. 자연과 생태계도 소외되지 않고 새 창조의 소망 안으로 들어온다.[88] 그런데 두 번째 단계에서 주목할 것은, 새 창조는 단순히 미래적인 것만은 아니라는 점이다. 새 창조의 힘은 두 번째 단계인 계속되는 창조에서 이미 체험되고 선취된다. 그 이유는 부활 때문이다. 몰트만에게 새 창조의 근거는 부활이다. 예수의 부활은 새로운 종교의 출현이 아니라 새로운 생명을 의미하며, 새로운 땅과 새로운 자연을 의미한다.[89] 그런데 예수의 부활은 이미 일어났기 때문에, 몰트만은 부활로 인해 새 창조가 이미 시작되었다고 본다.[90] 계속되는 창조의 단계에서 그리스도의 사역은

---

85 Moltmann, *The Way of Jesus Christ*, 305.
86 Ibid., 288-90.
87 Ibid., 301.
88 Jürgen Moltmann, *The Coming of God: Christian Eschatology*, trans. Margaret Kohl (London: SCM, 1996), 276.
89 Jürgen Moltmann, "The Resurrection of Christ and the New Earth," *Communio Viatorum* 49, no. 2 (2007): 144.
90 Moltmann, *The Way of Jesus Christ*, 252-53.

창조를 보존하고 확립하는 것이다. 하나님은 자신이 창조한 것을 '유지'하며, 창조를 위험하게 하는 카오스로부터 '보존'하기 위해 피조의 세계를 지킨다. 하지만 유지와 보존이 정적인 개념은 아니다. 창조의 유지와 보존이 고정된 상태가 아니라, 진행적이고 적극적인 것이기 때문에 '계속되는 창조'라고 말할 수 있다. 몰트만은 두 번째 단계에서 종(種)이 유지만 되는 것이 아니라, 새로운 종으로 진화한다고 말한다. 이 단계에서 그리스도의 역할은 진화의 동력이다.[91]

새 창조: 새 창조는 시간의 마지막에, 지금 존재하며 미래에 존재할 모든 사물들에게 동시적으로 일어날 종말론적 상태이다. 새 창조는 피조물의 죽음을 우주적으로 제거한 상태이고, 하나님 나라의 실현이다. 몰트만에게 창조의 완성은 만유의 회복을 의미한다. 만유가 회복되는 새 창조의 마지막은 하나님의 영원한 안식이다. 안식(sabbath)은 창조의 완성이며, 하나님은 마침내 안식에 도달한다.[92] 새 창조에서 인간은 중심이 되지 않는다. 몰트만은 새 창조가 만물에게 동시적으로 일어난다고 믿는다. 즉 몰트만 사상에서, 자연은 인간이 추구하는 역사 완성이라는 목적의 한 부분이 아니다. 오히려 인간의 역사가 자연의 부활에서 완성된다.[93] 이 단계도 그리스도와 연결된다. 몰트만은 새 창조가 그리스도의 부활과 함께 시작하여 만유의 회복에서 완성된다고 본다. 그리스도는 현재뿐만 아니라, 미래에도 다스린다. 새 창조에서 그리스도의 완전한 통치와 지배가 이루어진다.[94] 그러므로 새 창조는 그리스도의 대속의 죽음에 근거를 두며, 그의 부활에서 시작되고, 만유의 회복에서 완성된다. 마지막으로, 원창조와

---

91 몰트만은 이 부분에서 샤르댕의 영향을 받았다. Cf. Moltmann, *The Way of Jesus Christ*, 292; Moltmann, *Jesus Christ for Today's World*, 94.
92 Moltmann, *God in Creation*, 6.
93 Moltmann, *The Way of Jesus Christ*, 254.
94 Ibid., 284-86.

새 창조의 관계를 보자. 몰트만에게 새 창조는 원창조의 회복, 곧 에덴동산의 회복이 아니다. 동시에 새 창조는 원창조의 폐기가 아니고 '변화'이다. 새 창조는 '창조'라고 할 만큼 완전한 변화이지만, 원래의 창조가 가진 세계의 정체성은 유지된다. 몰트만은 이렇게 표현한다. "끝(telos)은 시작(arche)을 완성하며, 시작을 폐기하지 않는다."[95] 원창조와 새 창조의 관계는, 완전히 새로운 창조라는 점에서 비연속적이면서, 원래의 정체성이 유지된다는 점에서 연속적이다.

몰트만의 삼중적 창조론에 바탕을 둔 우주적 그리스도론은 세 가지 특징을 가진다. 첫째, 창조와 구원이 분리되지 않는다. 그 이유는 창조가 삼위일체적으로 해석되기 때문이다. 몰트만의 창조론에서 그리스도와 성령이 중요한 역할을 한다. 몰트만은 성령의 경험이 교회, 직제, 종교의 영역에 제한되는 것을 받아들이지 않는다. 성령의 경험을 특정한 영역에 두면 창조와 구원이 분리되기 때문이다. 몰트만은 성령의 체험을 삶의 역동성/에너지로 강조하면서,[96] 그 영역을 우주적으로 확대한다. 그리스도가 온 우주의 화해자인 것처럼, 성령은 그리스도가 있는 곳에 함께 있으며, 만물의 새 창조의 힘으로 체험된다. "성령은 셰키나(Shekinah)를 통하여 예수의 운명에 자신을 묶는다."[97] 몰트만에게 성령은 그리스도의 영으로서 구원의 영이며, 동시에 성령은 아버지의 영으로서 창조의 영이다. 창조와 구원은 분리되지 않고 그리스도와 성령으로 연결된다. 몰트만의 창조론에서, 창조가 삼위일체 하나님의 행위이기 때문에, 그리스도의 구원의 사역 역시 창조에서 시작된다.

95　Moltmann, *The Coming of God*, 277.

96　Jürgen Moltmann, *The Spirit of Life: A Universal Affirmation*, trans. Margaret Kohl (Minneapolis: Fortress Press, 1993), 40-43, 83-86.

97　Ibid., 62.

둘째, 구원은 창조의 완성을 향해 시간과 함께 '전진'하면서, 동시에 시간을 거슬러 '역행'하는 이중적 구조 안에 있다. 몰트만은 창조를 세 단계로 봄으로써 창조를 '시간'과 함께 이해했다. 원창조부터 창조의 완성에 이르는 과정까지 시간성이 핵심이다. 세계는 시간과 함께 창조되었다. 모든 생태계와 자연이 시간 안에서 완성을 향한 방향성을 가진다. 이 점에서 몰트만의 삼중적 창조론은 진화론과 만날 수 있다. 하지만 동시에 시간의 이중적 구조 때문에, 몰트만의 창조론의 시간 개념은 진화의 시간과 동일하지는 않다. 몰트만은 선적(線的)인 진화는 모든 피조물을 구원할 수 없다고 본다. 진화는 선택이며, 약한 자의 희생을 대가로 한다는 것이다.[98] 그래서 몰트만은 전진하는 진화의 그리스도와 함께, 시간에 역행하는 구원자 그리스도를 주장한다. 두 표상은 이렇게 표현된다. "진화자 그리스도는 되어짐 속에 있는 그리스도이다. 반면 구원자 그리스도는 오심 가운데 있는 그리스도이다."[99] 몰트만이 그리스도를 시간의 이중적 구조 안에서 본 것은, 그리스도를 종말론적인 차원에서 이해한 것이며, '앞으로부터의 방법'이라는 그의 그리스도론의 방법론과도 궤를 같이한다.

셋째, 창조와 시간의 이중적 성격은 그리스도의 인격에도 그대로 나타난다. 몰트만에게 그리스도의 인격성은 그 자체로, 혹은 영원 전부터 고

---

98 Ibid., 294-96. 여기서 몰트만은 샤르댕의 진화의 그리스도가 잔인하고 감정 없는, 선택하는 그리스도라고 비판한다. 그러나 몰트만이 샤르댕의 '진화자 그리스도'를 비판한 것은 완전한 오해이다. 샤르댕의 진화자 그리스도는 적자생존의 진화론에 바탕을 두지 않는다. 샤르댕에게 진화의 완성은, 생명의 발생→정신의 발생→오메가 점까지 도달하며, 자기를 초월하고 이기심을 넘어서는 상태이다. 진화의 과정에서 가장 중요한 에너지는 '사랑'이며, 누구의 희생도 요구하지 않는다. 즉 샤르댕의 사상에서, 우주화한 그리스도와 사랑화한 만물은 서로 만난다. [Cf. Teilhard, *Heart of Matter*, 49.] 사실은, 샤르댕의 진화자 그리스도와 몰트만의 구원자 그리스도는 유사한 요소를 가지고 있다.

99 Moltmann, *The Way of Jesus Christ*, 303.

정된 것이 아니다. 몰트만은 창조를 연속적으로 보았고, 창조의 매 단계를 그리스도와 연결했다. 구원과 인격이 모두 정적(靜的)이지 않고 열려 있다. 그렇다 보니 그리스도의 인격은 우주와 생동적인 상호 관계와 작용 속에서 형성된다. 즉 몰트만의 우주적 그리스도론에서, 그리스도의 인격은 구원의 역사 안에서 개방성을 가진다.[100] 구원은 진행되고 있으며, 구원과 그리스도의 인격은 분리되지 않는다. 따라서 그리스도의 인격은 '되어짐' 가운데 있다. 이것이 몰트만의 '도상의 그리스도론'이 나오게 된 토대이다.[101]

샤르댕과 몰트만의 우주적 그리스도론에는 긍정적인 면이 많다. 우주적 그리스도론에 시간의 요소가 추가된 것도 좋다. 앞에서 언급한 것처럼, 그들의 그리스도론은 각기 자신만의 장점을 가지고 있으며, 우리에게 여전히 상당한 통찰을 준다. 그러나 샤르댕과 몰트만의 우주적 그리스도론은 구조적으로 심각한 한계를 가지고 있다. 그것은 그들의 우주적 그리스도론에서는 역사적 예수가 고려되지 않았다는 점이다. 이 한계는 우주적 그리스도론을 구성하는 내용의 취약, 실천(praxis)의 약화, 복음서와의 단절이라는 결과를 수반한다. 문제의 근원과 대안을 찾기 위해, 창조부터 종말의 완성/하나님 나라의 완성까지를 다음과 같이 표로 단순화해 보자.

---

100 Ibid., 136.
101 이 책의 "몰트만" 부분은 필자의 다음 글을 참조 및 인용했다. 김동건, 『그리스도론의 역사』, 953-63.

*표 [102]

```
창조(A)       →  (성육신) →   현재(B)        →  종말의 완성
만유의 창조                    구원의 확장       하나님 나라의 완성(C)
                                                만유구원
```

(종말의 완성으로부터 시간을 역행하는 성육신)

몰트만:

　　원창조　→　계속되는 창조(그리스도의 인격, 도상)　→　새 창조

샤르댕:

　　생명의 출현　→　진화자 그리스도(그리스도의 몸, 성장)　→　오메가 점

　　샤르댕과 몰트만에게 우주적 그리스도론을 구성하기 위해서는 범재신론의 틀이 필수적이다. 범재신론에서는 인간이 창조(A)의 중심이 아니라, 만유가 창조(A)의 중심이다. 또한 종말의 완성(C)도 인간 중심의 구원이 아닌 만유회복/만유구원이다. 하나님과 만유의 관계는 상호내재이거나(몰트만), 그리스도가 우주적 몸(샤르댕)이 된다. 따라서 관심은 창조(A)와 만유구원(C)에 집중되고, 현재의 상태(B)는 그 사이의 '과정'으로 인식된다. 몰트만의 삼중적 창조론과 샤르댕의 생명현상은 창조(A)를 범재신론적으로 해석하기 위한 토대이다. 또한 몰트만의 새 창조와 샤르댕의 오메가 점은 만유회복을 의미하는 것으로, 범재신론적 종말의 형태를 가지고 있다.

---

[102] 샤르댕에 대해서는 선적인 도식보다, 세 개의 원으로 구성되는 원뿔형 도식이 더 좋다. 샤르댕의 그리스도론은 '완전한 충만'(pleroma)을 형성하는 세 개의 동심원이 오메가 점을 향하는 구조를 가진다. 위 표에서는 비교하기 쉽도록 선적인 형태로 그렸다.

몰트만에게 현재(B)는 계속되는 창조이고, 샤르댕에게는 진화의 단계이다. 범재신론에서는 창조가 우주적으로 해석되고(A), 종말이 만유구원으로 해석(C)되는 것에 초점이 주어진다. 자연히 중간 단계가 약화될 가능성이 크다. 샤르댕과 몰트만은 성육신을 중요하게 보지만, 초점은 '부활한 그리스도'에 있다. 몰트만은 새 창조의 완성이라는 우주적 차원에서 십자가와 부활을 본다. 성육신은 종말로부터 시간을 역행해 역사 안으로 들어온 사건이다. 그렇기에 몰트만은 역사적인 한 시점에서 일어난 십자가의 죽음보다 종말론적 부활에 대한 약속을 더 크게 본다.[103] 하나님과 우주의 상호내재성을 유지하기 위해서는 역사적 예수보다 부활한 그리스도가 유용하다고 생각하기 때문이다. 샤르댕도 나사렛 예수를 언급하지만, 초점은 여전히 '우주적 몸'이 된 부활한 그리스도에게 있다.[104]

일반적으로 우주적 그리스도론에서는 자연과 생태계가 중심에 있고 인간은 자연의 일부가 된다. 샤르댕과 몰트만에게도 동일한 현상이 일어난다. 즉 우주의 완성이 피조세계의 회복과 만유구원과 연결되면서, 인간의 역사 책임적 역할이 위축된다. 현재의 상태(B)가 과정이라는 제한적 의미만 가지기 때문에, 현재하는 그리스도에 대한 공간이 충분하지 않고, 따라서 복음서의 예수가 들어올 수 있는 여지가 없다. 이것이 우주적 그리스도론이 복음서 외의 성서 일부에 치중하게 된 이유 중의 하나이다. 사실은 현재의 구원의 확장에서 역사적 예수와 그의 가르침은 결정적이다. 이 부분이 약하면 '실천'의 근거가 모호해진다. 현재의 그리스도와 역사적 예수가 분리되기 때문이다.

샤르댕에게서는 현재하는 그리스도와 제자도로서의 실천이 거의 다루어지지 않는다. 몰트만은 누구보다 실천을 강조하고 해방의 차원을 강

---

103 Moltmann, *The Way of Jesus Christ*, 213-15.
104 Teilhard, *The Divine Milieu*, 117; Teilhard, *Heart of Matter*, 95.

조하지만, 우주적 그리스도론 안에 실천, 역사적 예수, 제자도가 들어올 여지가 없다. 몰트만 신학에서 실천은 하나님의 정의, 평화, 혹은 해방의 차원에서 주로 다루어진다. 몰트만의 책 『예수 그리스도의 길』에서 드러나듯이, 비록 예수의 가르침이 다루어지더라도, 그것은 그리스도의 메시아적 사명이라는 관점에서 재해석될 뿐이다. 그러므로 예수, 예수의 가르침, 예수의 선포, 그리고 예수를 따르는 실천이 우주적 그리스도와 연결되지 않는다. 따라서 역사적 예수의 선포와 그를 따르는 제자도는 몰트만의 우주적 그리스도론 안에서 주요한 역할을 하지 못한다. 이상에서 본 문제점은 비단 샤르댕과 몰트만에게서만 나타나는 것이 아니라, 모든 우주적 그리스도론이 가지는 한계이다.

그러면 우주적 그리스도론이 가질 수밖에 없는 구조적 한계는 어떻게 극복되어야 하는가? 역사적 예수와 조화를 이루는 것이 필수적이다. 이것이 우주적 그리스도론이 가진 구조적 문제를 해결할 수 있는 근본적 방안이다. 조금 구체적으로 보자. 두 번째 단계인 현재(B)는 아주 중요한 단계이다. 두 번째 단계는 역사적 예수와 그의 가르침을 위한 자리이다. 두 번째 단계는 과정적인 것이 아니라, 독립적인 의미를 가지는 생동적이고 역동적인 단계이다. 이는 하나님 나라의 완성(C)이 선취적으로 실현되며, 동시에 하나님 나라를 지향하는 단계이다. 이 두 번째 단계가 역사적 예수와 연결되어야 한다. 하나님 나라를 향한 단계에서 결정적인 '내용'은 역사적 예수의 가르침에서 나온다. 이 단계가 역사적 예수와 분리되지 않는다면, 우주적 그리스도론이 성서의 일부 서신에 편중되지 않고 포괄성을 가질 수 있다. 이렇게 되면, 역사적 예수가 우주적 그리스도와 조화를 이룰 수 있을 뿐 아니라, 복음서가 바울서신과 요한문서와 통전성을 이룰 수 있다. 정리하면, 우주적 그리스도론에서 역사적 예수가 중요한 이유는 크게 세 가지이다.

첫째, 우주적 그리스도론의 내용은 역사적 예수에 근거해야 한다. 우주적 그리스도론의 형태는 다양하게 만들 수 있다. 그러나 우주적 그리스도론의 내용은 오직 역사적 예수로부터만 나올 수 있다. 우주적 그리스도론과 범재신론이 역사적 예수를 고려하지 않을 경우, '틀'은 가질 수 있으나 그 내용을 채울 수 없다. 그래서 범재신론과 우주적 그리스도론이 공허하거나 구체성이 결여될 위험을 가지고 있는 것이다. 인류와 우주가 처한 현재의 상태(B)는 역사적 예수의 선포와 가르침이 들어와야 하는 단계이다. 대부분의 우주적 그리스도론은 부활한 그리스도에 관심을 둔다. 그런데 부활한 그리스도는 다름 아닌 나사렛 예수이다. 제자들의 부활 체험의 핵심은 바로 부활한 그리스도가 나사렛 예수와 동일한 자라는 인식이다. 그렇기에 부활한 자에 대한 고백은 하나님이 예수를 죽은 자 가운데서 살리셨다는 고백이었다.(행 3:15, 4:10, 10:40, 13:30 등)

둘째, 현재의 구원의 단계(B)는 실천의 과정에 있다. 구원의 현재성이 확인되고 확산되어야 하는 단계이다. 이 단계가 실천의 단계이다. 지금은 교회와 역사가 하나님 나라의 완성을 향해 나아가는 도중이다. 현재는 사명과 소명의 단계이다. 교회는 최일선에 서야 한다. '실천'의 주된 근거는 역사적 예수로부터 온다. 사회복지와 이념적 실천을 위시해 다양한 종류의 실천이 있다. 실천이 기독교적이 되려면, 예수 그리스도적인 실천이어야 한다. 실천의 기준과 내용의 근본적인 토대는 예수의 선포와 가르침이다. 이 부분이 모호하면, 기독교의 정체성이 없어질 뿐 아니라, 하나님 나라를 향한 기독교적 실천을 위한 근거도 상실된다.

셋째, 현재의 구원의 단계(B)가 역사적 예수와 결합되면, 복음서의 예수와 바울서신과 요한문서의 우주적 그리스도가 통합된다. 우주적 그리스도론을 위한 성서적 토대도 확고해지고, 범재신론의 단점도 보완할 수 있다. 우리는 기독교 정체성의 근거를 예수 외에 다른 곳에서 찾을 수 없다. 바울과 요한도 예수의 가르침과 그의 인격 안에 있다. 우주적 그리스도론이 '역사적 예수'와 결합되면, 범신론이 될 위험은 완전히 없어진다. 어떤 우주론을 가지든 혹은 어떤 우주 중심적 사고를 가지든, 기독교의 정체성이 유지된다. 반면 역사적 예수의 가르침과 정신이 중심이 되지 못하면, 우주적 그리스도론의 성격은 모호해진다.

역사적 예수와 결합되면 우주적 그리스도론이 편협하거나, 우주적 차원을 포괄하기 어렵다고 생각할 수 있을까? 그것은 오해이다. 예수의 선포에 나타나는 생명, 사랑, 정의, 평등, 용서, 화해, 구원 등은 하나님 나라를 향한 표상이다. 그 표상은 인간을 넘어서는 우주적 성격을 가졌다. 예수는 유대 종파에 제한되지 않았고, 율법에 묶이지도 않았다. 예수의 가르침의 근거는 오직 하나님의 뜻이었다. 예수의 가르침이 기독교 종파에 제한된다는 것도 오해이다. 역사적 예수의 회개와 용서의 보편성, 구원의 무제한적 선포, 은혜의 우선성, 율법을 넘어서는 생명과 사랑은 종교, 국가, 인종의 모든 한계를 넘어선다. 인류는 아직 종교와 교파주의, 국가주의, 인종과 성별의 한계 속에 산다. 만약 21세기에 더 넓은 우주가 구체화되고, 기독교가 새로운 우주적 상황을 마주하게 된다면, 우리가 되살펴야 할 최후의 보루는 예수이다. 예수의 선포는 지구 중심을 벗어날 만큼 열려 있으며, 우주적 보편성을 가지고 있다.[105]

---

105 이 책의 마지막 장, "제12장 지구인의 그리스도?"를 참고하라. 보다 자세한 논의, 곧 예수 선포의 독특성, 보편성, 구원의 무제한성에 대해서는 다음의 책을 참고하라. 김동건, 『예수』.

3. 인격성

　기독교는 유신론으로 스스로를 자리매김해 왔다. 역사적으로, 유신론의 성격은 인격적이기도 했고, 초자연적이기도 했다. 고전적 유신론(classical theism)에서는 창조주와 피조물이 확연히 구별되고, 초월과 내재 사이의 구별이 분명하다. 신이 세계로부터 초월하여 존재한다고 보는 점에서는 범신론(pantheism)과 구별되지만, 동시에 신이 역사 안에서 인간과 교제할 수 있다는 점에서 이신론(deism)과도 대립한다. 기독교는 유신론의 전승 속에서 신학을 발전시켰고, 하나님과 인간 사이의 질적 차이를 극복하기 위해 하나님의 '계시'와 '은혜'가 강조되었다. 이런 전승 속에서 인간은 피조물 중에서 특별한 위치를 갖게 되고, 인간 중심의 신관이 발전했다. 하지만 유신론적 전승 속에서 자연은 소외되고 희생되었고, 나아가 인간과 자연의 대립이 부각되었다. 그래서 자연의 희생과 대립을 극복하기 위해 나온 것이 범재신론이고, 우주적 그리스도론이다. 이 구조에서는, 인간은 자연의 일부로 인식되고, 구원의 완성은 인간 중심이 아니라 만유의 회복과 완성이다.

　우주적 그리스도론은 자연을 범주화하고, 자연을 그리스도론의 중심에 둔다는 점에서 성공적이다. 하지만 기독교 유신론이 가지는 중요한 장점인 신의 '인격성'이 배제되었다. 만약 우주적 그리스도론에서 그리스도의 인격성이 약화된다면, 절반의 성공이 될 뿐이다. 신의 인격성의 약화는 범재신론에서 흔히 일어난다. 틸리히(P. Tillich)의 신론은 존재론적 범재신론의 성격을 가지고 있다. 틸리히는 하나님을 비존재(non-being)로 보며, 존재자체(being-itself) 혹은 존재의 힘(power of being)으로 규정한다.[106] 틸리히는 신을 존재의 범주에서 다루지 않음으로, 주-객 이원화를 극복하는 토대로 삼았다. 신이 하나의 '존재'라면, 신과 신을 마주하는 인간 사이에는 주체와 객체라는 이원 도식이 발생할 수밖에 없다. 틸리히는 신을 존재의 힘으로 규정하고, 인간은 자신의 존재의 '깊이'에서 신을 만날 수 있다고 보았다. 이처럼 틸리히에게 신과 인간의 이원화를 극복할 수 있는 장점이 있는 것은 사실이다. 하지만 틸리히의 신관에서 하나님의 인격성은 약화되고, 하나님과 인간의 인격적 상호성도 찾아보기 어렵다. 마찬가지로 몰트만과 샤르댕의 우주적 그리스도론을 받치고 있는 틀도 범재신론이고, 그리스도의 인격성은 약하다. 몰트만은 이렇게 말한다.

> 원래 기독교의 성서적 형태는 결코 현대 서구 세계의 의미에서 인격적, 인간 중심적, 역사적 종교가 아니었다. 오히려 그것은 '언제나 더 크신 그리스도'를 발견하기 위한 '길'이고 추구였다. …그리스도는 나사렛 예수로 존재했고, 그리스도는 그의 백성의 공동체로서 존재했으며, 이제 그리스도는 우주로서 존재한다. 그리스도는 언제나 더 크시다.[107]

몰트만은 그리스도의 존재양식을 나사렛 예수-공동체-우주로 발전적으로 생각한다. 그리스도의 현재의 존재양식은 우주이다. 몰트만은 그리스도의 존재를 우주로 확장하면서, 세 가지를 거부한다. 그것은 인격적 종교, 인간 중심의 종교, 역사적 종교이다. 몰트만이 인격성을 인간 중심이 아니라 그리스도 중심으로 설명하기 때문에, 인격성 자체를 포기한 것

---

106 Tillich, *Systematic Theology*, vol. 1, 261-63.
107 Moltmann, *The Way of Jesus Christ*, 275-76.

은 아니다.[108] 샤르댕과 몰트만에게 하나님은 인격적이며, 하나님과 세계의 관계도 인격적이라는 점에서, 그들의 신관을 인격적 범재신론이라고 할 수 있다. 하지만 몰트만이 인격 중심, 인간 중심, 역사라는 범주를 포기하려는 것은 분명하며, 이런 경향은 그의 후기 저술에서 지속적으로 나타난다. 여기서 필자가 우려하는 것은 인격성의 약화이다. 실제로 몰트만의 우주적 그리스도론에서 그리스도의 '인격성'은 약화되어 있다. 또한 샤르댕은 성육신한 그리스도의 몸을 '우주적 몸'(cosmic body)으로 보기 때문에 그리스도의 인격성은 더욱 약해진다. 따라서 몰트만과 샤르댕의 우주적 그리스도론은 일정 부분 그리스도의 인격성의 희생을 바탕으로 해서 나왔다.

다수의 학자들은 기독교의 고전적 유신론과 범재신론은 양립하기 힘든 것으로 본다.[109] 고전적 유신론의 주요 특징은 인격성이다. 그러나 사실은 범재신론의 우주적 그리스도론과 하나님의 인격성은 대립되지 않는다. '인격성'에 대한 해석이 중요하다. 인격성은 하나님과 인간을 규정하는 용어가 아니다. 인격성을 하나님의 존재나 인간의 존재에 묶어두면 안 된다. 인격성을 존재론적으로 보면, 인격이 폐쇄적이 되거나 인격이 신과 인간 존재를 구별하는 이원론적 장벽이 된다. 인격성은 하나님과 피조물 사이의 '관계' 개념이다. 인격성은 하나님과 피조물의 '대화적 관계'를 말한다.

성서는 인간을 하나님과 교제하고 대화하는 관계로 기술한다. '관계성'은 대화하고 응답할 수 있는 능력에 근거한다. 인간은 하나님에게 응

108　Ibid., 276.
109　Cooper, *Panentheism*, 320-22; Karl E. Peters, "Some Correlations between Methods of Knowing and Theological Concepts in Arthur Peacocke's Personalistic Panentheism and Nonpersonal Naturalistic Theism," *Zygon* 43, no. 1 (March 2008): 19-26.

답할 수 있고, 그에 따라 새롭게 규정되고, 새로운 존재가 되고, 새롭게 대화한다. 즉 인격성은 하나님과 피조물 사이의 교제에서 발생한다. 따라서 인격성의 핵심은 하나님과 인간 '사이의' 대화와 교제에 있다. 인격성은 하나의 존재에 귀속되는 존재론적 개념도 아니고, 인간 중심적 개념도 아니다.

인격성은 하나님의 형상(imago Dei)에서 비롯되었다. 구약성서에는 하나님과 인간이 대화하고 응답하는 이야기로 가득하다. 하나님은 아담과 대화했고, 이브와 대화했고, 이스라엘 백성과 대화했다. 하나님은 노아와 약속했고, 아브라함과 약속했고, 모세와 약속했고, 예언자들과 약속했고, 이스라엘 족속과 수없이 많은 약속을 했다. 약속은 신뢰를 토대로 이루어진다. 하나님은 인간이 피조물이지만 존중했으며, 자신의 계약의 상대자로 인정했다. 성서는 하나님과 인간의 관계에 대한 이야기와 하나님을 체험한 인간의 고백으로 넘친다. 하나님과 인간의 대화, 경험, 약속, 신뢰, 이 모든 것이 상호간의 관계에서 발생하는 것이며, 이를 인격성이라는 포괄적 용어로 표현할 수 있다. 그러므로 인격적 하나님이라는 말은, 인간에게 응답하는 하나님이라는 뜻이며, 인간과 약속하고 교제하는 하나님을 뜻한다. 인격성은 하나님 혼자에게 적용되거나 독립된 인간에게 적용되는 용어가 아니라, 전적으로 하나님과 인간 사이에 발생하는 관계적 개념이다. 하나님은 그냥 '존재'하는 것이 아니라, 세계 속에서 활동하신다. 인간은 하나님과의 관계, 그와의 교제를 통해서만 하나님을 알 수 있다.

하나님과 피조물의 교제가 인간에게만 국한되는 것은 아니다. 성서에 하나님과 인간의 교제가 집중된 것은 성서가 인간의 언어로 기록되었고, 인간 중심으로 기술되었기 때문이다.[110] 모든 피조물은 각기 고유한 방법

---

110 커크패트릭(M. Kirkpatrick)은 구약에서 인간은 피조물의 일부일 뿐이며, 하나님이 인간과 맺은 계약은 하나님과 피조세계 전체가 맺은 계약이라고 본다. 하나님과 노

으로 하나님과 관계한다. 하나님은 말씀으로 만유를 창조하셨다. 창세기 1장은 하나님이 만유를 창조하시면서 그에 맞게 부르고 그들이 존재하게 된 과정을 보여준다. 빛을 만들고 빛을 낮이라 부르시고, 어둠을 밤이라 부르셨다. 궁창을 하늘이라 부르시고, 뭍을 땅이라 부르셨다. 하나님은 이렇게 하늘과 땅의 모든 생명을 일일이 이름 부르며 지으셨다. 창세기 기사는 모든 존재가 하나님과 관계 맺고 있는 모습을 보여준다. "하나님이 뭍을 땅이라 부르시고 모인 물을 바다라 부르시니 하나님이 보시기에 좋았더라."(창 1:10) 만물은 자신의 이름을 가지게 되었다. 땅은 하나님과 관계가 생겼고, 바다와 하나님 사이에도 관계가 생겼다. 이렇게 모든 피조물은 각기 하나님과 관계를 가지기 시작했다. 창조기사는 하나님과 피조물 사이의 고유한 관계를 보여준다. '태초의 창조'는 하나님과 만유의 관계가 시작됨을 선언하고 있다.

피조물의 '창조됨'은 하나님과 관계의 발생이다. 하늘과 땅, 산과 나무, 새와 짐승은 인간과 나란히 하나님을 찬양한다.(시 148편) 시편 기자는 인간과 피조물을 나란히 언급하며 하나님과 피조물의 관계를 노래한다. 하나님의 교제방법은 인간의 언어에 제한되지 않는다. "언어도 없고 말씀도 없으며 들리는 소리도 없으나 그의 소리가 온 땅에 통하고 그의 말씀

아의 약속에 따라 노아만 살아남은 것이 아니다. 노아와 그 가족, 동물들, 곧 '모든 생물'이 살아남았다.(창 9:8-17) 따라서 하나님과 노아가 맺은 생명체를 보전하겠다는 계약도 노아 개인에 대한 것이 아니라, 생명체 전체와 맺은 계약이다. 커크패트릭은 이사야서에서도 인간의 구원과 피조물의 구원은 연결되어 있다고 본다. 저주와 구원에서 인간과 땅은 함께 결부된다는 것이다.(사 24:4-6) 이런 맥락에서 볼 때, 인간은 하나님의 피조세계의 섭리를 다 알지 못하며(욥 38:4), 인간은 단지 피조물의 한 부분으로 그려지고 있다. [Martha Kirkpatrick, "'For God So Loved the World': An Incarnational Ecology," *Anglican Theological Review* 91, no. 2 (Spring 2009): 191-212.] 구약에서 인간과 맺은 하나님의 구원 약속이 인간에게만 해당되는 것이 아니라, 피조세계 전체에 대한 하나님의 약속이라는 점에서, 커크패트릭의 주장은 타당하다.

이 세상 끝까지 이르도다 하나님이 해를 위하여 하늘에 장막을 베푸셨도다."(시 19:3-4) 하늘은 하나님의 영광을 선포하고 모든 피조물은 하나님의 흔적을 가지고 있다.(시 19:1) 그러므로 예수 그리스도의 성육신과 십자가의 죽음이 인간만을 위한 것이라는 생각은 인간의 교만이다. 예수 그리스도의 대속의 십자가는 만유를 위한 것이고, 모든 피조물과의 화해를 위한 것이다.

> 그의 십자가의 피로 화평을 이루사 만물 곧 땅에 있는 것들이나 하늘에 있는 것들이 그로 말미암아 자기와 화목하게 되기를 기뻐하심이라 (골 1:20)

예수 그리스도의 만유를 위한 대속, 곧 우주적 화해와 구원의 역사는 이미 시작되었다. 어떤 피조물도 만유의 완성에서 제외되지 않는다. 피조물은 현재의 시간 안에서 고통받으며 탄식하며 하나님 나라를 소망하고 있다.(롬 8:19-22) 인간만이 아니라 모든 피조물은 고유한 방법으로 하나님과 관계 속에 있으며, 또한 구원의 날을 기다린다. 하나님의 인격성은 하나님이 피조물과 관계하고 교제하는 하나님의 활동을 의미한다. 각기 피조물은 자신의 '고유성'을 가지고 있으며, 하나님은 그 피조물에 따른 '고유한 방법'으로 교제한다. 하나님이 땅은 땅이라 부르고, 하늘은 하늘이라 부르신 것과 같다. 인류는 다른 피조물에 대한 이해가 아직은 일천하다. 우리가 물질, 생명, 각 피조물에 대해 더 알게 되면 하나님과 그들 사이의 교제방법에 대해서도 더 잘 이해하게 될 것이다.

그리핀(D. R. Griffin)은 20세기 모더니즘의 한계를 극복하기 위해 자연관의 새로운 이해를 요청했다. 그리핀은 인간만이 어떤 특별한 경험과 인식을 가질 수 있다는 전통적인 견해를 받아들이지 않는다. 그리핀의 자연관이 가지는 두 가지 특징은 범경험주의와 창조성이다.

그리핀은 범경험주의(panexperientialism)를, 자연의 모든 물체는 각기 내재하는 가치를 가지고 있다는 전제로 사용한다.[111] 그리핀은 인간뿐 아니라 모든 사물, 심지어 우리가 무생물로 간주하는 물체도 '무엇인가'를 경험할 수 있다고 믿는다. 그는 '경험'의 차원에서 인간과 사물을 본질적으로 구별하지 않는다. 일반적으로 무생물로 간주되던 자연물도 내면적으로는 작은 경험들을 가지고 있는, 살아 있는 물질이라는 것이다. 그리핀에게 인간과 사물의 차이는 '정도'의 차이이지 질적인 차이가 아니다.[112] 그리핀은 모더니즘이 막다른 곳에 도달한 이유 중 하나를 이원론이라고 본다. 즉 교회는 이원론적 사고 위에서 초월적 영성을 강조하고 현대의 세계관은 유물적 과학주의에 근거함으로써, 이 양자는 조화될 수 없게 되었다. 따라서 그리핀이 모더니즘의 이원론을 극복하려고 시도할 때 가장 초점을 기울이는 것 중 하나가 범경험주의에 토대를 둔 자연관이다.

한편, 그리핀은 모든 사물에 존재하는 '창조성'을 통해 사물에 대한 인식의 전환을 꾀한다. '모든 사물에 창조성이 존재한다.'라는 강조는 그리핀에게는 거의 명제에 가깝다. 그리핀은 세계가 에너지로 구성되어 있다고 본다. 그리고 에너지는 언제라도 창조성이 될 수 있고, 에너지가 창조성으로 작용할 때 다시 살아 있는 세포가 되며, 살아 있는 세포는 마음과 영혼의 기능을 수행한다고 주장한다.[113] 그리핀의 창조성에 대한 주장은 사물의 형이상학적 진술에서 비롯된 것은 아니다. 그의 창조성 논의는

---

111 David Ray Griffin, *God and Religion in Postmodern World: Essays in Postmodern Theology* (Albany: SUNY Press, 1989), 4; David Ray Griffin, "Scientific Naturalism, the Mind-Body Relation, and Religious Experience," *Zygon* 37, no. 2 (June 2002): 375-80.

112 David Ray Griffin, *Unsnarling the World-Knot: Consciousness, Freedom, and the Mind-Body Problem* (California: California University Press, 1998), 46-48.

113 Griffin, *God and Religion in Postmodern World*, 23.

오히려 자연과학적 인식에 바탕을 두고 있다. 비록 무생물처럼 보여도 모든 사물은 분자나 원자 차원에서는 어떤 '경험'을 가지며, 경험은 곧 '변화'를 의미하고, 변화가 가능하다는 것은 스스로 변화의 주체로서 창조성을 가진다는 것이다. 그리핀은 스스로 인식하고 행위할 수 있는 인간(주체, subject)과 인간 행동의 대상이 되는 사물(객체, object) 사이의 구별, 곧 인간과 자연의 이원화를 모더니즘의 결과로 보고 극복하려고 시도했다.

그리핀은 기존의 생명체와 비생명체의 구별을 해체한다. 그리핀에 의하면, 모든 개체는 그 개체만이 가지는 '경험'의 세계가 있고, 모든 경험은 항상 새롭고 다시 반복되지 않는다는 점에서 본질적으로 '창조적' 특징을 가진다. 모든 사물은 창조성을 내면에 본질적으로 가지고 있다. 그러므로 그리핀은 창조성이 신성에 속하는 신만의 특질이 아니라고 주장한다. 그리핀에게 창조성은 대상의 구별 없이 어디에나 존재하며, 신성한 존재라고 해서 다른 종류의 창조성을 가지는 것이 아니다.

> …모든 경험은 창조적 경험이다. 사실 창조성은 궁극적 실체인데, 신에게서 분자에 이르기까지 모든 개체들에 각인되어 있다.[114]

---

114 Ibid., 5. '범경험주의'는 다양하게 해석되고 실천적으로 적용될 수 있다. 화이트헤드(A. N. Whitehead), 하트숀(C. Hartshorne), 캅(J. B. Cobb), 그리핀(D. R. Griffin), 포레스트(P. Forrest)와 같은 과정철학자와 범재신론자에게는, 하나님도 경험하고 변화한다는 생각은 당연하다. 그들은 고전적 유신론의 '비발전적인 신'을 거부한다. 한편, 해스컬(R. Haskell)은 범경험주의/과정신학이 '무로부터의 창조'와 하나님의 전능하심을 부인한다고 믿는다. 그는 과정신학이 본질적으로 현대인과 포스트모던 시대의 사람을 위해 잘 고안된 새로운 종교라고 비판한다. 그러나 필자는 해스컬의 비판에 동의하지 않는다. 그리핀과 하트숀의 신 개념이 고전적 유신론과 다른 것이지, 그들이 새로운 종교를 제시하는 것은 아니다. 해스컬의 비판은 신-고전적 유신론(neoclassical theism)과 개방적 유신론(open theism)에 대해 정확하게 이해하지 못했기 때문이다. 이에 반해, 데커스(J. Deckers)는 '범경험주의'가 자연에 대한 이원론적 개념과 인간 중심적 윤리의 약점을 극복할 수 있다고 본

그리핀에게 자연은 수동적이고 정적인 것이 아니라, 그 자체가 능동적이고 역동적이다. 모든 사물은 자신 안에 경험을 가지고 있으며, 이 경험은 창조성으로 열려 있다. 그리핀의 사상은 더 발전하여 포스트모던 애니미즘으로 나아간다.[115]

필자는 그리핀의 사상에 전적으로 동의할 생각은 없다. 그가 주장한 범경험주의와 창조성도 더 논의가 필요하다. 하지만 '물질'에 대한 새로운 인식이 필요하다는 것에는 동의한다. 즉 모든 사물은 나름의 '경험'을 가진다는 사상은 받아들인다. 그 경험의 방법이 인간과 다를 뿐이다. 모든 사물은 하나님 안에 있으며, 각기 자신의 방법으로 하나님을 경험하고 하나님과 교제한다. 지금까지 수동적인 사물, 무생물로 간주했던 사물에 대해서 새롭게 생각해 봐야 할 것이고, '물질' 자체에 대한 인식도 재고할 필요가 있다. 물질과 자연을 인간 중심에서 정의 내린 것에 대한 반성도 필요하다.

물질에 대한 이해는 고정되지 않고 달라지고 있다. 20세기가 되면서 물질의 최소단위라고 믿었던 원자의 성격이 변하기도 하고 나누어진다는 것을 알게 되었다. 양자역학은 자연현상이 불변의 규칙성을 가진 것이 아니라는 것을 보여준다. 양자역학은 소립자를 대상으로 하는 실험에서 실

다. 데커스의 견해가 옳다. 또한 범경험주의는 동물보호와 자연보호에 관심을 가지는 공적신학의 글로벌 모델과 연결될 수 있다. 글로벌 모델에 대해서는 이 책 "제9장 공적 영역의 그리스도"를 참고하라. Cf. Daniel A. Dombrowski, "The Process Continues⋯," *Religious Studies Review* 35, no. 2 (June 2009): 91-97; Rob Haskell, "Process Theology: A Christian Option or a New Religion?" *Evangelical Review of Theology* 36, no. 4 (October 2012): 302-15; Jan Deckers, "Christianity and Ecological Ethics: The Significance of Process Thought and a Panexperientialist Critique of Strong Anthropocentrism," *Ecotheology: Journal of Religion, Nature & the Environment* 9, no. 3 (December 2004): 359-87.

115 Cf. 김동건, "포스트모던 신론: David Ray Griffin을 중심으로," 「신학과 목회」 제13집 (1999): 129-32.

험자의 의도에 따라 결과가 달라진다는 것을 밝혔다. 하이젠베르크(W. Heisenberg)는 일정한 공간 안에 있는 소립자의 수와 위치를 확정할 수 없다는 것을 양자역학의 '불확정성의 원리'로 이론화했다.[116] 양자역학은 특정한 두 양을 동시에 측정하는 것은 불가능하다고 본다. 양자역학은 고전 물리학과 달리 물질의 구성과 운동에 대해 새로운 방식의 이해를 제공한다. 불확정성의 원리는 주어진 조건과 물질의 상태를 알면 언제나 동일한 결과를 예측할 수 있다는 인과율에 바탕을 둔 결정론적 세계관과 배치된다. 하이젠베르크는 소위 자연과학의 토대라고 말하는 객관성과 그 근거인 인과율의 붕괴가 일어날 수 있다는 것을 보여주었다.[117] 나아가 불확정성의 원리는 모든 자연현상을 물질로 보는 물질의 환원주의를 거부한다. 이것은 자연과학의 세계에서 '있다'와 '없다'라는 두 가지 가능성 외에 제3의 가능성을 제시한 것이다. 즉 '있다'와 '없다' 중에서 반드시 어느 하나여야 하며, 제3의 길은 없다(Tertium non datur)는 논리학의 기본 명제를 받아들이지 않는 것이다.[118]

현대에는 물질과 물질의 움직임에 대한 연구가 상당히 이루어지고 있다. 최근에는 암흑물질에 대한 논의가 활발하다. 우리는 암흑물질을 볼 수 없다. 랜들(L. Randall)에 의하면, 암흑물질은 우주와 우리 주변에 존재하며 중력을 통해 상호 작용하지만, 빛을 방출하거나 흡수하지 않는다. 현미경이나 전자기파 같은 기존의 물질을 측정하는 방법으로는 암흑물질을 관찰하지 못한다. 암흑물질은 우주에 존재하는 전체 물질의 약 85%

---

116 Werner Heisenberg, *Physics and Beyond: Encounters and Conversations* (New York: Harper & Row, 1971), 77-78.
117 하이젠베르크는 라듐B 원자가 전자를 방출할 때, 어느 방향으로 방출될지 알 수 없다는 것을 예로 든다. 동일한 실험을 하더라도, 동일한 결과를 얻지 못하는 원인을 확정할 수 없다는 것에서 인과율의 붕괴라는 표현을 사용한다. Ibid., 118-19.
118 한스 페터 뒤르 외, 『신, 인간 그리고 과학』, 여상훈 옮김 (서울: 시유시, 2003), 10-11.

를 차지하며, 인간이 측정할 수 있는 별, 기체, 산, 나무, 동물, 사람 등을 모두 합쳐야 15% 정도이다. 암흑물질은 우주의 탄생과 우주의 가시적 물질들의 상호 작용에 영향을 미친다고 추측된다. 암흑물질 중에 일부는 중력 외에 다른 제5의 힘과 연관이 있을 수도 있다. 암흑물질은 실제로 물질의 한 형태이지만, 기존의 물질과는 전혀 다른 물질이다. 랜들은 10년 안에 암흑물질의 정체와 속성을 알게 되고, 우주에 대한 많은 수수께끼도 풀릴 것이라고 말한다.[119] 하지만 인류의 물질과 우주에 대한 지식은 아직 걸음마 수준이다. 무한한 우주, 생명의 현상, 물질의 본질, 우주장, 에너지와 통일장이론 등 인류가 이해해야 할 것들이 많다. 세계에 대한 인류의 이해는 21세기에 가속화되고 있다. 세계에 대한 증진된 이해는 인간 중심의 사고를 벗어나게 할 것이다.

인간만이 하나님과 교제하며 대화한다는 것은 지나간 시대의 생각이다. 하나님과 피조물이 교제하는 방법을 인간의 기준에 따라 판단할 수는 없다. 우주와 별, 산과 바위도 하나님의 피조물이며, 모두 그리스도 안에 살아있다. 하나님은 그들과 관계하며, 그들과 교제한다. 만유는 자신을 지으신 그분과 각기 깊은 관계에 있다. 인간이 고유한 자신의 방법으로 하나님과 교제하듯이, 그들도 자신의 방법으로 하나님과 교제한다. 하나님이 만물과 교제하는 방법이 하나만 있는 것은 아니다. 현재 인간은 하나님과 피조물의 교제방법에 대해 많이 알지 못한다. 지금은 하나님과 자연의 교제방법에 대해 열어두어야 한다. 앞으로 물질과 우주에 대해 더 알게 되면, 하나님과 우주의 교제방법도 더 잘 알게 될 것이다.

그러므로 인격성을 하나님이 피조세계와 맺는 대화적 관계와 교제라고

119　Lisa Randall, *Dark Matter and the Dinosaurs: The Astounding Interconnectedness of the Universe* (New York: HarperCollins, 2015), vii-xv. 암흑물질이 전체 물질의 85%를 차지한다는 것은 랜들의 주장에 따른 것이며, 학자에 따라 이 비율은 차이가 있다.

본다면, 인격성이 범재신론과 대립될 이유가 없다. 인격성을 하나님과 인간이 가지는 특징으로 생각하거나, 하나님과 인간 존재에 국한하는 데서 오해가 생긴다. 하나님은 만유와 교제한다. 그 중심에 인간이 있는 것이 아니라, 그리스도가 있다. 세계는 그리스도를 통해 지음을 받았다. "만물이 그로 말미암아 지은 바 되었으니 지은 것이 하나도 그가 없이는 된 것이 없느니라."(요 1:3) 만유는 그리스도 안에 있다. 만유와 교제하는 하나님은 우주적 그리스도와 아무런 충돌을 일으키지 않는다.

4. 역사성

1) 역사 vs. 자연

우주적 그리스도론은 역사성(historicity)이 약하다. 범재신론에서 구원의 역사성이 약하기 때문이다. '만유가 하나님 안에 있고 하나님이 만유 안에 있다.'는 범재신론의 명제 자체가, 역사 안에서 그리스도의 사역의 역동성을 떨어뜨린다. 또한 우주적 그리스도론은 인간 중심에서 벗어나는 구조이다. '역사'가 인간의 성취나 의지와 연결된 인간 중심적 개념이기 때문에, 우주적 그리스도론에서 역사성은 더욱 퇴색한다.

샤르댕의 우주적 그리스도론에서 미래를 향한 동력은 진화의 '방향성'이 전부이다. 진화자 그리스도는 우주적 몸으로 진화의 원동력이 되지만, 현재 역사에 대한 의미는 찾기 어렵다. 틸리히의 범재신론에서도 신의 역사성의 상실이 두드러진다. 틸리히에게 신은 역사 안에서 인간과 대면하는 인격적 존재가 아니다. 틸리히는 신을 하나의 존재로 보지 않기 때문에, 신과 인간의 역사 안에서의 상호성이 약화된다. 틸리히의 신학에서 역사적 실천을 위한 근거가 취약한 것도 그의 범재신론의 성격에서 비롯된다.

몰트만의 우주적 그리스도론에서 역사성은 복합적이다. 구원의 역사는 이중적 시간성의 구조를 가지고 있다. 몰트만은 창조를 원창조-계속되는 창조-새 창조로 본다. 창조가 세 단계이기 때문에 '시간성'을 가진다. 동시에 새 창조의 미래성과 시간에 역행하는 종말론적인 힘이 이미 그리스도의 부활과 함께 피조세계에 들어왔다. 몰트만에게 시간을 역행하는 구원자 그리스도는 종말론적 관점의 메시아이다. 즉 미래를 향하는 진화의 그리스도와 시간을 거슬러서 활동하는 구원의 그리스도의 모습이 결합되어 있다. 두 모습의 그리스도는 각기 '되어짐 속의 그리스도'와 '메시아적 그리스도'로 상징적으로 말할 수 있다. 몰트만에게 시간과 시간을 역행하는 종말론의 이중적 구조는 조화를 잘 이루고 있다. 하지만 시간의 이중성 안에서 미래를 향하는 역사성은 희석되었다. 시간의 이중구조가 문제인 것은 아니다. 문제는 만유회복을 향한 역사성이 강력한 동인을 상실했다는 점이다.

그 이유는 몰트만의 '역사'에 대한 입장에서 찾을 수 있다. 몰트만은 그리스도론을 구성하면서 범주로서의 역사를 벗어나려 한다. 몰트만은 그리스도론을 다루는 범주가 '존재' → '역사' → '자연'으로 변경되었다고 본다. 몰트만은 근대 이후 약 150년간 진행되어 온 '역사'에 대한 강조가 인간과 자연을 분리시켰다고 말한다. 역사라는 범주가 현실세계, 더구나 자연을 포함한 피조세계를 포괄적으로 다루기에 적합하지 않다는 것이다. 그는 자연을 고려하지 않는 '역사'를 탈피하려 한다. 아래 인용은 몰트만의 생각을 단적으로 보여준다.

> 역사는 분명히 근대 유럽의 패러다임이지만, 인류의 마지막 패러다임은 아니다. 인간의 역사가 펼쳐지는 지구의 자연에 대한 점증하는 생태학적 이해는 '역사'라고 하는 패러다임을 대체할 것이다.[120]

몰트만의 역사에 대한 거부는 그리스도론에 그대로 나타난다. 몰트만

---

120 Moltmann, *The Way of Jesus Christ*, 215.

은 기독교 역사에서 나타난 그리스도론의 유형을 크게 두 가지로 본다. 첫 번째 유형은 존재론적 그리스도론이다. 존재론적 그리스도론은 고대 기독교에서 나타난 것으로 당시의 보편적인 그리스도론 유형이다.[121] 두 번째 유형은 근대 이후에 나타난 인간학적 그리스도론이다. 이 그리스도론은 18세기 계몽주의 이후 나타난 예수의 인간성에 초점을 둔 유형이다. 역사비평방법을 사용하는 '역사적 예수'의 탐구가 이 유형에서 대표적이다.[122] 몰트만에 의하면, 첫 번째 유형의 그리스도론의 범주는 '존재'이고, 두 번째 유형의 범주는 '역사'이다. 몰트만은 존재와 역사를 범주로 하는 그리스도론을 비판하면서 거부한다. 즉 몰트만은 '역사'가 그리스도론을 다루는 범주로서 적합하지 않다고 믿을 뿐 아니라, 역사적 예수의 탐구에 대해서도 아주 부정적이다. 또한 몰트만의 역사에 대한 거부는 역사적 예수에 대한 거부와 맥을 같이한다. 몰트만의 말을 보자.

> 2,000년이 지난 지금 사적인 삶을 살다가 죽어버린 나사렛의 역사적 예수에 대해 누가 관심을 가지겠는가?[123]

범주로서의 존재와 역사를 거부하면서, 몰트만이 자신의 그리스도론을 구축하기 위해 범주로 사용하는 것은 '생태계' 혹은 '자연'이다. 그는 특히 역사의 패러다임을 파괴적인 것으로 보면서, 역사적 그리스도론을 자연의 그리스도론으로 대체해야 한다고 주장한다.[124] 이것이 몰트만의 우주적 그리스도론의 역사성을 약하게 만들었다. 즉 몰트만이 역사를 포기

---

121 Ibid., 47-48.
122 Ibid., 55-57.
123 Ibid., 41.
124 Ibid., 246-48.

하고 자연을 범주로 사용하면서, 종말론적인 관점으로 그리스도를 해석한 것이 역사성이 약해진 이유이다.

역사의 범주가 자연으로 변경되었다는 몰트만의 입장에 동의하기는 어렵다. 몰트만의 '역사'에 대한 주장은 부분적으로만 맞는 말이다. 18세기 근대 이후 역사와 역사적 사고는 인간의 사고방법을 바꾸었다. 역사적 사고는 사유의 대상을 시간과 함께 생각하는 인식의 형태로서, 사건의 원인을 '시간 안'에서 찾는다. 철학적 사고 대신 역사적 사고가 힘을 얻었고, 공간적-초월적 사고 대신 시간적 사고가 일반화되었다. 역사적 사고는 신학의 패러다임의 변화를 초래했다. 무엇보다 성서가 역사적 자료로 간주되었고, 역사비평방법에 개방되기 시작했다. 이때부터 성서는 절대적 권위를 상실했다. 성서가 역사학의 대상이 되면서, 성서는 '거룩한 영역'에 머물 수 없게 되었다. 예수의 기적, 성육신, 신성, 부활과 같은 그리스도론의 핵심 주제들이 합리적으로 해석되거나 비-역사적인 것으로 간주되었다. 또한 역사의식의 보편화는 기독교의 종말론적인 신앙을 약화시켰다. 역사는 자체 완결적 성격을 가진다. 역사의 의미와 목적도 역사 안에서 찾아진다. 역사 지향적 사고는 현재의 역사를 넘어서는 종말론적인 지향점과 희망을 제거해 버린다.

근대의 합리적-역사적 사고가 전통적인 기독교 신앙과 대립적이고 파괴적이었던 것은 사실이다. 20세기 중반 이후 역사의 범주로서의 영향은 약화되고 있다. 무엇보다 포스트모더니즘의 시대적 현상 안에서 진리 개념이 다원화되었다. 포스트모더니즘에서 역사가 객관적이라거나, 역사적 사실(fact)을 찾을 수 있다는 생각은 설득력을 잃었다. 객관성에 대한 회의와 역사적 자료의 자율성에 대한 강조는 포스트모던의 시대를 탈-역사화의 시대로 만들었다. 이런 일련의 흐름에서 볼 때, 역사는 범주로서의 절대성을 상실했다고 볼 수 있다. 지금은 일반화, 보편화, 객관화의 시대가 아니라, 자율성, 개체성, 다원성이 강조되는 시대이다.

하지만 그럼에도 불구하고, 역사의 범주는 여전히 유효하다. 역사가 절대성을 잃었다고 해서 영향력이 사라진 것은 아니다. 포스트모던 시대에서 범주의 다원화가 일어났기 때문에 특정 사고의 방법이나 패러다임이 보편성을 획득할 수는 없다. 역사적 사고가 20세기 중반만큼 절대적이지는 않지만, 아직은 가장 강력한 사고방법 중의 하나이다. 즉 사고의 범주가 순서적으로 '존재' → '역사' → '자연'으로 이동하거나, 자연이 등장하면서 역사가 대체된 것이 아니다. 이 점에서, 몰트만의 범주에 대한 인식은 심각한 오류를 가진다. 오히려 현재는 세 범주의 사고방식, 곧 존재론적 사고, 이성-역사적 사고, 자연-우주적 사고가 '공존'하고 있다. 21세기에도 역사는 자연-우주와 함께 여전히 중요한 범주의 역할을 할 것이다.

현재 그리스도론에서는 이성-역사와 자연-우주의 범주가 함께 사용되고 있으며, 일정 부분은 협력적이다. 또한 그리스도론은 결코 역사를 포기할 수 없다. 역사적 예수의 탐구사에서 거듭 제기되었듯이, 기독교 신앙이 역사적 예수에 굳건히 뿌리를 내리지 않으면 가현론적이 된다. 역사적 예수의 연구는 중단될 수 없다. 그 이유는 무엇보다 '예수' 자신에게 있다. 예수는 역사 속으로 성육신했고, 공생애를 살았으며, 공적 영역에서 가르치고 선포했다. 이것이 예수의 역사이다. 역사적 예수의 선포, 가르침, 그의 죽음과 부활 위에 기독교가 서 있다. 기독교 신앙의 독특성은 예수에게서 온다. 예수의 선포, 가르침, 삶, 곧 예수의 역사를 배제하면 그리스도론은 '내용'이 없어진다. 역사적 예수 없는 모든 그리스도론은 공허할 뿐이며, 추상적인 교리 외에 아무것도 아니다.

역사는 양날의 칼이다. 근대 이후에 나타난 '역사적 사고'는 두 얼굴을 가지고 있다. 역사가 자신이 다룰 수 있는 한계를 넘어서 절대적 범주가 되면 파괴적이 된다. 역사는 성육신, 기적의 초자연적 의미, 신성, 부활 같은 초월적 요소와 종말론적인 요소를 다룰 수 없다. 역사가 초월적/종말론적인 요소를 다루게 되면, 모든 초월적이고 종말론적인 사건을 역사의 영역으로 환원시킬 수밖에 없다. 이 경우, 역사는 범주로서 자신의 역할과 타당성에 대해 의심을 받는다. 하지만 역사가 자신의 범위와 한계를 지킨다면, 그리스도론에서 중요한 범주의 역할을 할 수 있다. 역사와 자연의 범주가 반드시 배타적인 것은 아니다. 가장 이상적인 것은 역사와 자연의 범주가 함께 조화를 이루는 것이다. 앞서 언급했듯이, 바람직한 신관(神觀)의 형태는 인격적-역사적 범재신론이다. 또 인격적-역사적 범재신론은 역사적 예수와 조화를 이룰 수 있다. 그리고 '역사'에는 그리스도론이 포기할 수 없는 다른 이유가 있다. 그것은 성서가 가지는 '역사적 성격'이다. 역사성은 기독교 신관과 연관된다. 다음 항목에서 보겠다.

2) 순환적 사고와 역사적 사고

인류가 가진 대표적인 두 가지 사고방식은 '순환적 사고'와 '역사적 사고'이다. 순환적 사고는 주기적이고 공간적인 사고이다. 순환적 사고에서는 자연과 계절이 주기를 따라 반복되는 것처럼, 시간은 일정한 방향을 가지고 진전하지 않는다. 순환적 사고는 시간의 의미를 추구하지 않기 때문에 '공간적 사고'라고 할 수 있다. 순환적 사고는 현재 시간의 의미를 묻지 않는다. 반면 역사적 사고는 처음과 끝이 있으며, 둘 사이의 현재가 중요한 의미를 가진다. 역사적 사고는 미래를 향한 선적(線的) 사고이며, 반복되지 않는 시간의 불가역성을 전제로 한다. 우주의 역사에 비추어보면, 인간이 '시간'이라는 개념을 가지게 된 것은 비교적 근래이다. 인류가 시간의 길이를 나눈 것은 기원전 3,000년경 메소포타미아에서 시작되었고, 시계는 약 13세기에 사용되기 시작했을 뿐이다. 그러면 순환적 사고와 역사적 사고를 조금 구체적으로 보겠다.

먼저 순환적 사고의 발생과 그 성격을 보자. 우주가 탄생되던 초기에는 4개의 공간 차원만 있었고, 시간 차원은 없었다. 인간이 생각하는 현대적 의미의 시간은 존재하지 않았다.[125] 지구의 역사에 비춰볼 때 인류가 등장한 것은 아주 근래의 일이다. 인류는 시간의 길이를 태양과 별의 움직임, 달의 주기, 계절, 나무와 식물의 성장 패턴 등을 통해 이해했다. 자연의 주기는 반복적이고, 시간은 '양적인 길이'로 이해되었다. 인류에게 순환적 사고는 오래된 사고이다. 인류가 집단 문화생활을 시작한 것은 그렇게 오래되지 않는다. 고대의 인간에게 자연은 무한히 반복되거나 정지된 듯했고, 그 속에서 인간은 '시작과 끝'이라는 시간 개념을 가지지 못했다.

인간에게는 자연에서 태어나, 자연과 함께 생활하고, 죽음으로써 자연으로 돌아가는 순환이 익숙했다. 인간의 일상은 계절의 반복과 해와 달의 주기적인 움직임에 맞춰져 있었다. 인류가 '시간'을 의식하고, 시간의 의미를 생각하는 것은 대단히 힘든 일이었다. 예를 들면, 부족이 당한 집단적 굴욕, 고통, 전쟁에서 패했던 사건과 그 시간에 대한 의미는 감내하기 쉽지 않았다. 인류의 문화가 시작된 초기부터, 시간이 주는 부담에서 벗어나기 위해 '순환적인 신화'가 만들어졌다. 신화는 일상에서 만들어지기도 하고, 집단적 경험에서 만들어지기도 한다. 그것은 사냥 중에 일어난 사건일 수도 있고, 부족의 미래와 연관된 날씨의 변화일 수도 있으며, 심지어 신비한 모습의 나무나 바위가 될 수도 있다. 어떤 사건이나 사물이 특별한 의미를 가지게 되고, 성스러운 기원을 가진 것으로 해석되면서 신화화된다. 어떤 사건이 신화가 되면, 그 신화는 '원형'(archetype)이 되어 전승된다. 인간은 일상에서 제의(祭儀) 행위를 통해 원형을 반복한다. 원형이 반복되는 그 순간 현재의 '시간'과 시간의 지속인 '역사'는 정지된다. 고대문화 속에 살고 있던 인간에게 '역사'는 무척 힘든 일이었고, 제의를 통해 주

---

125 Stephen Hawking and Leonard Mlodinow, *The Grand Design* (New York: Bantam Books, 2010), 150-65.

기적으로 역사를 소거시키려 했다.[126] 원형에 대한 제의의 반복적 행위는 시간의 현재적 의미를 거부한다. 제의적 반복과 순환 속에서 시간의 지속이라는 역사의식은 형성될 수 없다. 이러한 '순환과 반복'의 사고는 고대 문화에만 있었던 것이 아니라 현대로까지 이어진다.

한편, 엘리아데(M. Eliade)는 순환적 사고에 반해 기독교에 나타난 독특한 사고방식을 대비시킨다. 역사적 사고이다. 구약에서 신이 '시간 안'에 현현한 사건은 순환적 사고와는 다른 형태를 보여준다. 하나님이 모세에게 나타나고, 예언자들에게 나타난 행위는 주기적으로 반복될 수 없는 사건이다.[127] 하나님에 의해 시간 안에서 홍해를 기적적으로 건넌 사건으로 인해, 그 '시간'은 질적으로 다른 의미를 가지게 된다. 반복될 수 없는 시간의 의미가 부여된 것이다. 신이 함께한 사건은 인간의 모방과 반복으로 그 사건을 재현할 수 없기 때문에 구별된 사건이 되었다. 하나님이 '시간 속'으로 개입함으로 인해 반복에 의한 순환의 고리가 끊겼다. 시간의 선적인 개념을 형성한 결정적인 사건은 예수 그리스도에 의해 시간에 '구원'의 의미가 부여된 것이다.

> 기독교에서 시간이 실재인 것은 시간이 구원의 의미를 가지고 있기 때문이다. …그리스도는 우리의 죄를 대속하기 위해 단 한 번, 오직 한 번 죽었다. 그 사건은 여러 번 되풀이될 수 있는 반복적인 사건이 아니다. 그러므로 역사의 진전은 하나의 독특한 사건, 곧 전적으로 홀로 서 있는 이 사건에 의하여 지배되고 방향이 잡힌다. …이것이 바로 시간과 역사에 대한 선적 개념이다.[128]

126　Mircea Eliade, *The Myth of the Eternal Return: Or, Cosmos and History* (Princeton: Princeton University Press, 1974), 34-39.
127　Ibid., 105-06.
128　Ibid., 143.

엘리아데는 기독교인의 입장에서 예수 그리스도의 의미를 해석한 것이 아니다. 그는 종교학자로서 구약의 신 현현과 예수 그리스도를 통한 역사의식의 출현에 대해 분석했다. 성서가 역사적 사고의 발생에 결정적이었다. 구약에서 하나님이 시간 안에 나타난 사건들, 신약에서 그리스도의 성육신과 대속적 죽음이 역사적 사고의 중심에 있다. 엘리아데의 주장은 구약학자 폰 라트(G. von Rad)의 '시간'에 대한 연구와 일맥상통한다. 폰 라트는 구약에 나타난 시간의 질적인 의미를 분석하며, 시간과 사건이 분리되지 않는 것에 주목했다. 구약에서 시간을 과거-현재-미래로 무한히 늘린 양적인 시간은 무의미하다. 이런 시간은 긴 선이 되고, 선적인 시간은 시계로 측정하고 나눌 수 있는 양적인 시간이다. 그러나 구약의 시간 개념은 전혀 다르다. "이스라엘이 구체적인 사건과 분리된 추상적인 시간을 생각하지 못했다는 것은 명백하다. 시간은 특정한 사건 없이 전혀 생각될 수 없었다. 이스라엘이 안 것은 오로지 사건을 내포한 시간이었다."[129]

구약에는 행위나 사건이 있고, 그 사건을 가리키는 '시간'이 따라온다. 양에게 먹이를 주는 때(창 29:7), 왕이 전쟁에 나갈 때(삼하 11:1), 출산하는 때(미 5:3)가 있다. 웃고, 춤추고, 말하고, 사랑하고, 미워하는 모든 일에는 때가 있다.(전 3:1-8) 구약에는 사건과 시간이 결합해 있다. 특정한 시간에 그 사건이 의미를 가진다. 어떤 행위의 반복만으로 그 사건에 내포된 시간의 의미를 알 수는 없다.[130] 역사적 사건이 이스라엘 공동체의 하나님-신앙을 유지했다. 야훼의 역사적 행위는 지나간 과거의 한 시점에 머물지 않는다. 예를 들면, 야훼의 사건인 출애굽은 모든 후대 세대에도 현재적이

129　Gerhard von Rad, *Old Testament Theology: The Theology of Israel's Prophetic Traditions*, vol. 2, trans. D. M. G. Stalker (New York: Harper & Row, Publishers, 1965), 100.

130　Ibid., 101-03.

다. 그것은 이스라엘이 출애굽을 과거의 사건으로 단순히 회상했던 것이 아니라, 과거에 이스라엘을 구원했던 동일한 야훼를 '현재적'으로 경험했기 때문이다.

역사의식과 역사성은 성서의 정체성의 근간이며, 기독교 신관의 핵심이다. 하나님은 존재자체로 인간에게 인식되지 않는다. 인간은 역사 속의 하나님의 활동을 통해 하나님을 경험한다. 인간에게 하나님의 활동에 대한 인식은 하나님의 존재에 대한 인식에 앞선다. 먼저 하나님의 존재를 알고 하나님의 활동을 인식하는 것이 아니다. 계속되는 창조에서 활동하고, 하나님 나라의 완성을 향해 역사 속에서 활동하는 하나님은 역사적인 하나님이다. 예수 그리스도가 역사 속으로 들어오신 성육신 사건에 의해 하나님이 결정적으로 알려졌다. 순환적이고 공간적인 사고는 기독교적 사고가 아니다. 역사의 '현재성'이 흐려지면, 언제나 순환적 사고로 되돌아갈 위험이 있다. 역사의 현재성이 중요하다. 성서적 사고의 핵심은 하나님의 현재적 임재이며, 그 역사성이다. 성서는 하나님 사건을 언제나 '현재'와 연결한다. 과거에 일어난 하나님에 대한 기억도 언제나 현재와 연결된다. "너는 애굽에서 종 되었던 일과 네 하나님 여호와께서 너를 거기서 속량하신 것을 기억하라 이러므로 내가 네게 이 일을 행하라 명령하노라."(신 24:18) 유월절이 현재와 연결되면, 원형이 되거나 '과거로의 회귀'가 되지 않는다. 과거에 하나님이 유월절에 어떻게 행동하셨는지를 기억해서, 그 사건이 지금 '현재' 어떤 의미인지를 묻고 결단을 요청하기 때문이다. 예수의 빈 무덤을 찾은 여인들에게 주의 사자가 말한다.

여자들이 두려워 얼굴을 땅에 대니 두 사람이 이르되 어찌하여 살아 있는 자를 죽은 자 가운데서 찾느냐 여기 계시지 않고 살아나셨느니라 갈릴리에 계실 때에 너희에게 어떻게 말씀하셨는지를 기억하라(눅 24:5-6)

이 말씀은 단순히 과거를 기억하라는 것이 아니다. 오늘 무엇을 해야 할지를 결단하라는 것이다. 역사적 사고에서는 '기억'이 과거의 회상에 머물지 않고, 현재와 연결된다. 과거와 현재가 연결되면 '역사'가 된다. 예수의 죽음과 부활은 기독교가 결코 순환적 사고로 되돌아갈 수 없게 만든 사건이다.

과거의 사건이나 미래의 사건이 한 시점(時點)만으로는 역사성이 확보되지 않는다. '성찬'과 '미래의 메시아'를 각각 예로 보자. 성찬은 2,000년 전 예수의 최후의 만찬에서 유래되었다. 성찬이 '현재성'을 상실하면, 성찬은 신화적 '원형'이 된다. 오늘 교회에서 행하는 성찬은 자주 원형에 대한 반복이 되고, 현재에 대한 책임을 잊고 과거를 기억하는 것으로 그친다. 그러면 성찬이 순환적 신화가 된다. 많은 교회가 성찬을 순환적 사고의 구조 안에서 행하고 있다. 그 이유는 성찬의 현재적 의미가 상실되면서, 성찬이 과거의 한 시점에 묶이는 원형이 되었기 때문이다. 시간 배열의 한 시점으로는 역사가 아니다. 성찬의 현재적 의미를 상실하는 것은 역사성의 상실이고, 과거로의 회귀이다. 순환적 구조에서 성찬의 행위를 반복하면, 시간이 소거되며 현재 역사의 의미는 없어진다. 16세기 종교개혁가들이 성찬 논쟁에서 목숨을 건 것은 그리스도가 '현재' 어떻게 성찬에 임하는지를 두고 다투었기 때문이다. 그것이 예수의 죽음을 회상하거나 기억하는 것이었다면, 성찬 논쟁은 격렬하지 않았을 것이다. 성찬이 현재와 결합되지 않으면, 과거의 예수를 기념하는 것에 그치게 되면서 현재 역사에 대한 책임성을 상실하게 된다.

과거 예수의 만찬이 오늘의 성찬과 연결되어 현재가 될 때, 성찬은 역사가 된다. 성찬이 시간의 현재성 안에서 행해질 때 살아 있는 그리스도의 임재가 체험된다. 오늘 똑같이 성찬에 참여해도, 어떤 사람에게는 성찬이 순환적 원형이 되고, 다른 사람에게는 그리스도를 현재적으로 만나는 놀라운 사건이 된다. 전자는 과거 예수의 만찬의 순간으로 회귀하는 순환적 반복 행위를 하는 것이고, 후자는 성찬에 참여하면서 예수의 만찬을 현재 시간의 의미로 받아들이는 경우이다. 과거 예수의 만찬과 현재 성찬이 연결되면, 순환적 사고에서 벗어나 역사성을 가지게 된다. 이때 그리스도는 성찬에 현존하며, 역사 속에서 살아 움직인다. 성찬에 참여한 자는 그리스도를 현재적으로 만난다. 그는 지금 이 시간에 임한 그리스도를 만날 뿐 아니라, 현재 역사 속에서 자신이 해야 할 사명을 깨닫는다. 이것이 성찬의 의미이다.

한편, 순환적 원형이 과거 사건에만 국한되는 것은 아니다. 기독교에서 가장 중요하게 생각하는 미래의 희망과 구원도 원형과 반복의 순환적 신화가 될 수 있다. 기독교인은 누구나 메시아의 도래를 꿈꾼다. 다시 오실 메시아는 희망의 근원이다. 오늘을 사는 기독교인들이 현재 역사가 주는 고통, 현재 시간의 의미에 대한 부담 속에서 미래의 메시아에게 자신을 투사시킬 수가 있다. '메시아가 도래하면 모두 것이 해결될 것이다!' 메시아에 대한 미래의 염원이 현재와 연결되지 않으면, '희망'은 미래의 한 시점에 고정된 원형이 된다. 메시아의 도래를 반복적으로 꿈꾸며 현재가 소거될 때, 메시아의 희망은 순환적 신화가 되고 만다. 이런 메시아의 희망은 현재 역사에 아무런 의미를 주지 못한다. 오히려 메시아에 대한 희망을 '원형과 반복'으로 사용함으로써, 현재 역사가 주는 책임을 회피한다. 이것은 기독교적인 역사적 사고의 형태가 아니다. 이 경우 '미래의 메시아'는 언제나 현재를 잊게 만드는 고약한 원형이 된다. 현재와 연결되지 못한 '미래의 원형'은 순환적 신화이다. 순환-공간적 구조에서 나오는 희망은 인간의 자기 투사일 뿐이다. 포이어바흐(L. Feuerbach)가 기독교의 신을 인간의 투사의 결과물이라고 비판한 것은 우연이 아니다. 인간은 자신의 속성뿐만 아니라 희망과 염원도 신에게 투사한다. 이런 신은 마르크스(K. Marx)가 지적한 것처럼 쉽게 이데올로기에 편승되고 이용당하는 신이다. 마르크스는 기독교의 신 개념에서 이런 요소를 보았기 때문에 허구로 규정하고, 이런 신에 매달려 현실을 회피하게 만드는 종교를 인간에게 아편이라고 비판했던 것이다.

미래의 희망이 현재와 연결될 때, 메시아의 희망은 역사성을 획득한다. 메시아의 희망은 먼 미래가 아니라, 현재 살아서 생동하는 역동적인 힘이다. 종말에 대한 희망이 현재가 되고, 종말에 성취될 하나님 나라가 현재의 역사가 된다. 이것이 성서가 말하는 종말론적 희망이고 종말론적 사건이다.

역사적 사고는 '시작-현재-완성'이라는 분명한 인식 위에 있다. 태초의 창조가 불완전하기 때문에 완성을 향한다는 뜻은 아니다. 창조 자체가 시초를 전제하는 '과정적'인 것이다. 창조는 보전과 달리, '시초'의 개념이 있다. 창조에 시초의 개념이 없고 그 자체가 만유가 되면, 범신론이 된다. 역사는 시간을 연속적으로 사고하는 것이며, 시간의 지속은 역사이다. 현재는 종말에 비추어 의미를 가진다. 역사가 어떤 목적을 향하는지에 따라 현재의 의미가 달라진다. 성서는 창조에서 시작하며, 하나님의 섭리라는 현재의 계속되는 창조를 거쳐, 만유회복이라는 하나님 나라의 완성까지 명확한 역사성을 보여준다. 기독교는 역사적 종교이다. 기독교는 순환적 사고에서 나오지 않았다. 하나님이 특정 시간에 현재하였을 때, 그 시간에 대한 거룩한 구별이 일어났다. 하나님이 임재하는 그 시간에 대한 강력한 체험이 기독교를 다른 자연종교와 구별되게 한다. 하나님에 대한 역사적 체험은 하나님 나라를 향한 방향성을 지시한다. 기독교인의 소명과 실천도 하나님 나라를 향한 방향성 안에서 나온다. 역사성이 확고하지 않으면, 실천의 동력은 떨어진다.

때로는 역사적 사고로 '현재'를 마주하고, 역사하는 하나님의 의미를 묻는 일은 부담스럽고 힘들다. 인간의 사고방식에서 '역사성'을 유지하는 것이 쉬운 일은 아니다. 인간에게 우주적 사고와 순환적 사고는 자연스럽다. 인간은 언제나 역사의 부담을 벗어버리고, 순환적 사고로 돌아가고 싶은 유혹에 빠진다. 인간은 스스로 역사적 존재라는 것을 받아들이기를 주저한다. "만약 우리가 시간에 대하여 주의를 기울이지 않으면 시간은 존재하지 않는다."[131] 그러므로 역사의 '현재성'이 모호하면 순환적 사고로 되돌아갈 위험이 있다. 역사의식은 성서의 사건-시간 개념과 하나님의 역사섭리에 대한 인식 위에서 형성되었다. 역사적 사고는 기독교의 정체성의 일부이다. 하나님은 역사의 하나님이다. 역사성이 흐려질 때, 기독교 신앙도 흐려진다.

기독교 범재신론에서 주의해야 할 점은 순환적 사고가 되지 않는 것이다. 우주적 그리스도론에도 동일한 위험이 있다. 역사성이 확고하지 않으면 우주적 그리스도론이 범신론의 형태가 된다. 범신론과 범재신론은 이론적으로는 구별되지만, 실제로는 작은 차이이다. 역사성이 모호하면 언제라도 범신론이 될 수 있다. 마찬가지로, 우주적 그리스도론에서 역사성이 없어지면, 그리스도는 만유와 동일시되는 공간적 그리스도가 된다. 따라서 우주적 그리스도론에서 역사성은 범신론으로 빠지지 않게 하는 성벽의 역할을 한다.

3) 우주의 역사성

범재신론이 범주를 역사에서 자연으로 확대한 것은 인간 중심을 벗어나기 위해서이다. 역사의 범주로는 자연과 우주를 포괄하기에는 한계가 있기 때문이다. 그렇다면 우주적 그리스도론은 역사를 포기해야 하는가? 대답은 복합적이다. 역사를 실증주의적으로 보는 관점으로는 어려울

---

131 Eliade, *The Myth of the Eternal Return*, 85.

것이다. 실증주의적 '역사'는 우주적 그리스도론과 조화를 이루지 못한다. 실증주의적 사관으로는 하나님의 자유와 초월성, 종말과 부활, 만유의 완성을 다룰 수 없다. 또한 역사를, 인간을 중심으로 하는 배타적 개념으로 사용하면 막다른 골목에 도달한다. 이 경우, 역사와 자연은 대립적이 될 수밖에 없다.

하지만 자연과 우주가 함께 갈 수 있는 길이 있다. 필자는 자연과 역사를 대립적으로 보지 않으며, 우주적 그리스도론에서 역사는 여전히 중요한 범주라고 믿는다. 결국 어떤 역사의 개념과 역사관을 가지는지가 관건이다. 자연과 역사가 조화를 이룰 수 있는 길은 우주가 역사성을 가지는 방향이 될 것이다. 만유의 구원이라는 관점에서 보면, 인간 중심의 역사와 자연의 대립은 극복된다. 성서의 역사관은 구속사관이다. '구속사관'을, 하나님과 피조세계를 이원론적으로 분리한 상태에서 하나님이 주체가 되어 일방적으로 행하는 구원의 역사로 규정해서는 안 된다. 하나님과 만유가 상호성 속에서 만유회복으로 향하는 것이 구원의 역사이며, 곧 구속사이다. 인간이 주체가 되는 역사관을 유지할 때, 범주로서의 역사는 자연과 배타적 관계가 된다. 그러나 구속사는 인간과 자연 모두에 적용될 수 있다. 만유는 하나님 안에 있으며, 하나님은 자신 안에서 만유구원을 완성한다. 하나님의 구속사 안에 인간과 자연을 포함한 만유가 함께 들어온다. 그렇다면 우주는 역사와 대립되는 것이 아니라, 오히려 구속사 안에서 우주가 역사성을 획득하게 된다.

성서의 신관은 섭리라는 역사성을 가지고 있다. 하나님의 섭리는 인간, 사회, 자연, 우주 모두에 미친다. 구원은 인간만을 위한 것이 아니다. 그리스도의 십자가는 만유를 위한 것이고, 구원의 완성도 만유를 향한다. "하나님이 영원 전부터 거룩한 선지자들의 입을 통하여 말씀하신 바 만물을 회복하실 때까지는 하늘이 마땅히 그를 받아 두리라."(행 3:21) 인간과 우주가 함께 하나님 안에 있다. 구속사는 하나님, 인간, 자연에 함께 적용되는 포괄적 개념이다. 그렇다면 구속사 안에서 인간과 자연이 만날 수 있다.
　자연에 대한 인식의 전환이 필요하다. 결정론적 자연관으로는 자연과 역사는 만나기 어렵다. 자연과 역사는 대립할 수밖에 없다. 그러나 자연을 역사적으로 보면 자연에 대한 기계적 결정론을 극복하는 시각을 가질 수 있다. 자연과 우주도 '시간 안'에 있다. 자연을 시간성 안에서 볼 수 있다면, 자연에 역사성이 부여된다.
　역사와 역사의식을 구성하는 가장 중요한 근거는 '시간성'이다. 시간성에 바탕을 둔 역사는 발생 사건의 비가역성과 비반복성이라는 두 가지 특징을 수반한다. 즉 역사는 시간 안에서 일어나는 사건이며, 그 사건은 돌이킬 수 없는 비가역성과 되풀이될 수 없는 비반복성을 특징으로 가진다. 역사는 시간 안에서 발생하는 변경 불가능한 사건들의 연속이다. 자연도 시간성이라는 관점에서 이해할 수 있다. 자연에서 일어나는 모든 사건이 시간의 제한을 받는다면, 유사하게 보이는 사건들도 동일한 사건이 아니라 유일회적인 사건이 된다. 그렇다면 자연도 비가역성과 비반복성이라는 시간의 흐름 안에 있다.

> 심지어 자연 안에서도 과정은 변화하고 동일하지 않으며, 근본적으로 비가역적인 운동 안에 있다. 자연에도 비가역적인 변화들이 일어나며, 사건들의 과정은 독특하다. 왜냐하면 그 과정이 비가역적이기 때문이다.[132]

　시간성으로 인해 자연의 사건들은 아무리 유사해 보여도 동일한 사건의 반복이 될 수 없고, 각 사건은 고유한 사건이 된다. 비가역성과 비반복

132　Wolfhart Pannenberg, *Toward a Theology of Nature: Essays on Science and Faith*, ed. Ted Peters (Louisville, Kentucky: Westminster/John Knox Press, 1993), 87.

성이 자연에도 해당된다면, 자연계 안에서 일어나는 전체로서의 자연이 유일무이한 역사적 과정 속에 있다고 볼 수 있다.

판넨베르크는 자연의 모든 사건이 규칙성 안에 있는 것처럼 보이지만 그 배후는 '우연성'이 지배하는 것으로 본다. 그는 자연의 변화와 진행을 일으키는 '힘'(force)이 우연성이고, 그 힘은 하나님의 신적 자유에서 발현되는 것이라고 믿는다. 판넨베르크에게 우연성은 하나님이 현재와 만나는 방법이고, 미래가 현재와 접촉하는 길이다. 우연성의 중요한 특징은 자유, 예측 불가능성, 의지 등이다. 판넨베르크는 자연을 전체적으로 볼 때 자연현상을 진행시키는 것은 하나님의 활동이라고 본다. 이런 의미에서, 그는 자연법칙 자체도 우연의 산물이라고 주장한다.[133] 판넨베르크에게 자연도 시간 안에 있으며 언제나 새로운 사건을 가진다. 자연의 세계가 창조에서부터 일정한 과정을 거쳐 종말을 향하는 역사 속에 있다고 본 것이다.[134] 즉 판넨베르크는 자연이 자신의 역사를 가질 뿐 아니라, 자연을 일정한 방향성을 가진 역사적 운동 안에 있는 것으로 파악한다. 판넨베르크의 자연 이해를 '역사적 자연관'이라고 할 수 있다. 우리가 판넨베르크의 자연관에 반드시 동의해야 하는 것은 아니다. 하지만 그의 자연관은 자연을 보는 다양한 시각에 대한 단초를 제공한다.

자연은 변화 없이 존재하는 것이 아니며, 언제나 반복되는 동일한 시간 아래에 있는 것도 아니다. 자연도 시간의 영향을 받으며 자신의 역사가 있다. 자연은 창조에서부터 일련의 과정을 거쳐 만유의 완성을 향하는 역사를 가진다. 자연의 역사는 더 큰 구속사의 일부이다. 최근 대중적 조명을 받은 '빅 히스토리'에서 자연에 대한 유사한 관심을 발견할 수 있다.

---

133 Wolfhart Pannenberg, *The Historicity of Nature: Essays on Science and Theology*, ed. Niels Henrik Gregersen (West Conshohocken: Templeton Foundation Press, 2008), 31-39.

134 Cf. Pannenberg, *Toward a Theology of Nature*, 58-59.

Big History : Between Nothing and Everything (『빅 히스토리: 무에서 모든 것까지』)은 137억 년이라는 우주 역사의 관점에서 자연과 인간을 거대 역사의 틀 안에서 조망한다. 이 책은 빅뱅에서부터 별의 탄생, 태양계와 지구의 탄생, 생명의 기원, 인류의 등장, 문명의 출현, 현대 사회로의 발전을 따라가면서 거대 역사가 어떻게 진행되었는지를 보여준다.[135] 우주의 탄생부터 현재까지를 거대사로 본 것이다. 물론 빅 히스토리는 아직 명확하게 개념이 규정되지 않았고, 관점에 따라 다양하게 해석될 수 있다.[136] 다만 필자는 '빅 히스토리'에 내포된, 자연과 우주도 자신의 역사를 가진다는 통찰에 동의한다.

앞에서 본 그리핀의 물질관은 물질에 대한 새로운 인식을 제공했다. 그는 모든 물질은 나름의 경험을 가지며, 자연의 모든 물질과 개체가 각기 창조성을 가진다고 보았다. 그리핀이 주장한 물질의 고유한 경험과 창조성은 바로 비-반복적인 역사성과 일맥상통한다. 모든 피조물은 매 순간 하나님과 자신에게 역사라는 흔적을 남긴다. 분명한 것은 자연도 자신의 역사를 가진다는 것이고, 우주가 삼위일체 하나님 안에 있다는 것이다. 따라서 범재신론과 하나님의 역사성을 선택해야 할 필요는 없다. 우주적 그리스도론에서, '우주적'은 순환성과는 아무런 상관이 없다. 우주가 자연의 순환성으로 영겁회귀하는 것이 아니다. '우주적'은 만유가 하나님의 역사의 한 부분이라는 것이고, 모든 것이 그리스도 안에서 완성된다는 의미이다.

---

135 David Christian, Cynthia Stokes Brown, and Craig Benjamin, *Big History : Between Nothing and Everything* (New York: McGraw-Hill Education, 2013).

136 '빅 히스토리'는 보는 시각에 따라 다양한 해석이 나온다. 종교가 거대한 역사의 과정에서 나타난 하나의 현상으로 해석될 수도 있다. 또한 빅 히스토리를 진화로 보면서, 사회·문화·종교 현상을 진화과정의 한 부분으로 볼 수도 있다. S. Mark Heim, "Religion in the Perspective of 'Big History'," *Harvard Theological Review* 107, no. 1 (January 2014): 114-26.

역사는 인간과 우주, 곧 모든 피조물의 구원을 향한 역사이다. 성서적 범재신론은 순환적이 아니라 방향성을 가지고 진전한다. 모든 것이 그리스도 안에 있지만 공간적이 되지 않는다. 우주의 역사는 구원의 역사이고, 하나님 나라의 완성을 향한다. 그날이 되면, 하나님 안에서 인간의 역사와 우주의 역사는 하나가 될 것이다. 그때 이스라엘의 하나님이 만유의 하나님이라는 것이 드러날 것이다. 이것이 만유구원이고, 구원의 완성이다.

5. 그리스도와 우주의 상호성 : 존재론적? 관계적?

대부분의 우주적 그리스도론은 그리스도와 만유의 상호내재(coinherence)를 받아들인다. 하지만 상호내재의 의미에 따라 그리스도의 모습은 달라진다. 따라서 '상호내재'를 정확히 규정하는 것이 필수적이다. 우주적 그리스도론은 초월과 내재를 동시에 추구해야 하기 때문에, 초월과 내재를 조화 있게 유지하는 것이 중요하다. 그러면 샤르댕과 몰트만을 검토하면서, 그리스도와 우주의 적절한 관계성을 찾아보겠다.

샤르댕과 몰트만의 우주적 그리스도론은 전체적으로 볼 때 범신론은 아니다. 샤르댕과 몰트만은 하나님과 우주의 일치를 거부한다. 그러나 샤르댕과 몰트만의 그리스도론에서, 그리스도는 우주의 영향을 받는다. 신과 우주의 상호성(reciprocity)을 현대적 형태의 범재신론이라고 할 수 있지만, 부분적으로 범신론적 성격을 가진다. 왜냐하면 샤르댕과 몰트만에게는 그리스도와 우주의 관계가 '존재론적' 상호성 속에 있기 때문이다. 그러면 조금 구체적으로 보겠다.

샤르댕은 일신론과 범신론 모두를 거부한다. 하나님과 자연을 동일시하거나, 자연을 하나님에게 흡수시키는 것을 반대한다. 샤르댕이 자신의 사상을 '기독교적 범신론'이라고 말할 때, 일반적인 범신론과는 다른 '변별의 범신론'이라고 규정했다. 샤르댕은 신과 우주가 일치가 되는 일신론과 범신론은 어디에도 '사랑'이 없다고 본다. 샤르댕은 진화의 과정을 사랑화 혹은 인간화라고 할 만큼 '사랑'을 중심 개념으로 삼는다. 그는 하나님과 우주가 하나가 되는 것을 사랑의 변별적이며 소통적 행위에 의한 것으로 본다.[137] 샤르댕에게 그리스도와 진화의 종국점은 만난다. 그는 이렇게 말한다. "우주화한 그리스도의 심장과 사랑화한 물질의 심장은 마침내 하나에 도달할 것이다."[138]

샤르댕의 사상을 범신론으로 보는 평가는 지속적으로 있어 왔다.[139] 샤르댕의 사상에서 그리스도-오메가가 우주의 완성이라는 점, 하나님과 우주의 일치가 거부되는 점, 하나님 안에 만유의 존재가 내포된다는 점을 고려하면, 샤르댕은 일반적인 범신론자는 아니다. 그럼에도 불구하고 샤르댕의 우주적 그리스도론에는 범신론적 요소가 있다. 그 이유는 그리스도가 우주의 진화에 따라 변화하고 진화하기 때문이다. 샤르댕은 성육신을 우주의 그리스도화를 향한 과정으로 본다. 그는 세계의 역사를 진화로 이해하면서 성육신을 '앞으로부터 와서' 진화의 과정 속으로 들어온 사건으로 이해한다.[140] 샤르댕에게 성육신은 그리스도가 우주화되는 사건이고, 동시에 우주가 그리스도화되기 시작하는 사건이다. 성육신은 우주의 신성화라는 진화의 새로운 한 단계로 이해된다. 그래서 샤르댕은 이렇게 말했던 것이다. "신성화된 우주의 유기체적 형태가 바로 그리스도 예수이다."[141] 샤르댕에게 성육신은 그리스도가 우주적 몸이 되는 사건이다. 우주

---

137 Pierre Teilhard de Chardin, *Activation of Energy*, trans. René Hague (New York: Harcourt Brace Jovanovich, 1971), 223-25.

138 Teilhard, *Heart of Matter*, 49.

139 Cf. Mark D. Isaacs, "Pierre Teilhard de Chardin: And the Quest for an Interface between Science and Religion," *Journal of Unification Studies* 10 (2009): 143-44; Howard A. Jones, "The Vision of Father Pierre Teilhard de Chardin: The Life of an Unconventional Spiritual Visionary," *Journal for Spiritual & Consciousness Studies* 39, no. 1 (May 2016): 24-26.

140 Teilhard, *Heart of Matter*, 89.

적 몸을 가진 그리스도는 우주와 함께 변화한다.

> …하나님이 세계를 '변화'시키는 것처럼, 세계도 반드시 그와 같은 정도로 하나님을 '변형'시킨다. 하나님이 우리에게 드러나는 통합적 과정의 직접적 결과로서, 하나님이 우리를 포함함에 따라 하나님은 '자신을 변형'하고 있다.[142]

샤르댕의 우주적 그리스도론에서는 우주의 진화에 따라 그리스도가 변화를 받는다. 제한적이지만, 그리스도와 우주의 존재론적인 일치가 나타난다. 따라서 샤르댕에게는 우주가 변화하고 진화할 때, 그리스도도 변화하고 진화한다. 그리스도는 우주적 몸이기 때문에 성장한다. 그리스도는 완성되어 가고 있다. 샤르댕에게 그리스도는 진화의 원동력으로서 진화자이지만, 동시에 그 자신이 우주적 몸을 가진 존재로서 진화한다.

> …[그는] 진화의 추진자이며 동시에 진화하시는 분으로 자신을 드러냈다. …오 점점 더 커지는 그리스도시여![143]

샤르댕에게 그리스도와 우주의 일치는 신비주의적 성찬예식에서도 나타난다. 우주는 축성과 함께 그리스도의 몸으로 화체된다. 물질은 점진적으로 진화해서 그리스도화한다. 우주의 신성화이다. 샤르댕에게 지구는 성찬의 제대(祭臺)가 되고 우주에서 드리는 미사는 그리스도화한 우주를 향한 성례전이다. 그러므로 샤르댕의 사상에서 "물질이 그리스도화한다."

---

141 Pierre Teilhard de Chardin, *Hymn of the Universe*, trans. Gerald Vann (London: Collins, 1965), 121.
142 Teilhard, *Heart of Matter*, 52-53.
143 Ibid., 58.

라는 말은 전혀 이상하지 않다.[144]

몰트만에게 하나님과 세계의 관계는 기본적으로 '상호성'으로 설정된다. 피조세계로부터 영향을 받지 않고 고통을 받지 않는 신은 홀로 존재하는 신이다. 몰트만은 이런 하나님을 '무감각한 신'이라고 말한다. 무감각한 신은 돌처럼 하나의 사물일 뿐이며, 세계의 고통에 참여하지 못한다.[145] 몰트만은 세계와 상호성 속에 있지 않은 신을 거부한다. 피조세계와의 상호성은 몰트만의 그리스도론에서도 중요한 역할을 한다. 몰트만은 예수의 메시아성은 피조물과의 상호 관계 속에서 형성되었다고 말한다. "예수는 단지 메시아가 되는 과정에 있었고 메시아로 성장했다."[146] 몰트만은 예수의 '인격'도 상호성 속에서 형성되었다고 주장한다.

> …예수의 인격성은 그 자체로 격리되어 존재하거나, 영원 전부터 결정되고 고정되어 있지 않다. 그의 인격성은 살아 있는 관계와 상호 작용하는 가운데에서 형성되며 자신의 역사 속에서 개방된 정체성에 이른다.[147]

몰트만은 예수가 겪은 경험이 예수의 메시아성과 인격에 영향을 주었다고 본 것이다. 몰트만에게 하나님과 피조세계의 상호성은 하나님과 피조세계의 '상호내재'에 토대를 두고 있다.[148] 몰트만은 삼위일체의 삼위의

---

144 Ibid., 47.
145 Moltmann, *The Crucified God*, 222-23.
146 Moltmann, *The Way of Jesus Christ*, 139.
147 Ibid., 136.
148 하나님과 피조물의 상호내재는 피조물의 신화(deification)사상에 바탕을 두고 있다. 동방교회에서 신화는 하나님과 피조물의 관계를 규정하는 중요한 개념이다. 몰트만의 신화사상은 동방교회의 고백자 막시무스(Maximus the Confessor)와

관계를 상호침투, 곧 페리코레시스(perichoresis)로 해석한다. 그는 삼위일체를 숫자로 보지 않고, 삼중적으로 보지도 않는다. 몰트만은 페리코레시스에 근거한 신론을 사회적 삼위일체론으로 규정하면서, 삼위가 분리되어 삼신론이 되는 것을 피하고 있다. 몰트만은 삼위의 관계를 규정한 페리코레시스를 하나님과 우주의 관계로 확대한다. "하나님에게 유비되는 모든 관계들은 삼위일체적인 페리코레시스의 원형적이며 상호적인 내주와 침투를 반영한다."149

또한 몰트만은 새 창조라는 만유의 완성을 향하는 동안 하나님과 우주는 상호영향을 받는다고 본다. 세계는 행위, 사건, 반작용을 통해 하나님에게 자신의 자취를 남긴다는 것이다.150 몰트만에게 새 창조는 완성되지 않았다. 새 창조에 이를 때 우주는 완전한 종말에 이른다. 따라서 몰트만은 그리스도 역시 새 창조를 향한 과정 중에 있으며 도상에 있다고 본다. 하나님과 우주는 상호성 속에 있기 때문에, 새 창조의 완성이 이루어지기 전에는 그리스도 역시 '과정'에 있다. 그러므로 몰트만에게 그리스도의 인격도 완성을 향해 간다.

예수 그리스도의 '구원'이 아직 완성되지 않은 것은 당연하다. 이 부분에 대해서는 누구나 동의할 것이다. 그런데 몰트만의 우주적 그리스도론에서는 예수 그리스도의 '인격'도 완성되지 않고 도상에 있다. 몰트만의 이런 사상은 두 가지에서 기인한다. 하나는, 존재와 행위가 연결되어 있기 때문이다. 이것은 몰트만이 삼위일체 하나님의 존재론적 내재와 역사 속의 구원행위를 구별하지 않고 상호적으로 본 것과 같다. 몰트만은 예

다마스쿠스의 요한(John of Damascus)의 영향을 받았다. Roger E. Olson, "Deification in Contemporary Theology," *Theology Today* 64, no. 2 (July 2007): 195–96.
149 Moltmann, *God in Creation*, 17.
150 Jürgen Moltmann, *The Trinity and the Kingdom: The Doctrine of God*, trans. Margaret Kohl (Minneapolis: Fortress Press, 1993), 98–99.

수 그리스도의 구원사역이 종말을 향한 과정에 있는 것처럼, 예수 그리스도의 인격 역시 과정 속에 있는 것으로 인식한다. 다른 하나는, 하나님과 우주의 상호내재이다. 몰트만의 사상에서는 우주가 새 창조의 완성에 도달할 때까지 하나님이 우주와 상호성 속에 있기 때문에, 하나님의 존재가 우주의 영향을 받는다. 따라서 예수 그리스도의 메시아적 인격도 '되어짐'(becoming) 가운데 있는 것으로 해석된다. 결국 몰트만에게 하나님과 우주의 존재론적 상호내재는 그리스도의 모습에 결정적인 영향을 주었다.

그러면 샤르댕과 몰트만의 문제점을 살펴보면서, 바람직한 방향을 제시해 보겠다. 그리스도가 피조세계의 영향을 받는 것에 대해서는 문제가 없다. 죽은 그리스도가 아니라면, 영향을 받는다. 문제는 그 영향이 그리스도의 '인격'에 미친다는 점이다. 그렇기에 그리스도는 우주와 함께 '성장하고 진화하며'(샤르댕), 새 창조를 향한 도상에 있고 '되어짐'(몰트만) 속에 있다. 샤르댕에게는 그리스도의 구원과 생명의 진화가 동일한 방향에 있기 때문에 그리스도와 우주의 존재론적인 상호성이 분명하게 나타난다. 몰트만에게는 만유의 완성에 도달하는 과정이 단선적이 아니라, 진화의 방향과 시간을 역행하는 종말론적인 구원이 이중적이라서 단순화하기는 어렵다. 하지만 상호내재의 상호성이 하나님과 우주에 제한적이지만 존재론적 영향을 준다. 하나님과 우주의 상호성이 '존재론적'으로 영향을 준다면, 범신론의 위험이 따른다.[151]

---

151 능언(I. G. Nengean)은 몰트만에게 창조자와 피조물의 구별이 없어진다는 이유로 범신론에 대한 의혹을 강하게 제기했다. [Isaiah Gesa Nengean, "The Imago Dei as the Imago Trinitatis: An Analysis of Jürgen Moltmann's Doctrine of the Image of God," *The Westminster Theological Journal* 71, no. 2 (Fall 2009): 490.] 그러나 능언의 주장은 몰트만을 오해한 것이다. 몰트만의 범재신론에서, 창조자와 피조물은 명

언급한 것처럼 범재신론과 범신론은 형식적으로는 구별이 되지만, 실제로는 둘 사이가 멀지 않다. 따라서 세심한 주의가 필요하다. 성서적 범재신론이 범신론이 되지 않기 위해서는 하나님과 우주의 존재론적 상호내재와 일치를 피하고, 신의 인격성과 역사성을 유지하는 것이 관건이다. 이것이 필자가 앞에서 '인격성'과 '역사성'을 별도의 항목으로 다루면서 그렇게 강조한 이유이다. 우주적 그리스도론에서 이 부분이 분명해야 성서적 범재신론으로서의 정체성을 가질 수 있다. 만약 우주적 그리스도론에서 그리스도와 자연의 '존재론적 상호내재'가 전제되면, 두 가지 위험이 따른다.

첫째, '신인협동설'과 유사한 형태가 될 수 있다. 신인협동설은 4-5세기에 반(半)펠라기우스주의에서 나타났다. 아우구스티누스(Augustinus)는 구원이 오직 하나님에 의한 것이라는 은혜론으로 펠라기우스(Pelagius)를 반박했다. 그 후 신인협동설은 16세기에 재현되었다. 이에 루터는 『노예의지론』에서 구원은 오직 하나님의 은혜에 의한 것임을 주장하면서 신인협동설을 거부했다. 그런데 하나님과 자연이 상호침투의 관계 속에서 상호영향을 받으며 구원의 완성을 향해 나아간다면, 하나님과 자연은 구원에 협력적 관계가 된다. 그렇다면 인간에서 자연으로 범주가 변경되었을 뿐, 유사한 형태가 될 수 있다. 즉 '신자연협동설'(神自然協同說)의 구조가 될 가능성이 있다. 물론 샤르댕과 몰트만도 구원은 은혜에 의한 것이라고 말한다. 그러나 그들의 사상에서, 만유구원이 하나님과 우주의 상호영향 속

확히 구별된다. 몰트만은 창조자와 피조물의 일치를 피하기 위해 '신적인 자기 제한'이라는 유대교의 침춤(zimzum) 사상을 도입했다. 몰트만에게 하나님이 피조물과 상호내재의 관계를 가질 수 있는 것은 하나님의 자기 비움에 따른 것이다. [Cf. Moltmann, *The Trinity and the Kingdom*, 108-11.] 다만 필자는 몰트만의 상호내재가 하나님에게 존재론적인 영향을 미칠 경우, 범신론적 요소가 발생할 수 있는 위험을 지적한 것이다.

에서 과정 중에 있다는 점을 고려하면, '오직 은혜'의 개념이 모호해진다. 우주적 그리스도론에서 그리스도가 우주적 몸이 되었다고 해서, 구원이 상호적이 될 수는 없다.

둘째, 하나님과 우주의 상호침투는 하나님의 독립성과 자유를 제한한다. 즉 '우주 없는 하나님'은 없고, '하나님 없는 우주'는 없는 구조가 된다. 하나님은 우주의 변화에 '존재론적'으로 영향을 받을 수밖에 없다. 우주의 변화, 성장, 혹은 진전에 따른 존재론적인 상호성은 하나님의 자유를 침해한다. 그렇다면 하나님의 자유, 나아가 우주에 내재되지 않는 하나님의 초월성이 약화된다. 몰트만이 '내재적 초월'을 주장함에도 불구하고,[152] 우주 없는 하나님은 무의미하기 때문에 하나님은 우주에 의존할 수밖에 없다. 신이 우주에 의존하면, 결국 신의 자유와 초월성은 상실된다. 이 구조에서는 오히려 하나님의 전적인 은혜, 그의 주권적인 용서와 화해, 만유를 향한 구원의 자유가 제한된다. 하나님의 은혜는 그의 전적인 자유 안에서 가장 크다.

하나님이 만유 안에 있으며, 만유가 하나님 안에 있다는 명제는 문제가 없다.(고전 15:28) 다만 성서적 범재신론은 상호내재가 존재론적으로 해석되는 것을 피해야 한다. 범신론에서는 하나님의 내재성만이 긍정되고 하나님의 초월성은 부정된다. 하지만 성서적 범재신론은 하나님의 초월성과 내재성을 동시에 긍정한다. 신과 우주의 관계는 '신이 우주 안에, 우주가 신 안에 있다.'는 내재적 관계를 지키는 것이 중요하다. 우주는 하나님이 아니고, 그의 피조물이다. 우주의 발생은 하나님의 창조에 의한다. 하나님과 우주는 동일하지 않다. 하나님과 우주의 상호내재는 하나님의 '내재'(immanence)의 성격에서 이해해야 한다. 하나님과 우주의 관계는 상호 교제와 활동의 관계이다. '내재'는 하나님의 현존하심을 의미한다. 그것

---

152 Moltmann, *The Spirit of Life*, 31-38.

은 멀리 있는 하나님이 아니라는 의미이며, 피조물과 질적 차이를 유지하며 세계를 초월해 있는 하나님이 아니라는 의미이다. 즉 상호내재는 존재론적 개념이 아니라, 관계적 개념이다. 상호내재/상호침투(coinherence/perichoresis)는 문자적, 혹은 존재론적 표현이 아니다. 상호내재는 하나님이 피조세계와 관계하는 방식을 말한다. 상호내재를 관계적 개념으로 본다면, 하나님의 자유와 초월성을 동시에 유지할 수 있다.

우주적 그리스도론에서 부활한 그리스도와 우주는 상호내재의 관계이다. 다만 상호내재를 '관계적'으로 해석하면 '편재'와 '교제'에 가까운 개념이다. 편재(ubiquity)는 넓은 의미로 보면 부활한 그리스도의 존재양식으로 볼 수 있다. 그리스도는 우주에 편재해 있으며, 우주에 충만한 그리스도와 우주는 교제하고 있다. 감추어진 하나님이 성육신에서 계시되었듯이, 그리스도가 우주에 편재함으로써 자연/우주가 그리스도를 드러낸다. 그리스도는 성장이나 과정에 있지 않다. 그리스도의 계시는 불완전한 계시가 아니다. 예수 그리스도는 최종적이고 유일회적인 계시이다. 예수 그리스도의 성육신, 공생애의 가르침, 십자가, 부활을 통해 계시는 완전히 드러났다. 부활한 그리스도는 그 자체로 완전하다. 다만 우주가 아직 완전한 상태에 이르지 못했다. 즉 피조세계가 맺는 그리스도와의 '관계'가 완전함에 도달하지 못했다. 우주와 그리스도는 지금 교제하면서, 구원의 완성을 향해 간다. 그리스도와 우주의 관계는 완성을 향한 운동과 과정속에 있다. 피조물이 완전한 단계에 이르면 그리스도와의 관계도 완전해 질 것이다.

편재는 부활한 그리스도의 현존양식을 보여준다. 종교개혁가들은 성찬이 집행될 때 어디서나 동시적으로 현존하는 그리스도의 임재를 표현하기 위해 고심했다. 그리스도가 하나님의 우편이라는 한 장소에만 묶여 있을 수 없다. 그리스도의 보편적 임재를 루터는 편재, 칼뱅은 영적 임재로 해석했다. 루터와 칼뱅은 차이는 있었지만, 그리스도가 나사렛 예수라는 개체성을 넘어 모든 곳에 현재적으로 임하는 교제의 방법을 고심했던 것이다. 부활한 그리스도는 우주에 충만하며, 우주는 그 안에 있다. 현대 범재신론에서 말하는 '그리스도가 우주적 몸이 되었다.'는 표현을 존재론적으로 볼 필요는 없다. 그리스도와 우주의 구별이 필요하다. 그리스도의 우주적 몸을 그리스도의 '편재성'으로 해석하면 문제가 없다.

그리스도의 편재성이 우주와의 상호성을 상실하는 것은 아니다. 그리스도는 우주와 상호성 속에 있고, 영향을 받고 변화한다. 하지만 이 상호성과 영향은 그리스도의 존재론적 변화에서 기인하는 것이 아니라, 상호 교제에서 발생한다. 변화는 삼위 하나님의 의지의 변화이고, 피조물에 대한 존중을 의미한다. 피조세계는 자신의 독립성과 주체성을 가진다. 그 주체성 위에서 하나님과 관계를 맺는다. 하나님에게 상호성은 피조세계에 대한 응답성이다. "너희가 내게 부르짖으며 내게 와서 기도하면 내가 너희들의 기도를 들을 것이요 너희가 온 마음으로 나를 구하면 나를 찾을 것이요 나를 만나리라."(렘 29:12-13) 또한 상호성은 미래에 대한 개방성을 의미하며, 미래가 결정론적으로 고정되지 않았다는 것을 뜻한다. 하나님의 상호 교제에 따른 의지의 변화는 드물지 않다. 하나님은 우상을 섬기고 하나님을 떠난 이스라엘에게 분노하여 이스라엘 민족을 멸하려고 하였으나, 모세의 간청에 따라 마음을 바꾼다.(출 32:7-14) 히스기야는 선지자 이사야를 통해 하나님의 사망선고를 받았다. 하나님은 히스기야의 기도를 듣고 마음을 바꾸어 15년을 더 살게 하고, 그 증표로 해 그림자를 10도 뒤로 물렸다.(왕하 20:1-11) 예수는 마지막 순간까지 하나님과 대화하며 그의 뜻을 물었다.(눅 22:42)

우주적 그리스도는 피조세계와 교제하고 있다. 그리스도는 변화한다. 변화는 피조세계와의 관계성에서 나오는 응답성이며 대화성이다. 그리스도의 변화는 만유에 대한 의존에 의하지 않는다. 그리스도에게 변화는 그의 자유 안에서 행하는 결정이다. 그리스도의 초월성은 영향을 받지 않는다. 상호내재를 그리스도와 우주의 관계적 개념으로 볼 때, 우주적 그리스도의 내재성과 초월성은 함께 유지된다. 피조세계는 완성되어 감에 따라 그리스도와 더 충만한 교제로 성장해 간다. 종국에, 피조세계는 완전한 충만, 완전한 교제 속으로 들어갈 것이다. 그것은 인간, 사회, 역사, 자연 모두가 충만함으로 들어가는 상태를 의미한다. 우주가 그리스도에 더 가까워지면서 교제가 충만한 상태에 이른다. 만유가 생명의 충만함에 이르고, 사랑의 충만함에 이르고, 언젠가 완전한 교제의 상태에 이를 것이다. 그때에 우주는 그리스도 안에, 그리스도가 우주 안에 있다는 의미도 완전해질 것이다.(고전 13:12)

6. 제3의 본성과 개방적 인격성

1) 필요성

예수 그리스도의 인격에 대한 정의는 '참 하나님, 참 인간'이라는 양성론이다. 양성론은 칼케돈 공의회(451)에서 정립된 후, 지금까지 수정 없이 유지되었다. 그동안 기독교는 양성론을 떠난 적이 없다. 양성론은 기독교의 핵심 교리이며 그리스도에 대한 신앙고백의 근간이다. 양성론은 그동안 훌륭한 역할을 해왔고, 여전히 중요한 의미를 담고 있다. 하지만 양성론은 그리스도의 인격/위격에 대한 고백과 이해를 규범화한 것이지, 재해석이 불가능한 절대적 교리는 아니다.

양성론은 인간 중심적이다. 신과 인간의 교제가 중심에 위치하며, 예수 그리스도의 한 인격 안에 신성과 인성이 연합한다. 구원도 신적인 로고스가 인간의 본성을 받아들여 구원을 이루는 방식으로 전개된다. 양성론이 확립되던 당시에는 신-인 연합의 관점으로 성육신, 삼위일체론, 구원론을 해석했다. 또한 그리스도의 존재양식은 피조세계와의 교제에도 동일하게 적용되었다. 그리스도는 신-인으로서 피조세계와 교제한다. 기독교 역사에서 오랫동안 인간이 피조세계를 대표한다고 믿었기 때문에, 인간 중심의 교제방식이 문제가 되지 않았다. 그러나 지금은 피조세계에 대한 이해가 자연, 생태, 나아가 우주를 포함하는 것으로 확대되었다. 자연을 단순히 인간에 종속되는 하위 개념으로 볼 수는 없다. 신-인의 존재양식이 우주를 포함한 피조세계 전체와 교제하기에 적절한지에 대한 논의가 필요해진 것이다.

만약 그리스도가 인간의 구원자가 아니라 우주 전체의 구원자라고 믿는다면, 그의 존재양식을 신-인의 두 본성으로 고정할 필요가 있을까? 양성론은 존재론적 그리스도론의 유형에 가장 적합한 형태이다. 존재론적 그리스도론은 로고스의 선재와 성육신을 전제로 하고, 그리스도의 신성과 인성의 연합을 기본 뼈대로 한다. 존재론적 그리스도론은 신관으로는 고전적 유신론과 잘 어울린다. 하지만 양성론은 우주적 그리스도론에는 적합하지 않다. 신성과 인성이라는 양성은 하나님과 우주 사이를 매개하기에 적절한 범주는 아니다. 21세기의 우주관에서 고전적 양성론이 설득력을 상실하면서, 그리스도론이 활기를 잃을 가능성이 있다. 경직된 유신론과 폐쇄적 양성 그리스도론은 기독교를 위태롭게 할 것이다. 우주적 그리스도론은 구원의 지평을 우주적으로 보는 만큼, 그리스도의 인격도 우주적 차원에서 본다. 신관도 초월적 유신론보다는 범재신론과 어울린다. 우주적 그리스도론은 피조세계 전체를 구원의 대상으로 보기 때문에 타종교와의 대화에도 유리하다. 새로운 시대에는 새로운 그리스도론이 요청된다. 그리스도론의 역사를 보면, 새로운 그리스도론을 위한 시도로 가득하다. 21세기, 새로운 가치관, 세계관, 우주관이 열리고 있다. 그리스도와 자연-우주의 관계를 활발하게 볼 수 있는 그리스도의 새로운 존재양식에 대한 개념이 요청된다.

2) 우주성과 개방적 인격성

양성론을 새롭게 해석하는 방법은 두 가지이다. 하나는 그리스도의 제3의 존재양식인 '우주성'(宇宙性)을 고려하는 것이고, 다른 하나는 그리스도의 인격/위격을 '개방적 인격성'으로 해석하는 것이다. 그리스도의 개방적 인격성은 우리에게 비교적 익숙한 주제이다. 그러나 우주적 그리스도론에서 그리스도의 제3의 존재양식도 낯선 논의는 아니다. 20세기에 제3의 존재양식에 대해 가장 긍정적인 학자는 샤르댕과 몰트만이며, 그 외 몇몇 학자들에게서 그 흔적을 찾아볼 수 있다. 샤르댕은 제3의 존재양식에 대해 명시적이다. 그는 양성론의 한계를 일찍이 알아챘다. 샤르댕은 그리스도의 양성에 더해 세 번째 본성인 '우주성'을 언급했다.[153] 그는 우주적 그리스도가 지니는 구원론적 차원을 재발견했다. 샤르댕은 죽기 3일 전 '신 니케아'를 언급하며 교리적 변화를 기대하는 글을 남겼다.[154] 한편, 몰트만도 우주적 그리스도론의 중요성에 대해 확신한다. 그는 "그리스도론은 오직 우주적 그리스도론에서 비로소 완성된다."라고 믿는다.[155] 몰트만은 바르트가 『교회 교의학』에서 그리스도의 제3의 존재양식의 가능성을 열어둔 것을 긍정적으로 평가한다.[156] 몰트만은 그리스도의 존재양식을 세 단계로 발전적으로 본다. 그리스도는 나사렛 예수로서 실존했고, 공동체로 실존했으며, 지금은 우주로 실존하고 있다는 것이다.[157] 그러나 몰트만은 그리스도의 제3의 본성에 대해 명시적인 제시는 하지 않았다.

본회퍼는 우주적 그리스도론을 주장하지는 않았지만, 그리스도의 세 가지 존재양식에 대한 맹아를 보여준다. 그는 부활하신 그리스도의 현존을 인간 존재의 중심, 역사의 중심, 자연의 중심으로 규정한다. 여기서 우리의 관심은 '자연의 중심'에 대해서이다. 본회퍼는 개신교 신학이 '자연의 중심'에 대해 거의 관심을 가지지 않았음을 언급하면서, 그리스도를 '하나님과 자연 사이의 중보자'로 정의한다. 본회퍼는 자연을 주체적으로 보며,

---

153 Teilhard, *Heart of Matter*, 93.
154 Ibid., 104.
155 Moltmann, *The Way of Jesus Christ*, 278.
156 Ibid., 279.
157 Ibid., 275-76.

원래의 자유를 상실하기 전에는 자연이 하나님의 말씀을 증거하고 선포할 수 있는 것으로 본다. "역사와 마찬가지로 자연도 의미의 상실과 자유의 박탈로 신음하고 있다."[158] 본회퍼에게 자연은 인간과 역사와 동일하게 구원을 기다리고 있다. 자연도 '자연의 중심'이신 그리스도 안에서 구원을 찾아야 한다. 주의 깊게 볼 부분은, 본회퍼는 인간, 역사, 자연을 '그리스도 중심'이라는 관점으로, 동일한 차원에서 이해하고 있다는 점이다. "요약하면 우리는 그리스도가 참으로 인간 존재의 중심이요, 역사의 중심이요, 그리고 이제는 또 자연의 중심임을 계속 강조해야 한다."[159] 본회퍼가 강조하는 '중심'의 의미가 중요하다. '그리스도 중심'이라는 규정에서 '중심'은 존재론적인 의미를 가진다. "그리스도 중심성이라는 말의 성격은 심리학적인 것이 아니고, 존재론적이고 신학적인 진술이다."[160] 본회퍼가 그리스도를 '자연의 중심'이라고 할 때, 이는 단순히 상징적이거나 은유적인 것이 아니다. 본회퍼는 그리스도를 인간, 역사, 자연을 위한 동일한 범주로 볼 뿐 아니라 존재론적 차원에서 본다는 점에서, 그리스도의 제3의 존재양식에 대한 통찰을 엿볼 수 있다.

그러면 그리스도의 제3의 존재양식에 대해 좀 더 진전된 논의를 해보자. 제3의 존재양식을 위해서는 두 가지를 살펴봐야 한다. 하나는 성서적 근거이고, 다른 하나는 교리적 측면이다.

첫 번째, 성서적 근거를 보자. 우주적 그리스도론과 우주성에 대한 성서적 근거는 무리가 없다. 피조세계의 창조 → 피조세계와 대속적 화해 → 피조세계에 대한 현재적 통치 → 피조세계의 완성에 이르기까지 모든 과정

---

158 Dietrich Bonhoeffer, *Christology*, trans. John Bowden (London: Collins, 1966), 66.
159 Ibid., 67.
160 Ibid., 62.

이 그리스도 안에서 이루어진다. 먼저 그리스도는 창조의 중재자이다. 만유는 그리스도 안에서 그리스도를 통해 창조되었다. 그리스도로부터 비롯되지 않은 피조물은 없다.(요 1:1-3) "이는 만물이 주에게서 나오고 주로 말미암고 주에게로 돌아감이라 그에게 영광이 세세에 있을지어다."(롬 11:36) 또한 예수 그리스도의 대속과 화해는 피조세계를 위한 것이다. 그리스도는 세상이 자신과 화해되기를 원하며(고후 5:19), 그리스도를 통한 구원의 보편성은 그리스도의 창조에서부터 비롯된다.(골 1:16-20) 창조에서 시작된 구원의 징표는 십자가에서 가시화된다. 만유는 그리스도 안에서 화해된다.(골 1:20) 부활하신 그리스도는 만유를 다스리며 통치하고 있다.(고전 15:25-28) 그리스도는 현재적으로 피조세계와 교제하며 인도한다. 그러므로 그리스도의 현존과 임재의 영역이 인간으로 제한될 수 없다. 마침내 그리스도의 통치는 만유의 통일에서 완성된다. 모든 것이 그리스도 안에 있으며, 그 안에서 통일된다.(엡 1:10) 그리스도의 창조, 화해, 현재적 교제, 그리스도 안에서의 통일, 이 과정에서 만유는 그 어디에서도 소외되지 않고 배제되지 않는다. 그리스도는 만유의 창조자이며, 지배자이며, 완성하는 구원자이다. 이처럼, 우주적 그리스도론에 대한 성서적 토대는 부족하지 않다.

두 번째, 제3의 존재양식이 고려해야 할 부분은 교리, 혹은 기독교 전승과의 조화 문제이다. 기독교 전승을 고려할 때, 두 가지 방법이 가능하다.

하나는, 제3의 존재양식으로 우주성을 더하여 삼성론을 체계화하는 방법이다. 그리스도론의 초석이 된 두 회의는 니케아와 칼케돈이다. 니케아는 그리스도와 성부 하나님을 동일본질로 고백했고, 칼케돈은 그리스도의 위격을 두 본성으로 정의했다. 삼성론은 니케아보다는 칼케돈 결의와 조화를 이루어야 할 과제를 가진다. 칼케돈 당시에는 그리스도의 신성과 인성에 집중할 수밖에 없었다. 고대교회에서 그리스도를 사탄에 승리하는 우주적 승리자로 보는 시각이 있었지만, 현대적 의미의 우주적 차원은 아니었다. 모든 시대는 인간, 피조세계, 그리스도, 성령, 하나님을 이해하는 개념과 방식에 차이가 있다. 예를 들면, 신약성서 당시에는 인간을 영과 육으로 설명했지만, 지금은 통전적인 인격으로 이해한다. 각 시대는 그 시대의 사고와 언어로 고백하고 진술한다. 양성론은 고전기에 예수 그리스도를 이해하던 방식이다. 즉 삼성론은 그리스도를 이해하는 하나의 방식이고, 양성론과는 그리스도를 이해하는 방식에서 차이를 가진다.

삼성론이 칼케돈의 양성론과 충돌하는 것만은 아니다. 칼케돈 신조의 두 본성에 대한 교회의 해석을 보자. 칼케돈(451)에서 양성론이 확정되었지만, 6-7세기에 두 본성의 연합에 대한 해석으로 갈등이 지속되었다. 갈등은 단성론 논쟁, 신수난 논쟁, 그리고 단의론 논쟁으로 이어졌다. 논쟁의 발단이 되었던 단성론 논쟁을 눈여겨볼 필요가 있다. 단성론은 칼케돈 신조가 예수 그리스도에 대해 '두 본성 안에(in)'라는 표현을 사용했기 때문에 두 본성의 독립성이 전제되는 것으로 보았다. 단성론은 신성과 인성의 연합 후에는 오직 예수 그리스도라는 '한 본성'만이 존재한다고 주장했다. 단성론이 주장하는 한 본성(nature)은 엄밀한 의미에서 한 위격(hypostasis), 혹은 한 인격(person)을 의미한다. 즉 단성론은 로고스인 신적 본성과 인간의 본성이 연합하여 하나의 인격이 되었다고 규정해야 한다는 것이다. 그런데 칼케돈 신조가 신성과 인성의 연합 이후에도 여전히 '두 본성 안에'라는 용어를 사용하기 때문에 예수 그리스도가 두 인격으로 존재하는 것으로 묘사된다고 보았다. 결국 단성론 논쟁은 칼케돈 신조에 대한 서로 다른 해석에서 야기된 것이었다. 이에 교회는 제5차 공의회(553)인 콘스탄티노플(Constantinople II)에서 두 본성의 관계를 명확히 했다. 예수 그리스도의 인성과 신성의 결합을 위격적 연합(hypostatic union)으로 규정하고, 인성은 비위격성(anhypostasis)으로 보았다. 즉 그리스도의 인성은 신성과 연합 안에서 존재하는 것이지, 로고스와 연합 이전에 독립적으로 존재하는 것이 아니라고 해석했다. 그리스도의 위격으로부터 독립한 채 인성 홀로 존재할 수 없다는 것이다. 콘스탄티노플 회의는 그리스도의 인성의 성격을 내재위격성(enhypostasis)으로 명료하게 정의했다. 예수 그리스도의 인성은 오직 하나님의 말씀/로고스와의 연합 속에서만 위격을 가진다.

칼케돈에서 규정한 두 본성 중에 그리스도의 인성은 말씀/로고스에 앞서거나 분리되어 독립적으로 존재하는 주체가 아니다. 그것은 말씀과 연합하기 이전 혹은 말씀과 분리된 인성은 구체적인 존재를 결여하기 때문이다. 인성은 오직 말씀과 연합하면서 인격이 된다. 그러므로 양성론의 '인성'은 폐쇄적, 혹은 배타적 개체성을 의미하지 않는다. 예수 그리스도의 인성은 말씀과 연합하면서 실체화되었다.[161] 성육신은 로고스와 인간의 연합을 보여주지만, 성육신은 그 순간에 국한되지 않는다. 성육신의 의미는 사랑과 구원이라는 예수 그리스도의 사역 전체를 지시한다. 성육신을 인간 중심적 차원에서 해석하면 성육신의 본질을 놓친다. 성육신은 하나님이 피조세계로 들어오신 사건이다. 인간은 피조세계의 일부이다. 하나님은 성육신을 통해 우주 안에 결정적으로 자신을 드러냈다. 성육신은 하나님의 자기-나타냄이며 자신이 세계의 일부가 되는 것을 허락한 사건이다. 하나님은 예수 안에서 단지 인간이 된 것이 아니라, 스스로 피조물이 되었다. 따라서 좁은 의미에서 성육신은 말씀이 인간이 되는 사건이지만, 넓은 의미에서는 말씀이 우주가 되는 사건이다. 즉 '말씀이 육신이 되었다.'(요 1:14)는 것은, 말씀이 피조세계 곧 우주가 되었다는 뜻으로 해석될 수 있다.[162] 성육신을 통해 하나님과 피조세계의 새로운 관계가 발생했

---

161   Daniel L. Migliore, *Faith Seeking Understanding: An Introduction to Christian Theology* (Grand Rapids: Wm. B. Eerdmans Publishing Co., 2004), 171-73.
162   브라이언(C. Bryan)은 요한복음 1장 14절의 말씀이 '육'이 되었다는 구절을 해석할 때, 육을 인간으로 해석하지 않는다. 브라이언은 요한복음이 '육'이라는 단어를 선

다. 부활하신 그리스도는 인간 예수의 개체성에 제한되지 않는다. 그리스도는 우주 모두를 자신 '안'에 둔다.

성육신을 하나님과 세상이라는 피조세계와의 관계에서 볼 수 있다면, 우주성은 논의될 수 있다. 칼케돈은 하나님과 인간의 관계에서 '인성'을 규정했다. 그러나 칼케돈이 그리스도의 본성을 인성에 배타적으로 고정한 것은 아니다. 아직 교회는 하나님과 우주의 관계를 규정하지 않았다. 21세기에 그리스도와 우주의 관계가 중요한 과제로 남아 있다. 우주성에 대한 해석은 열려 있다. 모든 피조물은 고유한 방법으로 그리스도와 교제한다. 우주성은 그리스도의 우주 안의 편재와 충만함으로 볼 수 있다. 혹은 부활한 그리스도가 인간과 교제하는 방법이 있듯이, 그리스도는 우주와도 고유한 교제의 방법을 갖고 있다. 그리스도와 우주 사이의 교제방법을 우주성으로 받아들여도 좋다.

삼성론의 장점은 그리스도론을 무한한 우주와의 관계에서 본격적으로 발전시킬 수 있다는 것이다. 단점은 기독교에 양성론의 전승이 견고해서 혼란이 야기될 수 있다. 적절한 과정을 거쳐서 우주성을 발전시키면 좋을 것이다. 하지만 교회의 수용과 교리화의 과정이 남아 있다.

다른 하나는, 양성론을 유지하면서, 인성의 의미를 새롭게 해석하는 방법이다. 이는 그리스도의 인격을 개방적으로 보는 것이다. 개방적 인격은 '인성'을 인간 중심에서 벗어나 확대하는 것이다. 다른 말로, 양성론의

택한 데에는 특별한 이유가 있다고 본다. 요한복음은 그리스도가 '유대인'이 되었다고 하지도 않고, '인간'이 되었다고 하지도 않았다는 것이다. 브라이언은 요한이 그리스도가 물길이 되고, 땅이 되고, 우주기 되었다는 것을 강조했다고 주장한다. 브라이언은 도전적인 질문을 던진다. '중세에 태양이 회전한다고 주장한 천동설과 오늘날 인간 중심에 사로잡혀 그리스도가 우주라는 것을 보지 못하는 것, 이 둘 중에 어느 것이 더 큰 실수인가?' Christopher Bryan, "The Universe and God: Mistakes Old and New," *Sewanee Theological Review* 58, no. 2 (Easter 2015): 253-60.

관점을 인간 중심에서 그리스도 중심으로 전환하는 것이다. 그리스도 중심이 될 때, 그리스도의 인성은 모든 피조세계를 포괄하는 확대된 개념이 된다. 지금은 만유를 창조하고, 만유와 교제하며, 만유를 구원하는 그리스도 중심적 사고가 필요하다. 그리스도의 구원사역이 인간에 제한될 수 없듯이, 그리스도의 인격이 인성에 국한될 수 없다.

부활한 그리스도는 지상 예수와 동질성을 유지했지만, 비연속성도 있었다. 부활한 그리스도는 나사렛 예수의 몸의 소생이 아니었다. 부활체는 예수의 몸에 갇혀 있지 않았다. 신약의 부활기사는 부활한 예수를 삼차원적인 몸이라고 말하지 않는다. 오히려 대부분의 부활기사에서 추종자들은 부활한 예수를 즉시 알아보지 못했다. 부활체는 동시적으로 나타나기도 했고, 홀연히 나타나기도 했다. 엠마오에서는 교제를 나눌 때 비로소 예수로 인식되기도 했다. 부활 전과 후의 예수의 몸에는 비연속성이 있었다. 그럼에도 불구하고, 부활기사는 부활한 자가 지상의 예수와 동일한 자라는 정체성을 증언한다. 크래퍼트(P. F. Craffert)의 연구는 부활한 예수의 몸에 대한 새로운 개념이 필요하다는 경각심을 준다. 그는 부활의 몸을 현대적 의미의 몸으로 '예' 혹은 '아니오'라고 양자택일할 수 없다고 본다. 역사에서 '몸'은 문화적-사회적 정의에 따라 달리 이해되었다.[163] 예수의 부활의 몸을 현대의 몸의 개념으로 규정할 수 없다. 따라서 부활한 몸에 대해 기존의 개념과 다른 새로운 정의가 요청된다. 예수의 부활의 몸은 분명 신체적이었으나 일반적 개념의 몸과는 달랐다. 즉 부활한 그리스도는 지상의 역사적 예수와 정체성은 동일하지만, 우주적 차원을 가지는 것으로 해석될 수 있다. 따라서 그리스도의 몸, 현존양식, 현재적 교제에 대해 우주적 차원에서 적극적으로 해석하는 것이 하나의 방법이다.

163　Pieter F. Craffert, "Did Jesus Rise Bodily from the Dead?: Yes and No!" *Religion & Theology* 15, no. 1–2 (2008): 150–51.

개방적 인격은 개체성을 넘어서는 개방성을 의미한다. 인간과 자연 모두가 그리스도의 개방적 인격 안에 있다. 인성을 개방적 인격으로 보는 것은 칼케돈 교리의 명시적 수정 없이 인성에 대한 재해석으로 가능하다. 혹은 영(Spirit)-그리스도론의 형태로 발전시킬 수도 있다. 다만 우주에 충만한 그리스도와 성령의 구별을 주의해야 한다. 양성론을 유지하면서 인성을 새롭게 해석하는 두 번째 방법의 장점은, 칼케돈의 양성론과 교리적 전승을 그대로 유지할 수 있다는 것이다. 단점은 생태계와 새로운 우주관에 대처하는 그리스도론으로 발전시킬 역동성이 약하다는 것이다. 이 형태는 여전히 인간 중심적 사고로 보이고, 자연과 우주는 인간에 비해 주변적 존재로 간주될 수 있다.

그리스도의 제3의 존재양식에 대한 구체화와 정립까지는 시간이 걸릴 것이다. 양성론도 칼케돈에서 확립되기까지 긴 시간이 걸렸다. 우주성에 대해서 교리적인 방향성이 구체화되면, 우주성에 대한 포괄적 논의는 본격화될 수 있다.

Issues

in Soteriology

제4장 구원론의 쟁점들

1. 구원론의 초점들
2. 구원의 완성: 제한구원 vs. 만유구원
    1) 오리게네스
    2) 개혁교회와 아르미니우스주의
    3) 현대적 논의: 바르트와 몰트만
        (1) 바르트
        (2) 몰트만
    4) 결론: 열린 긴장론
3. 현재의 구원: 구원의 다양한 형태들
    1) 구원의 현재성
    2) 구원의 다차원성

구원론은 인격론과 함께 그리스도론의 두 핵심 주제 중의 하나이다. 구원론과 연관된 주제는 많다. 그중에 가장 기본적인 것은 구원의 완성과 현재의 구원이다. 구원론은 이중적인 구조를 가지고 있다. 미래에 완성될 '구원의 완성'과 지금 진행되고 있는 '현재의 구원'이다. 구원의 완성과 현재의 구원은 연결되어 있으며, 현재의 구원에서 미래의 완성을 향하는 구원사라는 역사적 형태를 가진다. 본 장에서 구원론을 세 부분으로 나누어서 보려 한다.

첫째, 구원론의 발전과정을 간략히 보면서, 구원론의 중요한 초점을 보겠다.

둘째, 구원의 완성에 대해 보겠다. 구원의 완성에서는 얼마나 구원을 받을지가 논해질 것이다. 선택받은 일부만 구원받는가? 혹은 모두 구원받는가? 구원의 완성에서 구원받을 자의 범위는 반드시 답변되어야 한다. 초점은 제한구원과 만유구원이다.

셋째, 현재의 구원에 대해서 보겠다. 인간이 현재의 삶과 역사에서 체험할 수 있는 구원의 다양한 형태가 논의될 것이다.

1. 구원론의 초점들

　모든 그리스도론은 구원론적인 동기를 가지고 있다. 기독교는 구원의 종교이고, 기독교인은 누구나 구원에 관심을 가진다. 각 시대를 대표하는 그리스도론은 그 시대의 구원론적인 관심을 반영한다. 인격론과 구원론은 나누어질 수 없지만, 역사적으로는 두 주제가 분리되기도 했고, 어느 한 쪽에 더 관심이 치중되기도 했다. 현대에 와서 두 주제는 분리되지 않고 그리스도론을 구성하는 뼈대로 간주된다.

　인격론은 니케아(325), 콘스탄티노플(381), 칼케돈(451)을 거치면서 명확한 교리적 발전 단계를 밟아왔다. 인격론은 삼위일체론, 양성론, 성육신론의 형태로 발전했다. 그러나 구원론은 처음부터 확고한 학문적 위치를 가졌던 것은 아니다. 교부 시대 동안 구원론은 대체로 삼위일체론과 양성론에 부가되거나 종속된 주제로 취급되었다. 공의회와 교회가 구원론을 독립되게 다루어 특정 유형을 정통교리로 정하지도 않았다. 그럴 수밖에 없었던 이유가 있다. 기독교가 시작된 첫 5세기 동안 삼위일체론, 양성론, 성육신론이 워낙 중요한 주제였고, 교회는 모든 힘을 그 주제에 쏟았다. 예수 그리스도의 인격과 연관된 주제들이 체계를 갖추기 전에는 구원론에 집중하기가 힘들었던 것이다.

　그러나 교회가 구원론에 관심이 없었던 것은 아니다. 고대 교부들도 구원론에 상당한 관심을 가지고 있었다. 다만 교부 시대에는 구원론이 포괄적으로 다루어지기보다는 부분적으로 다루어졌다. 구원론은 십자가와 연결해 다루어지거나, 은혜론, 자유의지론, 원죄론 같은 주제와 연계해서 논의되었다. 그러다가 11-12세기가 되면서 분위기가 달라졌다. 구원론은 12세기에 비교적 체계적으로 논의되었다. 12세기 이후 중세의 주요 관심은 '구원'이었다. 12세기에 격발된 '구원'에 대한 관심은 13세기에 구원론을 구성하는 주요 요소인 '죄와 은혜'에 대한 주제로 발전했고, 16세기 종교개혁의 시기에는 '이신칭의' 사상과 함께 부각되었다.

현대 이전까지 구원론의 역사에 나타난 가장 큰 특징은 구원을 십자가와 연결해서 이해한 것이다. 전통적으로 성육신의 목적을 구원으로 보았고, 십자가에서 구원의 성격이 명확히 드러난 것으로 보았다. 교회는 십자가를 인류의 죄를 대속하기 위한 그리스도의 속죄의 행위로 해석했다. 그래서 구원론은 속죄론의 성격을 가진다. 기독교 역사에서 그리스도의 속죄의 이유와 의미에 대해 많은 해석들이 제시되었다. 전통적인 해석 중에 세 가지 이론이 중요하게 간주된다.

첫째, 배상설이다. 이레네우스(Irenaeus)가 주장한 이후 고전기의 교부들이 선호했다. 배상설은 사탄의 지배하에 있던 인류를 구하기 위해 사탄이 요구한 '예수의 죽음'을 속전으로 줬고, 예수가 부활함으로 사탄은 패배하고 예수가 승리했다는 이론이다. 이 이론에서는, 대속이 우주적 전투의 배경에서 이해되고 승리자 그리스도가 강조된다. 그리스도의 속죄사역은 하나님이 악의 세력과 벌이는 전투로 해석된다. 배상설은 오리게네스를 거쳐 600년경 교황 그레고리우스(Gregorius I)에 의해 정착되었다.

그 후 배상설은 마귀에게 반드시 속전을 줘야 할 필요성을 설명하기 어렵다는 것, 그리고 예수가 부활함으로 마귀는 속은 것이 되므로 하나님의 도덕성에 문제가 생긴다는 것으로 인해 비판을 받았다. 하지만 배상설은 여전히 중요한 통찰을 가지고 있다. 배상설의 속죄론 구조는 하나님과 마귀의 우주적 투쟁이며, 그 중심에 승리자 그리스도가 있다. 그리스도는 죄, 죽음, 그리고 마귀에 대해 결정적으로 승리했다. 그리스도는 죽음에 머물지 않고 부활함으로 최후의 승리자가 된다. 그래서 이레네우스는 이렇게 선언한다. "이제 우리는 승리한 자를 통해 다시 생명을 얻는다!"[164] 다수의 교부들과 현대의 신학자들이 십자가를 그리스도의 승리로 보았고, '승리자 그리스도'의 표상을 따랐다.[165] 또 배상설에서 속죄가 윤리적 차원으로 해석되지 않고, 오직 은혜에 의해 해석되는 것도 주목할 만하다.[166] 배상설이 그리스도의 죽음을 하나님과 피조세계의 화해로 해석한 것 역시 긍정적이다. 속죄론은 그리스도의 성육신과 죽음을 대속의 관점에서 포괄적으로 해석하는 방법을 보여준다. 그리스도의 속죄는 도덕적 차원을 넘어서 총괄갱신(recapitulation)과 연결된다. 배상설에서 그리스도의 십자가 승리로 말미암아 인간과 역사의 총괄갱신이 가능하기 때문에, 승리는 그리스도의 전 구속사역을 지칭한다.

---

164 Irenaeus, *Against Heresies*, 5.21.1. Alexander Roberts and James Donaldson, eds., *The Ante-Nicene Fathers*, vol. 1. (Edinburgh: T&T Clark, 1993), 549. 이하 "*ANF*"로 표기함.

165 '승리자 그리스도'라는 모티브는 많은 신학자들에게 활기찬 영감을 주었다. 예를 들면, 19세기 블룸하르트 부자(J. C. Blumhardt, C. F. Blumhardt)는 "예수는 승리자!"(Jesus ist Sieger!)라는 표현을 신학화해서 사용했다. 바르트는 그들의 '승리자 예수'의 사상에 영향을 받았고, 『교회 교의학』의 화해론에서 "예수는 승리자"라는 항목으로 그리스도론을 서술했다. [Cf. Karl Barth, *Church Dogmatics*, vol. IV/3.1, trans. G. W. Bromiley (Edinburgh: T&T Clark, 1975), 165-274.] 바르트가 "예수는 승리자"라는 제목을 선택한 이유와 블룸하르트 부자에 대한 언급은 특별히 168-71쪽을 참고하라.

166 은혜에 대해서는 다른 의견도 있다. 베어(J. Behr)는 이레네우스를 해석하면서, 인간이 이성, 자유의지, 자신을 통제할 수 있는 능력을 가지고 있다고 주장한다. 즉 인간은 자신의 행위에 대해 책임이 있으니, 그 행위에 따라 심판을 받는다는 것이다. [Cf. John Behr, *Irenaeus of Lyons: Identifying Christianity* (Oxford: Oxford University Press, 2013), 188-89.] 그러나 베어의 주장은 부분적으로만 맞다. 이레네우스의 사상에서, 은혜와 인간의 책임성은 대등하게 다루어지지 않는다. 은혜는 하나님에 의한 절대적인 것이며, 인간의 책임성은 독립적이라기보다 은혜에 종속되는 성격을 가진다.

둘째, 만족설이다. 만족설은 11세기에 안셀무스(Anselmus, Cantaberiensis)가 제시한 이론이다. 만족설의 기본 구조는 죄와 용서의 관계를 부채로 보는 것이다.[167] 만족설은 죄를 '빚'으로 이해한다. 죄는 갚아야 할 빚이다. 아담이 하나님의 말씀을 어김으로 근원적인 죄를 지었고, 다른 모든 사람도 하나님에게 불순종해 죄를 지었다. 모든 사람은 하나님에게 빚이 있다. 또한 인간은 죄를 지음으로 하나님의 영예를 손상시켰다. 인간이 스스로 죄의 빚을 갚을 능력이 없으므로, 남은 길은 누군가 그 죄를 대신 갚아주는 것뿐이다. 인간의 죄로 인해 손상된 하나님의 영예는 사람에 의해 회복되지 않는다. 하나님의 주권과 영예의 회복은 하나님만이 할 수 있다. 만족설은 인간의 죄를 대신하고 구원에 이르게 할 수 있는 자는 오직 신-인(神-人)인 예수 그리스도밖에 없다고 보았다. 안셀무스는 그리스도만이 인류를 대속할 수 있는 이유를 명확히 말한다. "오직 신-인이 필요한 것을 가져오니, 우리를 속량하기 위해서 그는 반드시 완벽한 하나님이며 동시에 완벽한 사람이어야 한다. 왜냐하면 그가 참 하나님이 아니라면 우리를 속량할 능력이 없을 것이고, 그가 참 인간이 아니라면 속량의 필연성이 없기 때문이다."[168]

---

167 안셀무스가 죄와 용서를 부채-상환 도식으로 규정한 것을 비판하는 시각이 있다. 초점은, 인간이 누구에게 부채를 진 것인지가 모호하다는 주장이다. 인간은 하나님에게 부채를 졌는데, 마귀의 지배 아래에 있는 구조가 될 수는 없다는 것이다. 따라서 인간을 붙들어 두고 있는 마귀는 하나님이며, 부채도 하나님에게 갚아야 한다는 것이다. [Hollis Phelps, "Overcoming Redemption: Neoliberalism, Atonement, and the Logic of Debt," *Political Theology* 17, no. 3 (May 2016): 267-70.] 하지만 안셀무스의 속죄론을 하나의 모델로 보고, 부채와 상환은 속죄의 필요성을 설명하는 유비로 보면 문제가 없다. Cf. Thomas A. Noble, "The 'Necessity' of Anselm: The Argument of the Cur Deus Homo," *Wesleyan Theological Journal* 50, no. 1 (Spring 2015): 54-57.

168 Anselm of Canterbury, *Why God Became Man*, 1.1. Brian Davies and G. R. Evans, eds., *Anselm of Canterbury: The Major Works* (Oxford: Oxford University Press,

만족설에는 약점과 장점이 있다. 약점은, 만족설이 그리스도의 '죽음의 필요성'을 설명하지 못한다는 것이다. 반드시 그리스도가 십자가에서 죽어야 하는 이유가 충분하지 않다. 또한 만족설은 속죄의 이유를 하나님의 만족, 혹은 정당성으로 해석했다. '만족'은 하나님의 은혜와는 다른 조건적인 개념이다. 만족설에는 성서의 값없이 베푸는 하나님의 은혜가 충분히 고려되지 않았다. 하지만 만족설에는 여전히 중요한 요소가 있다. 만족설은 하나님의 용서와 정의(正義) 사이의 충돌을 해결하는 실마리를 제공한다. 하나님이 인간의 죄를 심판해서 처벌하면, 그리스도의 대속의 성격이 '형벌적 속죄'가 된다. 형벌적 속죄는 성서가 증언하는 하나님의 사랑과 자비와 대립된다. 한편, 아무런 이유 없이 하나님이 인간의 죄를 용서하면, 하나님의 정의가 상실된다. 이 모순적 상황에서, 안셀무스는 그리스도의 십자가라는 비-형벌적인 대속적 희생을 제시한 것이다. 즉 그리스도의 대속적 죽음으로 하나님의 정의는 만족된다. 그리스도의 죽음에 의한 정의는 '보복적 정의'를 종결하고 하나님과의 화해라는 새로운 질서를 구축한다.[169] 만족설은 구원론에 대한 본격적인 연구의 길을 열었고, 칼뱅을 위시한 종교개혁가들에게도 영향을 주었다.

셋째, 도덕 감화설이다. 안셀무스와 동시대에 활동했던 아벨라르(P. Abelard)의 도덕 감화설은 그리스도의 사랑을 모범으로 삼고 그에 대한 응답을 강조한다고 해서 모범설이라고도 부른다. 앞선 두 이론이 구원의 객관적 차원을 강조했다면, 도덕 감화설은 주관적 측면을 강조한다. 객관적이라는 말은 참여자의 결단이나 헌신이 없어도 그리스도의 대속의 결과를 누릴 수 있다는 의미이다. 이에 반해, 도덕 감화설은 인간에게 미치는 영향과 역할을 중시했다. 아벨라르는 십자가라는 그리스도의 대속적

1998), 321.
169 Steven D. Cone, "Non-Penal Atonement and Anselm's Satisfaction Theory," *Stone-Campbell Journal* 18, no. 1 (Spring 2015): 27-44.

죽음의 이유를 사랑으로 보았다. 인간은 십자가의 사랑에 감사하며 그 응답으로 삶을 변화시켜야 한다는 것이다. 아벨라르에게는 성육신의 목적도 그리스도가 사랑의 자유를 전파하는 것이다. "그리스도는 땅에 불을 던지러 왔도다. 그 불은 맹렬히 퍼져나가야 한다. 그리스도는 인류에게 이 참된 사랑의 자유를 선포하고 확산하기 위해 오신 것이다."[170] 한편, 아벨라르는 그리스도의 속죄적 희생을 마귀와 연결하는 것을 반대한다. 그는 마귀를 하나님과 다툴 수 있는 위치에 두지 않았다. 오직 그리스도만이 하나님을 대신할 수 있는 자였고, 사람의 마음에 사랑의 응답을 일으키는 모범이었다.

도덕 감화설은 그리스도의 대속적 죽음을 모범과 인간의 주관적 결단의 차원으로 축소했다는 비판을 받아왔다. 일반적으로, 아벨라르의 속죄론을 도덕적이고 주관적인 성격으로 규정한다. 십자가의 수난도 도덕적 차원에서 해석한다는 평가를 받는다.[171] 이런 비판과 평가는 부분적으로 일리가 있다. 그러나 아벨라르의 속죄론에 객관적 차원이 있다는 것을 잊어서는 안 된다. 아벨라르는 그리스도의 대속이 갖는 '객관적' 효력을 부정하지 않는다.[172] 아벨라르의 원죄사상과 하나님의 은혜라는 신학적 구조를 볼 때, 아벨라르가 그리스도의 죽음을 모범으로만 해석한 것은 아니다. 아벨라르의 그리스도의 죽음 이해에는 인간이 따를 수 없는 계시적 차원과 신비가 있다. 한편, 도덕 감화설이 그리스도의 죽음에 인간의 응답성

---

170 Peter Abelard, "Exposition of the Epistle to the Romans," in *A Scholastic Miscellany: Anselm to Ockham*, ed. Eugene R. Fairweather (Louisville: Westminster Press, 1956), 284.

171 Jean Porter, "Responsibility, Passion, and Sin: A Reassessment of Abelard's Ethics," *Journal of Religious Ethics* 28, no. 3 (Fall 2000): 369-74.

172 Abelard, "Exposition of the Epistle to the Romans," 280-81. 그럼에도 불구하고 아벨라르의 사상에서 대속의 객관적 차원과 주관적 차원의 관계가 모호한 것이 약점이다.

을 고려한 것은 긍정적이다. 아벨라르의 속죄론에서 인간의 응답이 강조되기 때문에 인간의 능력이 부각된다. 하지만 당시 아벨라르의 인간의 자유와 의지에 대한 긍정은 논란을 일으켰다. 자유의지로써 선을 행할 수 있다는 그의 주장은 심각하게 비판을 받았다.[173]

위 속죄론의 세 이론은 서로 다른 강조점을 가지고 있다. 이 세 속죄론의 모델은 구원론의 역사에서 나름의 역할을 했고, 지금도 여전히 우리에게 상당한 통찰을 준다. 역사적으로, 교회가 어느 특정 모델을 취하거나 표준으로 삼지는 않았다.

12세기 이후 구원론의 역사에서 언급해야 할 신학자는 13세기의 아퀴나스(T. Aquinas)와 16세기의 칼뱅(J. Calvin)이다.

아퀴나스는 구원론을 '죄와 은혜'의 차원에서 다루었다. 그는 죄와 은혜를 이중적으로 봤다. 아퀴나스에게 인간의 본성은 죄로 인해 구원의 능력을 상실했지만, 본성에 긍정적 능력은 남아 있다. 그러나 인간의 본성이 완전히 파괴되지 않았다고 해서 인간이 스스로 '원래의 의'를 회복할 수 있는 것은 아니다. 그렇다면 '은혜'가 필요 없어질 것이다. 인간의 의지가 은혜와 협력적이 될 수 있는 것은, 인간의 의지가 죄로 인해 완전히 파괴되지 않았다는 죄의 이중적 성격과 연결된다. 아퀴나스의 '죄와 은혜'는 구원론에 동일하게 적용된다. 아퀴나스는 구원이 오직 하나님의 능력에 의한 것이지만 인간도 노력하고 협력해야 한다고 보았다.

---

173 지금도 아벨라르의 사상이 펠라기우스적인지에 대한 논란이 지속되고 있다. 논란의 쟁점은, 속죄가 그리스도의 '죽음 자체'에 있다기보다는, 그리스도의 희생에 의해 격발된 사랑을 믿는 '사람의 응답'에 의존한다는 것이다. 하지만 아벨라르의 사상에서, 인간의 자유의지뿐만 아니라 하나님의 은혜에 대한 강조도 있기 때문에, 아벨라르를 펠라기우스주의자라고 평가할 수는 없다. Fulco van Hulst, "Abelard on Atonement: Through Love or Through Penal Substitution? Reading Abelard from a Peace Church Perspective," *Baptistic Theologies* 6, no. 2 (Fall 2014): 21-22.

아퀴나스의 구원론에 대한 평가는 여러 관점에서 할 수 있다. 아퀴나스가 인간의 자유의지를 사용해서 선행에 참여하도록 했기 때문에, 믿음이 아니라 선행을 구원의 원인으로 보는 사상을 발현했다는 비판이 있다. 하지만 아퀴나스가 은혜를 전적인 하나님의 선물로 봤다는 점에서, 아퀴나스가 인간의 공적에 의한 구원을 주장한 것은 아니다. 여러 평가를 떠나, 아퀴나스는 구원론에서 은혜의 절대성과 인간 협력의 조화 유형을 남겼다. 아퀴나스의 구원과 은혜에 대해서는 다음 장, "제5장 구원: 하나님의 은혜인가, 인간의 협력인가?"에서 비교적 자세히 볼 것이다.

칼뱅은 구원론을 인류와 피조세계의 구원이라는 구속사의 차원으로 확대시켰다. 칼뱅에게, 성육신은 하나님의 구속사를 구체화시키기 때문에, 성육신은 새로운 차원을 여는 구속의 사건이다. 구원론은 칼뱅 신학의 중심에 있다. 칼뱅의 예정론도 구원론의 한 부분이다. 무엇보다 칼뱅은 '중보자' 그리스도의 구속사역을 매우 구체적으로 다루었다.[174] 그리스도의 구속사는 예언자, 제사장, 왕의 '삼중직'(munus triplex)으로 전개된다. 칼뱅이 그리스도의 세 직분과 구속사역을 연계함으로, 그리스도의 인

---

174 칼뱅의 그리스도론에서 중보자(mediator)가 중심 사상이라는 것은 칼뱅 연구가들 사이에 대체로 의견이 일치한다. 하지만 중보자의 두 본성이 조화를 이루는지에 대해서는 논쟁이 있다. 헬름(P. Helm)은 칼뱅의 양성론이 균형을 잃어 '비대칭적'이라고 주장한다. 인성이 신성에 의해 '취해지거나', 두 본성이 완전한 연합 없이 나란히 '연결'된다는 것이다. 헬름은 칼뱅의 양성론이 신성과 인성이 조화를 이루지 못하고 각기 한 부분을 구성하는 '부분들 그리스도론'이라고 비판한다. [Paul Helm, *John Calvin's Ideas* (New York: Oxford University Press, 2006), 62-73.] 그러나 필자는 헬름의 주장을 그대로 받아들이지 않는다. 칼뱅의 양성론을 '위격적 연합'(hypostatic union)으로 볼 수 있는 충분한 근거가 있다. Cf. John Calvin, *Institutes of the Christian Religion(1559)*, 2.14.1-2.14.5. John T. McNeill, ed., *Calvin: Institutes of the Christian Religion* (Philadelphia: Westminster Press, 1960), 482-88; Nico Vorster, "'United but not Confused': Calvin's Anthropology as Hermeneutical Key to Understanding his Societal Doctrine," *Journal of Church & State* 58, no. 1 (Winter 2016): 125-26.

격과 구원을 연결시킨 것이 구원론의 특징이다. 칼뱅은 구원을 원론적으로 말하지 않고, 구체적이고 체계적으로 해석했다. 예를 들면, 그리스도의 예언자로서의 직무는 복음선포와 연결된다. 복음의 내용은 하나님이 인간에게 주신 하나님 자신이다.[175] 칼뱅은 그리스도의 제사장으로서의 역할을 죄 사함과 함께 근원적인 화해의 직무로 해석한다.[176] 그리고 칼뱅은 그리스도에게서, 구약에서 시작해 성서 전체를 관통하는 왕으로서의 역할을 보았다. 칼뱅에게 다윗 왕조의 통치에 대한 약속은 교회와 택하신 백성을 향한 약속으로 이어진다.[177]

그리스도의 삼중직은 아퀴나스에 의해 언급되었으나, 칼뱅이 예언자, 제사장, 왕으로 중재의 직분을 명확히 함으로써 체계화했다. 칼뱅이 그리스도의 인격과 사역을 분리하지 않고, 두 주제를 연결하면서 그 사이에 세 직분을 위치시킨 것은 뛰어난 통찰이다. 칼뱅 이후 대부분의 개혁교회, 루터교회 일부, 가톨릭 일부에서 삼중직 개념을 받아들였다. 삼중직은 현대에 이르기까지 새롭게 해석되면서 이어지고 있다. 19세기 슐라이어마허(F. Schleiermacher)와 리츨(A. Ritschl)은 주관적 속죄를 자유주의 관점에서 해석하면서 삼중직 용어를 사용했다. 현대에는 바르트(K. Barth), 부리(F. Buri), 판넨베르크(W. Pannenberg)가 삼중직을 발전적으로 사용하였다. 그중 칼뱅의 신학적 전승에 서 있는 바르트는 화해의 차원에서 그리스도를 바라보며 십자가를 그리스도의 선택과 유기라는 독특한 해석으로 구원론의 새로운 지평을 열었다.[178] 이 책 제3장에서 본 것처럼, 몰트만은 우

---

175 Calvin, *Institutes*, 2.15.2. McNeill, *Calvin*, 495-96.
176 Ibid., 2.15.6. McNeill, *Calvin*, 501-02.
177 Ibid., 2.15.3. McNeill, *Calvin*, 496-97.
178 바르트는 칼뱅이 제시한, 그리스도는 구원자이면서 동시에 십자가에 달려 죽은 자라는 개념을 받아들였다. 바르트에게 그리스도는 '선택하는 자'이며, 동시에 '선택되는 자'이다. 칼뱅과 바르트의 속죄론의 유사성보다 차이를 강조하는 학자도 있다. 헤이(A. R. Hay)는 그 차이를 이렇게 주장한다. 칼뱅에게는 그리스도에게 죄

주적 그리스도론에서 전통적인 삼중직을 세 단계의 창조론과 연결했다.

20세기 중반 이후는 구원론의 새로운 장이 열린 시대이다. 구원에 대한 전통적인 해석과 함께 전혀 다른 차원에서 구원이 해석되었다. 그때까지 구원론이 인간 중심인 것에 반해, 사회적 구원과 생태학적 구원이라는 새로운 차원의 구원의 개념이 도입되었다. 이런 흐름은 구원론을 보는 관점의 변화에 기인한다. 사회와 자연의 구원은 예수 그리스도의 사역과 부활을 구원론의 중요한 요소로 보는 신학적 토대 위에서 가능했다. 크게 두 가지로 그 과정을 보겠다.

첫째, '예수의 사역'에 대한 관심의 고조이다. 예수의 사역에 대한 관심은 구원론 논의에 구원의 구체성과 현장성을 부여했다. 이러한 배경에는 많은 요소가 있어서 단순화하기는 어렵지만, 직접적으로는 역사적 예수의 탐구와 행동신학의 실천(praxis)에 대한 강조가 중요한 역할을 했다. 역사적 예수의 탐구와 행동신학은 그리스도론에 접근하는 전혀 다른 방법론을 가지지만, 예수의 사역에 집중한다는 점에서는 동일하다.

'역사적 예수'의 탐구가 끼친 영향은 매우 미묘하다. 역사적 예수는 역사비평방법으로 재구성된 예수를 의미한다. 주로 서구의 신약학자들에 의해 연구가 이루어졌다. 역사적 예수의 탐구는 워낙 다양한 관점에서 접

의 전가(imputation)가 수난에서 일어났고, 바르트에게는 그리스도가 자신의 삶과 죽음 전체로써 인간을 대신해 심판을 당했다는 것이다. 헤이의 주장에는 타당한 부분이 있지만, 그는 속죄론에 담긴 그리스도의 이중적 성격이라는 핵심을 놓치고 있다. 더구나 헤이가 주장한 그 차이가 칼뱅과 바르트의 속죄론의 유사성을 손상하지는 않는다. Cf. Andrew R. Hay, "The Heart of Wrath: Calvin, Barth, and Reformed Theories of Atonement," *Neue Zeitschrift für Systematische Theologie und Religionsphilosophie* 55, no. 3 (2013): 361-78; John Calvin, *Commentary on Galatians*, 3:13, trans. James Anderson, *Commentary on Galatians*, vol. 1. (Albany: AGES Software, The Ages Digital Library, 1998), 77-78; Barth, *Church Dogmatics*, II/2, 94-145, 특히 11-12.

근했고, 결과도 다양하기 때문에 간단하게 평가하기는 어렵다. 하지만 모든 역사적 예수의 탐구가 가지는 두 가지 공통점이 있다. 하나는, 전통적인 그리스도론을 그대로 수용하지 않는다는 것이다. 역사적 예수를 추구하는 학자들은 기존의 그리스도론을 '도그마의 그리스도', 혹은 '신앙의 그리스도'로 구별한다. 다른 하나는, 복음서의 예수의 선포, 가르침, 비유, 생애에 집중한다. 역사적 예수의 탐구는 '예수의 사역'에 관해 많은 연구 결과를 생산했다. 그중에서 예수의 선포와 가르침에 메시아적 요소가 있는지에 대한 논의는 뜨거운 쟁점이었다. 예수 선포의 핵심을 이루는 하나님 나라를 재발견한 것도 구원론에 새로운 관점을 제공했다. 예수의 사명권위, 하나님 나라의 비유, 율법 해석, 윤리적 요청도 예수의 독특성을 이해하는 요소가 되었다. 만약 역사적 예수의 가르침에 메시아적 요소가 있다면, '예수의 사역'을 구원론적 차원에서 볼 수 있게 된다. 또 역사적 예수의 탐구가 끼친 영향에서 간과할 수 없는 것은 예수의 가르침과 생애가 대중적인 관심을 불러일으켰다는 점이다. 역사적 예수의 탐구는 언제나 그 시대의 대중적 관심을 끌었다.

한편, 1960년대가 되면서 남미의 해방신학을 필두로 아시아, 아프리카 등 제3세계를 중심하여 행동신학이 출현했다. 해방신학/행동신학의 출발은 가난한 자의 눈으로 성서를 읽는 것이었다. 해방신학은 가난한 자들의 눈으로 성서를 볼 때 서구신학에서 제시된 예수와는 다른 모습을 발견했다. 그것은 가난한 자와 함께하며 억압받는 자들을 구원하는 해방자 예수이다. 해방신학을 포함한 행동신학의 그리스도론은 '복음서의 예수'에 토대를 두고 있다. 서구에서 말하는 역사적 예수와는 방법론에서 차이가 있지만, 역사적 예수의 탐구가 행동신학의 그리스도론에 간접적인 영향을 끼쳤다. 행동신학의 그리스도론은 예수를 해석하면서 '역사적 예수의 탐구'의 결과를 자주 인용한다. 해방신학은 복음서의 예수로부터 가난한 자를 우선하는 예수를 찾아냈다. 해방신학은 예수의 구원이 해방적 성격을 가진다는 것을 알게 되었다. 해방신학에서 예수를 따르는 제자도는 실천과 연결된다. 해방신학은 해방적 실천을 통해 사회-경제적 차원에서 구원을 체험했다. 그들에게 예수는 개인의 구원자일 뿐만 아니라, 사회적 구원을 선포하는 해방자였다. 해방신학은 예수의 구원사역을 사회-경제적 차원에서 해석할 수 있었다. 해방신학이 구원의 사회-경제적 성격을 발견하게 된 것은 놀라운 성과이다. 이런 과정을 거치면서 인간 중심의 구원론에서 사회-경제적 차원의 구원론으로 확대되었다.

둘째, 20세기 중후반에 접어들면서 창조, 자연, 부활에 대한 새로운 인식이 나타났다. 그 시기는 생태학적 위기를 인식하는 시기와 맞물려 있다. 1960-70년대, 자연파괴, 공기오염, 물 부족, 지구온난화 등 생태에 대한 관심이 고조되었다. 인간의 자연에 대한 정복, 인간과 자연의 대립에 대한 신학적 자성이 일어났다. 자연과 생태계에 대한 해석도 다양해졌다. 생태신학이 신학적 관심을 받기 시작한 것도 이 즈음이다. 생태신학이 피조세계를 새롭게 보면서, 창조에 대한 인식도 달라졌다. 창조가 성부 하나님 중심이 아니라, 삼위일체 하나님의 공동의 역사로 해석되었다. 창조를 일회적으로 보지 않고 연속적으로 보면서 창조와 구원을 분리하지 않게 되었다. 이런 시각에서는 창조의 완성과 구원의 완성은 함께 동일한 방향성을 가진다.

자연과 피조세계에 대한 인식의 전환은 자연을 해방의 차원에서 보게 했다. '사회적 해방'을 자연에 적용하기 시작한 것이다. 처음에는 관심이 사회의 해방에서 자연의 해방으로 옮겨졌다. 이는 해방의 대상이 사회에서 자연으로 변경된 것인데, 이 경우 여전히 인간이 주체이며 자연은 해방의 대상이다. 그런데 이런 생태신학의 관점으로는 한계가 있다. 왜냐하면 부활의 구원사적인 차원에서 자연을 보면, 구원의 지평이 넓어지기 때문이다. 즉 부활을 종말론적 차원에서 보면, 예수의 부활에서 시작하여 만유회복까지를 구원의 역사로 볼 수 있다. 만유회복에는 인간과 자연이 모두 포함된다. 단순히 자연을 해방의 대상으로 하는 것이 아니라, 자연이 중심이 되는 진정한 '자연의 신학'이 필요하다. 이때부터 자연과 생태계가 구원에 주체적으로 참여한다는 시각을 가질 수 있다. 부활의 종말론적-구원사적 해석은 다양한 관점에서 이루어지고 있다. 다른 말로, 자연과 부활에 대한 새로운 해석들이 하나의 흐름을 형성하면서 구원론의 지평이 확장되고 있다. 이런 맥락에서, 우주적 그리스도론이 새롭게 조명되고, 생태신학도 자연의 해방적 차원을 넘어 범재신론적 차원에서 다루어질 수 있다.

20세기 중후반부터 21세기 지금까지 일어난 구원론의 흐름은 새로운 지평을 열었다. 과거의 구원론이 예수의 십자가에 치중한 것에 비해, 지금은 십자가와 함께 예수의 공생애 사역과 부활을 구원론의 주요 요소로 인식한다. 또한 과거 구원론은 인간 중심이었다. 지금은 인간 중심의 구원론이 사회적 구원과 자연을 포함하는 우주적 구원관으로 확대된다. 즉 예수 그리스도의 구원의 세 가지 측면, 곧 인간, 사회, 자연이 모두 드러났다. 구원론이 인간을 매개로 하는 범주에서 사회와 자연이라는 더 큰 범주를 받아들였다. 구원의 사회적 차원을 발견한 것은 긍정적이다. 구원의 사회-공동체적 성격은 구원을 사적(私的)이고 개인적인 차원에 머무는 것을 넘어서게 한다. 나아가 자연과 생태계를 구원의 중심에 두게 된 것도 큰 수확이다. 구원의 완성이 인간의 구원에 달린 것이 아니라, 인간의 구원은 만유구원의 한 부분이다. 구원의 완성인 하나님 나라에서 인간, 역사, 만유가 함께 만나고, 모든 피조물이 그리스도 안에서 통일될 것이다. 20세기 중반 이후의 구원론의 흐름은 비교적 바람직한 방향이다.

하지만 인격론과 구원론의 관계에서는 신중하게 살펴야 할 부분이 있다. 20세기 중반 이후 구원론이 인격론을 선도하는 흐름이 나타났다. 사회적 모순과 갈등은 구원의 사회적 필요성을 요청했다. 해방이 요구되는 상황에서 출발한 해방신학은 해방자 그리스도를 발견했다. 구원의 갈구라는 구원론적 동기로부터 해방자 그리스도라는 존재로 나아간 것이다. 마찬가지로, 생태계의 파괴는 생태계 회복을 촉구했고, 그 신학적 요청과 통찰은 자연에 대한 새로운 해석에 기여했다. 우주적 구원의 필요성은 그리스도의 제3의 존재양식을 고려하게 만들었다. 즉 구원론이 인격론에 앞서고 있다.

그리스도론의 역사를 보면, 구원론적 관심이 인격론을 선행하는 경우가 있다. 구원론이 선행하면, 인격론은 구원론의 하나의 기능이 된다. 구원론은 인격론을 따라야 하며, 그 반대의 경우는 신중해야 한다. 인격론이 구원론에서 격발되고 출발할 수는 있다. 구원론을 통해서 인격론으로 나아가는 방법론도 문제가 없다. 인식론적으로는 구원론이 인격론에 앞선다. 그러나 그리스도의 사역의 의미를 묻는 구원론은 그리스도의 존재라는 인격론에 근거해야 한다. 그렇지 않으면, 인격론과 분리된 구원론이 무질서하게 개인의 관심에 따라 출현하면서, 그리스도론이 왜곡될 수 있다. 예수의 인격과 사역이 분리될 수 없듯이, 그리스도론과 구원론은 분리되지 않는다.

구원론에 대한 앞으로의 전망은 상당히 조심스럽다. 분명한 것은 새로운 형태의 구원론이 요청될 것이라는 점이다. 구원론은 인간론을 위시한 여러 요소와 연결되어 있다. 지금은 인간복제, 유전자 조작, 인간과 기계의 결합 등으로 인간론이 급격히 변하고 있다. 다원주의 문화 속에서 죄의 개념도 다양해진다. 죄와 인간에 대한 정의가 달라지면, 구원의 개념도 달라진다. 인간을 둘러싼 삶의 정황이 변화하고 있다. 인간의 구원에 대한 갈구도 변화할 것이다. 21세기에는 새로운 가치관과 우주관 안에서, 구원론에 영향을 미치는 인간, 생명, 죄의 개념이 다양해질 것이고, 그에 따라 새로운 구원론이 요구될 것이다.

2. 구원의 완성 : 제한구원 vs. 만유구원

'구원의 완성'에서 구원의 범위에 대한 답변은 필수적이다. 누가 구원을 받는가? 모두 구원을 받는가? 기독교 초기부터 만인이 구원을 받는지, 혹은 일부만 구원을 받는지는 중요한 주제였다. 일반 신자의 관심도 높아서 시대를 막론하고 거듭 반복되는 주제이다. 개혁교회는 일부만 구원받을 것이라는 제한구원론의 전승에 있다. 개혁교회는 종말에 구원을 받을 자와 받지 못할 자에 대한 최후심판이 있을 것이라는 교리를 유지했다. 하지만 만유구원론에 대한 주장도 그리스도교 역사에 끊이지 않고 이어져 왔다. 두 입장은 대립되어 왔고, 현재에 이르기까지 그 간격을 메우지 못하고 있다. 본 절(節)에서는, 먼저 제한구원과 만유구원을 대표하는 학자들의 입장과 쟁점을 명확히 할 것이다. 그 다음, 결론에서 두 입장의 조화와 올바른 관계에 대해 보면서, 필자의 새로운 관점을 제시하려 한다. 우리는 제한구원과 만유구원이 대립이나 양자택일적이 아니라, 서로 긴장을 유지하면서 하나님의 구원의지에 대한 실마리를 제공한다는 것을 알게 될 것이다.

1) 오리게네스

오리게네스(Origenes)는 대표적인 동방교부에 속한다. 최근 그의 사상과 중요성이 새롭게 조명받고 있다. 오리게네스의 구원론은 그리스도론 및 존재론과 연결되어 있다. 그는 창세기에 2회에 걸쳐 나오는 창조기사를 두 세계의 창조와 연결한다. 오리게네스는 창조기사가 창조에 대한 두 설명이 아니라, 비록 시간적으로는 동시적이지만 두 세계의 구별되는 창조로 본다.[179] 오리게네스가 주장하는 첫 번째 세계는 영적인 것이며 물질적 세계가 아니다. 영적인 세계는 비-가시적이며, 그 안에서 순수한 '지성들'이라 불리는 영적 피조물은 하나님의 말씀을 묵상한다. 영적 피조물은 창조주가 허락한 '자유의지'를 가지고 있다. 오리게네스에게 자유의지는 여러 가능성 중에 어떤 것을 결정할 수 있는 능력을 의미한다.[180] 오리게네스에 의하면, 영적 피조물이 자유의지를 오용함으로 천사, 인간, 마귀와 같은 다양한 존재가 생겨났다. 두 번째 창조는 가시적 세계이며, 물질적 세계이다. 두 번째 세계는 다양한 존재가 모인 곳이다. 가시적 세계는 우연에 의해 발생한 것이 아니라, 자유의지에 따라 나타난 다양성에 의한 것이다.[181]

오리게네스에게 그리스도는 두 세계 사이의 구원자이다. 인간은 스스로의 능력으로는 완전한 영적인 상태로 되돌아가지 못한다. 하나님은 직접 육체적 존재와 관계하지 않는다. 오리게네스는 그리스도를 하나님과 육체적 존재를 연결할 수 있는 자로 본다. 그리스도는 하나님과 가시적 세계를 매개하는 '중재자'이다.[182] 그리스도가 성육신하신 목적은 타락한 피조물과 인간의 구원을 위한 것이다. 그리스도는 그의 삶을 통해 마귀에게 승리했고 죽음과 부활을 통해 승리가 절정을 이루었다.

오리게네스에게 구원의 완성은 종말에 일어난다. 그는 모든 것이 파괴되고 사라지는 종말을 생각하지 않는다. 종말은 물질의 소멸이 아니라, 질

---

179 Henri Crouzel, *Origen*, trans. A. S. Worrall (Edinburgh: T&T Clark Ltd., 1989), 94.
180 Origen, *De Principiis*, 3.5.4. *ANF*, vol. 4, 342.
181 Ibid., 3.5.5. *ANF*, vol. 4, 343.
182 Ibid., 2.6.3. *ANF*, vol. 4, 282.

적인 변화를 의미한다. 오리게네스에게 변화는 부활의 표상이 '썩지 않을 것'으로 변화하는 것과 같은 의미이다.[183] 오리게네스 사상에서 '변화'는 구원과 밀접한 연관이 있다. 오리게네스는 최후의 원수인 '마귀'조차도 구원받을 것이라고 생각한다. 마귀의 악한 의지는 멸망하지만, 마귀라는 존재는 구원에 포함된다. 오리게네스는 마귀도 하나님의 창조물이기 때문에, 하나님의 창조물이 구원받지 못할 수는 없다고 보았다.

> 전능자에게는 불가능한 것이 없으며, 창조주에게는 회복하지 못할 것이 없다. 창조주는 만물이 존재하도록 지었다. 만약 만물이 존재하도록 지음을 받았다면 존재하기를 그칠 수는 없다.[184]

오리게네스의 창조론에서 다양한 계층은 영적 피조물의 자유의지의 오용에 의해 생겼고, 마귀도 이 계층의 하나이다. 따라서 마귀도 하나님에게서 비롯되었다고 할 수 있다. 오리게네스는 하나님에 의한 모든 존재는 구원받는다고 믿는다. 오리게네스의 존재론을 보면 그 이유가 명확하다. 오리게네스에게 오직 하나님만이 '스스로 있는 자'이다. 하나님은 존재자체이고, 누구에게도 의존하지 않는 모든 존재의 근원이다. 하나님 외의 다른 모든 존재는 하나님의 창조의 결과이다. 오리게네스는 존재의 반대를 비존재로 보고, 비존재는 무로 본다. 그리고 비존재는 존재하지 않는 것이 아니라, '무가치한 것'이라고 보았다.[185] 이런 의미에서, 오리게네스는 악을 비존재이며 무가치하게 보았다. 오리게네스에게 무가치한 '악'은 구원의 대상이 아니지만, 창조에서 파생된 존재인 마귀는 구원받는다.

---

183 Ibid., 1.6.4. *ANF*, vol. 4, 262.
184 Ibid., 3.6.5. *ANF*, vol. 4, 346.
185 Origen, *Commentary on the Gospel of John*, 2.7. *ANF*, vol. 10, 330-31.

구원의 범위에는 모든 피조물, 곧 모든 존재가 해당된다. 오리게네스에게 '맨 나중에 멸망받을 원수'는 어떤 '존재'가 아니다.(고전 15:26) 원수는 존재가 아니라, 하나님과 적대적인 '의지'이며, 최후심판은 그 악한 의지가 멸망하는 것이다. 그러므로 오리게네스는 최후가 되면 '악'은 소멸된다고 본다.[186] 따라서 멸망은 존재가 없어지는 것이 아니라, 원수이기를 그치고 사망이기를 그친다는 것이다.[187] 오리게네스에게 최후의 원수인 죽음은 이렇게 극복된다.

오리게네스의 구원론은 사후와 종말로 이어진다. 오리게네스는 영혼의 불멸과 선재를 믿었다.[188] 그는 인간이 죽음 이후에도 자유의지를 가지고 하나님의 뜻을 향해 전진하고 변화할 수 있다고 믿었다. 오리게네스에게 자유의지는 인간에게 부여된 본연의 것으로서 상실되지 않는다. 인간이 자유의지의 잘못된 사용으로 타락할 때조차, 인간의 자유의지는 박탈되지 않았다. 오리게네스는 내세에서도 인간은 구원의 완성을 향한다고 보았다. 필자는 오리게네스 사상에서 인간의 자유의지가 내세에서도 유

186　Cf. Jennifer L. Heckart, "Sympathy for the Devil? Origen and the End," *Union Seminary Quarterly Review* 60, no. 3-4 (2007): 62-63. 그래서 오리게네스의 하나님 나라에는 악이 존재하지 않는다.

187　Origen, *De Principiis*, 3.6.5. ANF, vol. 4, 346.

188　오리게네스의 영혼의 선재와 환생사상은 여전히 논란거리이다. 그중에, 영혼이 태초에 존재했는지, 선재한 영혼이 환생할 수 있는지가 주요 쟁점이다. 오리게네스는 플라톤주의에 영향을 받아 영혼불멸과 영혼의 선재를 믿었지만, 플라톤 사상과는 차이가 있다. 필자는 오리게네스가 개별적 영혼의 환생을 주장하지 않았다고 본다. 이 주제에 대한 자세한 논의는 다음을 참고하라. Cf. P. Tzamalikos, *Origen: Cosmology and Ontology of Time* (Leiden & Boston: Brill, 2006), 150-51, 174-75; Cyril Wohrer, "Pop Patristic Reincarnation?: A Critique of Origen's Alleged Doctrine of Reincarnation," *Religious Studies and Theology* 31, no. 1 (2012): 91-103; 김동건, 『그리스도론의 역사』, 111-13; Corine B. Milad, "Incarnation and Transfiguration: Origen's Theology of Descent," *Journal of Theological Interpretation* 12, no. 2 (Fall 2018): 200-16.

지된다는 것은 아주 독특한 사상이라고 본다. 오리게네스가 주장한 자유의지를 인간에게 주어진 주체성, 혹은 정체성으로 해석할 수 있다. 인간은 죽음 이후에도 '그 자신'이라는 주체성을 가지고 하나님을 만난다고 해석한다면, 오리게네스의 주장은 상당히 뛰어난 사상이다.

오리게네스는 종말을 파국적이고 일회적인 것으로 보지 않았다. 그는 종말의 완성을 향해 점진적인 변화를 거치며 원수까지 모두 구원받는 원대한 구원론을 제시한다.

> [이런 회복의] 결과가 급격히 일어날 것으로 이해해서는 안 된다. 오히려 긴 세대들을 지나면서 단계에 따라 점진적으로 진행되며, 개별적으로 수정과 정화의 과정을 거친다. …이로써 한때는 하나님과 원수였던 많은 사람들과 헤아릴 수 없이 많은 질서들이 하나님과 화해하게 될 것이다. 그리고 결국에는 죽음이라 불리는 마지막 원수가 하나님에게 도달할 것이다.[189]

오리게네스에게 구원의 범위는 '모든 존재'의 구원이다. 모든 존재는 성부에게서 비롯되고, 성자를 통해 창조되었다. 오리게네스는 로고스에 의해 존재하게 된 모든 피조물이 비존재가 되는 것을 거부하였다. 오리게네스는 악과 죽음이라는 무가치한 의지는 파괴되지만, 하나님으로부터 창조된 모든 존재가 구원될 것을 믿었다. 그는 언젠가 만유의 구원이 일어나며, 하나님이 만유 안에서 만유의 주로서 드러날 것을 기대했다.

오리게네스에 대한 평가는 다양하다.[190] 오리게네스의 그리스도론에

---

189 Origen, *De Principiis*, 3.6.6. ANF, vol. 4, 347.
190 다음 논문에 오리게네스에 대한 긍정적인 평가와 부정적인 평가가 모두 소개되어 있다. Mario Baghos, "The Conflicting Portrayals of Origen in the Byzantine Tradition," *Phronema* 30, no. 2 (2015): 69-104.

나타난 종속론과 플라톤적 이원론의 영향을 받은 창조론을 그대로 받아들이기는 어렵다. 하지만 오리게네스가 구원을 모든 존재가 포함된 만유의 통일과 회복으로 본 것에는 신학적 통찰이 있다. 심지어 마귀까지 구원받을 것이라는 오리게네스의 구원론은 광활하다.[191] 하나님으로부터 비롯된 '모든 존재'가 구원의 대상이라는 주장은 '만유의 구원'을 의미한다. 죽음 이후에도 만유의 회복이 진전될 것이라는 오리게네스의 사상은 신학의 지평을 넓혀준다. 오리게네스의 구원관은 오늘까지 중요한 하나의 모델이다.

2) 개혁교회와 아르미니우스주의

개혁신학은 츠빙글리(H. Zwingli), 부처(M. Bucer), 칼뱅(J. Calvin) 등의 영향으로 형성되었다. 그중에 칼뱅의 영향은 절대적이다. 칼뱅 이후 16세기에 개혁신학은 스위스, 독일, 프랑스, 네덜란드, 스코틀랜드 등으로 확산되었다. 16세기 말부터 17세기 초에 칼뱅주의는 네덜란드에서 아르미니우스(J. Arminius)의 사상과 격렬하게 충돌했다. 논쟁의 주된 쟁점은 서로 밀접하게 연관된 세 주제, 곧 예정론, 은혜론, 속죄의 범위이다.[192] 세 가지

---

191 홀리데이(L. R. Holliday)는 오리게네스가 사용한 만유회복(apokatastasis)은 보편구원을 지시하는 용어가 아니므로, 보편구원은 모순적이고 실제로는 불가능하다고 주장한다. [Cf. Lisa R. Holliday, "Will Satan Be Saved? Reconsidering Origen's Theory of Volition in Peri Archon," *Vigiliae Christianae* 63, no. 1 (2009): 1-23.] 오리게네스의 '만유회복'의 의미에 대해서는 학자들 사이에 견해가 일치하지 않는다. 하지만 오리게네스에게 만유의 회복이 마귀를 포함한 모든 존재의 회복을 의미하는 것은 틀림없다.

192 아르미니우스에 대한 평가는 다양하다. 크게 두 가지 평가가 있다. 하나는, 아르미니우스/아르미니우스주의의 신학은 개혁교회의 정통주의와 다르며, 성서적이지 않다는 입장이다. 다른 하나는, 아르미니우스가 개혁신학과 유사하며, 성서적으로도 문제가 없다는 입장이다. 전자는 개혁교회의 입장이며, 다수의 의견이다. 후자

주제에 대한 둘 사이의 차이를 간략히 본 후, 그들의 논쟁이 어떤 과제를 남겼는지를 보겠다.

예정론

칼뱅은 구원의 예정이 신론의 교리로 제한되는 것을 피하면서, 예정론을 분리된 주제로 다루지 않았다. 칼뱅은 예정을 그리스도의 구원의 사역과 연관시켰다. 구원의 선택은 언제나 '그리스도 안'에서 일어난다. 칼뱅은 하나님의 은혜와 섭리 안에 예정론을 두었고, 선택과 유기에 작용하는 하나님의 신비를 인정했다. 그는 예정론을 두려움이나 호기심으로 다루는 것에 반대했으며, 하나님과 이웃을 섬기기 위해 신앙의 확신을 주는 교리로 인식했다. 칼뱅은 선택과 유기의 예정을 주장했지만, 칼뱅의 예정론은 다양하게 해석될 여지가 있다.

하지만 칼뱅 이후 칼뱅주의의 예정론은 경직되거나 극단적인 경향을 보였다. 제네바에서 칼뱅의 후계자가 된 베자(T. Beza)는, 하나님은 인간이 타락하기 이전에 구원을 예정하였다는 전택설(supralapsarianism)이라는

는, 다수는 아니지만 꾸준히 주장되고 있다. 후자는 다시 두 부류의 주장으로 나누어진다. 첫째, 아르미니우스의 '구원론'은 당시 17세기의 네덜란드의 개혁신학과 차이가 없다는 평가이다. [J. Matthew Pinson, "The Nature of Atonement in the Theology of Jacobus Arminius," *Journal of the Evangelical Theological Society* 53, no. 4 (December 2010): 773-85.] 둘째, 아르미니우스의 신학은 복음주의적이라는 평가이다. 올슨(R. E. Olson)은, 아르미니우스는 개혁교회, 특히 칼뱅주의의 교리와는 세 가지 기준, 곧 구원의 오직 은혜, 오직 믿음, 오직 그리스도에 의한다는 것에서 차이가 있다는 것을 인정한다. 다만 이 세 가지 기준을 충족해야만 복음주의가 되는 것은 아니라는 주장이다. [Roger E. Olson, "Arminianism is Evangelical Theology," *Wesleyan Theological Journal* 46, no. 2 (Fall 2011): 7-24.] 필자는 아르미니우스/아르미니우스주의의 예정론, 구원론, 속죄의 범위는 개혁신학과 분명한 차이가 있다는 입장이다. 다만 아르미니우스주의를 비성서적이라고 규정할 수는 없다.

극단적인 예정론을 수립하는 데 기여했다. 타락 이전 예정론과 타락 이후 예정론이 나오게 된 것은 후기 칼뱅주의 개혁신학자들이 '하나님의 작정의 순서'에 관심을 가지면서 비롯되었다. 전택설에서는 구원과 심판에 대한 하나님의 결정이 창조에 앞선다. 하나님은 창조 이전에 어떤 사람은 생명으로, 어떤 사람은 유기로 예정했다는 것이다. 후택설(infralapsarianism)에서는 창조가 구원과 심판의 결정보다 앞선다. 창조 후에 타락이 일어났고, 하나님은 타락한 사람 중에서 일부는 구원하고 일부는 형벌로 예정했다는 것이다.

아르미니우스는 전택설과 후택설 모두에 불만이었지만, 특히 전택설을 거부했다. 아르미니우스는, 전택설은 하나님을 죄의 창시자로 만들고, 후택설에서는 타락이 하나님의 예정에 필요한 요소가 된다고 보았다.[193] 아르미니우스는 타락이 하나님의 '작정'이 아니라고 믿었다. 아르미니우스에 의하면, 아담은 하나님의 예정으로 타락하지 않았고, 타락이나 유기되도록 정해지지도 않았다. 다만 아담의 죄는 하나님의 '허용'에 의한 것이다.[194] 아르미니우스에게 허용은 구원이나 멸망의 예정과는 다르다. 즉 아르미니우스는 하나님이 인간에게 자유의지를 선물로 주었다고 본다. 아담의 타락은 자신의 자유의지에 의한 것이고, 그것을 하나님이 막지 않고 허용했다는 것이다. 아르미니우스는 하나님이 자유의지에 의한 타락을 막지 않은 것은 하나님의 자기-제한과 자기-속박 때문이라고 주장한다. 따라서 아르미니우스는 하나님이 인간의 타락을 미리 알았지만, 타락을 작정하거나 예정하지는 않았다고 본 것이다.

---

193 James Arminius, *The Works of James Arminius*, vol. 1, trans. James Nichols and William Nichols, London Edition (Grand Rapids: Baker Book House, 1986), 650-51.

194 James Arminius, *The Works of James Arminius*, vol. 2, trans. James Nichols and William Nichols, London Edition (Grand Rapids: Baker Book House, 1986), 716.

은혜의 수용

아르미니우스는 정통적인 칼뱅주의와 달리 하나님의 은혜를 인간이 저항할 수 있는 것으로 보았다. 물론 아르미니우스도 구원은 오직 은혜에 의한 것이라고 주장한다. 그런데 아르미니우스에게 은혜는 '선행적 은혜'이다. 선행적(先行的) 은혜는 모든 사람에게 주어지며, 구원을 위해 필수적인 은혜이다. 아르미니우스에게 선행적 은혜는 불가항력적이 아니며, 인간이 저항할 수 있다. 인간이 은혜를 저항하지 않고 수용할 때 선행적 은혜는 인간을 의롭게 하는 은혜가 된다. 아르미니우스에게 회심은 '의로운 은혜'에 의한 변화이다. 그러므로 하나님의 은혜는 인간의 수용에 의해 실재가 된다.

아르미니우스에게 구원을 위한 은혜는 선택된 자를 위한 것만은 아니다. 은혜는 인간의 의지와 함께 있으며, 의지를 보조하고 도와주며 협력한다. 인간의 의지에 따라서 은혜가 작용하기도 하고 작용하지 않을 수도 있다.[195] 즉 아르미니우스는 하나님이 은혜를 강요하지 않는다고 보았다. 그는 인간이 은혜를 순수하게 수용해서 받아들여야 한다고 주장한다. 이런 의미에서, 아르미니우스는 예정론뿐만 아니라, 구원에 대한 하나님의 단독사역(monergism)을 거부했다. 개혁교회로서는 아르미니우스의 은혜와 구원에 대한 해석을 도저히 받아들일 수 없었다. 아르미니우스의 구원론은 신인협동(synergism)으로 비난받았고, 반(半)펠라기우스주의로 간주되었다.[196]

---

195 Ibid., 700-701.
196 아르미니우스주의는 지금도 종종 펠라기우스, 혹은 반(半)펠라기우스주의로 비판받고 있다. [Cf. William den Boer, "'Cum delectu': Jacob Arminius's(1559-1609) Praise for and Critique of Calvin and His Theology," *Church History and Religious Culture* 91, no. 1-2 (2011): 81-82.] 그러나 아르미니우스주의를 펠라기우스주의와 연관해서 보는 것은 무리가 있다. 아르미니우스주의에서는 하나님이 주시는 은혜를 받아들이는 것을 협력으로 보았고, 구원을 인간의 노력에 의한 것

속죄의 범위

칼뱅주의와 아르미니우스주의의 예정론과 은혜에 대한 차이는 속죄의 범위와 결부되어 있다. 개혁교회는 그리스도의 속죄가 선택받는 자를 위한 것이라는 제한속죄를 주장했다. 반면 아르미니우스주의는 하나님이 가능하면 많은 사람을 구원하려 한다고 보았다. 구원은 복음적 순종이라는 낮은 기준을 통과하면 된다는 것이다. 아르미니우스주의는 그리스도의 대속적 희생이 모든 사람을 위한 것이라고 주장했다. 개혁교회와 아르미니우스주의 사이의 속죄의 범위에 대한 논쟁은 성서적 근거에 대한 주석적 논쟁을 수반했다. 개혁교회는 성서가 그리스도의 속죄의 범위를 제한한다고 믿는다.

> 내가 그들을 위하여 비옵나니 내가 비옵는 것은 세상을 위함이 아니요 내게 주신 자들을 위함이니이다 그들은 아버지의 것이로소이다(요 17:9)

택하신 자를 위한 속죄는 성서에 다양하게 표현된다. 그의 양(요 10:11, 15), 그의 교회(행 20:28, 엡 5:25-27), 그의 백성(마 1:21), 택하신 자들(롬 8:32-35) 등이다. 개혁교회는 속죄가 제한적인 이유는 구원에 대한 하나님의 의지의 반영이라고 보았다. 즉 그리스도의 속죄의 능력은 모든 사람에게 미칠 만큼 충분하지만, 그 혜택이 선택된 일부에게 수여된다고 해석했다. 따라서 개혁교회는 구원도 선택받은 자에 국한된다고 보았다. 속죄의 범위와 구원의 범위가 일치해야 한다고 믿었기 때문이다. 한편, 아르미니우스주의는 그리스도가 세상을 위해 죽었다고 믿는다.

> 그는 우리 죄를 위한 화목 제물이니 우리만 위할 뿐 아니요 온 세상의

로 보지 않았다는 점에서 펠라기우스/반(半)펠라기우스주의와는 차이가 있다.

죄를 위하심이라(요일 2:2)

아르미니우스주의는, '세상'은 모든 사람을 의미하며, 그리스도는 세상의 죄를 위해 화목제물이 되었다고 주장한다. 그 외, 아르미니우스주의는 세상을 위한 속죄의 의미를 가진 구절(요 1:29, 3:16, 롬 11:12-15, 고후 5:19), 세상의 생명을 위한 떡(요 6:33-51)에 관한 구절을 제시한다. 아르미니우스주의는 그리스도가 모든 사람을 위해 죽었으므로, 제한속죄론은 배격되어야 한다고 주장했다.[197]

개혁교회와 아르미니우스주의 사이의 '세상'에 대한 해석은 대립되었고, 거리는 좁혀지지 않았다. 아르미니우스주의 논쟁을 해결하기 위해 도르트 회의(Synod of Dort, 1618-19)가 열렸다. 도르트 회의는 그리스도의 죽음은 온 세계를 속죄하기에 부족함이 없으나, 얼마나 많은 사람이 구원될지는 하나님의 뜻에 달려 있다고 보았다. 즉 도르트 회의는 속죄의 충분성과 구원의지의 실현을 구별했다. 도르트 회의에 따라 제한속죄론이 받아들여졌고 아르미니우스주의는 파문되었다. 하지만 아르미니우스주의는 없어지지 않고 영국국교회에서 상당히 뿌리를 내렸으며 웨슬리(J. Wesley)와 감리교에 영향을 끼쳤다. 교파의 입장을 떠나, 아르미니우스주의가 주장한 속죄의 보편성에 대해서는 진지하게 고려할 필요가 있다.

이제 우리의 관심인 속죄의 범위에 대해 정리하려 한다. 개혁교회와 아르미니우스주의의 입장의 차이는 오늘까지 좁혀지지 않고 있다. 가장 중

---

197 Justo L. González, *A History of Christian Thought*, vol. 3. (Nashville: Abingdon, 1980), 257; John Mark Hicks, "Classic Arminianism and Open Theism: A Substantial Difference in Their Theologies of Providence," *Trinity Journal* 33, no. 1 (Spring 2012): 3-18. 아르미니우스주의가 제한속죄론을 거부했다고 해서 만인구원론을 주장했다는 뜻은 아니다. 속죄의 범위와 구원의 범위가 일치하는지의 문제는 별도의 논의가 필요하다. 아르미니우스주의가 제한속죄론을 거부한 이면에는, 구원이 미리 예정될 수 없다는 결정론에 대한 거부가 놓여 있다.

요한 이유 중의 하나는 성서적 근거 때문이다. 성서에는 속죄의 범위를 선택된 자로 제한하는 구절과 세상을 위한 것이라는 구절이 함께 있다. 그렇기 때문에 제한속죄론과 보편속죄론 중에 어느 하나를 결정하기가 쉽지 않다. 역사적으로 아르미니우스 논쟁은 두 가지 과제를 남겼다. 하나는, 속죄의 범위가 제한적인지, 보편적인지에 대한 입장의 차이를 해소해야 한다. 다른 하나는, 속죄의 범위와 구원의 범위가 일치하는지 여부이다. 왜냐하면 그리스도의 십자가의 능력은 모든 사람을 속죄하기에 충분하지만, 구원은 일부 사람에게 제한될 수 있기 때문이다.

3) 현대적 논의: 바르트와 몰트만

(1) 바르트

개혁교회의 제한속죄론은 오랫동안 정통교리의 위치를 유지했다. 제한속죄론에 새로운 해석을 제시한 신학자는 바르트(K. Barth)이다. 바르트 신학의 핵심 중의 하나는 은혜의 우선성이다. 은혜의 우선성은 그의 초기 신학인 『로마서 강해』에서부터 『교회 교의학』의 후반부에까지 이어진다. 바르트의 화해론도 철저히 '은혜의 우선성' 위에서 전개된다. 바르트에게 은혜는 오직 하나님의 자유에 의해 수여된다. 은혜는 결코 인간의 응답성에 의존하지 않는다. 이런 의미에서, 바르트는 하나님의 은혜를 '객관적 은혜'(objective grace)라고 표현한다.[198]

바르트는 1953년에 출판한 『교회 교의학』 IV/1에서 '객관적 화해'를 주장했다. 전통적으로 화해, 혹은 회심은 인간이 그리스도를 구세주로 받아들이는 순간에 일어난다. 그리스도가 죽을 수밖에 없는 '나'를 위해 십자가에서 나의 죄를 속죄했다는 사실을 믿고 고백함으로써 하나님과 화해

---

198 Barth, *Church Dogmatics*, IV/1, 88.

가 이루어진다. 이런 전통적인 견해를 주관적 화해라 부른다. 하나님과 인간의 화해가 인간의 주관적인 믿음과 고백의 순간에 일어나기 때문이다. 바르트는 주관적 화해론을 받아들이지 않는다. 바르트는 화해가 인간이 화해사건을 받아들이는 순간이 아니라, 그리스도가 십자가에서 죽은 속죄의 순간에 발생했다고 보았다. 십자가의 속죄는 인간이 그것을 믿고 받아들이는 주관적 믿음과 상관없이 일어났다는 것이다. 즉 그리스도가 모든 사람을 위해 십자가를 질 때, 인류의 죄는 속죄되었고 하나님과 화해가 이루어졌다.

객관적 화해에서 선택과 화해의 주체는 오직 그리스도이다. 인간의 신앙, 행위, 고백이 화해의 근거가 될 수 없다. 바르트의 객관적 화해는 인간의 의지와 상관없이 일어났고, 모든 사람이 화해되었다는 점에서 '만인화해'의 성격을 가진다. 바르트에게 객관적 화해는 모든 사람을 위한 그리스도의 속죄행위의 근거가 된다. 그래서 바르트는 객관적 화해를, 구원을 위한 그리스도의 '객관적 중재'라고 말했다.[199] 바르트의 객관적 화해론은 전통적인 예정론과 충돌한다. 예정론은 선택된 자와 유기된 자가 구별되는 심판에 근거를 두고 있다. 객관적 화해론의 주장처럼 '만인'의 화해가 이루어졌다면, 예정론에서 말하는 선택받지 못한 자는 어떻게 되는 것인가?

바르트는 전통적 예정론을 완전히 새롭게 해석한다. 바르트의 예정론은 1936년과 1942년 두 번에 걸쳐 발표되었고, 둘의 내용은 상당한 차이가 있다. 1942년의 『교회 교의학』 II/2에 나오는 예정론은 그 이전의 예정론을 수정하여 획기적인 내용을 담고 있다. 바르트는 예정을 '은혜'의 관점에서 접근했고, 거기에는 '그리스도 집중'이 강하게 나타난다. 바르트는 예정을 하나님과 인간 사이의 사건으로 보지 않고, 그리스도 '안'에서 일어난 사건으로 본다. 바르트는 하나님의 존재를 그리스도 '안'으로 규정한

---

199   Ibid., 285.

다. 그리스도 '밖'에서는 하나님을 찾을 수 없다는 것이다. 바르트에게 그리스도는 하나님에 대한 인식의 근거이다. 우리는 그리스도를 떠나 하나님을 알 수도 없고, 만날 수도 없다.[200] 그리스도 없이 논한 모든 예정론의 개념들은 사변적이고 철학적인 예정일 뿐이다. 바르트에게 그리스도 안에 있는 하나님은 선택하는 하나님이다. 바르트의 신학에서, 하나님은 인간을 구원과 유기로 선택하지 않았다. '선택'은 그리스도의 '은혜' 안에서 일어났다. 그래서 바르트는 이렇게 말한다. "선택론은 복음의 총화이다."[201] 그리스도 안에서의 선택, 그리고 은혜의 선택, 이것이 바르트 예정론의 핵심이다. 이는 그리스도를 떠난 하나님의 자의적인 선택과 유기가 아니다.

바르트는, 하나님은 영원 전에 인간을 구원과 멸망으로 결정했다는 이중예정을 받아들이지 않는다. 바르트에게 이중예정은 그리스도의 십자가 사건이다. 그리스도는 십자가에서 자신을 버리고 대신 인간을 선택했다. 이중예정은 영원 전에 결정된 것이 아니라, 그리스도의 십자가에서 일어났다. 하나님은 십자가에서 자신을 버렸고, 인간은 누구도 유기되지 않았다.[202] 바르트는 그리스도를, 선택하는 하나님이며, 동시에 선택받는 인간이라고 규정한다.[203] 그러므로 십자가에서 버려진 자는 오직 그리스도 혼자이다. 바르트에게 그리스도 안에서의 예정은 인간을 향한 하나님의 은혜를 의미한다. 예수 그리스도의 자기-버림/희생은 인간에게 무한한 '긍정'이다. 십자가에서 드러난 하나님의 의지는 유기가 아니라 구원에 대한 확증이다. 그러므로 바르트에게 예정의 교리는 인간에게 위협이 아니라, 기쁨이다.[204]

200　Barth, *Church Dogmatics*, II/2, 5.
201　Ibid., 3.
202　Ibid., 450.
203　Ibid., 103.
204　Ibid., 174-75.

바르트의 객관적 화해론은 그리스도의 대리적 교환이라는 하나님의 은혜 위에 있다. 예정은 하나님의 사랑에 근거한 속죄의 행위이고, 십자가에서 일어난 그리스도와 만인 사이의 대리적 교환을 의미한다. 바르트의 예정론에서 인간은 누구도 버림을 받지 않는다. 바르트가 예정론을 복음의 총화로 해석했기 때문에, 객관적 화해론을 주장할 수 있었다.

바르트는 전통적인 구원론을 획기적으로 재해석했다. 바르트의 화해론과 예정론은 반향이 컸다. 바르트가 칼뱅의 신학을 잇는 개혁교회의 전승 안에 있고, 20세기의 교부라 불리는 위치에 있었기 때문에 신학계에 파장이 상당했다. 그리스도의 화해사건이 인간의 주관성에 좌우될 수 없다는 주장은 상당한 호응을 얻었다. 또한 바르트가 화해론과 예정론에 새로운 지평을 열었다는 점에서 공헌이 크다. 그는 화해와 구원의 주체가 그리스도라는 것, 화해와 선택의 근거는 오직 은혜라는 것, 그리고 이중예정은 그리스도의 대리적 교환으로 해석될 수 있다는 것에 대해 중요한 족적을 남겼다.

그러나 바르트의 만인화해론이 만인구원론이 될 가능성에 대한 논란이 일어났다. 바르트는 화해가 십자가에서 이미 일어났으며 만인을 위한 화해가 이루어진 것으로 주장했다. 그러나 아직 모든 사람에게 구원이 실현된 것은 아니다. 우리 주변에는 그리스도의 승리와 은혜 안으로 들어오지 않은 자들이 여전히 남아 있다. 그렇다면 종말에 이르렀을 때, 구원되지 않고 남은 그들은 어떻게 되는가? 하나님과 화해가 되었다면, 그들도 결국은 구원에 도달하는가? 만인구원론에 대한 많은 의문이 따라왔다. 그러나 바르트는 만인구원론에 대해 직접적인 대답은 하지 않았다. 바르트의 침묵은 무엇을 의미하는가? 바르트의 객관적 화해는 보편적 속죄를 의미한다. 그러나 바르트는 보편적 속죄가 보편적 구원인지에 대해서는 입장을 유보했다. 다른 말로, 속죄의 범위와 구원의 범위가 일치하는지에 대해서는 분명한 대답을 하지 않았다.

(2) 몰트만

몰트만은 『오시는 하나님: 기독교적 종말론』(1995)에서 만인화해론을 넘어 모든 피조물이 구원될 것이라는 만유구원론을 주장했다. 바르트의 만인화해론이 제기된 후 약 50년 만에 만유구원론이 공개적으로 논의되었다. 만유구원론을 주장하기 위해서는 최소한 두 가지, 곧 최후심판과 지옥의 문제가 해결되어야 한다. 몰트만이 이 두 주제를 어떻게 해석하는지 보겠다.

최후심판

마태복음 25장은 열 처녀의 비유와 양과 염소의 비유 등 심판에 대해 명백히 말한다. 음부에서 고통당하는 부자에 대한 언급(눅 16:23), 꺼지지 않는 지옥 불(막 9:48), 생명의 길과 멸망의 길(마 7:13-14)도 심판을 전제로 하고 있다. 그 외에도 성서에는 심판과 지옥을 언급하는 구절이 많다. 하지만 몰트만은 심판과 지옥이 영원한 것은 아니라고 본다. 신약성서에서 영원을 나타내는 헬라어 '아이오니오스'(aionios)는 긴 시간을 말하는 것이지, 절대적 의미의 영원은 아니라는 것이다. 몰트만은 저주, 심판, 지옥을 매우 긴 기간을 의미하는 것으로 해석한다.[205] 한편, 성서에는 구원과 심판이라는 이중적 구조에 반하는 만유구원을 지시하는 구절도 있다. 만유의 회복(행 3:21), 하늘과 땅에 있는 모든 것의 통일(엡 1:10), 그리스도의 속죄의 피가 모든 것을 화해하게 함(골 1:20) 등이다. 몰트만은 만유구원을 언급하는 구절을 강조하며, 최후에는 '원수'까지도 그리스도에게 굴복하며 구원받는 원대한 구상을 펼친다.(빌 2:10-11) 몰트만은 현재의 불순종과 죄의 현실을 절대적인 것으로 보지 않으며, 그리스도의 은혜가 보편성을 가진다고 주장한다.

205　Moltmann, *The Coming of God*, 242.

몰트만은 최후심판과 만유구원은 모순적이지 않다고 본다. 몰트만은 심판과 만유구원을 동일한 시점에 두지 않고, 심판을 만유구원의 앞 단계에 둔다. 하나님의 구원계획에서 최후심판과 지옥은 마지막 이전의 단계이며, 만유구원을 향한 과정이다.[206] 몰트만은 최후심판에서 결정될 멸망과 구원이 인간의 신앙 여부에 좌우된다면, '행위-결과'라는 카르마 사상과 다를 것이 없으며, 그리스도의 십자가의 속죄는 의의가 없어진다고 본다. 몰트만은 인간의 신앙이 구원 여부를 결정하는 것이 아니라, 그리스도의 구원이 신앙을 일으킨다고 믿는다.[207] 몰트만에게 심판은 변경 불가능한 최후가 아니라, 하나님의 의를 완성하고 만유구원을 완성하는 데 이바지한다. 몰트만은 결국 종말에 하나님은 만유를 구원하실 것이고, '모든 것 가운데 모든 것'이 될 것이라고 주장한다.[208]

몰트만은 만유구원의 근거를 그리스도의 십자가에 둔다. 그리스도의 십자가는 만유화해의 실현이다. 몰트만에게 만유의 화해는 새 창조의 시작이지, 최종 목적은 아니다. 그리스도의 십자가는 죽음을 폐기시켰고, 그로 인해 새 창조가 시작되었다. 새 창조는 만유의 구원에서 완성된다.[209]

---

206 Ibid., 250-51.
207 Ibid., 244-45.
208 Moltmann, *The Way of Jesus Christ*, 303; Moltmann, *God in Creation*, 6.
209 Moltmann, *The Way of Jesus Christ*, 284-85. 몰트만의 만유구원은 종종 오해를 받는다. 몰트만이 만유구원을 주장한 근거는 '그리스도'이다. 그런데 만유구원에 대한 비판의 근거로 아직 '불신앙 속에 있는 사람'이 존재한다는 것을 제시하는 경우가 있다. 라이트(N. G. Wright)는, 인간은 '믿음으로 구원을 받는다.'는 명제로써 몰트만을 비판한다. [Nigel G. Wright, "Universalism in the Theology of Jürgen Moltmann," *Evangelical Quarterly* 84, no. 1 (January 2012): 38-39.] 그러나 라이트의 비판은 몰트만 사상을 오해한 것이다. 몰트만은 구원이 인간의 믿음에 의하지 않고, 그리스도의 은혜에 의한 것이라고 본다. 즉 '오직 믿음'에 대한 해석이 중요하다. '믿음'을 인간이 주체가 되어 획득할 수 있는 것으로 본다면, '믿음으로 구원받는다.'는 말은 인간의 능력에 의해 구원이 가능하다는 의미가 된다. 이는 종교개혁가의 이신칭의사상을 완전히 오해한 것이다. 루터와 칼뱅은, '믿음은' 하나님에 의

즉 십자가는 죽음을 이긴 화해의 사건이며, 동시에 만유구원을 향하는 사건이다.

지옥의 파괴

몰트만은 지옥이 영원한 것은 아니라고 본다. 몰트만은 지옥이 있고 지옥에서 고통받는 자들이 있는 한 하나님의 구원은 완성되지 않았다고 믿는다. 몰트만은 십자가 사건을 지옥방문과 지옥파괴로 해석한다. 지옥파괴는 그리스도의 구원사역이 지속되고 있다는 의미이다. 몰트만은 이제 지옥에도 희망이 있고, 영원한 저주는 없다고 말한다.[210] 즉 몰트만의 만유구원론의 근저에는 만인화해와 심판의 비-영원성이라는 지옥파괴가 있다.

몰트만은 죽은 자들도 그리스도와의 연대 속에 있다고 본다. 몰트만은 초대교회가 죽은 자를 위해 기도와 예배를 드렸던 것, 그리고 그리스도가 지옥에 있는 자들에게 복음을 전파하는 구절(벧전 3:19, 4:6)을 중요하게 여긴다. 몰트만은 그리스도의 죽은 자들에 대한 복음전파는 그들에게도 구원의 길이 열려 있다는 것이라고 해석한다.[211] 그러므로 그리스도를 알지 못하고 죽은 자들이나 그리스도가 출생하기 이전에 죽은 자들도 구원의 가능성이 있다는 것이다.

몰트만에게 죽음은 인간과 그리스도의 교제를 끊을 수 없고, 지옥도 구원의 희망을 없앨 수 없다. 전통적으로 최후의 심판은 두렵고 무서운 날로 상징된다. 그러나 몰트만은 심판의 날을 기쁨의 날로 본다. 하나님

해 발생하는 것으로 이해했고, 인간이 의롭다고 칭해지는 것도 그리스도의 의(義)에 의해 가능하다고 믿었다. 이 부분에 대해서는 몰트만도 유사한 입장을 가지고 있다. 따라서 현재 불신자의 존재를 이유로, 하나님의 은혜에 근거를 둔 다가올 만유구원론을 비판하는 것은 초점을 벗어난다.

210 Moltmann, *The Coming of God*, 252-54.
211 Ibid., 253.

의 심판은 인간에게 형벌을 주고 보복하는 것이 아니다. 몰트만은 죄를 벌로 다스리고, 악을 악으로 갚는 보복은 십자가에 계시된 하나님의 은혜와 모순된다고 본다. 몰트만에게 하나님의 심판은 '은혜의 심판'이다. 최후심판은 만유를 용서하고 만유를 구원하는 그리스도의 은혜가 실현되는 날이다. 몰트만은 최후의 날에 죄인, 살인자, 사탄의 자식, 타락한 천사까지 변화되어 피조물의 참된 본질로 구원받는다고 주장한다.[212]

몰트만의 구원론은 오리게네스의 구원론과 기본 구조가 유사하다. 만인의 구원을 넘어, 전체 피조세계의 구원이라는 만유구원이 동일하다. 또 죽음 이후에 구원의 가능성이 열려 있다는 것도 유사하다. 하지만 오리게네스의 만유구원이 창조론, 존재론, 은혜론과 복합적으로 연결된 것에 반해, 몰트만의 만유구원의 근거는 십자가와 은혜가 결정적이라는 점에서 차이가 있다. 몰트만의 만유구원론은 인간을 중심으로 하지 않으며, 모든 피조물을 포함한다. 구원이 모든 피조물을 향한다는 것은 긍정적이다. 현대에 만유구원론에 대해 주의를 환기시킨 것은 몰트만의 공헌이다. 만유구원론에서 그리스도를 믿지 않고 죽은 자와 지옥에 있는 자에게 구원의 길이 있다는 그의 주장도 긍정적으로 평가할 수 있다.

그러나 몰트만이 주장한 만유구원론에 신중해야 할 부분이 있다. 선교적 동기의 약화, 지역교회의 약화, 신앙을 향한 개인의 결단의 약화가 발생할 수 있기 때문이다. 또한 무엇보다 주의해야 할 것은 성서적 근거이다. 성서에는 만유구원에 대한 구절과 심판에 대한 구절이 공존한다. 몰트만은 만유구원론을 주장하기 위해 심판과 지옥이 영원하지 않다고 해석했다. 몰트만의 해석이 타당성을 확보할 수 있을지는 논쟁의 여지가 있다.[213] 만약 이중심판과 지옥과 연관된 성서구절들이 만유구원을 위해 주

212　Ibid., 255.
213　몰트만의 만유구원에 대해서는 긍정적 평가와 비판이 함께 있다. 비판은 주로 심판을 간과하고 은혜를 지나치게 강조함으로써 만유구원을 주장하게 되었다는

석적으로 뒷받침된다면, 누구도 만유구원에 이의를 제기하지 않을 것이다. 하지만 만유구원, 심판, 지옥에 대한 주석적 타당성은 더 논의가 필요하다.

4) 결론: 열린 긴장론

구원의 '대상'이 만유인 것은 의심의 여지가 없다. 그리스도의 구원의 완성에는 모든 피조세계가 포함된다. 세계는 하나님의 피조물이다. 인간은 세계로부터 구원받는 것이 아니라 세계와 함께 구원받는다. 세계로부터의 구원은 영지주의적인 구원관이다. 인간만 구원된다거나, 세계로부터 벗어나는 구원은 구원-이기주의이다. 만유는 하나님의 피조물이므로, 구원의 대상이 만유인 것은 틀림없다.

그러나 만유가 모두 구원에 도달할지, 혹은 선택된 일부만 구원받을지, 곧 구원의 '범위'가 관건이다. 구원의 범위에 대해서, 필자는 제한구원과 만유구원 사이의 '긴장'과 하나님의 '구원의지'라는 두 가지를 중심으로 답을 찾아보려 한다. 성서에 대한 새로운 접근이 필수적이다. 하나씩 보겠다.

제한구원과 만유구원 사이의 긴장
구원의 범위를 속죄와 구원으로 나누어서 보겠다. 먼저 십자가의 속죄의 범위를 보자. 성서에는 십자가의 '속죄'가 선택된 자를 위한 것이라는 구절(요 17:9 등)과 모든 세상을 위한 것이라는 구절(요일 2:2 등)이 모

것이다. 위니(J. J. Wynne)는 몰트만이 죄의 심각성과 성서의 최후심판을 과소평가한다고 비판한다. Jeremy J. Wynne, "Serving the Coming God: The Insights of Jürgen Moltmann's Eschatology for Contemporary Theology of Mission," *Missiology* 35, no. 4 (October 2007): 446-47.

두 있다. 십자가의 속죄의 범위에 관한 개혁교회와 아르미니우스주의 사이의 치열한 논쟁은 결론이 나지 않았다. 역사적으로 개혁교회는 아르미니우스주의를 파문했으며, 제한속죄론이 정통이 되었다. 그러나 개혁교회는 선택된 자를 위한 속죄와 세상 모두를 위한 속죄라는 두 상반되는 성서구절의 조화를 이루지는 못했다. 즉 십자가의 속죄의 범위는 어느 하나로 일치되지 않고, 두 대립되는 성서구절이 공존한다. 신학적으로도 개혁교회의 제한속죄론과 이를 반대하는 다른 교파의 대립은 지금까지 이어지고 있다.

한편, 구원의 범위에 대해서도 상반된 성서구절이 있다. 성서는 이중심판과 그에 따른 형벌을 일관되게 말한다.(마 25장 등) 동시에 성서는 만유의 회복을 언급한다.(골 1:20, 행 3:21 등) 성서의 두 종류의 구절에 대해 신학적 입장도 상반되게 나누어졌다. 전통적으로 개혁교회는 이중심판과 지옥의 표상을 유지했다. 반면 오리게네스, 닛사의 그레고리우스(Gregorius of Nyssa), 바르트, 발타자르(H. U. von Balthasar), 몰트만 등 기독교 역사에는 만유화해/만유구원을 지지하는 해석이 지속적으로 주장되었다.

성서에는 '속죄의 범위'와 '구원의 범위'에 대한 기록이 어느 하나로 모아지지 않는다. 제한구원과 만유구원에 대한 표상이 공존한다. 두 표상 사이에는 '긴장'이 있다. 기독교는 구원의 종교이다. 구원이 성서와 기독교의 중심에 있다. 필자는 이렇게 중요한 핵심 주제를 성서가 명확하게 밝히지 않았다는 사실에 주목한다. 즉 제한구원과 만유구원 사이의 '긴장'을 유지하는 것이 성서의 뜻으로 보인다. 어느 한쪽을 무시하거나, 가볍게 처리해서는 안 된다. 성서의 두 표상을 어느 한쪽으로 결론 내리는 것은 무리한 일이다. 성서가 두 표상의 긴장을 유지하기 때문이다.

구원의 역사는 진행 중이며 아직 종말에 이르지 않았다. 지금 어느 하나를 결정하는 것은 하나님의 자유를 제한한다. 구원의 주체는 삼위 하나님이다. 구원의 범위를 미리 결정하는 것은 하나님의 주권을 침해할 수 있으며, 일종의 '결정론'이 된다. 개혁교회의 제한속죄론과 최후심판은 예정론과 깊게 결부되어 있다. 칼뱅주의의 이중예정론은 운명론과 결정론의 성격을 가진다. 바르트와 몰트만이 전통적인 예정론을 비판한 이유 중의 하나도 결정론적 요소 때문이다. 하지만 만인구원론도 결정론적 요소를 가지기는 마찬가지이다. 종말에 모두가 구원받는다면, 성서의 그 많은 회개의 요청은 무의미해진다.

이중예정론과 만인구원론 둘 다 결정론을 피하기 위해 여러 시도를 할 수 있지만, 결정론의 색채를 완전히 벗지는 못한다. 이중예정론과 만인구원론 모두는 인간의 주체성과 책임성을 흐리게 하고, 교회의 선교적 당위성도 약화시킨다. 성서가 상반된 두 표상을 유지하는 것은 구원의 완성을 어느 한쪽으로 단정하는 것을 허락하지 않기 때문이다. 모든 종류의 결정론은 현재 역사 속에서 활동하는 '살아 있는 하나님'과 배치된다. 성서는 두 표상 사이의 긴장을 유지하면서 최종의 결과를 하나님의 신비로 남겨두었다.

그렇다면 구원의 범위에 대해 인간은 아무것도 알 수 없는 것인가? 그렇지는 않다. 성서는 두 표상을 유지함으로써 오히려 하나님의 뜻을 보여준다. 그것은 구원의 범위는 '개방적'이라는 것이다. 구원의 미래는 열려 있다. 그리스도의 십자가의 대속적 죽음은 만유화해의 근거이고, 만유의 화해는 이미 시작되었다. 그리스도로 인해 하나님과 세상은 화해되었다. 이미 죽은 자에게도 구원의 길은 열려 있다. 구원의 역사는 그리스도의 십자가와 부활로 인해 종말론적인 차원으로 돌입했다. 그리스도와 만유는 현재 교제 중이며, 구원의 역사는 진행되고 있다. 하나님은 살아 있고, 하나님은 지금도 피조세계와 대화하며 교제한다. 구원은 하나님의 주권에 달려 있지만, 하나님의 주권은 피조물의 응답을 고려하는 주권이다. 그래서 하나님은 인격적이고, 그의 섭리는 상호적이다. 즉 제한구원과 만유구원이라는 성서의 두 가지 표상은 구원의 미래가 열려 있기 때문이며, 아직 구원의 범위는 최종적인 것은 아니다.

하나님의 구원의 의지

구원의 범위는 확정되지 않았지만, 우리는 구원의 범위에 대한 하나님의 '의지'를 알 수 있다. 성서는 하나님이 만유의 구원을 원하는지, 혹은 얼마의 제한된 자의 구원을 원하는지에 대해서는 말한다. 성서에서 만유구원과 제한구원의 두 가지 표상은 균형적이지 않다. 두 표상이 직접 언급되는 구절에서는 두 표상이 대립된다. 하지만 성서 전체를 보면, 두 표상은 비대칭적이다. 즉 만유를 향한 구원의 의지가 우세하다. 성서는 일관되게 피조물에 대한 하나님의 은혜와 사랑을 강조한다. 예수의 선포에서, 하나님의 진노와 심판이 그것을 목적으로 하는 경우는 없다.[214] 진노와 심판은 은혜와 구원과 변증법적 관계에 있다. 율법과 복음의 관계와 같다. 율법과 심판은 복음과 구원의 형식이고 한 부분이다. 성서에는 심판이 은혜와 같은 차원에서 다루어지지 않으며, 율법이 복음을 압도하지 못한다. 하나님의 구원의지는 명확하며, 언제나 은혜와 사랑이 하나님의 뜻을 드러낸다. 모든 피조물에 대한 하나님의 구원의지는 의심의 여지가 없다.(딤전 2:4)

성서의 주요 주제들에서도 하나님의 은혜와 구원의지는 분명히 드러난다. 하나님의 창조는 그 자체가 은혜이다. 흑암과 허무로부터 피조세계를 존재하게 하신 창조는 피조세계에 대한 하나님의 사랑과 은혜를 대변한다. 하나님이 인간이 된 성육신의 목적 또한 구원을 위한 것이다. 성육신의 놀라운 사건이 제한된 일부만을 위한 것으로 해석되기는 어렵다.(요 3:16) 예수의 전 선포와 가르침에서 '구원'은 명확히 드러난다. 성서에 심

---

214 당시 유대교와 예수 사이에는 구원, 종말, 심판에 대한 이해가 근본적으로 달랐다. Cf. John C. Poirier, "Jesus as an Elijianic Figure in Luke 4:16-30," *The Catholic Biblical Quarterly* 71, no. 2 (April 2009): 349-63, 특히 362.

판과 구원이 나란히 나타나는 것은 '형식적 차원'일 뿐이다. 예수의 선포에서 심판은 구원의 강력한 선언 아래 낡은 잔재로서 남아 있다. 예수의 지상사역에서 결정적인 것은 구원이 무제한적으로 효력을 발생하기 때문에 모든 사람들, 심지어 죄인들과 공동체에서 쫓겨난 자들조차도 구원에 참여할 수 있다는 사실이다.[215] 예수의 구원선포에서 구원의 무제한성은 심판을 완전히 압도한다.

돌아온 탕자의 비유(눅 15:11-32)는 전형적으로 다중적 의미를 가지는 비유이다.[216] 필자는 이 비유에서 '기다리는 아버지'를 중요하게 본다. 결코 포기하지 않고 기다리는 아버지가 이 비유의 중심에 있다. 둘째 아들은 아버지를 떠나 아버지의 소유를 가지고 마음대로 살았다. 그는 아버지 없이 죄 아래 머물렀다. 마침내 그는 아버지에게 돌아왔고, 아버지는 아무런 '조건 없이' 그를 받아들였다. 포도원 품꾼의 비유(마 20:1-16)에서 뒤늦게 불려온 일꾼들에게 구원이 일방적으로 주어진다. 일꾼들은 자신의 노력으로 구원을 얻지 않았다. 구원은 베푸는 자에 의해 조건 없이 주어졌

---

215 페르디난트 한, 『신약성서신학』, vol. 1, 김문경 외 옮김 (서울: 대한기독교서회, 2007), 123.

216 전통적으로 이 비유는 '돌아온 탕자'를 중심으로 해석되었다. 하지만 최근에는 여러 관점에서 해석된다. 그중에 아버지와 첫아들에 초점을 두는 해석을 주목할 만하다. 예를 들면, 자비로운 아버지에게 초점을 두면 은혜가 강조되면서, 탕자의 비유는 만인구원론을 암시하는 비유가 된다. 또 탕자의 비유를 형제-모티브의 관점에서 해석할 수도 있다. 이 경우, 첫아들이 전체 비유를 인도해 가는 것으로 볼 수 있다. 자세한 논의는 다음의 논문을 참고하라. 처음 두 개의 논문은 아버지에게 초점을 두고 있고, 마지막 논문은 첫아들에게 초점을 두고 있다. Cf. Trevor J. Burke, "The Parable of the Prodigal Father: An Interpretative Key to the Third Gospel (Luke 15:11-32)," *Tyndale Bulletin* 64, no. 2 (2013): 217-38; Stephen Edmondson, "Opening the Table: The Body of Christ and God's Prodigal Grace," *Anglican Theological Review* 91, no. 2 (Spring 2009): 213-34; Benjamin J. Williams, "Brotherhood Motifs in the Parable of the Prodigal Son," *Restoration Quarterly* 56, no. 2 (2014): 99-109.

다. 일찍 일하러 온 자의 항의와 주인의 답변에서, 하나님의 구원의지에 대한 실마리를 얻을 수 있다. "내 것을 가지고 내 뜻대로 할 것이 아니냐 내가 선하므로 네가 악하게 보느냐."(15절) 여기서 두 가지를 알 수 있다. 하나는 구원이 하나님의 주권에 속한다는 것이고, 다른 하나는 하나님의 구원의지는 그의 선함에서 나온다는 것이다.

예수의 가르침은 유대교의 인과응보적인 사상과 달리, 구원이 두드러진다.[217] 예수는 가난하고 소외된 자들과 함께했고, 그들에게 구원을 선포했다. 예수는 누구도 배제하지 않았다. 바리새인들과 권력자들에 대한 저주의 말씀이 있었으나, 그것도 최종적인 것은 아니었다. 물론 예수는 회개를 요청했다.(막 1:15) 그러나 예수의 선포에는 용서와 구원이 회개에 선행한다. 회개만 단독으로 요청된 경우도 있지만, 예수의 회개의 요청은 자비로운 하나님이 구원하실 것이라는 약속에 근거한다.[218] 아무리 회개의 요

---

[217] 예수가 유대교의 응보사상을 얼마나 물려받았는지는 논쟁거리이다. 예수가 유대교로부터 어느 정도는 응보사상을 물려받았다고 보는 것이 일반적이다. 그리고 유대교의 응보사상과 상관없이, 예수의 말씀에는 보상과 벌이 분명히 나타난다는 주장도 있다. [Dimitris J. Kyrtatas, "The Origins of Christian Hell," *Numen: International Review for the History of Religions* 56, no. 2/3 (2009): 282-97; Carl B. Bridges, "Degrees of Punishment and Reward in the Gospels: Exegesis and Praxis," *Stone-Campbell Journal* 14, no. 1 (Spring 2011): 81-86.] 그러나 심판의 성격이 관건이다. 예수에게 심판은 최종적이지 않고, 구원이 심판보다 우세하다. 심지어 심판이 강조될 때조차 구원은 암시된다. '무자비한 종'의 비유(마 18:23-35)를 예로 보자. 이 비유에서 용서받은 종은 자신에게 백 데나리온 빚진 자를 용서하지 않았다. 임금은 그 종을 다시 잡아들였다. 그러나 그 종에 대한 심판은 최종적이지 않다. 또 예수 그리스도가 종을 대신해서 심판받는 것으로 해석될 가능성도 있다. Cf. Gerard van Zanden, "'I Forgave You All that Debt…': Breukelman's Explanation of the Parable of the Unforgiving Servant(Mt 18:23-25) Compared with Barth's Doctrine of Substitution," *Zeitschrift für Dialektische Theologie* 32, no. 1 (2016): 136-62.

[218] Joachim Jeremias, *New Testament Theology: The Proclamation of Jesus*, trans. John Bowden (New York: Charles Scribner's Sons, 1971), 156-57. 구원이 회개에 선

청이 준엄하게 나타나더라도, 그 궁극적 토대는 구원의 하나님이다. 회개는 인간의 자기 결단이 아니다. 회개는 하나님의 은혜에 의해 압도된 것이며, 구원의 확신으로부터 나온다.

예수는 조건 없이 죄를 용서했다.(요 8:11) 인간의 노력에 의해 용서가 수여되지 않았다. 예수가 죄인들을 용납한 것과 그들과의 식사도 구원의 개방성을 보여준다.[219] 많은 죄인들이 예수와 함께 앉아 식사를 했다.(막 2:15) 예수는 개방식사의 교제에서 죄인들을 인격적으로 수용했다. 누구나 예수와 함께 식탁을 마주할 수 있었고, 그들은 예수의 친구가 되었다. 바리새인들은 이 광경을 용납할 수 없었다. 그들이 예수에게 물었다. 어떻게 당신은 '죄인'과 함께 식사를 하는가? 예수의 대답은 명료하다. "나는 의인을 부르러 온 것이 아니요 죄인을 부르러 왔노라."(막 2:17) 예수는 공

행하는 것은 삭개오 이야기에서도 볼 수 있다. 삭개오 이야기는 문학의 양식(form)이 전기양식이기 때문에 역사성을 의심받는다. 그러나 삭개오 이야기가 구원과 회개의 관계를 보여준다는 것에는 의심의 여지가 없다. John J. Kilgallen, "Was Jesus Right to Eat with Sinners and Tax Collectors?" *Biblica* 93, no. 4 (2012): 590-600.

219 개방식사가 예수의 활동에서 결정적으로 중요하다는 것은 신약학자들 사이에서 상당한 합의가 있다. 그런데 최근 개방식사가 구원론 및 성례전과 연결되면서 논의가 확장되었다. 특히 회중교회와 성공회에서 이 주제가 논의되고 있다. 초점은 세 가지이다. (1) 예수의 식사가 모두에게 열려 있었다면, 오늘날 기독교 신앙과 상관없이 모두가 성찬에 참여할 수 있는지 여부(T. E. Breidenthal), (2) 예수의 개방식사의 핵심은 생명-주심이므로, 오늘날 생명을 살리는 것을 구원으로 볼 수 있는지 여부(M. S. Tatarnic), (3) 예수의 식탁교제에 나타난 '성례전적 은혜'를 오늘날 모든 사람에게 베풀 수 있는지, 또한 오늘의 식탁교제가 성찬을 대신할 수 있는지 여부(S. Strout)이다. 필자는 예수의 개방식사로의 초대와 예수의 구원의 선포는 유사한 의미를 갖는다고 본다. Cf. Thomas E. Breidenthal, "Following Jesus Outside: Reflections on the Open Table," *Anglican Theological Review* 94, no. 2 (Spring 2012): 257-62; Martha S. Tatarnic, "Whoever Comes to Me: Open Table, Missional Church, and the Body of Christ," *Anglican Theological Review* 96, no. 2 (Spring 2014): 287-304; Shawn Strout, "Jesus' Table Fellowship, Baptism, and the Eucharist," *Anglican Theological Review* 98, no. 3 (Summer 2016): 479-94.

생애 사역에서 용서와 구원을 위해 '조건'을 내세우지 않았다. 큰 잔치의 비유(눅 14:16-24)도 동일한 사실을 보여준다.[220] 하나님 나라의 잔치에는 누구나 초청되었다. 예수의 삶, 선포, 가르침, 하나님 나라의 비유는 용서와 구원의 보편성을 보여준다.

한편, '믿는 자'와 '믿지 않는 자'의 차이는 작다. 믿는 자의 고백은 자신의 죄를 고백하는 것이지, 자신의 무죄성을 입증하는 것이 아니다. 인간이 의롭다고 칭함을 받는 것 자체가 은혜이다. 인간의 그 작은 '믿음'의 차이로 인해, 영원한 생명과 영원한 형벌로 나누어지는 것은 아니다. 인간의 '믿는다'는 행위에 의해 구원이 주어진다면, 구원은 인간의 노력의 대가가 된다. 구원은 은혜에 의해 주어지는 것이고, 은혜의 수여는 오직 하나님의 주권에 의한다. 구원이 하나님의 주권에 속하기 때문에 구원이 가능하다. 구원이 인간의 능력에 달려 있다면 구원을 얻을 사람은 아무도 없다.(롬 3:9-10) 더구나 그리스도를 알 수 있는 기회조차 없었던 자들에게 동일한 기준으로 구원과 멸망이 결정된다면, 사랑과 은혜의 하나님과 모순된다. 인간의 '믿음'을 과대평가해서는 안 된다. 인간의 믿음이 죽음 이후의 '모든 것'까지 결정하지는 않을 것이다. 성서는 만유를 향한 하나님의 구원의지를 보여준다. 그러나 성서는 만유의 구원을 단정하지는 않는다. 구원의 최종성은 열어두면서, 구원을 향한 하나님의 의지를 보여준다. 이것이 성서가 우리에게 알려주는 바이다.

---

220 큰 잔치의 비유의 원형과 전승에 대해서는 논란이 있다. 누가복음이 원형에 가깝다. 마태복음은 Q의 영향을 받았을 가능성이 높고, 복합적 형식으로 구성되어 있다. 마태복음은 누가복음에 비해 더 수정되었다. 그러나 마태복음, 누가복음, 도마복음에는 공통된 구조가 있으며, 이 비유가 가지고 있는 의도를 찾는 것은 어렵지 않다. John Dominic Crossan, *The Historical Jesus: The Life of a Mediterranean Jewish Peasant* (New York: HarperSanFrancisco, 1991), 261; Daniel C. Olson, "Matthew 22:1-14 as Midrash," *Catholic Biblical Quarterly* 67, no. 3 (July 2005): 436-37.

구원의 범위에 대한 주제는 결코 쉬운 논의가 아니다. 역사적으로 제한구원론과 만유구원론은 각각 자신의 입장을 유지해 왔다. 이 주제가 복잡한 이유는, 성서에 대한 이해의 차이와 신학적 전승의 차이뿐만 아니라, 각 교회가 속한 교파와 교리에 따라 입장이 다르기 때문이다. 필자는 지금까지의 논의를 통해 다음과 같이 결론을 내린다.

(1) 구원의 범위는 결정되지 않았으며, 구원의 완성은 열려 있다. 성서에는 제한구원과 만유구원에 대한 기록이 둘 다 있으며, 어느 하나를 절대화할 수 없다. 어느 하나를 무시하면 성서의 의도를 놓치게 된다.

(2) 구원의 완성을 열어둠으로써 결정론을 피할 수 있다. 제한구원과 만유구원은 둘 다 하나님의 자유와 주권을 침해하고, 다가오는 구원의 완성을 결정론적인 것으로 만든다. 하나님은 피조세계와 교제하면서, 구속사의 진행과 함께 구원의 범위를 만들어가실 것이다.

(3) 성서는 제한구원의 가능성과 만유구원의 가능성을 모두 유지함으로써, 둘 사이에 긴장을 유지한다. 이 긴장은 구원에 대한 모호함이 아니라, 오히려 우리에게 구원에 대한 역동성을 제공한다. 이 긴장은 우리를 깨어 있게 만들고, 우리를 겸허하게 만들고, 우리가 최선을 다하도록 활기를 부여한다.

(4) 현재는 우리에게 주어진 시간이다. 교회와 기독교인은 제한구원과 만유구원 사이에서 현재를 살아간다. 지금은 교회가 거듭나야 할 때이며, 하나님 나라와 선교를 위한 때이다. 모든 기독교인이 결단해야 할 때이고 책임적 존재로 서야 할 때이다.

(5) 만유를 향한 하나님의 구원의지는 분명하다. 하나님은 자신이 창조하신 이 세상을 사랑하며, 만유가 구원받기를 원한다. 하나님은 누구도 유기되기를 바라지 않는다. 하나님의 피조세계에 대한 구원의지와 사랑은 무한한 용기를 준다. 우리 모두는 두려움과 의무감으로 구원을 바라

보는 것이 아니라, 감사의 응답으로 구원을 향한다.

누군가 이런 질문을 할지도 모르겠다. 하나님은 인간의 구원을 미리 예정하지 않았는가? 하나님의 예정이 인간의 의지와는 충돌되지 않는가? 이 질문은 하나님의 예정에 대한 적절한 물음이 아니다. 그것은 하나님의 예정/전지/전능과 인간의 의지/책임을 동일한 차원으로 환원하는 실수를 범하는 것이기 때문이다. 하나님의 예정과 인간의 의지를 하나의 차원에 두면 안 된다. 단면적 사고에서는, 하나님의 예정과 인간의 의지라는 두 개의 대립되는 범주만 존재한다. 어떤 사람이 두 범주만 가지고 사고를 하면, 모든 것을 그 범주 안에서 이해하게 된다. 평면적 사고로는, 살아 있고 현재하는 하나님의 주권이 포함되는 다-차원적인 성격을 가진 예정론을 이해하지 못한다. 즉 하나님의 예정과 인간의 책임이라는 두 부분을 하나의 평면에 두고, 둘 중에 하나를 취하는 방법은 예정론을 이해하는 데 아주 나쁜 방법이다. 예정론을 이해하기 위해서는 사고의 방법을 바꿔야 한다. 즉 하나님의 예정에는 '하나님의 자유'라는 현재적이고 창조적인 차원이 있다. 하나님은 기계적 예정론에 묶이지 않는다. 기계적 예정론은 하나님을 과거의 신으로 만든다. 이런 예정론은 하나님의 현재성을 박탈하는 결정론이나 다름없다. 하나님은 언제나 현재적으로 역사하고, 인간의 기도를 듣고, 인간과 새롭게 약속하고, 인간을 새롭게 재창조할 자유를 가진다. 하나님의 이 자유는 현재적인 것이며, 하나님의 예정을 결정론과 구별되게 만든다. 이런 의미에서, 예정은 하나님의 자유와 주권 안에서 현재적으로 구체화된다. 하나님의 전지와 전능은 기계적 예측 능력을 말하는 것이 아니다. 평면적 사고는 하나님의 '전지'를 고정된 사건에 대한 예측 능력으로 환원해서 생각한다. 그러나 하나님은 어떤 것에도 고정되지 않으며 종속되지 않는다. 하나님은 인간의 책임과 주체성을 말살하지 않으면서, 현재적으로 인간과 대화하며 인간에게 응답한다. 하나님의 예정과 섭리는 인간의 응답성을 고려하는 자유를 가지고 있으며, 단선적 사고로는 도달할 수 없는 변증법적인 요소를 가지고 있다.[221] 물론 모든 사람이 '자동으로' 구원받는 것은 아니다. 하지만 성서의 하나님은 위협하는 하나님이 아니다. 하나님의 구원의지는 우리에게 소망을 준다. 제한속죄론과 최후심판에서 하나님은 두려운 하나님이다. 하나님은 심판하는 자이고, 형벌을 주는 자로 나타난다. 그는 인간이 행한 '믿음의 분량'에 따라 심판하는 율법의 하나님이다. 인간은 구원과 형벌을 두고 선택을 요구받고 위협 앞에 서게 된다. 그러나 성서의 하나님은 만유의 구원을 원하신다. 하나님의 사랑이 심판을 이길 것이다. 하나님의 은혜가 멸망과 유기를 이길 것이다. 생명의 힘이 사망을 이길 것이다. 그리스도인들은 은혜의 최종적인 승리를 믿는다.

---

221 김동건, 『그리스도론의 역사』, 518-19.

3. 현재의 구원 : 구원의 다양한 형태들

기독교는 구원의 종교이다. 기독교인은 누구나 구원에 관심을 가진다. 하지만 구원은 많은 의미를 내포하기 때문에 정의 내리기가 쉽지 않다. '구원'에 접근하는 방법은 두 가지가 있다. 하나는, '죄와 구원'의 관계를 통해 구원을 알 수 있다. 죄를 떠나서 구원은 구체화되지 않는다. 죄와 구원에 대한 규정은 짝을 이룬다. 죄가 무엇인지를 보면서, 구원의 개념을 구체화할 수 있다. 다른 하나는, 예수가 행한 대속과 구원의 방식, 곧 예수의 선포와 말씀을 통해 구원의 개념을 보는 것이다. 최근에는 죄를 하나님과 인간의 관계에서 보던 모델을 벗어나, 사회적 차원과 생태적 차원에서도 본다. 구원을 어떤 모델로 보든 구원은 이중적 구조를 가진다. 미래의 '구원의 완성'과 완성을 향해 지금 진행되고 있는 '현재의 구원'이다. 앞 절(節)에서 구원의 완성에 대해 보았고, 본 절에서는 '현재의 구원'에 대해 보려 한다. 현재의 구원이 가지는 두 가지 특징은 '현재성'과 '다차원성'이다.

1) 구원의 현재성

현대 사회에서 '구원'은 공허한 단어가 되고 있다. 기독교인에게 '구원'은 과거만큼 매력적인 단어가 아니다. 구원에 대한 열망이 식어가는 시대가 되었다. 그 이유는 구원의 현재성을 상실했기 때문이다. 구원은 미래적 차원과 현재적 차원이 있다. 미래적 구원은 구원의 총체적 차원이며, 만유회복이다. 구원은 현재와 미래의 차원이 조화 속에 있어야 한다. 구원의 미래적 차원과 현재적 차원은 서로 영향을 준다. 미래적 차원이 모호하면, 구원의 현재성이 흐려진다. 기독교인 중에 구원을 사후에 누리는 영생으로 이해하는 경우가 많다. 구원을 죽음 이후에 누리는 안식으로 생각하면, 구원이 공간적인 개념이 된다. 그것은 죽어서 '하늘나라'로 옮겨지는 공간적 구원이다. 공간적 구원 개념은 '현재의 삶'에서 힘을 발휘하지 못한다. 구원은 '저 세상적인 것'이 되고 만다. 이때 하나님은 멀리 있는 하나님이 되고, 구원은 추상화된다. 구원이 현재성을 상실할 때, 구원은 기복신앙이 된다. 개인적으로 누릴 수 있는 '복'이 구원의 현재성의 자리를 차지하기 때문이다. 따라서 구원의 현재적 측면에 대한 재고가 필요하다. 구원의 현재성은 예수의 공생애에서 중요한 부분을 차지한다. 예수와 세례 요한의 대조, 예수의 하나님 나라의 선포, 예수의 기적 등에서 '현재'가 특징적으로 나타난다. 그러면 간략하게 보겠다.

예수와 세례 요한: 예수의 공생애는 세례 요한을 만나면서 시작된다. 예수와 요한 사이에는 유사성과 차이점이 있다.[222] 요한은 임박한 심판과 회개를 선포했다. 예수는 요한의 종말사상을 일정 부분 물려받았다. 회개의 임박성은 예수의 선포에서도 나타난다.[223] 요한은 죄 용서를 위해 속

---

222 예수가 세례 요한으로부터 얼마나 영향을 받았는지에 대해서는 의견이 일치하지 않는다. 예수와 요한의 관계를 밀접하게 보거나 둘 사이의 유사성을 강조하는 입장도 제법 있다. 예를 들면, 로빈슨(J. M. Robinson)은 예수가 요한에게 결정적으로 영향을 받았다고 주장한다. 평범했던 예수가 요한에 의해 개종되었다는 것이다. [James M. Robinson, *The Gospel of Jesus* (New York: HarperSanFrancisco, 2006), 111-12.] 그러나 필자는 예수와 요한 사이의 차이가 너무나 크기 때문에, 예수에 대한 요한의 영향은 제한적이었다고 본다.

223 Crossan, *The Historical Jesus*, 237-38.

죄행위와 희생제를 요구하지 않았다. 이 점에서 요한의 세례는 획기적이었다.[224] 그러나 요한의 세례는 '미래'의 구원을 약속할 뿐이었다.[225] 구약 시대부터 구원에 대한 많은 기대와 예언이 있었다. 예언자들이 선포하고, 이스라엘 백성들이 기다렸던 결정적인 구원은 언제나 미래적이었다. 그들이 기다리던 구원이 현재적으로 도래하지는 않았다. 한편, 구원의 현재성은 다른 예언자나 유대의 종파에서 찾아볼 수 없는 요소이다. 세례 요한과 예수의 결정적인 차이도 구원의 현재성이다. 요한은 다가오는 심판의 미래성을 말했지만, 예수는 임박한 종말과 함께 하나님의 '현재적 임재'를 선포했다. 요한은 어떻게 구원이 현재적으로 임하는지는 알지 못했다. 요한은 다가오는 하나님을 기다렸다. 요한에게 모든 것은 미래이며 '기대'로서 남아 있었다. 그러나 예수에게서 기대는 성취되었고, 하나님의 통치는 현재가 되었다. 옛 시대가 끝나고, 예수로부터 새로운 시대가 열렸다.

하나님 나라: 예수의 선포에서 하나님 나라는 가장 중요한 부분을 차지한다. 하나님 나라에는 미래와 현재가 모두 있다. 예수의 하나님 나라에 대한 연구에서, 바이스(J. Weiss)와 슈바이처(A. Schweitzer)에 의해 종말론적 요소/미래적 요소가 강조된 이후, '철저적 종말론'이 중요한 입장으로 부상했다. 한편, 도드(C. H. Dodd)는 하나님 나라가 이미 현재에 도래했다는 '실현된 종말론'을 주장했다. 그 후 하나님 나라는 미래적 요소와 현재적 요소가 공존한다는 데에 넓은 함의가 있어 왔다. 큄멜(W. G. Kümmel),[226]

---

224 요한은 희생제물 없이 죄 사함을 위한 중재자의 역할을 했다. 이 점에서, 요한은 당시 유대교의 제사장 역할을 했으며, 그의 역할은 독특하다고 할 수 있다. Cf. Robert L. Webb, "Jesus' Baptism: Its Historicity and Implications," *Bulletin for Biblical Research* 10, no. 2 (2000): 281–82.

225 한, 『신약성서신학』, vol. 1, 42.

226 큄멜은 하나님 나라의 임박한 도래와 현재적 효력이 '나란히' 선포되었다고 본다. Werner Georg Kümmel, *Promise and Fulfilment: The Eschatological Message of*

쿨만(O. Cullmann),[227] 예레미아스(J. Jeremias)[228] 등에 의해 미래와 현재의 조화가 시도되면서 지금까지 다양한 학설이 제시되었지만, 대다수 학자들 사이에 '현재'는 하나님 나라를 이해하기 위한 중요한 요소로 여겨진다. 예를 들면, 크로산(J. D. Crossan)은 하나님 나라는 이미 현재 이 세상에 있으나, 사람들이 그것을 알아차리지 못한다고 주장한다.[229] 예수의 선포에서 하나님 나라가 더는 예언과 약속이 아니라, 구체적으로 현재가 되었다. 하나님 나라의 현재적 도래는 오직 예수와 그의 사역에 의해서만 실현된다. 하나님 나라는 하나님의 사건이며 하나님의 지배라는 차원에서 종말론적이다. 하나님 나라의 현재성은 종말에 이루어질 종말론적인 지배가 앞당겨 현재가 되는 놀라운 사건이다. 하나님 나라, 곧 하나님의 지배는 세상적인 지배와 다르다. 이질적인, 종말론적인, 결정적으로 다른 하나님 나라가 예수의 사역과 함께 현재로 들어왔다. 예수는 단순히 하나님의

Jesus, trans. Dorothea M. Barton (London: SCM, 1957), 141-43.

227 쿨만은, 하나님 나라는 '이미' 도래했으나 최종적인 승리는 '아직' 이루어지지 않았다고 주장했다. Oscar Cullmann, *Christ and Time: The Primitive Christian Conception of Time and History*, trans. Floyd V. Filson (Philadelphia: Westminster Press, 1964), 71-79, 83-85.

228 예레미아스는 미래와 현재는 희망과 위기라는 상호적 관계를 가지며, 하나님 나라는 현재에서 종말을 향한다고 주장했다. 예레미아스는 자신의 종말론을 도드의 '실현된 종말론'과 구별하기 위해 '실현되어 가는 종말론'이라고 불렀다. Joachim Jeremias, *The Parables of Jesus*, trans. S. H. Hooke (London: SCM, 1963), 160-62, 175-77, 230.

229 나아가 크로산은 하나님 나라의 미래적 요소를 거의 배제하며, 내세를 믿지 않는다. 크로산에게 하나님 나라는 이 세상 안에서 추구되는 것이며, 죽은 자를 위한 나라가 아니다. Crossan, *The Historical Jesus*, 282-84; John Dominic Crossan and Richard G. Watts, *Who is Jesus?: Answer to Your Questions about the Historical Jesus* (Louisville: WJK, 1996), 131-32; Marcus J. Borg and John Dominic Crossan, *The Last Week: What the Gospels Really Teach about Jesus's Final Days in Jerusalem* (New York: HarperOne, 2006), 69.

뜻을 전달하는 사자(使者)가 아니라, 자신의 사역을 통해 하나님 나라를 현재화시켰다. 지금 여기에 구원이 현재한다! 이제 누구에게나 구원은 현재적으로 경험된다. 구원은 멀리 있지 않다! 이것이 예수의 하나님 나라에 나타난 가장 중요한 독특성이다. 하나님 나라는 예수의 사역과 함께 역사 속에 현재적 실체로 임했다. 예수의 선포를 통해, 귀신이라는 어두움의 힘에 사로잡힌 한 사람에게 하나님의 현재적인 지배가 일어났다. "내가 하나님의 성령을 힘입어 귀신을 쫓아내는 것이면 하나님의 나라가 이미 너희에게 임하였느니라."(마 12:28)

기적: 기적은 예수의 활동에서 중요한 부분이다. 최근의 연구에서, 예수의 기적에 대한 기사 중에서 치유와 축귀는 대체로 진정성 있는 예수의 활동으로 평가받는다.[230] 마이어(J. P. Meier)는 서로 다른 다양한 자료와 전승에서 기적이 나타나는 것을 중요한 근거로 평가하며, 예수가 기적을 행했다는 것 외에 다른 가능성은 없다고 단정한다.[231] 역사적 예수의 제3의 탐구는 예수 기적의 역사성에 대해 대체로 부정적이다. 하지만 제3의 탐구를 대표하는 한 명인 보그(M. J. Borg)는 예수를 뛰어난 치병자로 평가한다.[232] 예수의 기적에는 중요한 특징이 있다. 그것은 예수의 기적이 하나님 나라와 연결된다는 점이다. 이것은 당시의 다른 자료에서는 나타나지 않는 매우 드문 일이다. 예수의 기적은 종말에야 임하리라 믿었던 하나님 나라가 '지금' 이루어지고 있다는 것을 보여준다. 축귀가 하나님 나라의 현재를 지시하는 것은 예수에게만 나타나는 독특한 일이다.[233] 즉 예수

---

230 Helen K. Bond, *The Historical Jesus* (London: T&T Clark International, 2012), 102-03.

231 John P. Meier, *A Marginal Jew: Rethinking the Historical Jesus*, vol. 2: *Mentor, Message and Miracles* (New York: Doubleday, 1994), 623-30.

232 Marcus J. Borg and N. T. Wright, *The Meaning of Jesus: Two Visions* (New York: HarperCollins e-books, 2007), 66.

233 Graham H. Twelftree, *Jesus the Exorcist: A Contribution to the Study of the*

의 기적은 각 기적의 개별적인 사건을 넘어서, 사탄이 물러나고 하나님 나라가 이루어지는 현재를 나타낸다.

예수의 오심과 함께 이미 구원은 현재화되었다. 구원은 공간적인 것이 아니고, 구원의 완성이라는 확고한 방향성을 가진다. 아직 종말은 오지 않았고, 구원의 역사는 진행되고 있다. 현재 역사는 구원의 완성을 향하며 그 과정에 있다. 아직 역사와 자연은 고통 중에 있다. 즉 현실과 만유회복의 완성 사이에는 괴리와 모순이 있다. 인간, 사회, 자연 모두는 미래뿐만 아니라, 현재의 구원을 갈구한다. 이 괴리와 모순의 극복이 우리가 현재의 구원에 매진해야 하는 이유이다. 지금은 고통을 극복하기 위한 시간이며, 어둠의 세력과 싸우기 위한 투쟁의 시간이다. 구원의 현재성이 회복될 때, 구원은 구체성을 가진다. 구원은 새로운 이론을 가져오는 것이 아니라 새로운 현실을 가져온다.

2) 구원의 다차원성

성서에서 구원은 기본적으로 죄로부터 벗어난다는 의미를 가지고 있다. 구원과 죄가 대칭적 개념은 아니다. 그러나 죄는 구원의 필요성을 지시한다. 죄는 인간의 도덕적 나약함부터 악함까지 다양한 의미를 지닌다. 현재 진행되는 구원은 어느 한 차원에 국한되지 않는다. 만약 죄를 종교적 영역으로 제한하면, 구원은 율법적이 된다. 죄가 계명과 규례를 지키는지 여부에 따라 결정되기 때문이다. 그러면 구원은 경직되고 도덕적 성격이 된다. 즉 윤리적 과오는 죄로 여겨지고, 도덕적 죄의식에서 벗어나는 것이 구원이 된다. 이런 죄와 구원의 율법주의는 성서의 구원관과는 거리가 멀다.

Historical Jesus (Tübingen: J. C. B. Mohr, 1993), 220; Barry L. Blackburn, "The Miracle of Jesus," in *The Cambridge Companion to Miracles*, ed. Graham H. Twelftree (Cambridge: Cambridge University Press, 2011), 114.

죄에는 이중적 의미가 있다. 죄는 잘못된 '상태'를 지칭할 수도 있고, 잘못된 상태를 야기하는 '실체'를 표시하기도 한다. 먼저 죄는 인간이 하나님을 떠난 상태이다. 하나님과 인간의 관계가 단절된 상태가 죄이다. 죄는 인간이 스스로 헤어날 수 없는 한계를 가리킨다. 누구도 그 한계를 벗어나지 못하기 때문에 원죄라고 했고, 전통적으로 원죄를 유전적으로 표현했다. 죄는 하나님과 인간 사이의 관계적 개념이고, 죄의 상태는 하나님과 인간 사이의 관계의 왜곡을 의미한다. 바울은 죄에 대해 여러 용어를 사용하고, 그 의미도 윤리적인 것과 율법적인 것에서부터 우주적인 것까지 다양하다. 죄의 상태를 만드는 죄의 힘과 연관해서 보면, 바울은 인간이 하나님을 떠남으로 죄가 권세를 얻는다고 말한다. 이때 죄는 하나님을 대적하고 인간을 지배하는 초자아적 현실을 지칭한다. 이런 현실을 '이 세상의 신'(고후 4:4), 혹은 '사탄'(고전 7:5, 고후 2:11, 11:14, 12:7)으로 표현했다.[234] 이런 의미에서, 바울은 죄를 윤리적 과오를 넘어서 아담 이후 세상에 들어와 인간 위에 군림하는 우주적 세력으로 이해했다.(롬 5:12) 바울에 의하면 모든 인간은 예외 없이 '죄 아래' 있다.(롬 3:9)[235]

또한 죄를 '실체'로 표현할 수 있다. 하나님과 인간을 멀어지게 하는 모든 것이 죄이다. 하나님과 인간 사이에서 절대적인 힘과 권세를 부리는 것이 죄이며 악이다. 죄를 실체로 보면, 죄는 두 가지 차원을 가진다. 하나는, 개인적 차원이다. 죄의 개인적 차원은 교만, 자기 만족, 자기 경건, 자기 의로움, 위선, 증오처럼 사적(私的)인 영역에서 나타난다. 다른 하나는, 사회-생태적 차원이다. 사회구조, 제도, 종교적 형식, 혹은 이념적 체제가 하나님과 인간 사이를 가로막는 경우이다. 율법 자체는 선하다. 율법에 하나

---

234 James D. G. Dunn, *The Theology of Paul the Apostle* (Grand Rapids: Wm. B. Eerdmans Publishing Co., 1998), 95, 111-12.

235 Ibid., 96-101; Michael Wolter, *Paul: An Outline of His Theology* (Waco: Baylor University Press, 2015), 358-60.

님의 뜻이 들어 있기 때문이다. 하지만 율법이 제도화되어 하나님의 자리를 대신할 때, 율법은 율법주의가 되고 죄가 된다. 절대 권력과 잘못된 사회구조가 죄의 상태를 만든다. 모든 피조물은 하나님과의 관계 속에서 고유한 '형상'을 가진다. 피조물의 고유한 형상을 훼손하거나 그 형상을 파괴하는 것이 죄이다. 사회 공동체이든 자연이든, 하나님과의 관계에서 비롯된 질서를 벗어나면, 궁극적으로 '하나님 상실'로 들어간다. 이것이 죄이다. 그러므로 하나님이 창조한 자연을 파괴하는 것도 죄가 되고, 인간성을 파괴하는 사회적 구조도 죄가 된다. 따라서 한 인간이 개인적으로는 도덕적이지만, 사회-생태적으로는 죄인이 될 수 있다.

죄가 다차원(多次元)적이듯이, 구원의 현재성도 다차원적이다. 죄가 하나님과의 관계가 왜곡된 상태이기에, 구원은 하나님과 관계를 회복하는 것이다. 구원은 하나님을 상실한 상태를 벗어나 하나님에게로 돌아가는 것이다. 또한 하나님과의 만남을 가로막는 일체를 극복하는 것이 구원이다. 예수가 선포한 하나님 나라는 근본적으로 구원의 선포이다. 하나님 나라는 하나님의 왕적인 통치이고 하나님의 지배이다. '하나님 없음'에서 벗어나 하나님의 지배 속으로 들어가는 것이 구원이다.

성서에서 구원은 다양한 형태로 나타난다. 하나님과 관계의 회복, 그에게로 돌아감, 그의 통치와 지배 속으로 들어가는 것, 그리고 하나님의 정의와 질서를 받아들이는 것 등이다. 죄와 구원은 개인적 차원과 사회-생태적 차원을 함께 가진다. 하나님으로부터 벗어나 목적 없이 사는 것이 죄이며, 삶의 목적을 회복하는 것이 구원이다. 자신의 생명을 하나님의 것으로 귀하게 볼 수 있는 것도 구원이며, 그 눈으로 다른 생명을 귀하게 여기는 것도 구원이다. 또한 하나님의 형상인 인간을 억압하는 사회구조를 고치고 개혁하는 것도 구원의 행위이다. 경제적 정의를 실천하고, 경제적 소외를 극복하는 것도 구원의 차원에서 볼 수 있다. 죄가 사회-경제적 차원에서 행해지듯이, 구원도 사회-경제적 차원에서 이루어진다. 생태계의 회복은 단순히 자연의 보호가 아니라, 구원의 행위에 참여하는 것이다. 자연은 하나님의 피조세계에 속하며, 자연에서 창조의 뜻을 지키며 보존하는 것은 하나님의 구원사의 일부이다. 자연도 피조물의 고통 속에서 구원을 기다린다.(롬 8:21-22) 하나님의 현재적 지배를 받아들이고 그 안에서 행하는 삶의 모든 차원들에서 구원은 경험된다.

현재의 구원은 매우 다양한 영역에서 일어난다. 현재의 여러 형태의 구원은 만유구원의 완성을 향한다. 현재의 구원과 완성될 구원 사이에는 연속성과 비연속성이 있다. 현재의 구원은 미래에 완성될 구원의 선취이다. 구원의 선취라고 해서 현재의 구원이 '불완전한 구원'은 아니다. 현재의 구원은 미래에 완성될 구원의 종말론적인 실현이다. 다양한 영역에서 일어나는 현재의 구원들은 하나님-사건이기 때문에 그 자체로 충분한 구원의 의미를 가진다. 현재의 구원과 미래의 구원이 모두 하나님의 지배에 의한다는 점에서 연속성을 가진다. 그러나 현재의 구원들이 누적되어 구원의 완성이 성취되는 것은 아니다. 다양한 영역에서 일어나는 구원사건들은 구원의 완성과는 다르다. 현재의 시간과 공간 안에서 경험하는 구원은 부분적이다. 부분적이라는 것은 한 영역에서 일어나는 구원사건이라는 의미이지, 불완전한 구원이라는 의미는 아니다. 완성될 종말의 구원에는 현재의 인간이 모두 체험할 수 없는 하나님의 신비가 있다. 이 점에서 현재의 구원과 구원의 완성은 비연속적이다. 구원의 완성은 만인의 부활을 포함한 우주적 차원의 구원이며, 만유가 그리스도와 완전한 교제로 들어갈 때이다.(엡 1:10) 구원의 종말론적인 완성은 성서에 부활, 하나님 나라, 역사의 완성, 만유회복, 새 하늘과 새 땅 등으로 상징되어 있다. 인간, 사회, 자연 모두는 하나님의 피조물이다. 모든 피조세계가 그리스도 안에서 완전한 상태에 이르고, 생명의 충만함에 이를 때 만유구원이 완성될 것이다.

Salvation:

Is It God's Grace or

Human Cooperation?

제5장 구원: 하나님의 은혜인가, 인간의 협력인가?

1. 오직 은혜: 아우구스티누스
2. 두 은혜와 인간의 협력: 아퀴나스
3. 은혜 안에서 인간의 응답성: 브루너와 바르트
4. 결론
   1) 은혜와 결단: 동일한 근원
   2) 배려하는 은혜
   3) 구원사건의 배열구조

그리스도론의 한 주제인 '은혜론'은 다양한 형태로 논의되었다. 은혜론을 독립된 주제로 보기도 하고, 구원론과 연결된 주제로 보기도 한다. 은혜론은 기독교 역사의 초기부터 오랫동안 논의되었으나, 여러 입장들은 쉽게 일치에 이르지 못했고 지금도 여전히 뜨거운 주제이다. 주된 논쟁점은 크게 세 가지, 곧 은혜와 자유의지의 관계, 은혜에 대한 인간의 계시의 수용능력, 은혜와 인간의 응답성의 관계이다. 이 쟁점들 중에서, 논의는 구원이 오직 은혜에 의한 것인지, 혹은 인간의 협력이 필요한지 여부에 모아진다. 결국 구원의 주체와 인간의 참여 가능성이 핵심이다.

본 장에서는 먼저 대표적인 세 입장을 보려 한다. 첫째, 아우구스티누스의 은혜론이다. 그의 은혜론은 가톨릭과 개신교 모두에 큰 영향을 미쳤다. 둘째, 아퀴나스의 은혜론이다. 아퀴나스는 가톨릭의 은혜론을 대표한다. 셋째, 20세기의 브루너와 바르트의 계시 논쟁을 통해 은혜론의 새로운 측면을 볼 것이다. 이 신학자들의 은혜론은 관점에 따라 다양한 해석이 나온다. 여기서는 그들의 은혜론을 포괄적으로 다루기보다는, 유형적인 특징을 간략하게 보겠다. 그 다음 결론에서, 필자는 은혜론에 새롭게 접근할 것이다. 그동안 은혜론에서 풀리지 않은 난제, 곧 '은혜와 자유의지'의 관계에 대해 답을 구해 보려 한다.

1. 오직 은혜: 아우구스티누스

아우구스티누스(Augustinus)는 아담이 타락하기 전에는 인간에게 자유의지가 있었다고 보았다. 인간이 창조되었을 때 자연적인 불완전함은 없었다. 아담은 선을 향한 자유를 가지고 있었다. "우리 안에 선천적인 악은 없고, 우리는 흠 없이 태어났다."[236] 아우구스티누스는 아담이 자유의지로 악을 선택했고, 죄는 인간의 타락에 의해 발생했다고 말한다. 아담은 수동적인 인간이 아니었다. 타락은 인간에게 주어진 '선택의 자유'의 실패였다. 아우구스티누스는 악을 독립된 실체로 여기지 않는다. 악은 인간의 행위 안에 있다. 인간의 본성은 타락할 수 있었다. 아우구스티누스는 타락이 없었다면 죄가 없었을 것이라고 본다. 그는 죄가 인간의 의지와 인간의 선택에서 비롯된 것이라고 믿는다.[237] 즉 악이 독립적으로 존재해서 인간의 타락을 야기한 것이라고 보지 않는다.

그러나 아우구스티누스에게 자유의지의 성격은 타락 전(前)과 후(後)가 명확히 구별된다. 타락한 후에도 인간은 여전히 자유의지를 가지고 있다. 그러나 타락한 인간의 자유의지는 단독으로 선을 이루거나 구원을 성취할 수 없다. 이런 의미에서, 아우구스티누스에게 아담의 죄는 개인적인

---

236 Augustine of Hippo, "On Original Sin, 2.14," in *Nicene and Post-Nicene Fathers,* 1st series, vol. 5, ed. Philp Schaff (Edinburgh: T&T Clark, 1991), 241. 이하 "*NPNF*"로 표기함.

237 Augustine, *City of God,* 12.8. *NPNF,* 1st ser., vol. 2, 230.

것이 아니다. 아담의 죄는 인류 전체의 죄였고, 우리 시대에까지 전달되어 본성의 악이 되었다. 즉 타락한 본성이 선한 본성의 자리를 빼앗았다. 아우구스티누스는 죄가 자식에게 전달되는 수단을 성적 욕망과 연결된 것으로 보았다. 아우구스티누스는 죄의 유전설과 창조설을 함께 유지했으며, 의미는 유사하다.[238] 이는 아담이 지은 죄에는 인간의 본성과 의지가 내포되어 있어, 모두에게 연속된다는 의미이다. 아우구스티누스는, 인간은 누구도 죄에서 벗어나지 못하는 죄의 보편성 아래에 있다고 보았다.[239] 그러나 인간이 죄 속에 있다고 해서 하나님과의 관계가 완전히 끊어진 것은 아니다. 아우구스티누스는 인간 본성의 회복과 신화(神化)의 가능성을 여전히 남겨두고 있다.[240]

아우구스티누스는 타락한 인간은 스스로 죄에서 벗어나지 못한다고 본다. 인간이 죄로부터 벗어날 수 있는 것은 오직 은혜에 의해서만 가능하다. 아우구스티누스에게 은혜는 몇 가지 특징을 가진다. 첫째, 은혜는 구원을 위해 필수적이다. 은혜는 자연적인 것이 아니고, 인간에 대한 구속적 은혜이다. 인간에게 은혜는 절대적이며, 선물이다. 은혜는 오직 하나님의 것이며 인간에게 주어지는 '천부 은혜'(gratia infusa)이다. 둘째, 은혜는 불가항력적이다. 은혜는 인간의 의지를 넘어선다. 은혜는 인간의 협력을 구

---

238 Augustine, *Letters of St. Augustine*, 166, 7. *NPNF*, 1st ser., vol. 1. 523-32, 224-26.

239 Augustine, "On the Merits and Remission of Sins, and on the Baptism of Infants, 2.11," in *NPNF*, 1st ser., vol. 5, 48-49.

240 아우구스티누스의 신화(deification)의 개념은 동방교회와는 차이가 있다. 동방교회에서는 대체로 신화가 구원의 전 과정을 의미하고, 때로는 각 개인의 신성화(divinization)와 연결된다. 반면 아우구스티누스에게 신화는 하나님에 의해 선택되고 하나님의 자녀가 됨으로 인해 달라진 '관계'를 의미한다. Gerald Bonner, *Freedom and Necessity: St. Augustine's Teaching on Divine Power and Human Freedom* (Washington, D.C.: The Catholic University of America Press, 2007), 12-13, 62.

하지 않는다. 은혜는 본질적으로 초자연적이기 때문에 인간에게 의존하지 않는다. 은혜는 강요하지 않으나, 인간이 저항할 수 없다.[241] 셋째, 은혜는 선행(先行)적이다. 은혜가 인간의 노력에 앞선다. "그의 자비가 우리보다 먼저이다. 하나님의 자비가 앞서므로 우리는 치유될 수 있다."[242] 즉 하나님의 은혜만이 인간의 의지를 선하게 한다. 인간은 은혜를 선행(善行)의 결과로 얻을 수 없다. 우리는 오직 은혜의 효력과 결과에 의해 은혜를 알 수 있을 뿐이다. 은혜의 우선성은 그리스도가 구원과 신앙의 '주체'라는 것을 의미한다. 그러므로 아우구스티누스에게 신앙은 각 개인이 그리스도에게 다가가는 것이 아니고, 그리스도의 구원의 역사에 인간이 포함되는 것이다.[243] 오히려 그리스도가 주체가 되기 때문에 구원의 가능성은 높아진다.

이제 은혜와 자유의지의 관계를 보자. 하나님의 은혜와 인간의 자유의지는 대립적인가? 아우구스티누스는 은혜와 자유의지의 관계를 변증법적으로 해석했다. 그는 인간이 타락한 후에도 자유의지를 가지고 있고, 은혜를 받을 수 있다고 보았다. 은혜가 온다고 해서 인간의 '자유'를 파괴하지 않는다. 인간은 은혜와 상관없이 자유를 가진다. 만약 은혜가 올 때 인간의 의지 자체가 말살된다면, 은혜가 작용할 대상이 없어진다. 자유와

---

241 Augustine, "A Treatise on the Spirit and the Letter, 52," in *NPNF*, 1st ser., vol. 5, 106.
242 Augustine, "A Treatise on Nature and Grace, Against Pelagius, 35," in *NPNF*, 1st ser., vol. 5, 133.
243 스투더(B. Studer)는 아우구스티누스의 구원론을 '그리스도 중심적'으로 해석하면서, 보편구원론의 가능성을 제기한다. 그리스도의 은혜가 강조되면 구원의 가능성이 커지는 것은 사실이다. 그러나 아우구스티누스의 구원론을 보편구원론으로 해석하기는 어렵다. 왜냐하면 아우구스티누스에게 최후심판과 예정론이 상당히 견고하기 때문이다. Cf. Basil Studer, *The Grace of Christ and the Grace of God in Augustine of Hippo: Christocentrism or Theocentrism?* (Minnesota: The Liturgical Press, 1997), 55-56.

의지를 상실한 인간에게 무엇이 남겠는가? 그래서 아우구스티누스는 인간에게 자유와 의지는 유지된다고 본 것이다.

아우구스티누스는 묻는다. "은혜에 의해 우리의 자유의지는 모든 능력을 빼앗기는가?" 그는 이렇게 답한다. "그렇지 않다. …은혜를 통하여 영혼이 죄의 혼란으로부터 치유되고, 영혼의 건강을 통해 의지의 자유가 온다. …자유의지는 은혜에 의해 말살되지 않고, 오히려 세워진다."[244] 아우구스티누스는 은혜를 통해 의지의 자유가 가능한 것으로 본 것이다.

그렇다고 은혜를 입은 인간과 그렇지 못한 인간의 차이가 없는 것은 아니다. 그 차이는 자유의지가 어떻게 나타나는지에 있다. 은혜 없이 인간의 의지는 선을 행하지 않고, 선을 의도하지도 않는다. 은혜는 인간에게 선을 향한 힘을 주고 능력을 수여한다.[245] 그래서 아우구스티누스는 인간의 의지와 선택을 통해 은혜가 역사한다고 믿었다. 이런 의미에서, 아우구스티누스는 은혜를 '협동하는 은혜'라 불렀다.[246] 아우구스티누스에게 은

244　Augustine, "A Treatise on the Spirit and the Letter, 52," in *NPNF*, 1st ser., vol. 5, 106.

245　이런 맥락에서, 램(J. C. Q. Lam)은 아우구스티누스에게 계시와 은혜는 유사한 의미로 사용된다고 지적한다. 계시는 단지 알려주는 역할만이 아니라, 인간이 하나님의 뜻에 따른 행위를 하도록 만든다. 계시는 지식과 구원 모두를 아우르기 때문에 계시는 지적이며 대속적이다. 그러나 은혜/계시가 인간을 변화시킨다면, 예정론과 충돌할 가능성이 있다. 한편, 고든(J. K. Gordon)은 신화를 윤리적 가치로 해석한다. '회심 이후'에 인간이 신화의 은혜(deifying grace)에 따라 살아간다는 것이다. 만약 고든의 해석을 따른다면, 아우구스티누스의 신학에서 신화와 예정론의 충돌을 피할 수 있다. Cf. Joseph C. Quy Lam, "Revelation, Christology and Grace in Augustine's Anti-Manichean and Anti-Pelagian Controversies," *Phronema* 28, no. 2 (2013): 131-49; Joseph Kenneth Gordon, "Deifying Adoption as Impetus for Moral Transformation: Augustine's Sermons on the Christological Ethics of 'Godhood'," *Stone-Campbell Journal* 16, no. 2 (Fall 2013): 193-206.

246　Augustine, "A Treatise on Grace and Free Will, 33," in *NPNF*, 1st ser., vol. 5, 457-58.

혜는 인간의 의지를 멈추게 하지 않고 자유를 중단시키지 않는다. 인간의 자유선택은 본질적으로 손상되지 않은 상태로 남아 있고, 은혜는 끊임없이 인간의 자유를 다시 만든다. 그러므로 자유(libertas)는 추상적인 개념이 아니라, 자유선택의 선한 사용이다. 자유선택은 오직 은혜를 통해 온다. 인간의 의지가 은혜에 종속될수록 인간은 더 자유하다. 그래서 아우구스티누스는 이렇게 말한다. "주의 영이 있는 곳에 자유가 있다."[247] 인간이 죄의 종이 되었을 때에는 의에서 자유로웠고, 이제 하나님께 속하니 죄로부터 자유로워졌다.(롬 6:20-22)

'은혜와 자유의지'의 관계에 대해 정리를 하자. 아우구스티누스는 하나님의 은혜와 인간의 자유의지를 동일한 차원에서 대립적으로 보지 않았다. 은혜와 자유의지를 다룰 때 가장 큰 함정은 이 둘을 상반되는 것으로 보면서, 어느 하나를 선택하려는 것이다. 이것이 펠라기우스가 범한 실수였다. 아우구스티누스는 은혜와 자유의지를 모순되게 보지 않는다. 은혜는 초자연적이 하나님의 행위이고, 자유의지는 이에 수반되는 효력과 응답이다. 인간의 자유의지는 은혜를 매개하는 기관이며, 동시에 은혜에 의해 선을 행하는 능력을 가진다.[248]

아우구스티누스의 은혜론은 펠라기우스와 논쟁을 하며 나왔다. 논쟁은 격렬했고, 논쟁의 결과는 기독교에 큰 영향을 미쳤다. 아우구스티누스의 은혜론에서 오직 은혜, 은혜의 불가항력성, 은혜의 선행성이라는 특징이 부각된다. 그의 은혜론은 중요한 전승이 되어 후대로 이어졌고 지금도 가톨릭과 개신교 모두에 큰 영향을 주고 있다. 하지만 아우구스티누스의 은혜론에서 은혜와 자유의지의 관계는 다른 주제에 비해 상대적으로 주

---

247 Augustine, "A Treatise on the Spirit and the Letter, 52," in *NPNF*, 1st ser., vol. 5, 106.
248 이 책의 "오직 은혜: 아우구스티누스" 부분은 필자의 다음 글을 참조 및 인용했다. 김동건, 『그리스도론의 역사』, 383-94.

목받지 못했다. 우리가 주의 깊게 봐야 할 것은 바로 이 부분이다. 위에서 본 것처럼, 아우구스티누스는 은혜와 자유의지를 같은 차원에서 보지 않았다. 아우구스티누스는 은혜를 강조했으나, 인간의 의지를 말살하지 않는다.

2. 두 은혜와 인간의 협력 : 아퀴나스

아퀴나스(T. Aquinas)는 인간의 원죄를 인정한다. 원죄는 모든 인간에게 공통된 보편적인 것이다. 모든 사람은 죄 아래에 있다. 아퀴나스는 죄로 인한 인간의 상태를 '이중적'으로 이해한다. 한편, 인간은 아담의 죄를 통해 '본래적 의'를 완전히 상실했다.[249] 인간의 본성은 죄로 인해 침해되었고 인간은 스스로 구원하지 못한다. 아퀴나스는 첫 사람으로부터 죄가 내려오는 유전설을 받아들인다. 따라서 인간은 모두가 죄인이다. 다른 한편, 원죄로 인해 인간의 '본성'이 완전히 파괴된 것은 아니다. 아퀴나스는 원죄를 본성의 무기력이라고 부른다.[250] 원죄는 인간 본성의 무기력한 상태를 의미한다. 즉 죄와 타락으로 인해 인간은 본래적 의를 상실했고, 인간이 스스로 구원에 이를 수 있는 '능동적인 능력'은 상실했으나, 타락이 인간의 '하나님의 형상'을 파괴하지는 않았다는 것이다. 인간은 여전히 하나님의 형상이라는 본성을 유지하고 있다. 아퀴나스는 타락한 인간의 본성에 '긍정적 요소'가 어느 정도 남아 있는 것으로 보았다.

아퀴나스는 인간 본성에 남아 있는 '덕을 향한 자연적 끌림'을 긍정적 요소로 보았고, 그것을 '본성적 선'이라고 부른다. 죄로 인해 인간의 선한

---

249 Thomas Aquinas, *On Nature and Grace: Selections from the Summa Theologica of Thomas Aquinas*, Part II, Question 85, Article 1. Ed. A. M. Fairweather (Philadelphia : Westminster Press, 1954), 126. 이하 'II, Q, art.'로 표기함.

250 Ibid., II, Q.82, art.1. Fairweather, *On Nature and Grace*, 120.

본성이 '감소'되었지만, 완전히 파괴되지는 않았다.[251] 아퀴나스는 죄가 인간 본성을 파괴하지 못하는 이유를 본성 자체에서 찾았다. 그는 인간의 '본성의 구조'는 죄에 의해 파괴되지 않는 것으로 보았다.[252] 그래서 본성에 남아 있는 덕을 향한 '끌림'은 인간에게 선한 작용을 할 수 있다는 것이다. 아퀴나스는 이렇게 죄와 본성을 이중적으로 봤고, 본성에 남아 있는 선한 끌림의 뿌리가 두 영역을 연결하는 고리라고 믿었다.

아퀴나스에게는 은혜도 이중적 의미를 가진다. 그는 은혜를 작용은혜(operative grace)와 협력은혜(cooperative grace)로 구별한다. 두 은혜는 모두 하나님이 인간에게 역사하는 은혜이다. 하지만 은혜가 적용되는 방법과 의미에 차이가 있다. 작용은혜는 하나님에게만 귀속되는 은혜이다. 작용은혜는 하나님이 운동자가 되어 인간의 의지를 선을 향하게 만든다. 작용은혜는 인간이 개입할 수 없는 은혜이다. 한편, 협력은혜는 하나님과 인간에게 귀속되며, 인간이 선한 행위를 하도록 돕는다. 하나님의 도움이 인간의 의지에 작동하기 때문에 협력은혜라고 한다.[253] 아퀴나스에게 두 종류의 은혜의 근원은 모두 하나님이다. 하지만 은혜의 성격은 하나님에게 귀속되는 것과 인간의 의지와 협력하는 것으로 구별했다. 인간의 의지가 은혜와 협력적이 될 수 있는 가능성은, 인간의 의지가 죄에 의해 완전히 파괴되지 않았기 때문이다.

아퀴나스의 은혜론에는 두 가지 특징이 있다. 하나는, 은혜는 하나님의 선물이다. 은혜는 전적으로 하나님에 의해 주어지며, 인간의 노력에 대한 대가가 아니다. 따라서 은혜는 초자연적인 성격을 가진다. 인간은 선행과 공적으로 믿음을 성취할 수 없으며 오직 하나님만이 허락할 수 있다.

---

251 Ibid., II, Q.85, art.2. Fairweather, *On Nature and Grace*, 127-28.
252 Ibid., II, Q.85, art.1. Fairweather, *On Nature and Grace*, 126.
253 Ibid., II, Q.111, art.2. Fairweather, *On Nature and Grace*, 167.

인간은 은혜로 말미암아 중생과 성화라는 구원의 과정을 걸을 수 있다.[254]

다른 하나는, 은혜는 인간 본성의 자연적 역량을 파괴하지 않고, 오히려 완성시킨다.(gratia non tollit naturam, sed perficit.)[255] 아퀴나스에게 은혜는 인간의 본성을 완전히 파괴하고 새로운 본성을 부여하는 것이 아니다. 은혜는 인간을 하나님과 올바른 관계로 회복시킨다. 은혜가 인간 본성의 역량을 '고양'할 수 있는 이유는, 인간 본성에 고양될 요소가 남아 있기 때문이다.[256] 아퀴나스에게 인간의 본성이 완전히 파괴되지 않았듯이, 자유의지도 완전히 상실되지 않았다. 아퀴나스는 자유의지에 대해 긍정적이다. 그는 자유의지가 인간이 다른 피조물과 구별되는 중요한 요소라고 본다. 그러므로 아퀴나스의 사상에서 인간에게 중생을 일으키는 것은

---

254 아퀴나스의 중생/칭의의 개념은 종교개혁가 루터와 칼뱅과는 차이가 있다. 루터와 칼뱅에게 하나님의 의는 '우리 밖'(extra nos)에서 온다. 은혜가 와도 인간에게 의가 주어지는 것이 아니라, 그리스도의 의를 덧입게 한다. 반면 아퀴나스에게는 은혜가 인간을 '변용'(transformation)시켜 의를 획득하게 한다. 은혜는 인간이 선행을 할 수 있도록 만들고 영원한 생명을 얻을 수 있게 한다. Charles Raith II, *Aquinas and Calvin on Romans: God's Justification and Our Participation* (Oxford: Oxford University Press, 2014), 110-11.

255 아퀴나스의 은혜론의 상징적 표현인 "gratia non tollit naturam, sed perficit"는 은혜와 자연의 정의에 따라서 다양하게 해석될 수 있다. 젠슨(R. Jenson)은 이 표현이 시대에 따라 사용된 다양한 해석을 분석하였다. 필자는 여기서 일반적인 해석, 즉 '은혜와 자연이 대립하지 않으며, 은혜가 자연을 완전하게 한다.'는 의미로 사용한다. Robert W. Jenson, "Gratia Non Tollit Naturam Sed Perficit," *Pro Ecclesia* 24, no. 1 (Winter 2015): 115-23.

256 올슨은 아퀴나스의 은혜론에서 인간 본성의 변용사상이 동방교부들의 신화사상과 유사하다고 주장한다. [Roger E. Olson, *The Story of Christian Theology: Twenty Centuries of Tradition and Reform* (Illinois: InterVarsity Press, 1999), 344.] 올슨의 주장은 부분적으로 일리가 있다. 그러나 아퀴나스의 은혜론에는 다른 측면도 있다. 아퀴나스가 은혜를 선택과 연관시켰고, 또한 예정론을 유지한다는 점에서, 아퀴나스의 은혜론은 서방교회의 아우구스티누스적인 성격을 가지고 있다.

은혜이지만, 인간도 그냥 있어서는 안 된다. 인간의 자유의지가 독립적으로 구원을 성취하지는 못하나, 은혜에 협력적으로 응답할 수는 있기 때문이다.[257] 그래서 아퀴나스는, 구원은 오직 하나님의 능력에 의한 것이지만 인간이 노력하고 협력해야 한다고 주장했다.

아퀴나스의 은혜론에서 숙고해야 할 부분이 있다. 아퀴나스는 인간이 오직 하나님의 '은혜'에 의해 구원받는다고 믿었다. 이 점에서 아퀴나스의 은혜와 선행에 대한 사상은 칼뱅과 큰 차이가 없다.[258] 한편, 아퀴나스의 은혜론에는 인간에 대한 긍정이 있다. 은혜는 인간을 부정하지 않는다. 하나님의 은혜가 인간의 의지를 파괴하고 무능하게 만들지 않는다. 오히려 은혜는 인간의 한계를 회복하고 완성한다. 인간 본성에 남아 있는 선을 향한 끌림이 하나님의 은혜를 침해하지 않는다. 아퀴나스는 구원이 오직 은혜로 가능하다고 보았지만, 동시에 인간의 의지도 강조했다. 아퀴나스는 하나님의 은혜와 인간의 의지 중에 어느 것도 배제되지 않는 구원론의 유형을 추구했던 것이다.

---

257 Aquinas, *On Nature and Grace*, II, Q.114, art.4. Fairweather, *On Nature and Grace*, 209.

258 레이스(C. Raith II)는 아퀴나스의 '은혜와 선행' 사상이 칼뱅과 상당히 유사하다는 것을 보여준다. 그들의 차이는 은혜에 대한 이해보다는 중생의 성격에서 비롯된다. Charles Raith II, "Aquinas and Calvin on Merit, Part II: Condignity and Participation," *Pro Ecclesia* 21, no. 2 (Spring 2012): 195-210.

3. 은혜 안에서 인간의 응답성 : 브루너와 바르트

브루너와 바르트의 '계시와 은혜'에 대한 논쟁은 브루너(E. Brunner)가 『자연과 은혜』(1934)를 발표하면서 시작되었다. 바르트(K. Barth)는 같은 해에 『아니오! 에밀 브루너에 대한 답변』이라는 도전적 제목의 글로 응수했다. 두 책은 20세기 개신교 신학 최대의 관심사인 '계시와 은혜'에 대한 중요한 저술로 간주되었다. 브루너와 바르트는 신정통주의 신학이라는 유사한 입장에 있었기 때문에 두 신학자의 논쟁은 많은 사람을 놀라게 했다.

브루너와 바르트 사이의 논쟁은 여섯 개의 항목으로 진행되었다. 그중에서 세 주제, 곧 하나님의 형상, 은혜, 인간의 응답성이 특히 중요하다. 그러면 간략히 세 주제에 대한 브루너와 바르트의 입장을 보겠다.

첫째, 논쟁의 시작은 '하나님의 형상'(imago Dei)에서 시작되었다. 브루너는 하나님의 형상을 형식적인 것과 실제적인 것으로 나누었다. 브루너는 인간에게 실제적 형상은 사라졌지만, 형식적 형상은 모든 인간이 여전히 가지고 있다고 보았다. 형식적 형상으로 인해 인간은 다른 피조물과 구별된다. 브루너는 인간이 죄를 지을 수 있는 가능성도 형식적 형상 때문이며, 형식적 형상은 인간이 타락한 이후에도 파괴되지 않았다고 보았다.[259] 인간의 '형식적 형상'으로 인해 인간은 주체이며 책임성이 있다고 본

---

259 브루너 사상에서 형식적 형상과 실제적 형상의 구별은 대단히 중요하다. 브루너의

것이다.[260] 그러나 바르트는 인간이 형식적 형상에 의해 주체이며 책임적인 존재가 될 수 있다는 것에 동의하지 않는다. 바르트는, 인간은 구원에 대해 전적으로 무능하며, 구원에 있어서 인간과 다른 피조물의 차이는 없다고 보았다.[261]

둘째, 은혜에 대한 논쟁이다. 브루너는, 하나님은 타락한 피조물에게도 은혜를 베푼다고 보았다. 그는 피조세계를 유지하는 은혜를 하나님의 '보존의 은혜'라고 지칭한다. 브루너는 보존의 은혜를 모든 피조세계에 대한 하나님의 보편은혜로 보았고, 보편은혜를 구원의 은혜와 구별함으로 만유구원론에 빠지는 것을 피한다.[262] 바르트도 창조를 하나님의 은혜의 결과로 본다. 그러나 바르트는 보존의 은혜가 그리스도 없이 행해지는 은혜라는 것에 반대한다. 바르트는 피조세계의 유지를 독립된 보전의 은혜로 보지 않고, 그리스도 안에서 이루어진 은혜로 본다.[263] 바르트에게는 그리스도의 은혜를 벗어난 어떤 자연적인 보존도 없다.[264] 그래서 바르

죄론 역시 두 종류의 하나님의 형상과 연결된다. 브루너는 죄를 형식적 형식과 실제적 형식 사이에 있는 하나의 역설로 보았다. Cf. Paul L. Allen, "Sin and Natural Theology: An Augustinian Framework Beyond Barth," *Neue Zeitschrift für Systematische Theologie und Religionsphilosophie* 57, no. 1 (2015): 14-31.

260 Emil Brunner, "Nature and Grace," in *Natural Theology: Comprising "Nature and Grace" by Emil Brunner and the Reply "No!" by Karl Barth*, trans. Peter Fraenkel (London: The Centenary Press, 1945), 23. 브루너와 바르트의 책은 원래 각기 독립된 책으로 출판되었으나, 여기서는 두 책을 *Natural Theology*라는 제하의 한 권으로 편집된 책에서 인용했다. 그래서 브루너와 바르트의 책 이름을 논문처럼 표시했다.

261 Karl Barth, "No! Answer to Emil Brunner," in *Natural Theology: Comprising "Nature and Grace" by Emil Brunner and the Reply "No!" by Karl Barth*, trans. Peter Fraenkel (London: The Centenary Press, 1945), 79-80.

262 Brunner, "Nature and Grace," 28-29.

263 Barth, "No! Answer to Emil Brunner," 83.

264 바르트가 오직 은혜를 강조하기 때문에, 바르트가 하나님의 은혜를 값싸게 만들

트는 아담이 계명을 지키는 한 아담에게 생명이 약속되었다는 '행위의 계약'(foedus operum)을 거부한다.[265]

셋째, 은혜에 대한 논쟁은 하나님과 인간 사이의 '접촉점' 논쟁으로 이어졌다. 접촉점 논쟁은 인간의 응답성과 연결된 주제이다. 브루너는 인간이 다른 피조물과 달리 하나님의 말씀을 받을 수 있다면, 인간에게 구원의 은혜를 받을 수 있는 접촉점이 있다고 주장한다. 브루너에게 접촉점은 인간이 가지고 있는 '하나님의 형상'이며 은혜에 대한 응답성이다. 하나님의 말씀이 인간에게 계시의 수용능력을 만들어내는 것이 아니라, 수용성은 전제되어 있다는 것이다.[266] 한편, 바르트는 그리스도의 은혜를 떠나서 인간에게는 어떤 형태이든 계시의 수용능력은 없다고 주장한다. 인간에게 내재된 접촉점은 전혀 없다는 것이다. 바르트는, 성령은 접촉점을 필요로 하지 않으며, 스스로 필요한 접촉점을 창조하신다고 주장한다.[267] 즉 브루너는 인간에게 하나님의 형식적 형상이 유지되는 것으로 보았고, 그

거나, 혹은 인간의 책임성이 하나님의 책임성과 교체된다는 비판이 있다. [Cf. Jesse Couenhoven, "Grace as Pardon and Power: Pictures of the Christian Life in Luther, Calvin, and Barth," *Journal of Religious Ethics* 28, no. 1 (Spring 2000): 83.] 하지만 이런 비판은 바르트의 은혜론을 오해한 것이다. 바르트는 인간의 책임성과 하나님의 은혜를 동일한 차원에 두지도 않았고, 서로 교체되는 것으로 보지도 않았다. 바르트는 인간의 책임성을 그리스도의 은혜 '안'에 두었고, 그리스도 안에서 인간은 진정한 기독교인의 책임성을 가진다고 보았다.

265 R. Keith Loftin, "A Barthian Critique of the Covenant of Redemption," *Trinity Journal* 38, no. 2 (Fall 2017): 204–06.
266 Brunner, "Nature and Grace," 31. 그러나 브루너의 이런 주장이, 인간이 하나님 없이 스스로 자신의 죄를 알 수 있다는 것을 뜻하지는 않는다. 브루너 역시 인간은 오직 그리스도와의 만남을 통해서만 자신의 타락한 상태를 알 수 있다고 본다. Emil Brunner, *The Christian Doctrine of the Church, Faith, and the Consummation: Dogmatics III*, trans. Olive Wyon (London: Lutterworth Press, 1962), 150–51.
267 Barth, "No! Answer to Emil Brunner," 121.

형상은 은혜를 받아들이는 수용능력을 의미한다. 반면 바르트는, 인간은 은혜를 수용할 어떤 능력도 없으며, 은혜의 수용도 오직 은혜로 인해 가능하다고 보았다.[268]

브루너와 바르트의 신학은 분명히 차이가 있다. 그러나 그들 사이에 의미 있는 유사성도 상당하다. 두 신학자 모두 종교개혁의 전승에 서 있고, 구원을 향한 인간의 능동적인 능력을 받아들이지 않는다. 오직 은혜를 주장하는 점에서도 일치한다. 두 신학자의 논쟁은 '오직 은혜'라는 구조 안에서 이루어졌다. 브루너는 단지 인간에게 은혜에 응답할 수 있는 능력이 있다고 보았다. 바르트도 하나님과 인간이 만날 수 있는 접촉점을 부정하지 않는다. 다만 바르트는 그 접촉점조차 하나님의 은혜로 주어진다고 보았다. 바르트는 은혜 외에 구원을 위한 어떤 요소도 받아들이지 않았다. 브루너가 우려한 것은 은혜에 대한 일방적 강조가 인간의 책임성을 상실하게 만드는 것이었다. 한편, 비록 바르트가 은혜의 우선성을 강조했지만, 바르트도 그리스도 안에 있는 인간의 주체성을 누구보다 강조했다. 바르트는 이렇게 말한다. "인간은 신앙의 주체이다. 인간이 믿지 하나님이 믿는 것이 아니다. 다만 인간이 신앙 안에서 주체라는 사실은 주격이신 하나님에 의해 술어로서 괄호 쳐진다."[269] 바르트는 인간론에서, 말씀 속에 있는 인간을 '참 인간'으로 규정하며, 참 인간은 자신에 대해, 이웃에 대해, 역사에 대해 주체성을 가진다고 선언한다. 참 인간은 그리스도 안에서 부름받은 인간이며, 소명 속에 있는 인간이다. 참 인간은 응답의 주체로서

---

268 흥미 있게도, 은혜에 대한 인간의 수용능력의 긍정/강조가 구원론의 확대로 이어지는 것은 아니다. 브루너는 보편구원을 명백히 반대하는 반면, 오히려 바르트는 그리스도의 은혜에 바탕을 둔 보편화해를 주장한다. 브루너의 입장에 대해서는 다음의 논문을 참고하고, 바르트의 입장에 대해서는 이 책의 제4장을 참고하라. Cf. Richard Paul Cumming, "The Problem of Universal Salvation in the Theology of Emil Brunner," *Union Seminary Quarterly Review* 65, no. 1-2 (2015): 74-95.

269 Barth, *Church Dogmatics*, I/1, 245.

인류와 역사를 향한 책임성을 가진다.²⁷⁰ 단지 바르트는 그리스도의 은혜 '밖'에 있는 인간의 주체성과 책임성을 경계했을 뿐이다.

---

270 Barth, *Church Dogmatics*, III/2, 203-324, 특히 41-71, 150, 203. 옥스(K. Oakes)는 바르트의 신학에서 피조물/인간의 역할이 위축된다는 비판을 받아들이지 않는다. 옥스는, 바르트가 인간을 '하나님의 피조물이면서 파트너'라는 이중적 성격으로 보았다고 주장한다. 옥스의 견해는 전적으로 옳다. Kenneth Oakes, "The Question of Nature and Grace in Karl Barth: Humanity as Creature and as Covenant-Partner," *Modern Theology* 23, no. 4 (October 2007): 595-616.

4. 결론

앞에서 본 아우구스티누스, 아퀴나스, 브루너, 바르트의 은혜론은 이 주제에서 대표적 유형들이다. 모두 나름의 장점을 가지고 있으며, 기독교 역사에서 중요한 전승에 서 있다. 그들의 은혜론은 서로 다른 강조점에도 불구하고 하나의 공통점이 있다. 모두는 하나님의 은혜를 강조하지만, 인간의 의지를 무가치한 것으로 보지 않는다. 이 점에서 그들의 은혜론을 높게 평가할 수 있다. 하지만 한 가지 만족스럽지 못한 부분이 있다. 그것은 하나님의 은혜와 인간의 의지가 어떻게 관계되는지에 대한 설명이 부족하다는 점이다. 그래서 그들의 입장 중에 특정한 하나를 절대화하기는 어렵다.

하나님의 은혜와 인간의 의지 중에 어느 하나를 강조하는 것은 쉽다. 하나님의 은혜와 인간의 주체성이 어떻게 조화를 이루는지를 밝히는 것이 어려운 작업이다. 양자의 조화가 어려운 이유가 있다. 구원은 '우리 밖'(extra nos)에서 일어난 그리스도의 대속에 근거한다. 하지만 동시에 구원은 인간과 피조물을 '위한' 구원이다. 은혜의 절대성과 객관성만 강조하면, 우리를 위한 구원사건이 우리와 상관없는 사건이 되어버린다. 그렇게 되면 인간의 주체성과 주관적 신앙이 희생당한다. 배타적 구원론에서는 인간의 결단이 약화될 수밖에 없다. 그래서 배타적 구원론에 대한 반발로, 실존신학의 그리스도론은 인간을 구원행위의 방관자나 관찰자로 만들지 않으려 했다. 실존신학은 '나를 위한'(pro me) 그리스도를 강조한다.

불트만(R. Bultmann)은 그리스도의 십자가이기 때문에 구원의 능력이 있는 것이 아니라, 구원의 능력이 있기 때문에 그리스도의 십자가라고 주장했다.[271] 불트만은 실존적 결단이라는 해석학을 통해 인간이 구원에 참여하는 길을 열려고 했다. 그러나 실존신학의 주장은 '우리 밖'에서 일어난 십자가의 대속사건을 '나를 위한' 사건으로 환원할 위험이 있다. 그러므로 하나님의 '주권-은혜'와 인간의 '의지-결단'이 어떻게 조화를 이루는지가 다시 한 번 관건이 될 수밖에 없다.

하나님의 은혜와 인간의 결단이 '구원'과 연관될 때, 이는 난해한 주제가 된다. 구원이 오직 하나님의 은혜가 아니라면, 구원은 인간의 노력과 선행(善行)의 대가가 된다. 반면 구원이 오직 하나님의 은혜라면, 인간의 결단과 책임성은 흐려진다. 따라서 하나님의 은혜와 인간의 결단을 동일한 차원에서 접근하면, 해결이 되지 않는다. 은혜와 결단을 동일차원에 두고, 양자택일로 접근하면 막다른 길에 도달한다.

성서는 뭐라고 하는가? 신학의 주제 중에 풀리지 않는 난제를 만나면, 우리는 다시 성서로 돌아가야 하고, 성서에서 답을 찾아야 한다. 성서에는 은혜의 일방성과 인간의 결단에 대한 부분이 모두 있다. 결단의 요청은 예수의 회개의 부름과 윤리적 말씀에서 흔히 보이고, 인간에게는 회심으로 나타난다. 그러면 하나님의 은혜와 인간의 결단의 형태와 성격, 곧 은혜와 결단의 관계를 보겠다.

1) 은혜와 결단: 동일한 근원

하나님의 은혜와 인간의 결단은 동일한 근원을 가진다. 이 둘은 모두

---

[271] Rudolf Bultmann, "New Testament and Mythology," in *Kerygma and Myth: A Theological Debate*, vol. 1, trans. Reginald H. Fuller (London: SPCK, 1957), 41.

하나님에게서 비롯된다. 다만 하나님의 은혜/구원의지가 인간의 결단/회개에 앞서는 구조를 가진다. 앞에서 보았듯이, 예수의 포도원 비유에서 구원은 일방적으로 선언된다.(마 20:1-15) 일꾼들은 구원을 위해 아무런 역할도 하지 못한다. 또한 예수의 죄 용서에는 조건이 없다.(요 7:53-8:11) 예수는 죄 용서를 위해 어떠한 정결예식이나 율법의 완수를 요구하지 않았다. 그리고 예수의 공생애 사역에서 예수가 가난하고 소외된 죄인들을 '수용'한 것은 독특한 행위였다. 예수는 그들을 수용할 때 어떤 조건도 없었다. 예수의 구원 선언, 죄 용서, 죄인의 수용은 모두 동일한 구조를 가지고 있다. 예수는 구원에 앞서는 어떤 조건도 요구하지 않고, 구원과 용서는 오직 예수의 일방적인 행위에 의한다. 그것은 오직 은혜이다. 동시에 예수는 회개의 결단을 요청했다.(마 4:17, 눅 5:32) 때로는 회개의 요청이 신랄한 경고의 형태였고, 때로는 저주에 가까운 말씀이었다.(눅 6:24-26) 이처럼 예수에게 은혜/구원의 선포와 결단/회개의 요청이 함께 있다.

하지만 예수의 선포에서, 은혜와 결단은 나란히 동등하지 않다. 예수의 선포에서 언제나 용서와 구원이 회개에 선행한다. 그런데 은혜가 선행하는 구조는 동일하지만, 형태는 두 가지로 나타난다. 하나씩 보겠다.

첫 번째는, 은혜가 인간의 결단과 회개를 불러일으키는 형태이다. 즉 은혜가 회개의 결단을 촉발시킨다. 예수의 부름을 받고 세리 레위는 삶이 달라졌다.(눅 5:27-32) 레위는 과거의 삶에서 돌이켜 예수의 제자가 되었다. 다음으로, 삭개오 이야기에서도 동일한 것을 볼 수 있다. 무엇보다 눈에 띄는 것은 예수의 수용과 삭개오의 결단의 과정이다.(눅 19:1-10) 예수가 먼저 삭개오에게 말을 건넸다. "내가 오늘 네 집에 유하여야 하겠다."(5절) 예수가 삭개오를 받아들인 행위가 먼저이다. 이 구절의 동사 '유하다'($\mu\varepsilon\iota\nu\alpha\iota$)에서 예수의 구원의지가 분명히 드러난다.[272] 여기서 예수가 삭

272　예수는 삭개오의 집에 '유하겠다'(5절)고 선언했고, 이 광경을 지켜본 무리들은 예

개오에게 '용서'라는 말은 사용하지 않는다. 하지만 이 구절은 예수가 삭개오를 받아들인 수용의 표현이다. 진정한 용서는 그 사람에 대한 '인격적 수용'에서 발생한다. 죄의 사면과 용서가 반드시 언어의 형태로 나타나는 것은 아니다. 사죄선언은 용서한 '사실'을 공표하는 것일 뿐이다. 예수의 말씀에 이어 삭개오의 회개의 응답이 따라왔다. "내 소유의 절반을 가난한 자들에게 주겠사오며 만일 누구의 것을 속여 빼앗은 일이 있으면 네 갑절이나 갚겠나이다."(8절) 삭개오의 고백은 예수와 사람들 앞에서 행한 공적 선언이다.[273] 용서에는 반드시 인격적 수용이 있다. 그렇기에 용서가 일어나면, 용서한 자와 용서받은 자의 파괴된 관계가 회복된다. 그들은 새로운 교제로 들어가고, 그들 사이에 새로운 질서가 이루어진다. 복음서에 나타나는 구원, 용서, 은혜가 인간의 회개, 결단, 회심보다 앞서는 모든 경우가 이 형태에 해당된다.

두 번째는, 결단과 회개가 구원의 약속에 근거하는 형태이다. 구원이나 은혜에 대한 명시적인 언급 없이 회개만 요청되는 경우이다. 이 경우가 해석하기에 아주 까다롭다. 예수는 공생애를 시작하며 이렇게 선포했다. "때가 찼고 하나님의 나라가 가까이 왔으니 회개하고 복음을 믿으라."(막 1:15) 이 구절에 구원, 은혜, 용서와 같은 표현이 없다. 그러나 이는 예수의 회개의 요청이면서 동시에 구원의 선언이다. 예수는 표면적으로 준엄하게

수가 죄인의 집에 '유하겠다'(7절)는 말에 놀란다. 킬갤런(J. J. Kilgallen)은 동사 '유하다'(μειναι)는 '반드시 머물다'는 의미이며, 예수의 구원의지가 명확하게 표출된 것이라고 본다. Kilgallen, "Was Jesus Right to Eat with Sinners and Tax Collectors?" 597-99.

273 루실링(W. C. Reuschling)은 삭개오의 말을 공적인 선언으로 해석한다. 그것은 삭개오가 일회적 결단이 아니라, 자신의 과거의 삶과는 다른 삶의 방식과 방향을 선언했기 때문이다. 그녀는 삭개오 이야기를 누가복음의 중요한 회개의 한 형태로 본다. Wyndy Corbin Reuschling, "Jacchaeus's Conversion: To Be or Not To Be a Tax Collector(Luke 19:1-10)," *Ex auditu* 25 (2009): 67-88.

회개를 요청하였다. 그러나 예수의 회개 요청은 그 '근거'를 알 때 제대로 해석할 수 있다. 예수의 회개 요청의 근거는 하나님의 은혜이다. 예수의 회개 요청은 하나님이 구원하실 것이라는 약속에 의존한다. "회개는 은혜로부터 솟아난다. 하나님의 선하심은 사람을 참으로 회개로 이끌 수 있는 유일한 힘이다."[274] 그러므로 은혜 없이 회개와 결단이 일어날 수 없다. 하나님의 은혜가 임한 것은 이미 그에게 용서가 이루어진 것이다. 언제나 은혜가 먼저이고, 회개가 뒤따른다. "결론적으로, 예수 자신과 신약 전체는 회개에 대해 오직 하나의 동기만을 알 뿐이다. 그것은 바로 구원에 대한 확신이다."[275]

이상의 논의를 보면, 은혜와 결단의 관계를 알 수 있다. 예수의 회개와 결단의 요청은 선행하는 은혜에 근거를 두고 있다. 이미 역사적 예수와 함께 구원은 도래하였다. 구원은 어느 때건, 지금 여기에서 우리에게 실현될 수 있다. 만약 내가 그 구원을 체험하지 못했다면, 그 구원이 '나에게' 현재화되지 않았을 뿐이다. 구원이 나에게 '아직' 이루어지지 않았더라도, 그것은 먼 미래가 아니라 '감추어진 현재'이다. 그러므로 회개는 구원의 조건이 아니다. 회개는 구원의 약속 안에서 요청된다. 하나님의 선행적 구원과 용서가 없다면 회개의 결단은 불가능하다. 회개는 은혜 없이 홀로 존재하지 못한다. 회개는 인간 내면의 능력에서 비롯되는 자기-결단이 아니다. 이런 의미에서, 인간의 회개와 결단도 하나님의 은혜에 근거해 있다. 따라서 구원과 회개는 하나님의 동일한 은혜에 의해 주어진다.

은혜와 결단 모두가 하나님에게 기인한다는 사실은 은혜론을 새롭게 볼 수 있는 관점을 준다. 그러면 두 가지를 중심으로 추가적인 논의를 하려 한다. 하나는 '배려하는 은혜'라는 은혜의 성격이고, 다른 하나는 '구원

274　Jeremias, *New Testament Theology*, 157.
275　Ibid.

사건의 배열구조'이다. 이 논의를 위해서는 접근하는 순서가 중요하다. 먼저 은혜와 인간의 결단에 집중해야 한다. 인간의 책임성을 먼저 다루면 안 되며, 은혜론 다음에 봐야 한다. 구원을 경험하지 못한 상태에서는, 인간의 책임성은 매우 모호한 용어이다. 무엇을 향한 책임성인지가 불분명하기 때문이다. 하나님의 은혜를 체험한 자들, 곧 기독교인의 책임성과 제자도는 다음 장에서 다룰 것이다. 그러면 은혜의 성격과 구원사건의 배열구조를 보자. 이 논의를 통해 은혜와 결단의 관계가 보다 분명해질 것이다.

2) 배려하는 은혜

구원은 오직 하나님의 은혜로써 가능하다. 죄에는 마성화된 초역사적인 성격이 있기 때문에 인간의 노력만으로 극복되지 않는다. 마찬가지로 구원도 인간의 자기 결단으로는 성취할 수 없다. 구원은 우리 밖에서 일어난 '오직 은혜'(sola gratia)의 사건이다. 구원은 하나님의 주권에 의하며, 은혜에 기인한다. 구원과 죄 사이에는 인간이 스스로 넘어설 수 없는 깊은 심연이 있다. '구원'에 있어서 하나님의 은혜는 일방적이며, 인간의 능력이 들어설 여지는 없다. 그래서 구원은 인간에게 선물이다.(엡 2:8)

그러나 하나님의 은혜는 배려하는 은혜이다. 하나님은 인간을 창조하면서 자신의 형상으로 지었다.(창 1:26) 하나님의 형상(imago Dei)은 대화적 관계를 의미한다. 하나님의 인격성은 피조물과의 교제를 뜻한다. 대화와 교제는 상대에 대한 존중을 바탕으로 한다. 하나님은 아담에게 결정할 수 있는 자유를 주었다. 그것이 잘못된 결정이고, 그 결정에 따른 결과가 참혹할지라도, 하나님은 아담에게서 스스로 선택할 수 있는 주체성을 박탈하지 않았다. 그것은 아담의 인격에 대한 존중이고 배려이다. 하나님은 결코 인간과 대화를 그만두지 않았다. 심지어 하나님의 대화는 가인에게도 열려 있었다.(창 4:14-15) 하나님은 인간과 약속을 맺고 계약을 맺었다.(렘 30:22, 히 6:13) 하나님은 인간의 부르짖음을 듣고 응답하는 자이다.(렘 33:3) 그것은 하나님이 피조물인 인간의 주체성을 존중하고, 인간을 자신의 대화상대로 허락했기 때문이다.

은혜는 인간의 주체성을 무시하고 말살하지 않는다. 하나님의 은혜는 인간의 주체성을 배려한다. 여기서 예수의 윤리적 요청의 의미를 보자. 예수는 추종자들에게 자신의 말을 행하라고 요청했다.

> 너희는 나를 불러 주여 주여 하면서도 어찌하여 내가 말하는 것을 행하지 아니하느냐(눅 6:46)

얼마의 학자들은 위 구절을 예수의 윤리적 말씀 중에 가장 지키기 힘든 것으로 여긴다.[276] 왜냐하면 예수는 자신을 '주'로 부르려면, 자신의 말을 다 실천하라고 요청하기 때문이다. 하지만 예수의 이 말씀에는 인간에 대한 긍정이 있다. 예수의 요청에 응답하기 위해서는 인간의 결단이 필요하기 때문이다. 결단에는 인간의 주체성이 포함된다. 예수는 인간의 자발성을 고려했기 때문에 회개를 요청했다.(막 1:15) 그러므로 예수의 회개 요청은 인간의 주체성과 자유를 전제하고 있다.

예수의 회개 요청은 인간이 가진 구원의 능력을 일깨우는 선언이 아니다. 인간의 구원의 능력에 대한 승인도 아니다. 그것은 구원으로 오라는 요청이며, 죄를 떠나 하나님에게 돌아오라는 요청이다. 그러면 인간이 돌아올 능력이 있는가? 아직 이 질문을 해서는 안 된다. 이 질문은 잠시 후에 생각하자. 회개 요청을 마주하고, 거기서 은혜를 발견한 자는 '회개의 능력' 여부는 무의미한 질문이라는 것을 알게 될 것이다. 지금은 은혜의 성격

---

276 Simon J. Joseph, "'Why Do You Call Me 'Master'…?' Q 6:46, the Inaugural Sermon, and the Demands of Discipleship," *Journal of Biblical Literature* 132, no. 4 (Winter 2013): 955-56.

에 집중해야 한다. 예수의 강력한 회개 요청은 '은혜'에서 나온 것이다. 예수는 일방적으로 구원과 멸망을 결정하지 않았다. 예수는 회개를 요청했고, 이 회개의 요청은 사실은 구원의 선포였다. 성서는 많은 회개의 요청으로 넘친다. 회개의 요청은 하나님의 오래 참음과 인내로 연결된다.(벧후 3:15) 하나님의 회개 요청과 인내는 인간의 주체성에 대한 배려이다. 그것은 인간을 자신의 파트너로 인정한 하나님의 자유의 행위이다. 그렇게 하지 않아도 되지만, 그렇게 하는 것이기에 하나님의 자유이다.

하나님의 은혜는 강요하는 은혜가 아니다. 은혜는 인간의 인격성을 배제하지 않는다. 그것은 대화하는 은혜이다. 은혜는 인간을 왜소하게 만들지 않는다. 인간의 주체성은 하나님의 허락에 의한다. 그러므로 회개의 요청과 그에 따른 인간의 응답과 결단도 하나님의 구원에 대한 주권을 침해하거나, 은혜를 훼손하지 않는다. 은혜는 일방적이거나 독단적이지 않다. 일방적 은혜는 두려운 은혜이고, 인간의 주체성을 파괴하는 은혜이다. 하나님이 은혜는 대화하는 은혜이고, 배려하는 은혜이다.

3) 구원사건의 배열구조

구원은 언제나 '사건'의 성격을 가지고 있다. 구원은 단순히 개념이나 설명으로 알 수 있는 것이 아니다. 우리는 종종 이렇게 질문한다. 인간이 구원을 위해 결단할 수 있는 능력이 있는가? 구원사건에 관한 한, 적절한 질문은 아니다. 이런 질문과 그에 대한 사변적 답변으로는 결코 구원사건을 경험하지 못한다.

성서에는 은혜와 구원에 대한 많은 언급이 있다. 뼈대는 단순하다. 구원은 하나님의 은혜라는 것을 분명히 하고, 그리고 우리에게 회개를 요청한다. 우리에게 요청된 것은 '회개'이다. 구원과 회개의 관계는, 예수의 부름과 그에 응답하는 결단과 구조에서 동일하다. 예수는 인간에게 회개의 능력이 있는지, 결단의 능력이 있는지를 먼저 설명하지 않았다. 회개하라! 나를 따르라!(마 16:24) 예수는 모든 것을 버리고 따르라고 요청했다. 자신의 십자가를 지고 따라야 하는 따름이다. 자신의 생명을 걸어야 하는 결단이다.

전 실존을 걸고 회개한 자만이 안다. 자신의 십자가를 지고 결단한 자만이 구원을 경험한다. 예수의 요청은 단호하다. 제3의 길은 없다. 한 율법교사가 예수에게 영생을 얻는 방법을 물었다.(눅 10:25-37) 그러자 예수는 선한 사마리아인의 비유를 말한다.[277] 율법교사는 하나님과 이웃을 사랑하라는 계명을 잘 알고 있었다.(27절) 그는 비유의 답을 알고 있는 것처럼 보였다. 그러나 예수는 강도 만난 자의 이웃이 누구인지를 물었다. 누구나 대답할 수 있는 물음이다. 율법교사는 말했다. "자비를 베푼 자니이다."(37절) 그런데 예수는 그에게 정답이라고 하지 않았다. 대신 예수는 그에게 결단을 요청했다. "가서 너도 이와 같이 하라."(37절) 예수의 요청은 말로 대답할 수 있는 것이 아니었다. 예수의 요청은 이런 것이었다.

어떤 부자 청년이 예수에게 구원의 길을 물었다.(막 10:17-22) 그는 어릴 적부터 계명을 잘 알았다. 그는 율법의 기준으로 의인이었다. 청년은 예수에게 당당하게 질문했다. 예수는 그에게 딱 하나를 요청했다. "가서 네게 있는 것을 다 팔아 가난한 자들에게 주라."(21절) 부자 청년은 근심하며 돌아갔다. 그에게 재물은 하나님이었고 우상이었다. 부자 청년에 대한 예수의 요청은 부자 청년의 삶의 근거를 포기하라는 것과 같다.[278] 예수는 율법교

---

[277] 사마리아인의 비유는 접근에 따라 여러 해석이 가능하다. 그중에서 가장 기본적인 해석은 '단순한 요청'이다. 우리도 이렇게 행하라는 것이다. 다양한 해석에 대해서는 다음 논문을 참고하라. Cf. Joshua Marshal Strahan, "Jesus Teaches Theological Interpretation of the Law: Reading the Good Samaritan in Its Literary Context," *Journal of Theological Interpretation* 10, no. 1 (Spring 2016): 71-86.

[278] 부자 청년의 기사에 대한 해석도 다양하다. 이 기사를 사회학적으로 해석해서 '사취'에 초점을 두기도 한다. [Michael Peppard, "Torah for the Man Who Has

사와 부자 청년에게 자신의 모든 것을 걸고 결단하기를 요청했다. 예수의 요청은 우리의 일부만 가지고 응답할 수 있는 것이 아니었다. 제3자로서 구경할 수 있는 것이 아니었다.

제3자가 되어서는 구원도, 은혜도 알지 못한다. 구원을 관찰자의 위치에서 바라보아서는 모른다. 돌아온 탕자의 비유(눅 15:11-32)에서, 첫아들은 구경꾼이고, 관찰자이다. 그는 아버지와 둘째 아들의 만남을 구경만 했다. 그는 아버지가 베푼 잔치에 참여하지 않았다. 그는 아버지가 둘째 아들에게 은혜를 베풀 때, 은혜의 분량이 너무 지나치지는 않은지 측정했다. 그는 은혜를 분석하고 관찰했지만 결단하지 않았다. 그는 결코 은혜와 구원이 무엇인지 알지 못했다. 한편, 아버지는 둘째 아들을 이미 용서했고 기다렸다. 아버지의 은혜가 선행한 것이다. 즉 은혜와 구원은 이미 현재했으나, 둘째 아들은 그 사실을 몰랐다. 마침내 둘째 아들이 돌아왔다. 아버지는 그를 환영했고 받아들였다. 정확하게 말하면, 탕자를 받아들이는 사건이 '현재화' 된 것이다. 둘째 아들은 아버지를 마주했을 때 은혜를 체험했기 때문에, 아버지의 은혜는 자신의 결단과 '함께' 체험되었다. 구원사건은 다른 어떤 것과도 다른 배열구조를 가지고 있다. 그것은 구원사건 '밖에서'는 구원을 알지 못한다는 것이다. 구원사건에는 그 사건에 들어가서 하나님의 은혜를 직접 경험하지 못한 사람이 알 수 없는 신비의 요소가 있다. 구원은 '하나님'과 '내'가 마주하는 배열구조 안에서 사건이 된다. 인간은 구원에서 소외되지 않는다. 그러나 그 구조 안에서만 구원이 무엇인지를 알 수 있다. 구원의 배열구조는 오직 하나님과 마주하면서 만들어진다. 하나님과 마주하면서 구원은 사건이 된다.

Everything: 'Do Not Defraud' in Mark 10:19," *Journal of Biblical Literature* 134, no. 3 (2015): 597-99.] 여러 해석이 가능하지만, 본 기사의 핵심은 예수의 가르침에 있다. 예수는, 우리가 어떤 것도 하나님보다 더 위에 두어서는 안 된다는 것, 그리고 우리의 전 실존을 건 결단이 무엇인지를 말해준다.

예수는 우리에게 회개와 결단을 요청했다. 회개하라! 회개가 무엇인지, 결단이 무엇인지도 관찰자는 알지 못한다. 회개의 결단은 다양한 형태를 가진다. 때로는 자신이 알게, 때로는 자신의 의식을 넘어서 이루어진다. 하지만 하나님을 마주하는 그 배열구조는 동일하다. 인간은 더는 관찰자가 아닌, 더는 주변인이 아닌, 하나님을 마주할 때에만 구원을 경험한다. 이것이 하나님과 인간이 만나는 독특한 구원사건의 경험이다. 구원은 인간을 배제하지 않는다. 구원은 인간 없이 일어나지 않는다. 구원사건 안에서, 하나님의 자비로운 행위와 인간의 결단은 '동시적'으로 나타난다. 물론 하나님의 은혜가 선행한다. 그러나 인간이 결단의 구조 속으로 들어갈 때 구원이 현재화하기 때문에, 은혜의 임재와 인간의 결단은 선후 없이 실현된다. 하나님의 은혜와 인간의 결단은 함께 현재적인 사건이 된다. 구원사건에서 하나님의 은혜와 인간의 주체성은 분리된 별개가 아닌 동시성을 가진다.

Topics Related to Issues of Christology

II부
그리스도론의 이슈와 연관된 주제들

제6장 　그리스도의 개방된 제자도

제7장 　다원성 시대의 그리스도

제8장 　역사와 탈역사 사이의 그리스도

제9장 　공적 영역의 그리스도

제10장 　포괄적 그리스도론의 쇠퇴와
　　　　 사적 그리스도론의 등장

제11장 　과학적 결정론과 그리스도

제12장 　지구인의 그리스도?

Open Discipleship

of Christ

제6장 그리스도의 개방된 제자도

1. 생명 살림과 구원의 관계
2. 기독교인의 책임성과 인간의 책임성

1. 생명 살림과 구원의 관계

본 장에서는 우리 시대의 주요한 관심거리인 '생명 살림과 구원'의 관계를 살펴보려 한다. 생명 살림의 의미를 본 후, 기독교인이 삶 속에서 행해야 할 '책임성'이 무엇인지도 논할 것이다. 생명 살림과 구원의 관계를 보기 전에, 이와 유사한 구조를 가진 '해방과 구원'의 관계를 간략히 보겠다.

예수 그리스도를 따른다는 것은 무엇을 의미하는가? 1970년대 남미의 해방신학은 가난한 자를 위한 실천(praxis), 즉 예수를 따르는 제자도를 사회-경제적 영역에서 추구했다. 해방신학과 함께 다양한 행동신학들도 제자도의 실현을 사회, 경제, 정치적 영역에서 찾았다. 억압으로부터 인간을 자유롭게 하는 해방적 실천이 강조되면서, 해방과 구원의 관계가 관심을 받았다. 여러 질문이 제기되었다. 사회-경제적 영역에서의 '해방적 경험'은 구원과 어떤 관계가 있는가? 해방은 구원의 한 부분인가? 해방을 통해 구원에 도달할 수 있는가? 곧 해방과 구원의 관계는 신학의 중요한 주제가 되었다. 해방신학은 해방과 구원의 관계를 심도 있게 다루었다. 그 요지를 보겠다.

보프(L. Boff)는 해방과 구원을 구별했다. 보프는 사회적-정치적 해방이 신학적 요소를 가진다고 보았지만, 구원과 일치시키지는 않았다. 그는 사회적 차원에서 경험되는 해방을 '역사적 해방'으로 정의하고, 구원을 '총체적 해방'으로 규정한다. 그는 역사적 해방을 총체적 해방의 예기로 보았다.¹ 보프는 해방의 두 차원 중에서 어느 하나를 강조하지 않는다. 역사적 해방이 강조되면, 미래의 구원이 역사적 해방으로 환원되면서 종말론적인 지향점을 상실한다. 반면 미래의 구원이 강조되면, 역사적 해방이 약화된다. 그래서 보프는 해방의 두 차원을 유지하면서, 그 관계를 예기로 설정한 것이다. 소브리노(J. Sobrino)도 유사한 구조를 가지고 있다. 소브리노는 하나님 나라의 현재적 요소를 역사적 해방과 연결하고, 하나님 나라의 미래적 요소를 유토피아적 구원과 연결한다. 하나님 나라의 유토피아적 완성은 역사적 해방을 위한 강력한 동력이다. 그래서 소브리노는 교회가 프락시스를 격려하기 위해 유토피아적 목표를 유지해야 한다고 주장한다.²

대부분의 해방신학은 해방-구원 혹은 역사적 해방-총체적 해방이라는 두 실체를 함께 유지한다. 그 둘의 관계를 보면, 해방은 구원의 구체화, 예기, 혹은 부분적 성취이다. 이 구조는 "제4장 구원론의 쟁점들"에서 다룬 미래의 '구원의 완성'과 '현재의 구원'의 관계와 크게 다르지 않다. 물론 사용하는 용어와 개념에 차이가 있고 '구원의 완성'에 대한 이해가 동일하지는 않지만, 해방과 구원은 구원의 이중적 성격과 유사하다. 기본적으로, 구원의 미래적 요소와 현재적 요소는 예수의 하나님 나라의 선포에 근거한다. 하나님 나라에는 미래적 말씀과 현재적 말씀이 모두 있다. 두 차원의 말씀에 대한 조화는 역사적 예수의 연구에서 오랫동안 중요한 쟁점이었다. 즉 구원의 이중적 성격을 '구조적 차원'에서 볼 때, 해방신학이 제시

---

1 Leonardo Boff and Clodovis Boff, *Salvation and Liberation: In Search of a Balance between Faith and Politics*, trans. Robert R. Barr (Quezon City: Claretian Publications, 1985), 18-19.

2 Jon Sobrino, "The Witness of the Church in Latin America," in *The Challenge of Basic Christian Communities: Papers from the International Ecumenical Congress of Theology, February 20-March 2, 1980, São Paulo, Brazil*, trans. John Drury, eds. Sergio Torres and John Eagleson (New York: Orbis Books, 1981), 186.

한 해방과 구원의 관계는 완전히 새로운 주제는 아니다. 하지만 해방신학은 성서의 구원을 '사회-경제적 차원'에서 역동적으로 해석했고, 사회-경제적 차원이 해방적 요소를 가진다는 것을 밝혔다. 제자도를 개인적-종교적 한계를 넘어 공동체적-사회적 영역에서 숙고하게 된 것에는 해방신학과 행동신학의 공헌이 컸다.

이제 오늘의 세기에는, 평범한 사람들의 생명 살림과 기독교의 구원의 관계를 설정해야 한다. 먼저 해방과 생명 살림의 상관성을 보겠다. 해방신학에서 '해방과 구원'의 관계가 부각된 것은 주로 '사회-경제적 영역'에서 체험된 해방이 발단이었다. 하지만 20세기 후반부터는 관심이 바뀌었다. 동물, 자연, 기후, 생태계 같은 범지구적 이슈가 신학의 주된 관심이 되었다. 2010년 이후의 공적신학의 연구에서도 땅, 생태계 보전, 지구온난화 등이 신학의 주요한 테마로 부상했다.[3] 즉 생명 살림의 영역은 사회적 해방보다 다양하고 넓다. 생명 살림은 일상생활의 작은 헌신에서부터 정의, 평화, 기아 대책, 생태계 회복, 지구 살리기까지 전 영역에서 일어난다. 또한 '해방과 구원'이 제3세계에서 인간의 해방과 사회의 변화에 치중한 반면, 생명 살림은 제3세계에 국한되지 않으며 인간 중심이 아니라 모든 피조물이 중심이다.

일상생활에서, 가정에서, 학교에서, 직장에서, 자연에서 피조물의 생명은 위협받고 있으며, 이에 반해 생명을 지키기 위해 다양한 영역에서 생명 살림이 실천되고 있다. 예를 들어보자. 유엔(UN)의 2019년 통계에 따르면 세계에서 8억 2,000만 명 이상이 굶주림에 처해 있고, 그중의 상당수는 기아로 사망한다.[4] 기아로 죽어가는 자들에게는 음식이 생명이 아닐까? 아

---

3 자연과 생태계 회복은 공적신학의 주요한 한 모델을 형성한다. 이 책의 "제9장 공적 영역의 그리스도"를 참고하라.
4 Sarah Boseley, "World Hunger on the Rise as 820m at Risk, UN Report Finds,"

사자를 돕는 자들의 행위는, 기독교인이든 아니든, 구원의 의미를 가지는 것이 아닐까? 죽어가는 땅을 살리고 기후를 보전하는 것이 창조주의 뜻이 아닐까? 이제 우리는 생명 살림과 구원이 어떤 관계가 있는지를 묻지 않을 수 없다.

생명 살림과 구원의 관계는 기본적으로 해방과 구원의 관계와 유사하다. 해방의 개념을 넓게 보면, 생명 살림의 한 형태로 볼 수 있다. 해방을 '인간을 속박하는 모든 억압으로부터의 자유'라고 규정한다면, 해방의 범위는 넓어진다. 죄로부터의 해방, 자유의 상실로부터의 해방, 실존적 한계로부터의 해방도 동일하게 볼 수 있다.[5] 또한 해방신학이 사회-경제적 억압에 처한 '가난한 자의 목소리'를 듣는 것과 생태신학이 자연과 환경의 파괴 속에서 '땅의 외침'을 듣는 것은 구조가 같다. 해방신학도 20세기 후반이 되면서, 관심을 사회에서 자연과 생태계로 확대했다.[6] 더군다나 사회적 위기와 생태적 위기는 분리되지 않고, 범지구적 체계 안에서 연결되어 있다. 지금은 해방을 생태학적 차원에서 보거나, 생태-환경의 문제를 해방의 관점에서 보는 것이 일반화되었다.[7] 정리하면, 생태적-환경적 영역

The Guardian, July 15, 2019, https://www.theguardian.com/world/2019/jul/15/world-hunger-un-report.

5 배슘(A. Vashum)은 다섯 명의 신학자, 곧 아우구스티누스(Augustinus), 루터(M. Luther), 니버(Reinhold Niebuhr), 구티에레즈(G. Gutiérrez), 콘(J. Cone)의 신학에 나타난 해방의 개념을 분석하였다. 배슘의 연구는 서로 다른 성격의 신학자들에게, '해방은 인간이 처한 여러 억압과 압박으로부터의 자유'라는 공통된 의미를 가지고 있다는 것을 보여준다. Ahao Vashum, "Liberation as a Theological Theme: Exploring the Theme of Liberation in the Works of Some Selected Theologians," *Asia Journal of Theology* 19, no. 2 (October 2005): 333 49.

6 생태신학을 '생태해방신학'으로 규정하고, 생태계 파괴가 가난과 사회적 억압과 연결된 것으로 보는 시각이 있다. 이는 해방신학의 관점에서 자연과 생태계를 분석한 것이다. Cf. William Holden, Kathleen Nadeau, and Emma Porio, *Ecological Liberation Theology* (Cham: Springer, 2017), 1-2, 52.

7 Daniel P. Castillo, "Integral Ecology as a Liberationist Concept," *Theological Studies*

에서도 해방이 경험되기 때문에, 생명 살림을 해방의 한 형태로 볼 수 있다. 한편, '생명 살림'은 해방신학의 역사적 해방보다 넓은 개념이다. 역사적 해방이 주로 사회-경제적 영역에서 행해지는 것에 비해, 생명 살림은 삶의 여러 영역에서 행해진다.

그렇다면 해방과 구원의 관계처럼, 비기독교인의 생명 살림도 현재하는 구원의 한 형태로 여길 수 있을까? 이 주제는 미묘하고 까다롭다. 전통적으로 구원은 '죄'와 연관 속에서 정의된다. 기본적으로, 죄로부터 벗어나는 것이 구원이다. 죄는 개인적, 사회적, 생태적 영역에서 발생하고 그 형태도 다양하듯이, 구원도 죄의 다양함만큼이나 많은 형태를 가진다. 따라서 생명 살림을 현재하는 구원의 차원에서 볼 수 있다. 다만 생명 살림의 범위를, 선을 긋듯이 규정하기는 어렵다. 지금은 해방에도 여러 형태가 있다. 억압이 기아, 불안, 경제적 고통, 인간성 상실과 같은 생존적인 것부터 심리적이고 정신적인 고통까지 다양하기 때문이다. 생태계 보전도 일상생활에서 물을 절약하는 것부터 대기오염 극복, 동물보호, 방사능 오염 방지, 지구온난화 해소 등 세계적인 프로젝트까지 매우 다양하다. 그러므로 여기서 생명 살림의 개개의 사례를 분석하기는 어렵다. 하지만 생명 살림과 구원의 관계를 설정할 수 있는 관점을 제시할 수는 있다.

생명 살림과 기독교의 구원에는 동일한 부분과 동일하지 않은 부분이 있다. 먼저 동일한 부분을 보자. 구원은 삶의 여러 차원에서 해방, 자유, 생동감의 경험으로 구체화된다. 기독교인이든 혹은 아니든 관계없이, 개인이 체험하는 죄책으로부터의 자유, 사회적·경제적·정치적·문화적 강요와 억압으로부터의 해방, 그리고 훼손된 자연과 생태계의 회복은 모두 구원의 의미를 가진다. 예를 들면, 굶어 죽어가는 자를 위한 교회의 활동과 사

77, no. 2 (June 2016): 353-76.

회단체의 기아대책 모두에서 유사한 경험을 가질 수 있다. 즉 교회의 활동에 의한 것이든, 사회적 프로그램에 의한 것이든 해방과 자유의 경험이 가능하다. 이스라엘은 출애굽사건에서 노예로부터의 해방을 통해 하나님의 해방하는 힘을 경험했다.(출 20:2) 죄, 질병, 사회적 억압, 가난과 죽음으로부터 해방되고 자유를 얻는 것은 그 자체로서 구원의 요소를 지닌다. 구원의 경험과 자유의 경험은 동일한 사건의 양 측면이다.[8] 예수는 자유와 해방을 선언하며 공생애를 시작했다.

> 주의 성령이 내게 임하셨으니 이는 가난한 자에게 복음을 전하게 하시려고 내게 기름을 부으시고 나를 보내사 포로 된 자에게 자유를, 눈 먼 자에게 다시 보게 함을 전파하며 눌린 자를 자유롭게 하고 주의 은혜의 해를 전파하게 하려 하심이라 하였더라(눅 4:18-19)

예수는 가난한 자, 병든 자, 포로 된 자에게 자유를 선언했다. 예수는 그 사람의 종교와 사회적 지위에 따라 자유의 선언을 달리하지 않았다. 자유와 해방이 필요한 모두에게 하나님 나라를 선언했다. 예수의 자유의 선언은 종국적으로 사망으로부터 해방되는 것이다. 그것은 모든 피조물이 더는 허무한 것에 굴복하지 않는 생명을 향한 해방이다. 삼위 하나님은 하나의 세계를 창조하셨다. 세계가 하나이듯이, 역사도 하나이다. 구속사와 세속사라는 두 개의 역사가 아닌, 하나의 역사가 피조세계를 관통하며 하나님 나라의 완성을 향해 나아간다. 은혜는 하나의 세계에서 실현되며, 구원은 인류와 세계를 포함한다. 억압, 소외, 정치-경제적 고통, 자연 파괴로부터의 해방도 죄의 용서와 같이 그리스도의 구원의 사역에 속

---

8 Jürgen Moltmann, *The Spirit of Life: A Universal Affirmation*, trans. Margaret Kohl (Minneapolis: Fortress Press, 1993), 99.

한다. 이 점에서, 기독교의 이름으로 행하든, 사회복지와 자원봉사 단체의 활동이든, 동일한 해방과 자유를 가져온다.

그러므로 하나님의 형상을 왜곡하고 하나님의 공의와 창조질서를 파괴하는 것으로부터의 회복은 구원의 차원을 가진다. 넓은 의미에서 고통, 기아, 강요에 의한 위협과 불안, 전쟁과 폭력으로부터의 해방과 자유는 구원의 한 형태이다. 악한 사회적 구조를 개혁하고 생태계를 회복시키는 것도 구원의 요소를 가진다. 따라서 생명 살림은 일상생활과 역사 안에서 체험되고 이루어지는 '현재적 구원'의 한 형태이다. 상한 마음을 치유하고 위로하는 것도 구원이다. 배고픈 자에게 기아가 해결되고, 상처받은 인격이 치유받고 자존감이 회복될 때, 그 사람에게는 그것이 구원이다. 오염된 공기가 정화되고, 파괴된 생태계가 치유될 때 자연은 새 창조를 향한다. 이 모든 행위에는 '생명 살림'이 있다.

예수의 선포, 가르침, 기적, 윤리에서 가장 으뜸 되는 것은 생명이다. 예수에게는 생명이 율법보다 귀하다. 안식일 법도 생명 위에 있지 못했다.(막 2:27) 예수는 우리에게 강력한 도전의 말씀을 던진다. "안식일에 선을 행하는 것과 악을 행하는 것, 생명을 구하는 것과 죽이는 것, 어느 것이 옳으냐."(막 3:4) 이 말씀은 예수가 우리에게, 우리가 믿고 유지하고 있는 종교가 중한지, 생명을 구하는 것이 중한지를 묻는 질문이다. 교권에 익숙한 우리에게는 참으로 도전적인 질문이다. 예수에게 생명보다 귀한 것은 없다. 생명은 하나님의 것이며, 생명의 사건에는 하나님의 지배가 있다. 그러므로 생명을 구하는 모든 생명 살림의 행위는 구원을 향한다. 굶주린 자에게 제공한 밥 한 그릇이나 소자에게 건넨 물 한 잔은 작은 단독적인 행위일지라도, 그리스도가 섭리하는 구원사의 흐름 안에서 하나의 구원사건으로 간주될 수 있다. 모든 생명 살림의 사건은 잠재적으로 구원의 선포와 연결된다. 즉 구원은 이 땅 위의 모든 생명 살림의 활동을 포함한다. 그러므로 교회의 사회적-생태적 영역에서의 구원활동과 평범한 비기독교인의 생명을 위한 생명 살림의 활동은 대립되지 않는다. 기독교는 하나님이 창조한 피조세계의 고유의 형상을 보존하기 위한 모든 선한 활동과 연대해야 한다.

그러나 성서의 구원과 생명 살림은 차이가 있다. 생명 살림의 경험만으로는 성서의 종말론적인 구원, 근본적인 희망, 하나님이 지배하는 삶으로의 전환이 일어나지는 않는다. 그 차이는 그리스도의 근원적 임재 여부에 대한 경험에서 비롯된다. 즉 사회적 프로그램을 통한 생명 살림의 해방의 경험은 그리스도론적인 전환으로 연결되지 않는다. 그 경험은 개개의 사건과 그 사건이 속한 개인적 혹은 사회적-생태적 영역에 국한된다. 사회적 프로그램에서 경험한 해방과 구원은 근원적인 것은 아니다. 그 경험은 다시 새로운 해방과 자유의 갈구로 회귀한다. 삶의 한 영역에서 경험된 해방과 구원은 '구원의 완성'이라는 지향점을 향해 지속되지 못한다.

한편, 기독교적 실천 안에 현존하는 그리스도와의 교제는 해방의 경험을 온전한 구원사건이 되게 한다. 그리스도의 임재는 '마음을 찌르고'(행 2:37) 그 순간을 카이로스라는 구별되는 시간으로 만든다. 그리스도의 현재적 임재는 우리를 다시 옛 과거로 돌아가지 않게 한다. 현재의 구원은 하나님과의 종말론적인 화해를 의미한다. 우리가 경험한 해방과 자유가 그 각각의 사건에 제한되지 않으며, 모든 피조물이 겪는 죄와 허무, 사멸성으로부터 벗어나 새로운 삶으로 연결된다. 그 사건은 다른 일상의 사건과 사회적 사건과 구별되는 하나님의 사건이 된다. 해방과 자유의 경험 안에서 그리스도의 임재를 체험한 자들은 다시는 종이 되지 않는다. "그리스도께서 우리를 자유롭게 하려고 자유를 주셨으니 그러므로 굳건하게 서서 다시는 종의 멍에를 메지 말라."(갈 5:1) 그때 우리는 스스로 자신을 그리스도에게 묶고, 새로운 사명 속에서 구원의 완성이라는 지향점을 향한다. 우리는 하나님의 은혜를 믿으며 최후 승리를 향해 나아간다.

2. 기독교인의 책임성과 인간의 책임성

　기독교인의 책임성을 다루기에 적절한 위치는 기독교 윤리학보다는 그리스도론이다. 기독교인의 책임성은 '인간'의 책임성과는 다르다. 아직 그리스도의 은혜에 들어오지 못한 자에게 책임성은 자연인의 책임성이다. 그것은 시민으로서의 책임성이며, 인간의 양심에 따른 책임성이다. 하지만 그리스도를 만난 자에게는 기독교인의 책임성이 따른다. 그것은 삶의 거듭남에 대한 감격적 응답이고, 은혜에 대한 감사이다.

　예수 그리스도를 따름이 제자도이다. 제자도는 예수 그리스도를 마주함에서 나온다. 예수는 직접 제자들을 불렀다. 복음서에는 여러 형태의 제자도가 있다. 엄격한 형태도(눅 14:26-27) 있고, 누구에게나 적용될 수 있는 형태도(요 8:31) 있다. 그러나 어떤 형태이든지 예수의 '부름'과 그에 응답하는 '따름'이라는 배열구조는 동일하다. 그러므로 제자도에 '부름과 따름'이라는 동질성이 있다면, 제자도의 형태는 문제가 되지 않는다. 가족을 포기하고 예수와 함께 생활한 사람도 있고, 삭개오같이 소유를 팔아 결단한 경우도 있다. 예수의 부름을 받은 자들은 다양하다. 예수는 세리를 불렀고(막 2:14), 어부도 불렀다.(마 4:19) 예수는 빌립을 부르고(요 1:43), 빌립은 메시아를 열망하며 기다리던 나다나엘을 예수에게 데려갔다. 그들은 모든 것을 버려두고 예수를 따랐다.

　예수처럼 직접 제자들을 모은 것은 유대전승에서도 드물고, 세례 요한과도 구별되는 일이다.[9] 예수의 부름에는 헌신이 요구된다. 그 길은 십자가를 지고 따라야 하는 길이다.(마 10:38) 예수의 '따르라'는 부름의 중심에는 예수의 '인격'이 있다. 당시 유대 전통에서 스승을 따르는 것과 예수를 따르는 것에는 큰 차이가 있었다. 유대 전통에서는 제자가 될 사람이 고명한 스승을 찾아나서고, 그 스승의 '깨달음'을 따른다. 반면 예수의 제자는 예수의 부름에 순종하고 예수의 인격을 따랐다. 즉 예수의 제자가 되는 것은 예수의 가르침만을 따르는 것이 아니라, '예수'를 따르는 것이었다.[10] 그러므로 인간의 자기 결단만으로 예수의 제자가 될 수 없다. 가장 중요한 것은 예수의 부름이며, 언제나 예수의 부름이 우선된다. 예수의 선택 의지가 우선되며 '부름과 따름'에서 주도권은 예수에게 있다.[11] 그러므로 기독교인의 책임감은 예수의 부름에서 격발되고 예수를 따르는 순종으로 구체화된다. 이것이 예수의 제자도의 성격이다. 따라서 예수를 따르는 기독교인의 책임성과 인간의 책임성은 동일하지 않다.

예수는 분명한 목적을 가지고 제자를 불렀고, 분명한 소명 속에서 제자를 파송했다.(막 6:7-13) 단순히 제자 집단을 모으고 공동체를 만드는 것이 목적이 아니었다. 예수의 공동체는 하나님 나라를 선포하는 공동체였다. 예수의 공동체는 하나님 나라를 향한 확고한 지향점이 있었다. 그러므로 예수를 따름은 인간의 자기 결단으로 끝나지 않는다. 제자가 된다는 것, 곧 예수를 따름은 소명으로 연결된다. "죽은 자들로 자기의 죽은 자들을 장사하게 하고 너는 가서 하나님의 나라를 전파하라."(눅 9:60) 그러므로 기독교인의 책임성은 바로 소명에서 비롯된다.

9　James D. G. Dunn, *Jesus Remembered* (Grand Rapids: William B. Eerdmans Publishing Company, 2003), 503.

10　Dinh Anh Nhue Nguyen, "What Could Jesus Mean in Recommending His Disciples to Hate Their Parents(Lk 14:26): The Perspective of Qumran Texts," *Colloquium* 47, no. 2 (November 2015): 317.

11　Joachim Gnilka, *Jesus of Nazareth: Message and History*, trans. Siegfried S. Schatzmann (Peabody: Hendrickson Publishers, 1997), 162.

소명 없는 책임감은 의무일 뿐이다. 그리스도를 좇는 것은 의무나 율법이 아니다. 기독교인의 책임감은 그리스도의 은혜로 새로운 생명을 경험하는 데서 비롯된다. 그리스도-경험은 삶의 전환을 가져오며, 그 경험은 자신에 대해, 이웃에 대해, 사회와 자연에 대해 책임성으로 나타난다. 기독교인의 책임성은 예수 그리스도를 따르는 소명이며, 성화의 책임성이다. 따라서 기독교인의 실천은 사회적 프로그램에서 시행되는 실천과는 다르다. 실천의 구조가 다르고, 궁극적 지향점이 다르다. 기독교인의 실천은 그리스도의 은혜로부터 나오기 때문에 자기 '의'(義)의 성취가 아니다. 기독교인의 책임성은 인간의 자기 확신이나, 이념의 수행에서 나오지 않는다. 기독교인의 실천과 책임성은 그리스도를 마주하는 배열구조 안에서 발생한다. 그러므로 실천의 이유가 사회적 동기에서 오는 것도 아니고, 유토피아적 꿈을 위한 목적에서 오지도 않는다. 기독교인의 실천은 '자기 확신'을 펼치는 것이 아니다. 기독교인의 실천과 책임성은 궁극적으로 '하나님 나라'의 완성을 향하며, 인간화·사회개혁·자연의 회복을 넘어선다. 그것은 근본적으로 모든 피조세계가 하나님의 지배 속으로 들어가는 구원의 완성을 향하는 근원적인 희망에서 나온다.

전통적으로 교회는 중생과 성화를 실존적이고 개인적인 차원에서 인식했다. 그러나 죄와 구원은 개인적 차원에 국한되지 않는다. 구원이 인간, 사회, 자연의 영역에서 이루어지듯이, 중생과 성화도 인격적·사회적·자연적 차원을 가진다. 그리스도를 만나고 거듭나는 중생은 반드시 성화를 동반해야 한다. 예수 그리스도를 따르는 제자의 길이 성화의 삶이다. 성화는 미래를 향한 새로운 삶, 새 창조를 지향한다. 성화 없는 중생은 없다. 성화가 없다면 중생은 아무것도 아니다. 중생은 인간의 내면의 갱생이 아니라, 하나님이 인간을 의롭다고 하는 선언에 근거한다. 인간은 의를 스스로 쟁취하지 못한다. 중생은 외부에서 온 은혜의 결과이다. 은혜는 인간이 사적으로 소유할 수 없으며, 하나님의 피조세계를 향한 사랑에서 비롯된다. 성화는 중생과 함께 시작된다. 성화는 인간의 내면과 개인의 삶의 완성에 그치지 않는다. 중생과 성화가 인격의 완성이라는 도덕적 차원으로 제한되면 안 된다. 중생과 성화는 그리스도의 일이며, 피조세계 모두에 해당된다. 사회와 자연은 개인구원의 무대가 아니다. 인간, 역사, 생태계 모두가 성화의 과정 안에 있다. 결국에는 인류가 성화되고, 역사가 성화되고, 자연이 성화될 것이다. 피조세계는 성화의 과정을 거치며 완성에 이른다.

Christ

in the Age of Plurality

제7장 다원성 시대의 그리스도

1. 다원성의 시대: 절대성과 상대성
2. 결론
    (1) 그리스도의 절대성
    (2) 절대성과 배타성
    (3) 실천적 차원

1. 다원성의 시대: 절대성과 상대성

　타종교에 구원이 있는지에 대한 논쟁은 여러 차례 일어났다. 근대의 종교다원주의 논쟁은 19세기 말과 20세기 초에 있었고, 비교적 최근의 논쟁은 1970-80년대에 있었다. 종교 간 대화에 접근하는 태도는 기본적으로 배타주의, 포용주의, 다원주의로 나뉜다. 각 입장마다 논쟁점이 여러 개 있고 의견 차이도 제법 난다. 그러나 시대를 떠나 종교다원주의 논쟁의 핵심은 유사하다. 쟁점은 모든 종교에 구원의 체계가 있는지 여부와 구원의 주체의 다원성에 대한 논쟁이다. 다원주의는 절대적 종교란 있을 수 없고 모든 종교는 상대적이라고 주장한다. 다원주의의 중심 사상은 기독교 외에 다른 종교에도 구원이 있다는 것이다.

　한편, 기독교에서 진리는 절대적 개념이다. 기독교 진리의 절대성의 중심에는 그리스도론이 있다. 그리스도의 인격과 구원이 모두 절대적 성격을 가지고 있기 때문이다. 따라서 전통적인 기독교는 타종교의 구원 가능성에 대해 언제나 부정적인 입장을 유지했다. 기독교는 성서를 유일한 진리의 근거라고 믿고, 구원에 이르는 길은 오직 하나 '예수 그리스도'라고 믿는다. 그래서 종교다원주의 논쟁에서 그리스도론이 논란의 쟁점이 된다. 종교다원주의는 기독교가 그리스도-중심주의를 포기하고, 신-중심주의 혹은 구원-중심주의로 전환해야 종교 간 대화가 가능하다고 주장한다. 오직 예수 그리스도만이 구원의 주체인가? 이 질문은 1970-80년대 종교다원주의 논쟁이 한창일 때 제기되었다. '오직 예수 그리스도'라는 답변은 기독교에는 당연한 것이었고, 타종교에는 받아들일 수 없는 것이었다.
 1970-80년대의 종교다원주의 논쟁은 서로 다른 입장의 차이만 확인했고, 일치점에 도달하지 못했다. 당시 종교다원주의로 인해 야기된 종교 간의 대화는 긍정적인 부분도 있고, 기독교가 해결해야 할 과제도 남겼다. 논쟁은 수면 아래로 내려갔으나 그리스도의 절대성과 상대성의 문제는 해결되지 못했다.

 그리스도론에 제기된 그리스도의 절대성이라는 주제는 언제나 새롭게 제기된다. 문제의 형태만 달라질 뿐이다. 지금은 어떤가? 1970-80년대의 종교다원주의 논쟁 때보다 더 복잡한 상황이다. 그것은 문화의 다원화가 더 심화되었기 때문이다. 과거에는 다원주의가 종교의 영역에서, 종교 간 대화의 형태로 나타났다. 다원주의가 단일한 주제로 드러났기 때문에 쟁점이 분명하게 부각되었다. 그래서 각 종교의 입장에 따라 열띤 논쟁이 있었다. 그러나 지금은 다원화가 문화의 한 형태로 나타난다. 바로 포스트모던 문화현상의 하나이다. 즉 문화의 다원성이다. 조금 자세히 말해 보자.
 21세기는 다원성의 시대가 되었다. 이것을 피할 수는 없다. 다원성이 포스트모더니즘의 한 현상으로 나타나기 때문이다. 포스트모더니즘은 문학, 건축, 예술, 철학, 신학 등 여러 분야에서 일어난 사회-문화적 현상이다. 포스트모던 현상은 '포스트모던'이 가지는 성격상 단일하게 정의하기는 어렵지만, 대체로 모더니즘의 토대가 된 이성과 합리성에 더는 의존하지 않는 특징을 지칭한다. 즉 포스트모더니즘은 체계화, 획일성, 조화, 대칭성, 보편성을 거부한다. 포스트모던의 정신은 개성, 자율성, 다양성을 추구하면서 한 분야에서 공인된 권위와 절대이념을 받아들이지 않는다.
 21세기 현재, 포스트모더니즘, 다원화, 다원주의 같은 용어는 지나간 것처럼 보일지도 모르겠다. 하지만 결코 포스트모던 시대를 규정하는 현상들은 지나가지 않았다. 오히려 합리성과 보편성을 거부하고 자율성과 다양성을 추구하는 현상이 정착되었다. 20세기 후반 이후, 대중적 이념의 시대가 저물고 있는 것도 포스트모던의 흐름과 무관하지 않다. 또한 역사적 사고의 전환을 빼놓을 수 없다. '모더니즘'을 대표하는 사고의 방식은 역사적 사고이다. 역사는 이성과 함께 '현대'를 나타내는 상징이었다. 하지만 포스트모던 시대에 역사를 객관적이라거나, 역사가 객관적 사실(fact)을 찾을 수 있다는 사상은 공허해졌다. 객관성에 대한 회의와 텍스트(text)에 대한 해석의 자율성은 포스트모던 시대를 탈역사화의 시대로 만들었다. 포스트모던 현상은 모든 객관성을 상대화시킨다. 포스트모던 시대는 절대적 진리를 용납하지 않는다. 그렇기 때문에 진리의 다원화가 일어난 것이다. 포스트모더니즘에서는 '진리' 개념 자체가 상대적이 되면서 다원화된다. 어떤 하나의 진리가 다른 상황이나 다른 영역에서도 여전히 진리라는 생각은 받아들여지지 않는다.

종교다원주의도 포스트모던의 다원성과 궤를 같이한다. 종교다원주의의 근저에는 다원화가 있고, 다원화는 포스트모더니즘으로부터 발현되었다. 따라서 종교다원주의는 1980년대가 지나면서 수면 아래로 내려갔지만, 종교다원주의가 제기한 종교의 다원성과 그리스도의 절대성에 대한 의문은 강력하게 부상했다. 지금은 문화 자체가 다원화되었기 때문에 다수의 사람들이 다원성을 당연하게 받아들인다. 기독교인들도 종교의 다원성을 과거만큼 심각하게 생각하지 않는다. 즉 21세기는 다원주의가 문화의 다원성을 기반으로 폭넓게 확산되고 있다. 20세기 후반의 다원주의는 '종교'의 범주에서 신학자들 사이에서 논해졌으나, 21세기 다원주의는 '문화'의 범주에서 뚜렷한 대상 없이 진행되고 있다. 따라서 기독교의 입장에서는, 다원주의는 더욱 심각하고 해결하기 어려운 상황이 되었다.

현재 진행되는 기독교와 타종교, 기독교와 문화, 다원성에 대한 논의, 곧 시대적 흐름은 기독교에 대해 호의적이지 않으며, 특히 그리스도론에는 부정적이다. 다원주의에 대한 몇 가지 논의들을 보자.

첫째, 배타주의의 쇠락과 다원주의의 부상에 대한 주장을 들 수 있다. 스위들러(L. J. Swidler)는 종교 간의 대화와 관계의 역사를 연구한 논문에서, 다원주의의 미래를 낙관한다. 그는 기독교와 같은 배타주의는 이미 쇠락했고, 포용주의는 약화되고 있으며, 다원주의가 미래의 종교가 될 것이라고 주장한다. 이미 다원주의가 승리했으며, 앞으로 다원주의가 더욱 확대된다는 것이다.[12] 스위들러의 주장에 어느 정도 상응하는 통계는 있다. 최근 종교 인구의 변화를 보면 기독교인이 줄어든다. 영국과 호주에서 2001년과 2011년 사이 10년간의 추이를 보면, 기독교 인구는 줄고 회교, 불교, 무종교 인구는 늘었다. 헤지스(P. M. Hedges)는 서구가 문화다원주의 안에서 다원신앙이 정착되는 단계에 있다고 주장한다.[13] 스위들러와 헤지스의 주장을 그대로 받아들이기 어려워도, 기독교 인구가 증가하지 못하는 것은 사실이다. 그것은 「가디언」이 2018년에 제시한 통계에서도 드러난다. 이 통계자료는 유럽의 12개 국가의 성인의 다수가 기독교를 믿지 않는다는 것을 보여준다.[14] 기독교가 세계 종교에서 차지하는 비중은 완만하게 떨어지고 있다. 기독교의 비중은 가톨릭과 개신교를 합친 비율이다. 앞으로도 기독교 인구의 비율이 상승으로 반전할 가능성은 적다.

둘째, 종교들의 '다양성'과 '다름'을 인정해야 한다는 움직임이 폭넓게

---

12 Leonard J. Swidler, "Three Paths-Whither?" *Journal of Ecumenical Studies* 50, no. 2 (Spring 2015): 200.

13 Paul M. Hedges and Anna Halafoff, "Globalisation and Multifaith Societies," *Studies in Interreligious Dialogue* 25, no. 2 (2015): 135-61.

14 Harriet Sherwood, "'Christianity as Default is Gone': The Rise of a Non-Christian Europe," *The Guardian*, March 21, 2018, https://www.theguardian.com/world/2018/mar/21/christianity-non-christian-europe-young-people-survey-religion.

일어나고 있다. 예를 들면, 디에느(D. Diène)는 유엔 유네스코의 다종교-다문화분과와 인권위원회에서 조사위원으로 활동한 경험을 바탕으로, 종교적 다양성의 수용을 촉구한다. 그는 세계의 분쟁, 증오, 갈등, 다툼의 근저에는 다양성을 받아들이지 못하는 배타성이 있다고 분석한다. 그는 다양성에 대한 거부는 사회제도, 정치, 윤리, 인종, 종교 등에서 비롯되지만, 그중에서도 종교적 배타성이 심각하다는 것을 보여준다.[15] 디에느의 주장은 상당한 공감을 불러일으킨다. 지금 세계 곳곳의 분쟁과 폭력의 상당 부분이 종교적 배타성에 기인하며, 종교가 평화와 관용의 역할을 하지 못하고 있다.

셋째, 다원성의 시대에는 한 사람이 여러 종교에 속할 것이라는 견해가 상당하다. 입(G. Yip)은 다원성의 시대를 실감나게 표현한다. 그는 포스트모던 시대의 인간론을 논하면서, 그 특징을 다양한 믿음과 신념을 받아들이는 것으로 규정한다. 그것은 21세기의 인간은 어떤 특정 종교, 이념, 철학에 몰두하지 않는다는 의미이다. 입은 이렇게 단적인 예를 든다. 21세기의 인간은 힌두 신비주의에 심취하면서 달라이 라마의 강연을 즐기고, 가톨릭교회에 소속해 있으면서 동방정교회의 책을 좋아한다. 또 교회에 출석하면서 불교의 참선을 수행한다. 입은 이제는 하나의 종교가 모든 종교적 진리를 포괄할 수 없다는 것을 인정하라고 주장한다.[16] 입의 입장은, 지금은 하나의 종교가 다른 종교를 지배할 수 있는 시대가 아니라는 것이다. 다원성의 시대는 사람들이 어느 한 종교에 의존하고 절대성을 부여하던 시대의 종언을 예고한다.

---

15 Doudou Diène, "The Challenges of Diversity: Ethnic and Religious," *Dialogue & Alliance* 29, no. 2 (Winter 2015): 63-65.

16 George Yip, "The Contour of a Post-Postmodern Missiology," *Missiology* 42, no. 4 (October 2014): 401-03.

한편, 기독교가 다원성의 시대에 취해야 할 자세에 대해서도 상당한 논의가 있다. 다원성의 시대를 진지하게 받아들이지 않는 배타적 입장을 제외하면, 기독교 안의 논의는 크게 두 가지 형태이다.

하나는, 종교다원주의 논쟁의 연속선 위에서 이루어지는 논의이다. 예를 들면, '다원주의적 포용주의'를 들 수 있다. 요한슨(T. Johanson)은 종교 간의 대화에서 배타주의, 포용주의, 다원주의에 이어 제4의 모델로 다원주의적 포용주의를 제안한다. 그는, 다원주의는 기독교와 회교가 받아들일 수 없기 때문에 불가능한 것으로 본다. 다원주의에서는 기독교의 그리스도론이 훼손되고, 회교의 일신교적 절대성이 훼손된다고 보기 때문이다. 반면 다원주의적 포용주의는 각자 자신의 종교적 정통성을 유지하면서 다양한 종교를 서로 용인하는 것을 말한다. 즉 기독교는 자신의 전통을 견지하면서, 동시에 최대한 관대와 사랑으로 상대의 종교에도 진리와 선함이 있다는 것을 인정하자는 것이다.[17] 이 모델은 옥덴(S. M. Ogden)이 참된 종교는 하나가 아니라 여러 개라는 의미에서 주장했던 것인데,[18] 최근에 요한슨이 다듬어서 다시 제안하고 있다. 하지만 이런 부류의 논의는 활발하지 않고, 다원주의적 포용주의에 대한 타종교들의 반응도 그렇게 긍정적이지는 않다.

다른 하나는, 기독교의 변화를 요청하는 것이다. 여기에는 아주 다양한 시도들이 있다. 이 시도들은 다양한 견해로 인해 체계적이지는 않지만, 대부분 포스트모더니즘과 다원성의 시대에 맞춰 기독교의 전통적인 주제

17　Todd Johanson, "Pluralistic Inclusivism and Christian-Muslim Dialogue: The Challenge of Moving beyond Polite Discussion toward Reconciliation and Peace," *Journal of Ecumenical Studies* 51, no. 1 (Winter 2016): 31-53.

18　Schubert M. Ogden, *Is There Only One True Religion or Are There Many?* (Dallas: Southern Methodist University Press, 1992), ix-x.

를 새롭게 해석한다. 즉 그리스도론,[19] 설교론,[20] 선교론,[21] 교회론[22] 등에 대한 재해석이다. 이런 시도들은 다원성 시대에 맞춰 기독교를 재규정하려는 과정에서 나온 개별적 사례들이다. 이들 개별적 시도가 가지는 공통점이 있다면, 대체로 기독교를 더는 배타적이고 규범적으로 봐서는 안 된다는 인식이다.

다원성의 시대에 기독교의 배타성과 규범성을 재고해야 한다는 목소

---

19 라허드(C. S. LaHurd)는 예수 그리스도의 십자가를 우주적 사건으로 해석한다. 십자가는 헌신과 희생을 나타내며, 다른 사람에 대한 지배를 보여주지 않는다고 본다. 그는 예수 그리스도의 십자가에 배타성은 없으며, 십자가에서 모든 사람이 만날 수 있다고 주장한다. Carol Schersten LaHurd, "Cosmic Crucified or One Ultimate Reality? On Becoming a Committed Pluralist," *Currents in Theology and Mission* 42, no. 1 (January-February 2015): 30-37.

20 예를 들면, 윌슨(P. S. Wilson)은 21세기 포스트모던 시대에는 20세기의 모더니즘의 시대와는 완전히 다른 설교가 요구된다고 주장한다. 그는, 포스트모던은 이미 우리의 피 속에 있으며, 피할 수 없다고 본다. 윌슨은 설교가 더는 모더니즘의 보편성, 합리성, 이성에 바탕을 둘 것이 아니라, 포스트모던에 어울리는 시적 상상력과 영성에 토대를 둔 하나님의 노래, 곧 '신의 시'(theopoetry)여야 한다고 제안한다. Paul Scott Wilson, "Postmodernity and Preaching," *Touchstone* 32, no. 1 (February 2014): 12-20.

21 입(G. Yip)은 문화가 다원화되었기 때문에, 더는 선교에서 상황이 중심이 될 수 없다고 본다. 즉 한 지역 안에서도 여러 문화가 서로 겹치며, 분명하게 구별하기가 어렵다는 것이다. 그는 선교가 지역 중심이 아니라, 인간 중심이 되어야 한다고 주장한다. 입에게 종교의 다원성은 인간의 삶이라는 보편성 안에서 수용될 수 있다는 의미를 가진다. Yip, "The Contour of a Post-Postmodern Missiology," 399-411.

22 부시어(H. T. Boursier)는 교회론을 그 시대와 문화 안에서 정립해야 한다고 주장한다. 그녀는 시대를 외면하면, 시대도 교회를 외면한다고 말한다. 부시어에 따르면, 오늘의 교회론은 다문화, 다언어, 다인종을 받아들이는 것이다. 그녀는 다원성 안에서 교회의 근본적 정체성을 '정의'라고 본다. 고통과 불의 앞에서 정의로울 때 교회의 존재가치가 있다는 것이다. 이런 의미에서, 부시어는 정의를 토대로 한 교회-정의론(Ecclesi-odicy)를 제안한다. Helen Taylor Boursier, "The Necessity of Social Just-ness for a Postmodern Ecclesi-odicy," *Theology Today* 72, no. 1 (April 2015): 84-99.

리는 끊이지 않는다.[23] 하지만 기독교가 배타성을 완전히 포기할 수 있을까? 기독교가 배타성을 포기해야 한다는 요청의 중심에는 그리스도론이 있다. 기독교가 주장하는 절대성과 배타성의 핵심이 그리스도론에 근거를 두고 있기 때문이다. 그래서 다원성의 시대에 다시 그리스도론의 배타성 여부가 논의될 수밖에 없다. 21세기는, 진리는 하나가 아니라 다원적이라는 믿음을 받아들이는 시대이다. 다원성의 문화와 가치가 확산될 21세기는 기독교에 매우 힘든 시기이다. 앞으로 기독교 내에서조차 그리스도의 절대성과 유일성에 대한 믿음이 흐려질 것이다. 그리스도의 절대성과 상대성의 문제는 어떤 형태로든 재현될 것이고, 그 결과는 그리스도론에 직접적인 영향을 줄 것이다. 다음 항에서, 절대성과 상대성의 문제를 해결하기 위한 방안을 논의하겠다.

---

23   하나의 예로, 우코(H. Ucko)는 어떤 종교도 섬에 격리될 수 없다고 강조한다. 범지구화 시대에 이미 가치체계의 보편화가 일어났다는 것이다. 그는 기독교가 과거 식민제국 시대의 종교적 보편성을 요구할 수 없다고 본다. 우코는 '규범화'가 불가능한 시대라는 것을 그 이유로 든다. 그는 오히려 다양성에 대한 인정이 보편화에 대한 다른 측면이라고 주장한다. Hans Ucko, "Part 1: Thinking Together on Religious Pluralism: Truth or Truths – How Does This Fit in a World of Religious Plurality?" *Journal of Ecumenical Studies* 52, no. 1 (Winter 2017): 15-27.

2. 결론

21세기 다원성의 시대는 그리스도론에 분명 혼란스러운 시기이다. 기독교는 그리스도만이 구원의 절대성을 가지는지, 혹은 상대적인지에 대해 어느 시대보다 심각한 도전을 받고 있다. 20세기 후반의 종교다원주의 논쟁은 결코 사라지지 않았고, 포스트모더니즘의 다원성 현상으로 돌아왔다. 기독교가 시대와의 대화를 단절하고, 자기-폐쇄적 자세를 가져서는 안 된다. 기독교가 스스로 자신이 속한 시대와 분리해 이원론적이 된다면, 그것은 성서적이지도 않다. 구원론의 관점에서, 기독교는 타종교, 비기독교 문화, 비기독교 인종에 대해 어떤 입장을 취해야 하는가? 많은 기독교인은 타종교, 타문화, 타인종에 대해 배타적이기를 원하지 않는다. 하지만 동시에 그들은 기독교가 믿는 진리, 곧 그리스도의 절대성을 포기하고, 그리스도를 하나의 상대적 가치로 받아들이기를 원하지도 않는다. 따라서 그들은 그리스도의 절대성과 상대성 사이에서 자기 정체성의 혼란을 겪을 수밖에 없다.

그러면 기독교는 왜 그리스도의 절대성을 유지해 왔는지, 그리고 절대성은 결코 포기할 수 없는 것인지를 본 후에, 기독교가 취할 수 있는 하나의 방향성을 제시하겠다.

성서와 기독교는 동일하지 않다. 성서만 고려하면 타종교와 타문화와 대화할 때, 보다 자유롭다. 물론 성서는 그리스도의 절대성을 말한다. 성서는 그리스도가 유일한 구원의 주체라는 사실을 명확히 밝힌다. 하지만 동시에 성서는 하나님의 무한한 은혜, 예수의 선포가 가지는 보편성, 만유구원에 대한 희망을 언급한다. 예수의 선포에는 조건 없는 용서, 무제한적 구원, 하나님 나라의 보편성이 핵심적으로 들어 있다. 예수의 선포는 종교, 교회의 조직과 직제, 율법과 교리의 한계를 넘어선다. 따라서 성서는 타종교와 만유구원의 가능성에 대해서도 열려 있다.

그러나 기독교의 정체성은 성서로만 구성되는 것이 아니다. 기독교의 정체성에는 성서 외에 기독교 전승, 교리, 직제가 포함된다. 즉 기독교는 2,000년간 이어온 전승 위에 있다. 지금의 기독교는 어느 순간 돌출된 것이 아니라, 긴 시간 동안의 전승과 연속적 관계에 있다. 또한 기독교는 긴 역사 동안 많은 교리를 제정했다. 기독교의 신학적 정체성을 위해 교리는 중요하다. 교리는 여러 이유로 제정된다. 그중의 하나는, 성서의 특정 사상에 대한 논쟁과 대립을 해결하는 과정에서 만들어진다. 많은 경우, 논쟁은 어느 한 쪽이 절대적으로 옳은 것은 아니다. 그러나 교회는 교리가 제정된 후 대체로 그 교리에 반대되는 주장에 대해 관대하지 않았다. 교리에는 성서의 사상을 핵심적으로 보여주고 교회를 이단으로부터 방어하는 긍정적인 면이 있다. 하지만 교리는 기독교를 '통일되게' 유지하기 위한 교리적 경직성을 가진다. 모든 종교의 교리는 자신의 종교에 대해 방어적이고, 타종교에 대해 배타적이다. 또한 기독교는 종교로서 직제를 가지고 있다. 직제에는 성직자제도, 교회조직, 교회운영을 위한 구조가 포함된다. 이 모든 것이 함께 기독교의 정체성을 구성한다. 그래서 기독교의 타종교와 타문화에 대한 입장은 성서해석, 교파, 교리, 교회의 직제에 따라 달라진다.

타종교와의 대화에서 성서해석은 기독교 '안'과 '밖'에서 차이가 있다. 성서는 기독교의 범위를 벗어나면 상당히 자유롭게 해석된다. 반면 성서는 기독교의 테두리 안에서는, 각 교파의 전승과 교리에 따라 해석된다.

각 교파는 자신의 성서해석의 역사를 가지고 있고, 교리에 의해 해석의 방향이 어느 정도 정해져 있다. 그래서 종교 간의 만남에서, 만약 '성서'만 두고 대화하면 공감대가 더 커진다. 하지만 종교 간의 대화에서 기독교의 입장을 대변하는 참여자들은 교파와 교리를 떠나지 못한다.

현재 기독교가 가지고 있는 그리스도의 절대성은 기독교라는 종교의 범주에서 형성된 것이다. 현실적으로 기독교는 종교로서 존재할 수밖에 없고, 또한 종교로서의 기독교는 교파를 떠나 존재할 수 없다. 따라서 기독교는 구원관에 있어서 그리스도의 절대성을 포기하지 못한다. 그리스도의 절대성을 포기하는 것은 기독교라는 종교의 근거를 포기하는 것이기 때문이다. 그래서 성서에 개방적 자세를 가진 기독교인조차 타종교/타문화와 대화할 수 있는 폭이 제한된다. 기독교와 타종교가 '구원관'에 있어서 완전한 합의에 이르기는 대단히 어렵다. 기독교의 이런 특성을 고려해서, 다음과 같이 세 가지 방향성을 제시하는 것에 만족해야겠다.

(1) 그리스도의 절대성

종교 간의 대화는 교리적 일치를 목표로 하면 안 된다. 종교 간의 대화에서 교리적 대화를 우선하면 실패한다. 교리 논쟁으로부터 한 걸음도 더 나아갈 수 없다. 교리적 일치를 추구하는 대화는 오히려 갈등을 야기한다. 교리적으로 접근하면 그들 사이의 상호 이해의 증진보다 갈등이 커질 수 있다. 타종교에 대한 연구는 권장되어야 하지만, 종교 간의 교리적 대화는 상호 이해를 위한 정도가 적절하다.

기독교는 교리적으로 물러설 수 없는 부분이 있다. 기독교는 경전종교이고 계시종교이다. 기독교는 해탈을 추구하거나 내면적 깨달음에 의존하는 수행종교가 아니다. 기독교 진리는 성서를 토대로 한다. 종교 간의 대화와 연관된 신학적 부분은 그리스도론이다. 성서의 중심에 예수가 있다. 성서는 하나님이 '나사렛 예수'에게 성육신했고, 예수를 통해 하나님이 계시되었으며, 예수가 구원의 유일한 주체라고 증언한다. 성서의 일부 구절이 다른 해석의 여지를 주지만, 성서 전체를 보면 예수 그리스도의 절대성은 명백하다. 즉 그리스도론적 절대성을 포기하면 기독교의 정체성은 크게 훼손된다. 따라서 기독교는 구조적으로 종교다원주의가 될 수 없다. 기독교의 입장에서는, 예수 그리스도의 희생을 대가로 치르는 종교 간의 대화는 결실을 거두기 어렵다.

그리고 기독교로서는 예수 그리스도의 인격과 구원을 분리하려는 시도를 받아들이지 못한다. 다원주의를 옹호하는 일부에서 예수의 가르침인 사랑, 자비, 헌신 등을 실현함으로써 구원에 도달할 수 있다고 주장한다. 그러나 사랑과 자비를 실천한다고 해서, 그것이 바로 기독교가 주장하는 구원을 의미하는 것은 아니다. 기독교는 하나님 나라의 선포, 구원의 선언, 은총과 용서의 선언과 같은 결정적인 사건이 예수의 인격에 의해 구체화되고 실체화되었다고 믿는다. 이 점에서, 역사적 예수는 언제나 '그리스도 사건,' 곧 그리스도 현존의 근거이다. 예수에게는 어떤 사건이나 유사성으로 환원될 수 없는 독특성이 있다. 그래서 교회는 예수를 그리스도로 증언한다. 예수의 인격과 그의 가르침이 분리된다면, 기독교 진리는 예수 없이도 추구할 수 있는 철학적·도덕적 원칙이 된다. 예수의 제자들이 '예수'를 따르는 제자도를 실현한 것이지, 예수가 남긴 얼마의 '원칙'을 실천한 것이 아니었다.

(2) 절대성과 배타성

기독교는 타종교와 타문화로부터 배타적이라는 비판을 받았다. 하지만 절대성과 배타성에 대한 개념을 정리할 필요가 있다. 성서는 예수 그리스도가 유일한 구원의 주체라는 점에서 예수 그리스도를 '절대적'이라고 말한다. 한편, 종교로서의 기독교는 하나님의 계시가 예수에게 결정적으로 나타났다는 점에서 계시의 '배타성'을 믿는다. 그러나 예수 그리스도의 절대성과 구원의 배타성이 동일한 것을 의미하는 것은 아니다. 즉 구원이 오직 예수 그리스도에 의한다는 절대성이 기독교 밖에는 구원이 없다는 배타성을 의미하지 않는다. 그리스도의 은혜를 근거로 구원론은 확장될 수 있고, 심지어 만유구원까지 열려 있다. 이 점에서 성서는 어떤 종교보다 구원론에서 넓은 지평을 가진다.

구원론의 확장이 그리스도의 은혜에 근거한다는 점에서 두 가지와 구별된다. 첫째, 인간이 그리스도의 구원에 협동한다는 펠라기우스(Pelagius)의 사상과 다르다. 펠라기우스는 인간에게 구원을 향한 능력이 있다고 보았다. 하지만 펠라기우스 사상의 정당성 여부를 떠나서, 구원이 인간의 능력과 연결될 때 구원의 가능성은 오히려 낮아진다. 구원이 그리스도의 은혜에 의한 것이기에 모든 인간을 포함한 만유가 구원될 가능성이 있다. 둘째, 종교다원주의의 구원론과도 다르다. 종교다원주의에서는 구원의 주체가 여럿이다. 구원의 주체가 복수임을 주장하는 종교다원주의와는 구원의 구조가 다르다.

그리스도의 은혜에 대한 강조를 배타주의, 포용주의, 혹은 다원주의로 규정해서는 안 된다. 만유를 포괄할 수 있는 그리스도의 은혜는 기독교라는 종교의 범위를 넘어선다. 그리스도의 은혜의 성격이 그러하다. 그리스도의 은혜는 모든 피조세계를 향한다. 그리스도의 구원은 언제나 일방적으로 왔다. 그리스도의 구원이 인간의 동의를 얻고 임한 것도 아니며, 문화와 민족에 따라 제한을 받은 것도 아니다. 따라서 기독교는 그리스도의 절대성을 타종교와 타민족에 대한 배타성과 혼동해서는 안 된다. 결국 그리스도의 은혜가 승리할 것이고, 그가 만인의 주가 될 것이다.

(3) 실천적 차원

기독교는 타종교와 타문화와 대화할 때 실천적 차원에 집중해야 한다. 교회는 모든 종교, 사회단체, 공동의 선을 지향하는 비정부기구와 선한 연대를 해야 한다. 예수의 사역에서 드러난 실천의 기준이 많다. 예수가 선포한 생명, 사랑, 해방, 용서, 평화 등은 아주 독특한 의미이지만, 타종교 혹은 타문화에서 통용되는 생명, 사랑, 평화, 자비, 헌신, 정의, 용서 같은 개념과도 잘 어울린다. 또 소외되고 고통받는 자를 위한 우선성과 사회적 약자에 대한 배려도 예수의 사역에서 두드러진 부분이다. 기독교인은 함께할 수 있는 모든 사람과 연대하면서 사회, 역사, 생태계의 회복을 위한 우정과 교제를 확대해야 한다. 사회적 프로그램에도 해방적 차원이 있다. 기독교는 모든 선한 단체와 연대해야 하며, 실천 안에서 종교다원주의와도 만날 수 있다. 기독교의 지향점은 만유구원이라는 하나님 나라의 완성이다. 그 역할은 교회만의 권리도 아니고, 책임도 아니다. 교회와 세상이 함께 나아가야 할 지향점이다.

기독교인은 실천에서 교리, 신조, 구원론을 앞세우면 안 된다. 기독교인은 예수의 이름 없이 선한 행위를 할 수 있다.(마 6:3-4) 기독교인은 실천과 헌신, 사랑과 자기 희생에서 성서의 독특성을 보여줘야 한다. 그것이 예수가 보여준 것이고, 예수의 제자들이 따라야 할 길이다. 예수 그리스도의 절대성은 타종교에 대한 우월적 배타성을 의미하지 않는다. 성서의 절대성이 교리와 율법적 절대성이 되면 위험하다. 교회가 따라야 할 절대성은, 예수 그리스도에게서 비롯된 사랑의 절대성이고, 화해의 절대성이고, 용서의 절대성이다. 예수는 유대교의 기준에서 볼 때 결코 구원받지 못할 자로 정죄된 죄인들에게 구원을 선포했다. 예수의 죄 용서와 구원 선포는 교리에 바탕을 둔 것이 아니라, 사랑이었고 은혜였다. 사랑이 교리를 이겼고, 은혜가 교리를 이겼다. 생명이 종교보다 우선이라는 것은 예수에게 명백한 사실이다.(막 3:1-5)

불교, 이슬람, 힌두교 같은 대부분의 세계 종교는 선한 목적을 가진다. 모든 종교가 삶의 장에서 함께 연대할 수 있다. 실천적 차원에서 타종교는 기독교의 경쟁상대가 아니다. 기독교는 타종교와 생명을 살리고 형제의 고통을 나누는 연대를 해야 한다. 모두가 서로 헌신하고 사랑을 실천하면서, 우리는 교리를 넘어설 수 있는 사랑과 형제애를 알게 된다. 사랑이 없는 교리는 무의미하고, 용서와 화해가 없는 교리는 오히려 형제를 죽인다. 그것이 바로 예수가 비판한 바리새인의 의였고, 율법주의의 교만이었다. 구원의 날은 모든 사람들이 자신의 종교를 떠나 언젠가 형제가 되고, 하나가 되는 날이다. 종교도 없고, 교리도 없고, 증오도 없을 것이니, 처음 것은 지나가고 사랑 안에서 함께 손을 잡고 웃을 것이다.(계 21:4)

Christ

in History

and Dehistoricization

제8장 역사와 탈역사 사이의 그리스도

1. 신앙과 역사

   1) 신앙과 역사의 긴장

   2) 신앙의 그리스도와 역사적 예수

      (1) 옛 탐구: 1778-1906

      (2) 새 탐구: 1953-85

      (3) 제3의 탐구: 1985-현재

2. 탈역사화의 시대정신

   1) 범주의 변화

   2) 역사비평방법의 한계

   3) 역사의 부담으로부터 도피

3. 결론

18세기 이후 근대적 의미의 역사적 사고가 등장했다. 최근 250년 동안, 역사는 그리스도론과 신학에서 가장 강력한 범주였다. 21세기에 탈역사(dehistoricization)는 시대적 흐름으로 나타나고 있으며, 그것을 막을 수는 없다. 몰트만을 위시한 일부 학자는 우리가 이미 완전히 탈역사의 시대로 들어왔다고 주장한다. 그 주장은 부분적으로만 맞다. 현시대에 탈역사가 진행되고 있지만, 역사는 그리스도론에서 여전히 중요하다. 오늘날 그리스도론의 영역에서는 역사의 범주와 새로이 등장한 자연의 범주가 함께 통용되고 있다. 따라서 그리스도론은 역사의 시대와 역사-이후(post-history)의 시대 사이에서 전환기에 놓여 있다. 본 장에서, 필자는 그리스도론이 어떻게 역사가 주는 긍정적 요소와 역사-이후가 주는 장점을 함께 유지할 수 있을지를 논의할 것이다. 그것은 새로운 형태의 역사적 예수의 탐구, 그리고 우주의 범주와 역사성의 조화에서 찾아질 것이다.

1. 신앙과 역사

1) 신앙과 역사의 긴장

신앙과 역사의 관계는 양면적이다. 역사와 역사적 사고는 신학, 특히 그리스도론에 크게 영향을 미쳤다. 신앙과 역사의 관계가 전면에 부각된 것은 18세기 계몽주의 때이다. 그 이전까지는 신학과 가장 밀접한 학문은 철학이었고, 신앙과 이성의 관계가 신학의 중요한 주제였다. 4세기에는 '알기 위해 믿는다.'는 명제가 보편화되었고, 신앙의 우선성은 하나의 전승이 되었다. 중세에는 '믿기 위해 이해한다.'는 입장이 힘을 얻었다. 11세기에 안셀무스(Anselmus, Cantaberiensis)는 신앙과 이성의 조화를 시도해 '신앙적 이성'(ratio fidei)을 의미하는 '이성을 추구하는 신앙'을 주장하였다. 이 모든 논쟁은 신앙과 이성의 관계를 규명하려는 과정에서 나왔다. 그만큼 신앙과 이성의 관계는 기독교 초기에서부터 중세 스콜라주의 시대에 이르는 동안 중요한 주제였다. 물론 신앙과 이성의 관계는 현대에도 중요한 주제로 남아 있지만, 그 열기는 시들었다.

14세기 르네상스(Renaissance)가 되면서 '신앙과 역사'는 '신앙과 이성'의 자리를 대신하기 시작했다. 중세 유럽이 근대로 발전하는 과정에 르네상스가 자리한다. 이탈리아에서 시작된 르네상스는 14세기를 거쳐 15세기에는 전 유럽으로 확산되었고, 16세기까지 그 동인(動因)이 지속되었다. 르네상스 시대에는 고대문헌에 대한 연구와 재해석 작업이 왕성하게 일어났다. 고대문헌에 대한 연구로 인해 당시 일반적이던 라틴어 성서(Vulgate)의 원언어인 히브리어와 헬라어 텍스트에 관심을 가지게 되었다. 그 후 1516년에는 에라스무스(D. Erasmus)의 신약성서 그리스어 편집본이 발행되었고, 신약성서 연구의 토대가 되었다. 고대문헌에 대한 연구는 '고대'에 관한 새로운 인식과 함께 자신이 살던 시대와 다른 '역사'에도 관심을 불러일으켰다. 르네상스 시대에 현대적 의미의 전문 역사가와 성서비평방법이 나타나지는 않았지만, 고대문헌을 번역하고 해석하던 역량이 성서해석에도 적용되었다. 르네상스는 역사에 대한 인식과 성서연구의 비평적 토대가 마련되기 시작한 시기이다.

종교개혁의 시대에 유럽은 급격한 변화를 겪으며 진통 속에 있었다. 르네상스를 거치며 지식의 양이 팽창했고 지리적 발견을 통해 새로운 세계가 있다는 사실이 알려졌다. 인쇄술, 망원경, 나침반, 화약, 시계 등 그 이전 어떤 시대보다도 많은 것들이 발견되고 발명되었다. 경제적 질서가 재편되고 정치의 형태가 변했으며, 또 이로 인해 사회의 구조도 달라졌다. 16세기 유럽은 새로운 세계를 향한 기대와 우려로 혼란스러웠다. 이런 시대적 배경에서 종교개혁이 일어났다. '신앙과 역사'의 관점에서 본다면, 종교개혁 시대는 르네상스 인문주의의 흐름과 연결되어 있다. 무엇보다 이 시기에 성서가 라틴어에서 유럽의 민족 언어로 번역되기 시작했다. 성서 번역본이 인쇄술의 발달로 대량으로 보급되었다. 종교개혁의 3대 모토 중의 하나가 '오직 성서'이다. 성서가 교회의 권위와 통제에서 벗어나 자유롭게 연구되었다. 종교개혁가들은 성서해석에서 성서의 원래적 의미를 찾으려 했고, 중세의 알레고리적 해석보다는 성서구절의 문자적 의미와 역사적 의미에 충실했다. 루터(M. Luther)는 직접 성서를 독일어로 번역했고, 칼뱅(J. Calvin)은 언어학적 의미와 역사적 의미를 갖춘 성서주석을 펴냈다.

계몽주의(Enlightenment)는 유럽에서 17세기에 싹을 틔워 18세기에 절정을 이루었다. 약 150년에 걸친 계몽주의의 영향은 아직도 유럽 사회 전반에 중요한 요소로 남아 있다. 계몽주의를 지나면 역사는 현대로 접어든다. 계몽주의는 신학의 패러다임을 완전히 바꾸어 놓았다. 계몽주의를 거치면서 '사고의 전환'이 이루어졌고, 신학의 구조가 달라졌다. 계몽주의 시대에 학문의 분과가 세분되었다. 자연과학과 인문학의 여러 분야는 전문화되면서 독자적인 '방법론'을 수립했다. 교회는 종교적 간섭이나 교리의 전제주의를 통해, 학문의 연구 방향이나 결과에 영향을 주지 못했다. 학문의 여러 분야에서 정당한 방법론에 의해 만들어진 결과는, 그 영역에서는 누구의 권위에도 굴복하지 않는 '진리'로 간주되었다.

계몽주의 시대에 이성은 새롭게 조명을 받았다. 이성이 판단의 기준이 되면서 신학의 모든 영역에 영향을 미쳤고, 합리주의 신학이 힘을 얻었다. 하지만 계몽주의를 이끌며 새로운 시대정신을 개척한 것은 역사학의 발전과 역사의식의 출현이다. 이 시기가 되면서 역사학이 철학의 영향에서 벗어나고 전문적인 역사가들이 등장한다. '역사학'은 과학적 학문의 분야가 되었고, 문헌정보와 사료를 바탕으로 '과거'에 접근하는 방법론을 수립했다. 역사에 대한 대중적 관심은 역사의식 혹은 역사적 사고로 나타났다. 근대적 의미의 역사의식이 일어나면서, 신앙과 역사 사이에는 갈등이 깊어졌다.

역사학의 방법론은 성서의 초월적 요소와 충돌을 일으켰다. 역사적 사고는 종말론적인 요소와 계시 같은 초월적 개념과 대립된다. 무엇보다 '역사와 계시'의 문제가 심각한 대립으로 이어졌다. 기독교는 전형적인 계시 종교이다. 그런데 역사는 '시간 안'의 사건만을 다룬다. 역사는 초월적 존재의 역사 개입을 인정하지 않는다. 역사에 대한 하나님의 간섭은 근원적으로 불가능해지는 것이다. 당시 개신교 정통주의는 역사비평을 성서에 적용하는 것을 거부했다. 하지만 19세기 자유주의 신학은 성서를 역사적 산물로 보면서, 성서에 역사비평을 적용했다. 예수 그리스도의 성육신과 부활은 역사적 타당성이 부인되거나, 역사 연구에서 제외되었다. 복음서의 기적들은 비역사적인 것으로 간주되었다.

성서의 권위는 도전을 받았고, 계시와 역사의 갈등은 최고조에 달했다. 갈등에 대한 개신교 정통주의의 반응과 대처방법은 다양했으나, 대체로 성공적이지 않았다. 어쨌건 18세기 계몽주의 시대에 대두된 역사와 역사의식은 신학에 피할 수 없는 영향을 미쳤다. 더는 역사를 고려하지 않는 성서해석과 신학의 주제들은 생각할 수 없었다. 신학의 모든 주제들이 역사적 사고의 직접-간접적 영향을 받았다. 역사는 신학을 매개하는 결정적인 범주의 역할을 했다. 개신교 정통주의가 어느 정도 자신을 추스르며 자유주의 신학에 신학적으로 대응하기 시작한 것은 1920년대 신정통주의 신학이 형성되면서였다. 그리고 시대정신의 변화로 인해 역사가 절대적인 영향력을 상실하기 시작한 것은 20세기 중반 이후이다. 계몽주의 이후 그 긴 기간 동안 역사와 역사적 사고는 신학에 절대적인 위치를 가지고 있었다.

2) 신앙의 그리스도와 역사적 예수

역사학의 전문화는 그리스도론에 심각한 영향을 주었다. 그 영향은 두 가지 형태로 나타났다. 하나는 성서의 역사비평방법의 발전이고, 다른 하나는 역사적 예수의 탐구였다. 두 주제는 서로 연결되어 있으며, 상호영향을 주면서 발전했다. 18세기 이후 본격적으로 성서에 역사비평방법이 적용되기 시작했고, 그 방법에 의해 이해된 예수를 '역사적 예수'라고 말한다. 즉 역사적 예수는 역사비평방법에 의해 추구된 예수라는 의미를 가지고 있다. 18세기에 시작된 역사적 예수의 탐구는 지금까지 세 단계로 진행되었다.[24]

---

24 역사적 예수의 탐구를 다섯 단계로 보는 경우도 있다. 타이센(G. Theissen)은 첫 단

(1) 옛 탐구: 1778-1906

제1단계의 시작은 1778년 라이마루스(H. S. Reimarus)로부터 시작되었다고 보는 것이 일반적이다. 제1단계는 '진짜 예수'(real Jesus)를 찾겠다는 열정이 지배하던 시기이다.[25] 옛 탐구에 대해서는 이미 정형화된 평가가 이루어졌으므로, '역사와 신앙'의 관점에서 짧게 보겠다. 이 시기의 연구는 주로 예수의 생애에 집중되었고, 자유주의 신학자들이 주도했다. 그 후 역사적 예수에 대한 연구가 복잡해지면서, 제1단계를 역사적 예수에 대한 '옛 탐구'(old quest)라고 부른다. 복음서에 대한 신화적 해석, 두 자료설, Q자료에 대한 연구도 이 시기에 나타났다. 이 시기가 지나면서 역사적 예수와 신앙의 그리스도의 대립이 선명히 부각되었다. 역사적 예수를 추구하는 진영에서는 전통적인 그리스도론을 '도그마의 그리스도' 혹은 '신앙의 그리스도'라고 불렀다. 역사와 신앙의 대립이, 역사적 예수와 신앙의 그리스도의 대립으로 나타난 것이다. 즉 제1기에는 역사적 예수와 신앙의 그리스도의 충돌이 분명해졌고, 역사의 길과 신앙의 길의 차이가 확인되었다.

하지만 20세기가 시작될 무렵 약 150년간의 탐구에 새로운 분위기가

계를 둘로 나누고, 연구가 소강 상태였던 시기에 '무 탐구'(no quest)를 추가해서 다섯 단계로 구분했다. 테이텀(W. B. Tatum)은 첫 단계 이전에 '전 탐구'(pre-quest)를 두고, 1단계 다음에 '무 탐구'를 추가해서 다섯 단계로 나누었다. [Cf. Gerd Theissen and Annette Merz, *The Historical Jesus: A Comprehensive Guide*, trans. John Bowden (Minneapolis: Fortress Press, 1998), 1-12; W. Barnes Tatum, *Jesus: A Brief History* (Oxford: Wiley-Blackwell, 2009), 132-61.] 그러나 본격적인 탐구가 첫 단계에서 시작하기 때문에 전 탐구를 하나의 단계로 보기 어렵고, 무 탐구도 별도의 단계로 보기는 어렵다. 무엇보다 연구의 내용과 결과를 보면, 세 단계로 보는 것이 적절하다.

25 레싱(G. E. Lessing)은 라이마루스가 쓴 '예수'를 그가 죽은 후 1774년에서 1778년 사이에 출판하였다. 이때를 역사적 예수의 탐구의 시작이라고 할 수 있다. 스피노자(B. de Spinoza), 베일(P. Bayle), 허버트(E. Herbert)와 울스턴(T. Woolston)을 예수 연구의 선구자로 본다면, 그 시점은 더 당겨진다. 하지만 본격적인 연구는 라이마루스로부터 시작되었다.

형성되었다. 그것은 '옛 탐구'가 과연 진짜 예수를 찾을 수 있을지에 대한 회의였다. 옛 탐구를 종식하는 계기가 되는 상징적인 두 신학자를 들 수 있다. 한 명은 켈러(M. Kähler)이고, 다른 한 명은 슈바이처(A. Schweitzer)이다. 켈러는 『소위 역사적 예수와 역사적·성서적 그리스도』(1892)를 발표했고, 강한 반향을 불러일으켰다. 켈러는, 역사적 예수는 신앙의 대상이 아니며, 그에 의해 신앙이 유발되지도 않는다고 주장했다. 그는 실증적인 '역사적 예수'(historical Jesus)와 '실존적 역사의 그리스도'(existential-historic Christ)를 구별했다. 켈러는, 신앙은 '성서의 그리스도'를 실존적으로 만날 때 가능함을 역설했다. 그는 소수의 학자들만 추구할 수 있는 역사적 예수에 가치를 두지 않았다. 켈러는 역사적 예수의 탐구의 한계에 대해 근본적인 질문을 던졌고, 신앙의 의미를 다시 신학의 주제로 되돌렸다. 한편, 슈바이처는 『역사적 예수의 탐구: 라이마루스에서 브레데까지』(1906)에서 당시 약 100년에 걸친 역사적 예수에 대한 연구를 분석하고 문제점을 평가했다. 그 결과, 역사적 예수의 탐구로써 얻은 예수의 모습이 매우 다양하다는 점이 드러났고, 성서가 역사적 예수의 탐구를 위한 자료가 될 수 있는지에 대해서도 의문이 제기되었다. 또한 슈바이처는 바이스(J. Weiss)가 제기한 복음서와 예수의 '종말론적 성격'을 강조했다. 복음서의 임박한 종말론적 요소에 대한 발견은 신약 연구에 중요한 변화를 일으켰다. 종말론적 모습의 예수는 옛 탐구에서 나타난 낭만적이고 합리주의적 예수의 모습과는 전적으로 배치되었다. 결국 19세기는 자신의 형상대로 예수를 만들어냈고, 그 세계관에 따라 예수를 근대화한 것이라는 자성이 일어났다. 켈러와 슈바이처 이후 역사적 예수의 탐구는 소강상태에 빠졌다. 1900년대로 접어들면서 역사적 예수의 탐구에 대한 열정은 냉각되었다. 이때(1906)부터 새 탐구가 시작(1953)되기까지가 소위 말하는 '무 탐구'(no quest)의 기간이다.

(2) 새 탐구: 1953-85

1950년대가 되면서 불트만(R. Bultmann)의 제자들을 중심으로 역사적 예수에 대한 새로운 탐구가 시작되었다. 새 탐구(new quest)의 공식적인 시작은 케제만이 1953년에 마르부르크(Marburg)에서 불트만의 제자들 사이에 발표한 "역사적 예수의 문제"라는 강연에서 비롯되었다. 새 탐구에서 중요한 초점은 두 가지이다. 하나는, 역사적 예수와 신앙의 그리스도 사이의 '연속성'을 찾는 것이다. 다른 하나는, 역사적 예수가 역사실증주의에서 말하는 단순히 과거 사실의 재구성이 아니라, '현재'에도 의미가 있다는 것을 밝히는 일이다. 이 주제는 실증주의 역사관을 극복하는 것과 함께 '해석학'의 필요성으로 나타났다. 불트만과 불트만 학파에서 해석학이 중요한 주제인 것도 역사적 예수의 탐구와 무관하지 않다.[26] 그러면 새 탐구를 대표하는 케제만(E. Käsemann), 푹스(E. Fuchs), 에벨링(G. Ebeling)의 주된 주장을 간략히 보겠다.

(a) 케제만의 연구는 두 개의 축을 중심으로 진행된다. 하나는, 역사적 예수의 공생애에 메시아의 특징이 나타났다는 것을 제시하는 것이다. 다른 하나는, 그 특징이 바울과 요한에게 연속된다는 것이다. 케제만은 이 두 가지 사실을 통해 역사적 예수와 신앙의 그리스도 사이의 연속성을 확립하려 한다.

케제만은 예수에게 '독특성'이 있다고 본다. 예수는 율법을 해석할 때 자신을 모세의 권위보다 위에 두었다.[27] 케제만에 의하면, 예수의 독특성

---

26 해석학은 불트만의 실존신학에서 중요한 요소이며, 그것은 역사적 예수의 탐구에서도 핵심적인 역할을 한다. 불트만 역시 신앙의 그리스도와 역사적 예수 사이의 '연속성'에 깊은 관심을 가지고 있다. Dong-Kun Kim, *Jesus: From Bultmann to the Third World* (Bern: Peter Lang, 2002), 74-81.

27 Ernst Käsemann, *Essays on New Testament Themes*, trans. W. J. Montague

은 예수의 '아멘'의 사용, 안식일 법에 대한 해석에서도 나타난다. 예수의 권위는 유대교의 범위를 넘어섰으며, 언제나 자신의 권위로 율법을 해석했다. 예수의 독특성은 하나님 나라의 선포와 귀신 축출에서 선명하게 드러난다. 케제만은 기적을 하나님의 능력이 드러나는 현현사건으로 해석한다. 예수의 기적에서 하나님이 임재하며, 그의 능력이 현재가 된다.[28] 또한 예수의 하나님 나라의 선포는 현재하는 구원의 징표였다.[29]

케제만에게, 예수의 사역에 나타난 이런 특징은 랍비와 유대 전승의 예언자와는 근본적으로 달랐다. "예수는 죽음과 사탄을 이기는 우주적 승리자이다. 예수는 신성한 성령의 충만한 힘 속에 있었다."[30] 케제만은 예수의 추종자들이 예수를 이해할 수 있는 유일한 범주는 메시아라고 본다.[31] 예수의 독특성은 예수의 사역에서 죽음에 이르기까지 일관되게 나타났다. 케제만은 예수의 독특성이 유대교와 마찰을 일으켰고, 예수를 죽음으로 몰아가게 되었다고 믿는다. 예수의 독특성은 '참된 믿음'이라는 기독교의 표식이 되었다.[32]

케제만은 예수의 독특성과 표식이 바울과 요한에게 연속된다고 본다. 케제만은 바울에게 '십자가'는 특별한 의미가 있다고 믿는다. 예수의 십자가는 단순한 상징이 아니다. 십자가에는 예수의 모든 독특한 요소들이 내포되어 있다. 그래서 바울은 오직 십자가에 달린 자만을 알고, 오직 그만을 선포하기를 원했다.(고전 2:2) 바울의 전 신학이 십자가에 고정되

(London: SCM, 1964), 37.

28 Ibid., 48-52.
29 Ernst Käsemann, *New Testament Questions of Today*, trans. W. J. Montague (London: SCM, 1969), 52.
30 Ernst Käsemann, *Jesus Means Freedom*, trans. Frank Clarke (London: SCM, 1969), 57.
31 Käsemann, *Essays on New Testament Themes*, 38.
32 Käsemann, *Jesus Means Freedom*, 19-20.

어 있다.³³ 바울의 부활론도 십자가에 근거해 있으며, 십자가의 한 측면이다.³⁴ 즉 바울은 예수의 모든 독특성이 담긴 십자가를 떠나지 않았다는 것이다. 나아가 케제만은 요한문서가 비역사적이라는 것에 동의하지 않는다. 그는 요한복음이 공관복음 못지않게 역사적 예수의 연구에 중요하다고 본다. 비록 요한복음이 늦게 기록되었지만, 케제만은 요한복음이 더 순수하고 더 원래의 전승을 간직하고 있을 가능성을 배제하지 않는다.³⁵ 요한이 여러 전승 중에서 진정성 있는 전승을 선택하는 기준이 있었는데, 그것은 바로 '예수의 목소리'였다는 것이다. 즉 요한이 예수의 행적을 영적으로 묘사하고 때로는 전승을 편집했지만, 요한복음의 근저에는 '예수의 목소리'라는 역사적 예수가 있었다. 케제만은 요한의 이런 의도를 '역사화의 디자인'이라고 부른다.³⁶ 케제만은 누구보다 요한복음의 역사성을 강조했고, 지금은 요한복음의 역사성을 긍정적으로 보는 학자들이 제법 있다.

(b) 푹스는 예수의 '행위'에서 출발해서 말씀으로 접근하는 방법을 택한다. 푹스는 예수의 행위를, 말씀을 이해하는 틀로 본다. 행위가 말씀보다 예수를 이해하는 데 더 좋다고 보기 때문이다. 푹스는 죄인들과의 식사가 예수의 행위를 포괄적으로 보여준다고 믿는다. 이런 맥락에서, 푹스는 예수의 식사를 하나님 나라와 연결했고, 식사는 죄인들과 함께 하나님 나라의 현재를 축하하는 것으로 보았다.³⁷

---

33 Ernst Käsemann, *Perspectives on Paul*, trans. Margaret Kohl (London: SCM, 1971), 46.
34 Käsemann, *Jesus Means Freedom*, 68.
35 Ernst Käsemann, *The Testament of Jesus: A Study of the Gospel of John in the Light of Chapter 17*, trans. Gerhard Krodel (London: SCM, 1968), 36.
36 Ibid., 45-46.
37 Ernst Fuchs, *Studies of the Historical Jesus*, trans. Andrew Scobie (London: SCM,

예수의 선포의 중심은 하나님 나라이다. 하지만 푹스는 하나님 나라를, '이해'를 위한 인식론적 개념으로 보지 않는다. 예수는 하나님 나라를 선포했고, 사람들에게 결단을 요청했다. 푹스는 결단의 요청을 받아들이는 것을 신앙으로 규정한다. 그런데 여기에 푹스 사상의 핵심이 있다. 예수는 하나님 나라를 선포만 한 것이 아니라, 예수 자신도 하나님 나라의 선포의 '대상'(hearer)이었다는 것이다. 푹스에 따르면, 예수 자신이 먼저 하나님 나라를 향해 결단했다. 그래서 하나님 나라의 선포에는 예수의 결단이 들어 있고, 예수의 신앙도 내포되어 있다는 것이다.[38] 푹스는, 예수 자신의 결단과 죽음까지의 순종을 통해 예수는 '신앙의 근거'가 되었다고 주장한다.[39]

한편, 바울은 역사적 예수를 만난 적이 없고, 부활한 예수를 환상으로 만났다. 하지만 푹스에게 바울이 예수를 직접 만나지 못한 것은 문제가 안 된다. 바울은 누구에게도 자신과 동일한 환상 체험을 요청하지 않았다. 다만 바울은 사람들에게 자신의 체험을 통해 도달했던 그 '신앙'을 가질 것을 요구했다.[40] 푹스는 바울의 '예수를 믿으라!'는 선포는 다름 아닌, 예수의 결단이 포함된 예수의 신앙을 받아들이는 것이라고 본다. 푹스는 이렇게 결론을 내린다. "오늘날 예수를 믿는다는 것은 본질적으로 예수의 결단을 반복하는 것이다."[41]

푹스는, 바울의 복음선포는 신앙의 근거인 역사적 예수의 선포와 결단을 의미한다고 보았다. 또한 바울에게 '예수를 선포하는 것'은 예수 안에서 행하고 계시되었던 하나님의 '구원'을 선포하는 것이었다. 다른 말로,

---

1964), 35-36.
38 Ibid., 60-63.
39 Ibid., 77-80.
40 Ibid., 16-17.
41 Ibid., 28.

바울이 하나님의 계시를 선포했지만, 그 계시의 내용은 예수에게서 온 것이었다.[42] 이런 방법으로, 푹스는 예수의 행위와 선포, 예수의 결단과 신앙이 바울의 선포와 연속성을 가진다는 것을 보여준다.

(c) 에벨링의 공헌은 해석학에 있다. 에벨링의 관심은 2,000년 전 예수의 말씀을 과거의 사실로서가 아니라, 지금 현재에 의미 있게 만드는 것에 있다. 먼저 에벨링의 역사적 예수에 대한 이해부터 보겠다. 에벨링은 예수의 '하나님 나라의 선포'로부터 제자들의 '예수를 믿음'으로 메시지의 중심이 전환된 과정을 추적한다. 에벨링은 예수의 부활에서 실마리를 찾는다. 에벨링은 신약의 부활기사를 부활절 이야기, 부활에 대한 고백, 바울의 부활 언급 등 세 그룹으로 나눈다.[43] 그는 부활사건에 공통된 요소가 있는 것으로 본다. 그것은 부활현현이 부활사건 안에서 '믿는 자'가 된 자들에게 일어났다는 것이다. 에벨링은 이것을 부활사건의 본질로 보고, 그 의미를 부활한 예수 안에서 '신앙의 발생'으로 규정한다.[44] 즉 부활사건의 특징은 예수의 신앙을 따르도록 요청하는 '소명'의 성격을 가지고 있다.

여기서 예수와 신앙의 관계를 봐야 한다. 에벨링은 예수의 선포, 아멘의 사용, 예수의 비유를 분석하면서, 예수와 신앙이 분리되지 않는다고 결론 내린다. 예수는 자신의 선포와 완전히 일치되었고, 예수는 자신이 선포한 '신앙의 증인'이었다는 것이다.[45] 이제 다시 예수의 부활을 보자. 에벨링은 부활에서 '신앙'은 새로운 차원으로 들어갔다고 본다. 에벨링에게 부활

---

42 Ernst Fuchs, "The Task of New Testament Scholarship for the Church's Proclamation Today," in *Christianity Divided: Protestant and Roman Catholic Theological Issues*, eds. Daniel J. Callahan, Heiko A. Oberman, and Daniel J. O'Hanlon (London and New York: Sheed and Ward, 1961), 81.

43 Ibid., 63-66.

44 Ibid., 68.

45 Ibid., 59.

사건의 소명은 다름 아닌, 예수의 신앙을 따르도록 부름받은 것이다. 에벨링은 부활과 소명의 과정을 통해, '예수의 신앙'으로부터 제자들이 예수를 증언하는 '예수를 믿음'으로 전환이 이루어졌다고 본다.[46] 즉 부활사건은 예수가 '신앙의 증인'으로부터 '신앙의 토대'로 전환이 이루어진 사건이다. 그래서 바울을 위시한 모든 제자들은 '예수의 신앙'에 근거를 두고 있다.

그러면 과거의 예수의 말씀이 어떻게 오늘 우리에게 의미가 있는지를 보자. 이 부분에 대해서 푹스와 에벨링은 아주 유사하다. 그들은 역사적 텍스트(성서)와 오늘의 의미 사이의 간격을 메우기 위해 해석학에 집중한다. 그들이 관심을 가진 것은 언어이다. 그들은 언어를 언어학적 차원이 아니라, 실존과의 연관 속에서 이해한다. 그들은 언어를 '언어-사건'이라고 부른다. 푹스와 에벨링에게 언어는 두 가지 특징을 가진다. 첫째, 언어는 개념/존재를 실존하게 한다. 언어의 기능에서 가장 중요한 것은, 언어가 사물을 정의 내리는 것이 아니라, 존재의 영역으로 들어간다는 점이다.[47] 즉 언어가 어떤 개념/존재를 부르며 관계를 가질 때, 그 존재는 시간 안에서 '현재'하고, 존재는 실존이 된다. 이때 언어는 한 존재의 특징을 내포하게 된다. 푹스는 언어의 이 기능을 이렇게 표현한다. "언어가 존재를 정당화한다."[48] 푹스와 에벨링은 예수의 말씀을 '언어-사건'의 관점에서 해석한다. 그렇다면 예수의 말씀에 무엇이 사건으로 담겨 있는가? 그들의 답변은 명확하다. 예수의 말씀에는 예수의 존재, 그의 결단, 그의 신앙이 들어 있다.[49] 푹스와 에벨링에 따르면, 예수가 당시 선포하고 결단한

46　Gerhard Ebeling, *Word and Faith*, trans. James W. Leitch (London: SCM, 1963), 301.
47　Ibid., 41.
48　Fuchs, *Studies of the Historical Jesus*, 207-09.
49　Ebeling, *Word and Faith*, 295-96.

그 '언어-사건'이 성서 텍스트 안에 남아 있다. 즉 역사적 예수의 말씀에는 예수의 존재와 독특성이 담겨 있다는 것이다.

둘째, 언어는 '시간'을 지시한다. 언어는 지금이 어떤 시간인지, 무엇을 해야 하는지를 선언한다. '오라', '일어나라'는 말은, 지금은 '와야 할 시간이다.', 지금은 '일어나야 할 시간이다.'라는 의미이다. 언어는 시간을 지시함으로 사건을 발생시킨다.[50] 에벨링은, 하나님 나라는 지금 우리가 무엇을 해야 하는 시간인지를 보여주는 것으로 해석한다. 에벨링에게 하나님의 나라는 '하나님의 시간'을 의미한다. 예수는 하나님 나라를 선포할 때, 사람들이 지금 무엇을 해야 하는 시간인지를 마주하도록 했다. 그것은 바로 회개와 결단의 시간을 의미한다.[51]

언어의 두 가지 기능을 함께 보면, 푹스와 에벨링의 해석학의 원칙이 드러난다. 무엇보다 언어-사건이, 기록된 성서에 우선한다는 것을 알 수 있다. 예수의 언어-사건이 성서에 들어 있다. 성서는 언어-사건에 뒤따라 기록된 문서이다. 그러므로 오늘 성서를 과거의 문서로 만난다면, 우리에게 아무런 의미가 없다. 반면 성서에 있는 예수의 선포, 말씀, 유비를 '지금' 우리에게 선포되는 것으로 만나면, 우리는 성서에 담긴 예수의 결단과 신앙을 마주하게 된다. 예수의 말씀에는 예수의 신앙과 인격이 내포되어 있기 때문이다. 언어를 통해 개념/존재는 살아 있는 실존이 된다. 바울이 예수를 선포한 것은 바로 예수의 말씀 속에 녹아 있는 언어-사건을 현재로 불러오는 것이었다. 사람들은 바울의 선포에서 살아 있는 예수와 직면했다.[52] 그리고 기독교의 역사는 바울이 했던 것과 동일한 길을 밟았다. 기

---

50 Ernst Fuchs, "The New Testament and Hermeneutical Problem," in *The New Hermeneutic*, eds. James M. Robinson and John B. Cobb (New York: Harper & Row, 1964), 124-25.

51 Gerhard Ebeling, *The Lord's Prayer in Today's Word*, trans. James W. Leitch (London: SCM, 1966), 70-71.

독교는 2,000년 역사 동안, 선포를 통해 성서에 담긴 예수를 끊임없이 현재하게 했다.

새 탐구에 대해서는 다양한 평가를 할 수 있다. 그중에 가장 중요한 것은 새 탐구가 역사적 예수와 신앙의 그리스도 사이의 연속성을 추구했다는 점이다. 옛 탐구에서는 역사적 예수와 신앙의 그리스도가 서로 대립되고 분리되었다. 둘 사이의 괴리는 갈수록 심각해졌고, 도저히 메울 수 없는 것으로 간주되었다. 이에 반해 새 탐구가 제시한 '연속성'은 역사적 예수의 탐구의 역사에 끼친 가장 중요한 공헌이다. 새 탐구는 역사적 예수와 신앙의 그리스도 사이의 연속성을 통해, '역사와 신앙'이 조화를 이룰 수 있는 가능성을 보여주었다.

안타깝게도 새 탐구는 오래 지속되지 못했다. 몇 가지 이유가 있다. 무엇보다 새 탐구는 불트만 학파에 의해 주도되었고, 그 범위를 크게 벗어나지 못했다. 그렇다 보니 새 탐구가 추구하는 목표가 다양한 학자들로 확산되지 못했고, 일정한 지점에서 정체되었다. 또 새 탐구는 예수를 유대사회 안에서 볼 수 있는 신학적 안목을 확보하지 못했다. 예를 들면, 케제만은 예수의 독특성을 주로 예수와 유대종교와의 차이점에서 찾았다. 예수를 그가 살았던 유대문화 안에서 이해하지 못한 것이 새 탐구가 가진 한계 중의 하나이다. 게다가 연속성에 대한 추구와 해석학 외에 새 탐구를 지속할 수 있는 새로운 방법론을 개발하지 못했다. 1970년대가 되면서 신학의 환경은 달라졌고, 새 탐구를 격발시켰던 동기들은 약해졌다. 새 탐구가 종결된 시점은 정확하게 명시하기 어렵다. 새 탐구는 1970년대에 활동이 줄어들면서 서서히 퇴조했다.

하지만 새 탐구의 '연속성 추구'에 대해 충분한 평가가 이루어지지 못

---

52 Fuchs, *Studies of the Historical Jesus*, 189.

한 것은 애석한 일이다. 현재 새 탐구에 대한 평가는 중립적이거나, 가볍게 소개되는 경우가 대부분이다. 무엇보다 학자들이 새 탐구의 공헌인 '연속성'에 대한 깊이 있는 이해가 부족하다는 점이 대단히 유감이다.[53] 멀지 않은 시간에 새 탐구가 시도한 연속성에 대한 재평가가 이루어지기를 희망한다.[54]

(3) 제3의 탐구: 1985-현재

세 번째 단계는 1980년대 들면서 북미를 중심으로 시작되었다. 제3의 탐구(third quest)라는 명칭은 1982년에 라이트(N. T. Wright)가 처음 언급했고, 예수 세미나(Jesus Seminar)가 출범한 1985년부터 공식적인 명칭으로 사용되었다. 얼마의 학자는 제3의 탐구를 '탐구 이후'라 부르기도 했으나, 시간이 지나면서 제3의 탐구로 명칭이 굳어졌다. 하지만 제3의 탐구가 단지 시기적인 구별만을 의미하는지, 혹은 그 이전의 연구와 구별되는 특징을 가지고 독자적인 시대를 열었는지에 대한 평가는 일치하지 않는다. 제3의 탐구에 속한 학자들의 입장이 다양하기 때문에 제3의 탐구에 대한 전체적인 조망을 하기는 쉽지 않다. 몇 가지 특징을 중심으로 제3의 탐구를 살펴보겠다.

---

53 새 탐구에 대한 평가는 대부분 피상적이고, 새 탐구의 핵심인 '연속성'에 대한 언급이 없다. Cf. James Carleton Paget, "Quest for the Historical Jesus," in *The Cambridge Companion to Jesus*, ed. Markus Bockmuehl (Cambridge: Cambridge University Press, 2001), 146-49; Tatum, *Jesus*, 145-48; James K. Beilby and Paul Rhodes Eddy, "The Quest for the Historical Jesus: An Introduction," in *The Historical Jesus: Five Views*, eds. James K. Beilby and Paul Rhodes Eddy (Madison: IVP, 2009), 24-26.

54 이 책의 "새 탐구: 1953-85" 부분은 필자의 다음 글에서 참조 및 인용했다. 김동건, 『그리스도론의 역사: 고대 교부에서 현대 신학자까지』(서울: 대한기독교서회, 2018), 602-17.

a. 여러 얼굴의 예수

제3의 탐구에서 예수의 모습은 다양하다. 제3의 탐구에서 가장 눈에 띄는 것은 예수의 모습을 하나의 범주에 넣을 수 없다는 것이다. 제3의 탐구의 대표적 학자들의 '예수'를 보더라도 서로 매우 다르다. 다섯 명의 학자들이 제시한 예수를 간략히 보자.

크로산(J. D. Crossan)은 자신의 방법론을 '삼중 교차적 검토'라고 부른다. 세 차원의 연구는 인류학적 차원, 역사학적 차원, 문헌학적 차원으로 구성된다. 삼중 교차적 검토에서는 인류학적 차원이 큰 틀을 제공하고, 역사학적 차원이 중간이며, 문헌학적 차원이 예수에 대한 세부적인 부분을 차지한다. 크로산의 방법론에서 가장 중요한 것은 세 차원의 연구가 반드시 충분하고 동등하게 협력적이어야 한다는 것이다.[55] 크로산의 예수는 두 모습을 가지고 있다. 하나는 그리스 문화의 영향을 받은 견유철학자이고, 다른 하나는 사회적 혁명을 꿈꾸는 유대인이다. 크로산은 예수의 삶의 스타일과 연관해서, 예수를 가난과 자유를 추구하는 농민 견유철학자로 그렸다.[56] 한편, 크로산에게 예수의 정체성은 그가 속한 농민-장인 계급에서 온다. 예수는 하층민으로서의 비참한 현실을 겪으며 자랐고, 예수의 이런 경험이 예수의 정체성을 형성한다.[57] 크로산은 예수를, 평등주의를 추구하는 혁명가로 본다. 예수가 선포한 하나님 나라는 평등한

---

55 John Dominic Crossan, *The Historical Jesus: The Life of a Mediterranean Jewish Peasant* (New York: HarperSanFrancisco, 1991), xxviii-xxx; John Dominic Crossan, *Jesus: A Revolutionary Biography* (New York: HarperSanFrancisco, 1994), ix-xi. 하지만 세 차원의 연구는 자주 균형을 잃고, 인류학적 연구와 역사학적 연구가 문헌학적 연구를 압도한다. 크로산의 방법론에 대한 분석과 평가는 다음의 논문을 참고하라. 김동건, "크로산이 '역사적 예수'에 사용한 방법론 연구,"「신학사상」제159집 (2012): 45-80.

56 Crossan, *Jesus*, 198.

57 Crossan, *The Historical Jesus*, 19-21.

나라이고, 예수는 평등한 나라의 실현이라는 비전을 꿈꾸었다. 크로산에게, 예수는 정의롭고 평등한 세상이라는 고대 농민들의 이상을 위해 매진하는 자이다.[58]

호슬리(R. A. Horsley)는 예수를 이스라엘의 예언자 전승에 서 있는 사회적 예언자로 이해한다. 그는 크로산과 정반대로, 예수가 그리스 문화의 영향을 받은 견유철학자일 가능성은 전혀 없다고 단언한다. 그는 예수를 당시 예수가 속했던 갈릴리의 유대 촌락공동체 안에서 접근한다. 예수와 제자들의 활동은 '대중운동'으로 이해된다.[59] 호슬리는 예수의 가르침을 개인적 차원에서 해석하는 것을 반대하고, 지역공동체의 변화라는 차원에서 해석한다.[60] 이 관점에서, 예수의 유월절 식사는 '새 계약의 식사'이며,[61] 예수의 기적은 이스라엘 촌락의 갱신을 위한 활동이 된다.[62] 호슬리는 예수의 활동을 갈릴리에 토대를 둔 '지역사회운동'으로 규정한다.

보그(M. J. Borg)는 예수를 다섯 가지 이미지, 곧 유대 신비가, 치유자, 지혜 스승, 예언자, 갱신운동가로 본다.[63] 그중에 가장 대표적인 모습은 이스라엘의 '갱신운동'의 창시자이다. 예수는 축귀, 치유, 대안적 운동을 통해 이스라엘을 갱신하려 했다. 성령은 예수에게 충만했고, 예수의 활동을

---

58   Crossan, *Jesus*, 73-74.
59   Richard A. Horsley, *Archaeology, History, and Society in Galilee: The Social Context of Jesus and the Rabbis* (Oregon: Trinity Press International, 1996), 179, 188-89.
60   Ibid., 181.
61   Richard A. Horsley, *Jesus and the Politics of Roman Palestine* (Columbia: University of South Carolina Press, 2014), 165-66.
62   Richard A. Horsley, *Jesus and Magic: Freeing the Gospel Stories from Modern Misconceptions* (Cambridge: James Clarke & Co., 2015), 163-67.
63   Marcus J. Borg, *Jesus: Uncovering the Life, Teachings, and Relevance of a Religious Revolutionary* (San Francisco: HarperSanFrancisco, 2008), 163-64.

역동적으로 만들었다. 보그는 예수가 열두 제자를 파송한 것도 갱신운동의 일환으로 보고, 예수 사후에 제자들에 의해 지속된 성령운동도 동일한 차원에서 해석한다. 보그는 예수의 활동의 중심 개념을 연민과 기쁨으로 본다.[64] 보그에게 예수의 사역은 회개하고 하나님에게 돌아오라는 부름이었다. 이 점에서 예수는 사회적 예언자의 측면을 가지지만, 예수는 심판보다는 '기쁨'을 강조했다고 해석된다. 보그에게 예수는 연민, 사랑, 포용, 평화가 지배하는 대안공동체를 추구하는 자였다.[65]

펑크(R. W. Funk)에게, 예수는 은유, 풍자, 역설, 수사학에 뛰어난 자였고, 사회-경제적으로는 농민이었다.[66] 예수는 종말론적 예언자도 아니고 도덕주의자도 아니었다. 펑크에게 예수는 하나님 나라의 비전에 사로잡힌 자였다. 하나님 나라는 사람들이 체험하는 일상의 세계와는 전혀 다른 세계였다.[67] 펑크는 예수의 십자가형, 수난, 매장, 그 어느 것도 역사적인 것으로 보지 않는다.[68] 예수가 죽은 후, 마가는 수난이야기를 창작했고, 복음서의 다른 수난이야기들은 마가에 의존한다는 것이다. 펑크는, 예수가 죽은 후 제자들이 다시 모여 공동체를 형성하고 새로운 운동을 일으켰다고 주장한다. 이렇게 갈릴리의 현인은 신화적 그리스도로 대체되었다는 것이다.[69]

던(J. D. G. Dunn)의 특징은 예수에게 접근하는 '방법'에 있다. 던은 기록된 문서로는 복잡한 '예수전승'을 파악하는 데 한계가 있다고 믿는다. 그

---

64 Marcus J. Borg, *Jesus, A New Vision: The Spirit, Culture, and The Life of Discipleship* (San Francisco: Harper & Row, 1991), 127-29.
65 Ibid., 142.
66 Robert W. Funk, *Honest to Jesus: Jesus for a New Millenium* (New York: HarperSanFrancisco, 1996), 143-58.
67 Ibid., 165-67.
68 Ibid., 219-34.
69 Ibid., 254.

는 역사적 예수에서 '구어양식'을 중요하게 여기며, 몇 가지 원칙을 마련한다. 첫째, 여러 형태의 전승들이 처음에는 구어양식으로 유통되었다. 둘째, 그것들은 대부분 공관복음 안에 일정한 형태로 남아 있다. 셋째, 마태와 누가를 포함한 복음서 저자들은 마가나 Q뿐만 아니라, 구어전승도 잘 알고 있었다. 넷째, 현재 우리는 구어전승을 어느 정도 추적할 수 있다.[70] 던은 구어양식들이 직접 예수와 만나고 예수의 독특성에 충격받은 사람들에 의해 생생하게 기억되었다고 믿는다. 던은 예수의 말씀에는 얼마의 공통된 특징이 있다고 본다. 예를 들면, 말씀에 사용된 리듬, 운율, 두운법, 모음압운법, 반위적 평행법 등의 용례가 여러 전승에 일관되게 나타난다. 던은 그 이유를 전승들의 시초가 오직 '한 사람'에게서 발현되었기 때문이라고 주장한다. 즉 여러 전승을 통해 전해지는 한 사람, 곧 '예수의 그 목소리'가 전승들 속에 보존되어 있다는 것이다.[71] 따라서 오늘날 우리가 복음서에서 만나는 예수의 말씀은 수정된 편집이 아니라, 전승들 속에 살아 있는 예수의 말씀이다.[72] 던에 의해 이렇게 재구성된 역사적 예수는 비교적 전통적인 모습이다. 또한 던은 예수의 부활현현이 환상이라는, 다른 제3의 탐구의 학자들의 주장도 일축한다. 그는, 부활현현은 제자들이 눈으로 보고 귀로 들을 수 있을 만큼 생생한 것이었다고 믿는다.[73] 던이 제시한 예수의 모습보다는, 그가 연구에 사용한 방법, 구어양식의 강조, 기억된 예수의 중요성은 의미 있는 공헌이다.

---

70 Dunn, *Jesus Remembered*, 335-36.

71 Ibid., 225-26, 238-45, 335-36. 복음서에서 예수의 '그 목소리'를 들을 수 있다는 이론은 예레미아스(J. Jeremias)가 예수의 아람어 화법을 분석하면서 처음 주장했다. 하지만 던이 이 주장을 구어전승과 연결하고, 기억된 예수의 중요성을 강조하였다. Cf. Joachim Jeremias, *New Testament Theology: The Proclamation of Jesus*, trans. John Bowden (New York: Charles Scribner's Sons, 1971), 3-30.

72 Dunn, *Jesus Remembered*, 254.

73 Ibid., 866.

위에서 본 것처럼, 제3의 탐구 학자들의 예수에 대한 이해는 상이하다. 때로는 그들의 입장 차이가 극단적으로 나타나기도 한다. 2009년에 다섯 명의 학자가 역사적 예수에 대해 각각 논문을 발표하고, 다른 학자들이 논평을 했다. 그중에 프라이스(R. M. Price)는 예수를 신화 영웅의 원형으로 보았다. 그는 자신의 글에서 '예수는 존재하지 않았다.'고 결론 내렸다.[74] 반면 크로산은 예수는 존재했으며, 역사적으로 재구성할 수 있다고 주장한다.[75] 나아가 존슨(L. Timothy Johnson)은 교회가 역사적 예수에 의해 개혁된 적이 없으며, 기독교 신앙은 역사적 예수에 의존하지 않는다고 역설했다.[76] 제3의 탐구에 나타나는 이런 불일치를 어떻게 평가할 것인가? '불일치'를 제3의 탐구의 정체성에 대한 의문이나, 그들의 방향성이 막다른 곳에 이른 것으로 보기도 한다.[77] 그러나 '예수 모습의 불일치'를 부정적으로 볼 필요는 없다. 예수 모습의 불일치는 제3의 탐구가 역사적 예수를 하나의 모델로 접근하지 않는다는 의미이다. 제3의 탐구가 그만큼 다양한 스펙트럼을 가졌다고 볼 수 있다. 새 탐구는 불트만 학파라는 제한된 범위에 있었기 때문에, 그들에게 예수에 대한 이해가 유사했다. 반면 제3의 탐구에는 역사적 예수에 대한 정형화된 모델이 없다. 제3의 탐구에서, 역사적 예수의 탐구가 하나의 주도적 방향에 의해 규범화되지 않고, 세분화되기 때문이다. 그러므로 '불일치'를 제3의 탐구의 단점으로 볼 필요는 없다.

---

74 Robert M. Price, "Jesus at the Vanishing Point," in *The Historical Jesus: Five Views*, eds. James K. Beilby and Paul Rhodes Eddy (Madison: IVP, 2009), 55-83.

75 John Dominic Crossan, "Response to Robert M. Price," in *The Historical Jesus: Five Views*, eds. James K. Beilby and Paul Rhodes Eddy (Madison: IVP, 2009), 86.

76 Luke Timothy Johnson, "Learning the Human Jesus: Historical Criticism and Literary Criticism," in *The Historical Jesus: Five Views*, eds. James K. Beilby and Paul Rhodes Eddy (Madison: IVP, 2009), 177.

77 Cf. Beilby and Eddy, "The Quest for the Historical Jesus," 47-48.

b. 유대의 상황, 학제 간 연구, 비묵시적 경향, 역사관

제3의 탐구에 대한 평가는 긍정적인 평가와 부정적인 평가가 극과 극을 이룬다. 이런 양 극단의 평가는 제3의 탐구가 시작되면서부터 줄곧 있어왔다. 제3의 탐구와 예수 세미나에 자주 지적되는 비판들이 있다. 그중에서 방법론에 대한 비판,[78] 구전성에 대한 비판,[79] 자료의 편파성에 대한 비판[80]이 주된 논쟁거리이다. 여기서는 이런 일반적인 논의는 자세히 다루

---

78 예수 세미나와 다수의 제3의 탐구 학자들은 예수의 말씀의 진정성을 판별할 때 '비유사성의 기준'(criterion of dissimilarity)에 의존한다. 이에 대한 비판은, 그들이 이 기준을 과도하게 사용함으로써 예수를 초기교회로부터 분리시킨다는 것이다. [Michael F. Bird, "Shouldn't Evangelicals Participate in the 'Third Quest for the Historical Jesus'?" *Themelios* 29, no. 2 (Spring 2004): 9-10.] 이 비판은 말씀의 진정성 판별에 따르는 위험을 잘 지적해 준다. 그러나 이 비판은 제3의 탐구에만 해당되는 것이 아니라, 모든 역사적 예수의 연구에서 나타날 수 있는 하나의 위험이다. 더구나 최근에는 다양한 역사비평방법을 보완적으로 사용함으로써 비유사성 방법의 위험을 상당 부분 줄이고 있다. 비유사성 방법과 함께 사용할 수 있는 비평방법으로는 일관성의 기준, 다중증거의 기준, 내용과 형식의 기억의 기준 등이 있다.

79 예수 세미나와 다수의 제3의 탐구 학자들은 예수 말씀의 진정성을 가리는 근거로 '구전성'(orality)을 내세운다. 그들은 역사비평방법으로 초기 구어전승을 구별하고, 기억되기 좋은 격언처럼 짧고 간결한 구전을 우선으로 삼는다. 이에 대한 비판은, 역사비평방법이 '기록된 문서'로부터 구전성을 찾는 것은 불가능하다는 것이다. [Benjamin I. Simpson, "Current Trends in Third-Quest Research," *Bibliotheca Sacra* 171, no. 682 (April-June 2014): 199-200, 209.] 그러나 이 비판을 그대로 받아들일 수는 없다. 최근 구어전승과 구어양식에 대한 관심이 증가하고 있다. 구어양식이 문서전승보다 먼저 유통되었거나, 혹은 구어양식과 문서전승이 서로 영향을 주면서 형성되었을 가능성은 아주 높다. 그러므로 구어전승을 정확히 재구성하기는 어렵더라도, 어느 정도 구어전승의 형태(forms)를 찾을 수 있는 가능성이 있다. Cf. James D. G. Dunn, "Reappreciating the Oral Jesus Tradition," *Svensk exegetisk årsbok* 74 (2009): 1-17; David P. Scaer, "Epistles before Gospels: An Axiom of New Testament Studies," *Concordia Theological Quarterly* 77, no. 1-2 (January-April 2013): 5-21.

80 제3의 탐구의 자료 사용에 대한 비판은 설득력이 있다. 예수 세미나와 얼마의 제3의 탐구 학자들은 '도마복음'을 네 복음서에 의존하지 않는 독립적인 것으로 보며, 시

지 않겠고, 대신 제3의 탐구에 나타나는 얼마의 공통점을 보고, 그에 대해 평가를 하겠다.

유대의 상황: 제3의 탐구에서 예수의 모습이 다양함에도 불구하고 얼마의 공통점이 있다. 제3의 탐구는 예수를 유대의 상황 안에서 이해하며, 예수의 유대인임(Jewishness)을 강조한다. 예수를 그가 속한 1세기의 유대 종교, 문화, 사회-경제적 제도와 분리시키면 안 된다는 것이다. 옛 탐구와 새 탐구에서는 예수를 유대사회와 격리시키는 경향이 있었다. 예수의 특징이 전통적인 율법해석, 유대종교, 유대사회와의 차별성에서 확보된다고 믿었기 때문이다. 지금은 역사적 예수를 연구하면서, 예수를 유대사회로부터 격리해서 이해하는 것은 거의 배제되었다. 역사적 예수의 탐구에서 예수를 유대의 상황으로 되돌린 것은 제3의 탐구의 기여이다.

학제 간 연구: 제3의 탐구 학자들은 역사적 예수의 탐구에서 학제 간의 접근을 한다. 신학뿐만 아니라 여러 분야의 학제 간의 연구는 역사적 예수의 탐구에 새로운 방법론과 통찰을 제공할 수 있다. 지금은 신학, 고고학, 문화인류학, 사회과학, 언어학, 심리학 사이의 연구가 활발하다. 또

기적으로도 정경복음서와 동시대 작품이거나 혹은 더 이른 것으로 여긴다. 특히 크로산은 도마복음뿐만 아니라 '베드로복음'도 독립된 복음서로 여긴다. 그는 베드로복음에 들어 있는 세 단위(units)를 '십자가 복음'이라 부르며, 정경복음서의 기본 자료가 되었다고 주장한다. 그러나 신약학계의 다수 의견은 도마복음의 형성 시기를 2세기로 보며, 내용의 상당 부분은 정경복음서에 의존하는 것으로 평가한다. 또 대부분의 신약학자들은 베드로복음을 정경복음서에 의존하는 것으로 본다. 즉 예수 세미나와 크로산의 자료에 대한 입장은 소수 의견이다. 또 예수 세미나의 Q자료에 대한 지나친 의존도 빼놓을 수 없다. 예수 세미나는 신약학계에서 적절하다고 평가하는 기준보다 Q자료에 더 높은 신뢰를 준다. 결국 예수 세미나가 제시한 역사적 예수는 본질적으로 종말론적인 요소가 제거된 'Q자료의 예수'가 될 가능성이 상당하다. Cf. David B. Gowler, *What Are They Saying about the Historical Jesus?* (New York: Paulist Press, 2007), 85-86; Mark Allan Powell, *Jesus as a Figure in History: How Modern Historians View the Man from Galilee* (Louisville: Westminster John Knox Press, 1998), 79-80; Paget, "Quest for the Historical Jesus," 150.

제3의 탐구에서는 현대의 문화론과 사회학이론이 1세기의 유대사회를 이해하는 도구로 사용된다. 제3의 탐구가, 유대 근동 지역의 지역학과 현대의 사회-경제적 모델과 비교 연구를 통해 예수가 살았던 사회를 새롭게 이해하는 것은 강점이다. 다만 그 결과가 항상 긍정적이라고 단정하기는 어렵다. 당시 문화와 사회를 일반화해서 예수에게 적용하면 예수만이 가지는 '독특성'이 훼손될 수 있기 때문이다. 따라서 역사적 예수의 탐구에서 교차문화적 연구와 학제 간의 연구는 대단히 신중해야 한다.

비묵시적 경향: 제3의 탐구의 한 특징은 비-묵시적/비-종말적 예수로의 회귀이다. 이는 제3의 탐구에 속하는 모든 학자들에게 해당되는 것은 아니다. 대표적으로 던과 마이어(J. P. Meier)에게는 해당되지 않는다. 하지만 다수는 예수의 선포에서 종말론적 세계관과 묵시적 요소를 받아들이지 않는다. 문제는 예수를 비-묵시적/비-종말적으로 보는 것에 있지 않고, '어떻게' 예수를 비-묵시화/비-종말화했는지에 있다. 앞에서 언급했듯이, 크로산의 예수는 결코 종말론적 예언자가 아니라, 평등주의라는 '환상적 비전'을 가진 견유철학자이다.[81] 보그도 예수를 비-종말적 인물로 본다. 보그는, 임박한 종말은 예수에게서 비롯된 것이 아니라, 제자들의 부활 경험에서 생겨난 것이라고 주장한다.[82] 또한 펑크에게 예수는 종말론적 예언자도 아니고 도덕주의자도 아니다. 펑크는 대부분의 신약학자들이 예수의 핵심 선포로 간주하며, 종말론적인 의미를 담고 있는 구절(막 1:15)조차 공동체의 창작이라고 주장한다.[83] 크로산, 보그, 펑크에게서 예수의 예언자적 모습은 찾아보기 어렵다. 예수의 하나님 나라/구원의 완성이라는 종말론적인 지배와 우주적 완성은 그들이 제시하는 예수와 거리

---

81 Crossan, *Jesus*, 196.
82 Marcus J. Borg and N. T. Wright, *The Meaning of Jesus: Two Visions* (New York: HarperCollins e-books, 2007), 193.
83 Funk, *Honest to Jesus*, 163.

가 멀다. 제3의 탐구에서는 예수의 종말론적 요소가 배제되고, 예수가 '현대화'되는 경향이 있다. 그래서 타이센(G. Theissen)은, '비-종말적 예수'는 갈릴리 지역의 색채보다 미국 캘리포니아의 색채를 띠고 있다고 우려를 표했다.[84] 따라서 제3의 탐구에서 흔히 보이는 예수의 비-종말화가 현대 문화에 순응하는 것이 된다면, 예수의 정체성이 상실될 위험이 있다.

역사관: 제3의 탐구에 속한 일부 학자들의 역사의 개념은 실증주의적 역사관에 가깝다. 제3의 탐구는 역사적 예수의 탐구에서 '객관성/합리성'의 기준에 과도하게 의존한다. 이 점에서 제3의 탐구는 19세기 자유주의 신학 및 옛 탐구와 상당한 유사성이 있다. 제3의 탐구에서 '객관성'이 역사적 예수에게 적용되면, 거의 실증주의적 역사관과 유사한 기능을 한다. 역사비평방법으로 다룰 수 있는 주제가 있고, 다루기 어려운 주제가 있다. 예를 들면, 예수의 부활은 단순히 역사적 연구의 대상만은 아니다. 부활은 역사적이면서 동시에 신학적 성격을 함께 가지고 있다. 그러나 그들에게는 오직 두 범주밖에 없다. 곧 사실과 허구(크로산, 펑크) 혹은 사실과 은유(보그)이다. 그래서 크로산은 단적으로 이렇게 묻는다. "부활은 사실인가, 허구인가? 역사인가, 신화인가?"[85] 그들에게 사실과 허구를 나누는 기준은 객관성/합리성이다. 그들에게는 어떤 사건이 객관성을 벗어나면, 그 사건은 사실이 아니며 허구이다. 그래서 그들은 부활의 역사성을 다루면서, 예수의 부활현현이 비디오로 촬영될 수 없다면 그것은 사실이 아니라고 주장한다.[86] 그들은 카메라 촬영과 같은 '객관성'의 기준으로 역사와 신화를 나눈 것이다. 이 점에서, 그들의 역사관은 19세기의 '사실 그 자

---

84 Theissen and Merz, *The Historical Jesus*, 11.
85 Crossan, *Jesus*, 160.
86 Borg and Wright, *The Meaning of Jesus*, 132; Funk, *Honest to Jesus*, 258; John Dominic Crossan and Richard G. Watts, *Who Is Jesus: Answer to Your Questions about the Historical Jesus* (Louisville: WJK, 1996), 124.

체'(bruta facta)를 주장하던 역사주의를 연상시킨다. 크로산, 보그, 펑크를 지배하는 역사의 개념은, 중립적이고 자연과학처럼 관찰할 수 있는 '사실의 재구성'으로서의 역사이다. 역사를 사실의 재구성으로 보았던 옛 탐구의 실증주의적 방법은 성공하지 못했다. 크로산, 보그, 펑크의 역사관은 역사적 예수의 탐구에서 '신학적 의미'를 취약하게 만드는 결과를 초래했다. 왜냐하면 어떤 사건이 '객관적 사실'이 아니라고 판단되면, 그 사건에 담긴 신학적 의미마저 제거되기 때문이다. 즉 제3의 탐구가 신학적으로 다루어야 할 부분까지 역사적 범주를 적용함으로써 신학적 부분이 희생된다. 이것이 제3의 탐구에서 아주 우려되는 부분이다.[87]

우리의 관심인 '역사와 신앙'의 관점에서 역사적 예수의 탐구를 보려 한다. 역사적 예수의 세 단계를 비교해 보면, 역사와 신앙의 관계가 뚜렷하게 대조된다. 옛 탐구에서 역사와 신앙은 대립되었고, 새 탐구에서는 역사와 신앙의 연속성이 추구되었다. 옛 탐구와 새 탐구에서는 서로 다른 형태이지만, 역사와 신앙의 관계가 중심 주제의 하나이다. 반면 제3의 탐구에서는 역사와 신앙의 주제는 더는 중요하지 않다. 제3의 탐구 학자들은 역사와 신앙의 관계에 전혀 관심이 없다. 당연히 역사적 예수와 신앙의 그리스도의 '연속성'을 추구하는 학자는 없다. 21세기에 오면서, 역사의 길과 신앙의 길은 더욱 멀어지고 있다.

더 정확하게 말하면, 21세기의 역사적 예수의 탐구에서 '역사'의 비중이 줄어들고 있다. 제3의 탐구는 역사적 예수의 선포에서 종말론적 요소를 희석하고 현재의 역사를 강조한다. 그러나 역설적이게도 종말론적 요소의 약화는 결코 역사의 강화로 나타나지 않는다. 사실은 종말론적인 요소

---

87 이 책의 "제3의 탐구: 1985-현재" 부분은 필자의 다음 글을 참조 및 인용했다. 김동건, 『그리스도론의 역사』, 617-31.

의 제거는 '역사의 목표'라는 역사적 지평의 상실을 가져왔다. 따라서 제3의 탐구에서 예수의 꿈과 비전은 대체로 역사 내의 목표로 제한된다. 결과적으로 예수는 견유철학자, 현자, 개혁가, 치유자, 농민운동가 이상은 되지 못한다. 왜냐하면 역사를 넘어서는 종말론적인 요소가 예수로부터 제거되기 때문이다. 이런 형태의 역사적 예수의 연구는 막다른 길에 도달하게 된다. 결국 그 결과는, 예수는 한 명의 위대한 인물, 혹은 프라이스가 주장했던 것처럼 존재하지 않았던 예수, 혹은 소실점의 예수가 될 뿐이다.

역사의 힘이 약화되고 있는 것은 '역사적 예수의 탐구'와 '그리스도론'에서만 나타나는 것이 아니다. 그것은 21세기에 진행되고 있는 탈역사화의 시대의 한 단면이며, 또한 포스트모더니즘의 한 현상이기도 하다. 탈역사화의 시대는 규범화된 예수를 거부한다. 제3의 탐구에서 다양한 예수의 모습이 나타난 것은 일정 부분 탈역사화의 시대를 반영한 것이다. 즉 역사적 예수의 탐구가 '역사'와 '후기-역사' 사이에 서 있다. 21세기를 살고 있는 우리는, 역사와 탈역사 사이에 있는 예수 그리스도를 마주하고 있다. 우리는 어느 방향으로 가야 하는가? 이 질문에 대한 답변은 다음 항목 "2. 탈역사화의 시대정신"을 본 다음, "3. 결론"에서 보겠다.

2. 탈역사화의 시대정신

최근 약 250년 동안 역사는 신학이 고려해야 할 가장 강력한 요소였다. 역사적 사고가 신학에 끼친 영향은 절대적이다. 역사의 중요성과 영향은 언제까지나 지속될 것처럼 보였다. 그러나 20세기 중반 이후 새로운 시대정신이 나타나고 있다. 그것은 역사로부터 벗어나려는 '탈역사화'의 움직임이다. 아직 역사의 영향이 지속되고 있지만, 탈역사화의 기운이 거세게 일어나고 있다. 이 항목에서 우리는 탈역사화가 어떻게 진행되고 있는지, 또 탈역사적 사고가 그리스도론에 어떤 영향을 미칠지를 보려 한다.

여러 분야에서 일어나는 변화들이 모여 하나의 시대정신을 만든다. 시대정신이 바뀌면 인간의 생활방식부터 먹는 음식과 패션까지 전반적인 변화가 일어난다. 당연히 결혼관, 직업관, 사회적 성취에 대한 가치관도 바뀐다. 달라진 시대정신 속에서는 사람들이 사용하는 언어, 사고의 체계, 인식하는 방법이 달라지고, 인식에 따른 평가도 달라진다. 새로운 시대정신 속에서는 예술적 가치와 미에 대한 기준도 달라진다. 어떤 시기에는 시대정신이 큰 변화 없이 지속되기도 했고, 어떤 시기에는 시대정신이 급하게 변했다. 시대정신이 크게 바뀌면 가치, 사상, 사고를 엮어 주는 세계관과 우주관이 변화를 겪는다.

시대정신의 변화는 새로운 신학적 진술과 사고를 요청한다. 그 이유는, 새로운 시대정신 속에서는 거기에 맞는 성서해석, 새로운 선포방법, 하나님을 매개할 수 있는 새로운 신학적 사고가 필요하기 때문이다. 하나의 주도적인 시대정신이 힘을 잃고, 새로운 시대정신이 형성되는 것은 대체로 긴 기간에 걸쳐 일어난다. 역사적 사고가 맹위를 상실하고 탈역사화가 일어나는 현상은 대단히 복합적이다. 여기서는 세 가지로 그 이유를 보려 한다.

1) 범주의 변화

역사는 신학의 범주로서의 타당성을 상실하고 있다. 역사는 여전히 신학에 중요한 역할을 하고 있지만, 역사가 더는 신학의 중심 범주가 되기는 어렵다. 지금까지 신학은 '계시와 역사'의 문제에 치중했다. 역사적 사고에서는 인간이 역사의 중심에 있다. 인간을 주체로 역사는 진행되며 목표를 향해 전진한다. 그 목표를 위해 인간은 자연을 지배하며, 자연은 인간에 종속된다. 역사는 공동체적인 역사의식을 만들었다. 1960-70년대에 신학은 사회에 관심을 기울였고 사회적 구원을 신학의 주제로 삼았다. 구원론이 사회-경제적 해방을 포함하면서, 구원이 인간에서 사회와 역사로 확대되었다. 하지만 사회와 역사의 구원에서도 주체는 여전히 '인간'이다. 사회와 역사의 중심에 인간이 있고, 인간을 주체로 하는 사고방식이 유지되기 때문이다. 인간구원과 사회구원 모두 '인간-중심적' 구원관을 반영한다. 자연과 생태계는 고려되지 않는 구원관이었다. 역사는 인간이 주체가 되어 움직이고 성취하는 장(場)이었다. 이런 사고에서는 인간과 자연은 대립적이고, 자연은 정복되고 훼손된다. 근대 이후, 인간에 의해 자연은 희생되었고, 생태계는 파괴되었다.

20세기 중후반이 되면서 자연과 생태계에 대한 관심이 고조되었다. 이때부터 자연이 신학적 주제가 되기 시작했다. 사회적 정의, 평화와 더불어 '창조의 보존'이 신학의 중요한 테마가 되었다. 생태계 회복에 대한 신학적 성찰과 함께, 인간이 하나님의 피조세계의 한 부분일 뿐이라는 반성이 나타났다. 20세기 후반이 되면서 가톨릭과 개신교 단체들은 공식적으로 생태계와 환경에 대해 관심을 표명했다. 자연과 생태계 보전에 대한 인식의 증대와 더불어 자연을 보는 신학적 관점도 변화되었다.

무엇보다 신학의 범주에 변화가 일어났다. 인간-역사의 범주에서 자연-우주로 무게중심이 이동하고 있다. 지금은 자연과 생태계가 신학의 다양한 주제를 다루는 범주가 되고 있다. 몇 가지 주제만 보겠다. 먼저 창조에 대한 관점이 달라지고 있다. 약 한 세대 전만 해도 창조의 중심은 인간이었다. 인간은 하나님의 피조물 중에서 특별한 위치를 차지했다. 하지만 지금은 창조를 보는 범주가 세계이며, 인간은 세계의 일부로 간주된다. 구원도 인간과 사회를 넘어서 자연 중심으로 변화되었다. 즉 구원이 자연을 포함하는 것으로 확대된 것이 아니라, 자연과 우주 중심의 구원관으로 관점의 변화가 일어난 것이다. 하나님 나라라는 구원의 완성은 모든 피조 세계의 완성을 의미한다. 지금은 만인의 구원이 아니라, 만유의 구원이 구원론의 쟁점이다. 성육신의 관점도 근본적으로 달라진다. '하나님이 인간이 되었다.'는 전통적인 성육신교리는 재해석되고 있다. 인간 중심의 성육신은 자연과 우주를 포괄하지 못한다. 예수 그리스도의 신성과 인성이라는 두 본성을 넘어, 자연을 포함할 수 있는 제3의 본성이 거론된다. 두 본성에 우주성을 더한 삼성론에 대한 논의는 그리스도의 인격을 '자연-우주'라는 범주로 접근했기 때문에 가능한 논의이다. 양성 그리스도론의 대안으로 우주적 그리스도론이 논의되고 있다. 신론도 마찬가지의 변화를 겪고 있다. 전통적인 유신론을 넘어 기독교적 범재신론이 진지하게 고려된다.

이런 일련의 과정을 보면 '역사'는 인간, 사회, 자연을 모두 포괄하기 위한 범주로서는 편협하다는 것을 알 수 있다. 이미 역사는 신학의 제 분야에서 절대적 범주로서의 위치를 상실하고 있다. 앞으로 새로운 형태의 '자연신학'이 나타나야 할 것이다. 그것은 자연과 이성을 통해서 하나님을 인식할 수 있다는 과거의 자연신학을 말하는 것이 아니다. 21세기의 자연신학은 자연-우주를 범주로 하는 통일된 신학의 체계를 말한다. 현재 창조, 구원, 성육신, 그리스도의 두 본성, 신론 등을 자연의 범주에서 해석하지만, 아직 신학의 전체적인 체계를 형성하지는 못했다. 인간-역사의 범주를 넘어서, 자연-우주의 범주로 피조세계 전체를 포괄할 수 있는 신학적 체계를 마련할 수 있을지가 21세기 신학의 과제이다.

2) 역사비평방법의 한계

근대 이후 역사비평방법은 성서해석과 그리스도론에 큰 영향을 미쳤다. 모든 학문은 독립적인 가치를 가지기 위해서는 고유한 방법론이 있어야 한다. 역사적 예수를 추구하는 기본 방법론은 역사비평이다. 제3의 탐구에서는 역사비평에 대한 의존이 다소 줄었지만, 여전히 중요하다. 역사비평방법에서는 하나님의 초월성과 계시가 성서 텍스트의 해석에 간여할 수 없듯이, 독자의 신앙도 들어설 수 있는 공간이 없다. 예수의 모습은 오직 소위 객관적이고 합리적인 분석, 자료에 대한 역사적 근거에 따라 재현되었다.

그런데 20세기 중후반에 들면서 '텍스트의 해석'과 '독서하기'에서 역사적 회의주의가 나타났다. 해석학에 대한 새로운 흐름은 1970-80년대 포스트모더니즘이 철학, 문학, 건축, 예술 등 사회의 전 분야에 걸쳐 일어난 것과 무관하지 않다. 포스트모더니즘은 비평이론에도 변화를 야기했는데, 후기-구조주의와 연관을 가지며 발전했다. 포스트모더니즘의 문학비평이론은 해석학 전반에 영향을 미쳤다. 역사를 객관적으로 해석한다거나, 역사학이 사실 자체를 찾을 수 있다는 주장은 설득력을 잃었다. 텍스트에 대한 역사적 회의주의는 역사비평방법에 대한 신뢰를 의심하게 했다. 이런 맥락에서, '신비평'도 새롭게 조명되었다. 신비평은 저자의 의도가 텍스트 해석의 기준이라는 생각을 받아들이지 않는다. 신비평은 역사비평과는 반대의 입장에 있으며, 텍스트/작품을 저자, 시대, 사회적인 연관 속에서 보는 비평방법에 반대한다.

텍스트를 읽고 해석하는 새로운 흐름은 '저자의 주도권'에 이의를 제기하는 것으로 나타났다. 즉 어떤 본문에서 저자의 의도를 해체함으로써, 텍스트의 의미를 그 텍스트가 속한 콘텍스트로부터 해방하는 것이다. 그것은 해석학적 과정에 '독자'가 중심이 된다는 것을 의미한다. 텍스트는 자율적이며, 자기 내포적인 것으로 간주되었다. 저자의 의도는 텍스트 배후에 있으며, 텍스트는 그 자체를 위해 말하도록 허용되어야 한다는 것이다. 그것은 텍스트가 저자의 의도를 벗어나, 독자와 직접 교감을 하면서 의미를 교환할 수 있다는 것을 의미한다. 이런 관점은 성서비평에도 영향을 미쳤다. 즉 성서비평에서 성서 저자로부터 벗어난 텍스트의 자율성이 강조되었다. 성서 텍스트에 대한 새로운 관점은 서사비평으로 나타났고, 일정 부분은 독자반응비평과 연결되었다.

1970-80년대가 되면서 서사비평이 성서에 본격적으로 적용되기 시작했다. 서사비평은 텍스트의 자율성과 함께 텍스트의 통일성과 전체성을 강조한다. 서사비평은 텍스트/복음서/성서가 형성되는 과정보다는 텍스트의 최종 형태에 관심을 가진다. 서사비평에서는 '저자'의 개념은 달라진다. 텍스트를 기록한 원래의 저자가 아니라, 서사 자체로부터 추론된 '내재적 저자'에 초점이 주어진다. 그러면 텍스트에 대한 해석학적 전환이 일어난다. 텍스트 배후의 독서에서 텍스트 전면의 독서로 전환되고, 텍스트 해석의 중심이 원래의 저자에서 독자로 옮겨진다. 이런 해석방법에서는, 저자의 의도는 약화되고 독자의 자율성이 증대된다. 이 점에서 서사비평은 독자반응비평과 궤를 같이한다. 비록 독자반응비평이 언어와 철학적 기법의 사용에서는 서사비평과 의견을 달리하지만, 텍스트에 대한 비평적 관점에 의해 텍스트의 내재적-객관적 특징이 독자의 텍스트 참여와 독자

의 의미의 생산으로 옮겨졌다는 점에서는 일치한다. 독자반응비평에서는 '의미'가 텍스트 '배후'나 텍스트 '안'에 존재하지 않고, 독서의 행위 가운데 독자에 의해 창조된다. 텍스트가 고유의 의미를 가지고 있는 것이 아니라, 독자가 의미를 만든다. 따라서 의미는 텍스트가 생산된 과거에 있지 않고, 텍스트가 읽히는 현재 시점에서 생산된다. 텍스트의 의미는 역사가가 우리에게 전달해 주는 것이 아니라, 독서과정에서 발생하는 독자의 경험이다.

서사비평은 두 가지 점에서 역사비평방법을 위축시킨다. 하나는, 서사비평은 역사비평방법에 대한 의구심을 확신하게 만들었다. 역사비평은 객관적이고 과학적 방법으로 자료를 분석하고, 그 방법에 따라 역사적 예수를 재현한다고 주장했다. 그러나 역사적 예수의 모습은 너무나 다양하고 달랐다. 역사적 예수의 탐구에 대한 지속적인 비판은, 역사적 예수의 모습에 현대적 가치와 역사가의 주관성이 반영된다는 것이었다. 그것은 역사비평방법이 추구하는 사실(fact)과 사실성(factuality)에 대한 불신이다.[88] 이는 역사적 예수 탐구에서 객관성과 규범을 찾기가 어렵다는 것을 의미한다. 다른 말로, 학자들 사이에서 역사적 예수의 탐구에 대한 비판이 끊이지 않았는데, 곧 역사비평방법을 통해 성서의 텍스트 뒤로 들어갈 수 있

---

[88] 예를 들면, 프라이(H. Frei)는 역사비평의 객관성 추구에 반대하며, 대신 복음서의 서사와 기독교 공동체가 간직한 언어를 강조했다. 그는 예수를 수난-죽음-부활이라는 일련의 연결된 서사를 통해서만 이해할 수 있다고 보았다. [Hans Frei, "Response to 'Narrative Theology: An Evangelical Appraisal'," in *Theology and Narrative: Selected Essays*, eds. George Hunsinger and William C. Placher (Oxford: Oxford University Press, 1993), 208-09.] 프라이가 속한 탈자유주의 신학의 가장 중요한 공헌은 성서해석을 위한 대안을 제시한 것이다. 그들은 역사비평적-이성주의적 성서해석학을 거부했고, 성서의 서사와 언어를 강조하는 해석방법을 제안했다. Cf. Mark Randall James, "The Beginning of Wisdom: On the Postliberal Interpretation of Scripture," *Modern Theology* 33, no. 1 (January 2017): 9-30.

는지에 대한 우려와 텍스트에서 원저자의 의도를 찾을 수 있을지에 대한 의문이다.[89] 이것은 바로 역사적 예수의 탐구가 사용한 방법론에 대한 불신을 의미한다. 이런 상황에서, 서사비평은 역사적 예수의 탐구에서 나타난 회의론을 확인시킨다.[90] 서사비평이 복음서 해석의 기준이 되지는 못하더라도, 최소한 역사비평방법의 한계를 명확하게 만들었다.

다른 하나는, 역사비평은 전문가들에게만 가능한 반면, 서사비평은 누구에게나 열려 있다. 고도의 훈련을 받은 학자가 아니면 양식비평과 편집비평을 성서주해에 적용하지 못한다. 일반 독자는 역사비평을 하기 어렵고, 전문가가 해석해 주는 의미를 전달받을 뿐이다. 사실상 성서는 전문가를 위한 텍스트가 아니며, 그렇게 되어서도 안 된다. 성서는 모든 사람의 것이며, 모든 사람을 위한 책이다. 일반 신자가 성서를 읽을 때, 자연스럽게 '서사비평적' 읽기가 행해진다. 신자가 성서를 대하면 성서에 담긴 다양한 서사를 마주하고, 독서를 통해 자신의 삶으로 이어지는 새로운 서사와 의미를 발생시킨다. 성서의 이야기와 자신의 이야기의 교제를 통해 '역동적 독서행위'가 이루어진다. 역동적 독서행위는 책 읽기에서 주관과 객관을 넘어서는 것을 말한다.

독자가 성서의 원상황을 고려하지 않고 성서를 서사로 만나고, 성서에서 새로운 의미를 찾는 과정은 전문가의 도움 없이 가능하다. 이것은 일반인이 서사비평을 학문적으로 엄격하게 적용한다는 것이 아니라, '서사비평적인 독서행위'는 누구에게나 가능하다는 뜻이다. 해방신학을 실례

89　불트만이 바울과 요한은 예수의 죽음과 부활이라는 '그 사실'(that)에만 관심을 두었다고 문제를 제기한 이후, 텍스트 배후를 알 수 있는지 여부는 역사적 예수의 탐구에 붙여진 하나의 꼬리표가 되었다. Rudolf Bultmann, "The Primitive Christian Kerygma and the Historical Jesus," in *The Historical Jesus and the Kerygmatic Christ: Essays on the New Quest of the Historical Jesus*, trans. and ed. Carl E. Braaten and Roy A. Harrisville (New York: Abingdon Press, 1964), 20-21.

90　Dunn, *Jesus Remembered*, 96-97.

로 들 수 있다. 해방신학은 평신도의 서사비평적 성서 읽기에서 시작되었다. 해방신학은 신학 전문가에게서 시작된 것이 아니다. 신학자들이 성서 해석을 독점하지 않았고, 남미의 바닥공동체에서 일반 신도가 자유롭게 성서를 읽고 토론했다. 일반 신도들은 성서에서 가난한 자의 이야기를 발견했고, 또 가난한 자를 편드는 예수를 발견했다. 그들이 의도적으로 서사비평을 한 것이 아니라, 삶 속에서 역동적 독서행위가 이루어진 것이다. 그들은 성서의 이야기가 바로 자신의 이야기라는 것을 알았고, 그 순간 텍스트와 독자의 '주객 반제와 불연속'이 극복되었다. 성서의 이야기와 독자의 이야기는 새로운 서사와 의미를 발생시켰고, 그것이 해방의 실천으로 표출되었다. 해방신학자들은 그 과정에 참여함으로써 신학적 작업을 했을 뿐이다.

물론 서사비평이 쉽게 역사비평을 대체하지는 못한다. 또한 서사비평이 성서해석을 위한 가장 적절한 비평이라고 평가하는 것도 성급한 일이다. 역사비평은 여전히 중요한 비평방법으로 남을 것이며, 역사적 예수의 추구는 지속될 것이다. 다만 역사비평방법이 과거처럼 성서해석에서 절대적 위치를 유지하지는 못한다. 역사비평은 여러 비평방법 중 하나가 될 것이다. 역사비평방법이 절대성을 잃으면, 역사적 예수에 실린 무게도 과거와 같을 수는 없다. 21세기의 시대정신에서, 객관성과 역사성을 강조하는 역사비평방법이 과거와 같은 대중적 지지를 받기는 어려울 것이다.

3) 역사의 부담으로부터 도피

21세기 초반을 지나 2020년이 된 지금은, 문화적-정신적 패러다임의 전환이 일어났던 18세기의 계몽주의 때보다 더 혼란스럽다. 인문, 사회, 테크놀로지, 과학의 제 분야에서 변화가 일어나고 있으며, 이런 변화들이 새로운 시대정신을 형성하고 있다. 새로운 시대정신은 세계관과 우주관의 변화와 맞물려 있다. 세계관과 우주관은 사고와 가치가 자리하는 틀이면서, 또한 새로운 가치와 사고의 방법을 만들어낸다. 그러면 지금 진행되는 21세기 시대정신의 변화를 몇 가지로 보겠다.

첫째, 생산수단과 경제수단의 변화가 급격히 진행되고 있다. 인류에게 부(富)의 창출과 재생산은 가장 큰 관심사이다. 부의 창출과 연관해서 미래학자들은 인류가 세 번 정도 패러다임의 변화를 가졌다고 본다. 첫 번째는 농업혁명, 두 번째는 산업혁명, 세 번째는 지식정보혁명이다. 세 번의 혁명기에 따라 '부의 창출 시스템'이 달라졌고(토지→기계→정보), 그에 따라 사회의 모습도 달라졌다.[91] 지금은 세 번째 혁명기를 지나 네 번째 패러다임의 변화를 겪고 있다. 산업혁명을 중심으로 봐도 인공지능, 로봇 기술, 생명과학 등이 주도하는 4차 산업혁명이 활발하게 진행되고 있다. 부를 창출하는 방법이 달라지면, 생산수단과 사회구조가 변화되고 인간의 의식도 변화된다. 앞으로 변화의 속도는 더욱 빨라질 것이고, 전혀 새로운 차원의 시대를 맞이할 것이다. 이런 변화는 기존의 가치체계에 급격한 균열을 가져온다. 문제는 변화 자체가 아니라, 변화의 속도이다. 정보량의 팽창, 사이버 공간의 현실화, 빠른 정보의 확산은 사람들의 공동체적인 삶에 대한 의존을 줄이고 있다. 지금은 새로운 형태의 개인주의적 경향이 나타나고 있으며, 이런 현상은 사회의 공적 책임과 역사 지향적 사고와는 거리가 멀다.

둘째, 자연과학이 폭발적으로 발전하며 시대정신의 변화를 선도하고 있다. 과학은 물리학, 화학, 생물학, 천체물리학을 위시한 모든 분야에서 놀라운 성과를 거두고 있다. 특히 21세기에는 생명공학 분야가 획기적으로 발전할 것이다. 불과 한 세대 전만 해도 인간복제는 공상영화에서나

---

91 Alvin Toffler and Heidi Toffler, *Revolutionary Wealth: How It Will Be Created and How It Will Change Our Lives* (New York: Doubleday, 2007), 19-22.

나오는 이야기였다. 지금은 종이 다른 개체 간의 이종복제도 가능해졌고, 2018년 11월에는 유전자 편집 아기가 출생하였다.[92] 인간복제는 생명과 인간에 대한 인식을 완전히 새롭게 하고, 게놈(genome) 연구와 유전자 조작은 신인류의 출현을 가능하게 할 것이다. 또한 이 시대에는 무한한 우주를 발견하면서 우주관이 변하고 있다. 우주의 생성과 기원이 밝혀지면서 우주는 외부의 개입 없이 자체적으로 존재한다는 우주관이 정착되고 있다. 이런 우주관에서는 인간 중심의 역사관은 힘을 잃는다. 점차 인간, 사회, 역사가 우주의 일부라는 인식이 확산되고 있다. 무한한 우주와 스스로 존재하는 우주에 대한 인식은, 모든 것은 자연과 우주로 돌아간다는 신(新)자연-순환적 사고를 촉발할 가능성이 있다.

셋째, 기술주의(technology)는 과학의 발전을 토대로 이 시대의 변화를 '대중화'시킬 것이다. 기술주의는 상업성, 실용성, 대중적 욕구와 결합하면서 범지구적 가치를 획득하고 있다. 기술주의는 지금까지 인류가 가지고 있던 여러 경계를 무너뜨린다. 인류는 이념, 인종, 민족, 종교적 확신과 상관없이 기술주의에 의존하고 있다. 기술주의는 과학의 결과를 조합하는 수준을 넘어서, 제 분야의 결과를 응용해서 새로운 혁신을 촉진한다. 예를 들면, 뇌파를 디지털 신호로 전환하는 연구도 상당히 진행되었다. 이는 생

---

92 2018년 11월 중국 남방과학기술대학의 허젠쿠이(賀建奎)가 인간 배아 유전자를 편집해 쌍둥이 맞춤 아기를 탄생시켰다. 당시 이 사건은 일회적인 것인지, 아기의 안정성이 확보될 것인지, 윤리적 정당성은 문제가 없는지가 논란이 되었다. 하지만 불과 약 6개월 후, 2019년 6월 과학 학술지 「네이처」는 유전자 편집 아기(edited babies)를 주제로, 인간면역결핍바이러스(HIV) 양성 반응을 보이는 여성에게 유전자를 편집해 착상시키는 프로젝트를 비교적 긍정적으로 소개했다. [David Cyranoski, "Russian Biologist Plans More CRISPR-Edited Babies," Nature, June 10, 2019, vol. 570, 145-46. https://www.nature.com/articles/d41586-019-01770-x.] 유전자 편집(genome editing)은 이미 시작되었고, 유전자 편집 아기가 일반화되는 것도 시간문제일 것이다.

명공학의 뇌 연구와 컴퓨터 공학의 조합이다. 이미 나노 기술(NT)의 다양한 응용, 정보통신기술(IT)과 의료 제약, 정보통신기술과 유전공학, 생명공학기술(BT)과 로봇 산업이 결합하고 있다. 21세기의 기술주의는 과학기술의 응용이라는 차원을 넘어서, 미래 문명의 형태에 결정적 영향을 줄 것이다. 여러 분야에서 일어난 결과를 응용하여 새로운 차원의 변화를 일으킨다. 조만간 인간과 기계의 결합이라는 사이보그(cyborg)도 현실화될 것이다. 기술주의와 상업주의가 보편화되면서 이념적이고 역사적인 사고를 무력화시킬 가능성이 상당히 높다.

넷째, '예측 불가능성'이 21세기의 주요한 특징으로 부각될 것이다. 예측 불가능성을 위기의 한 요소로 보는 것은 두 가지 이유 때문이다. 하나는, 어느 한 지역의 문제가 전체 지구에 영향을 주거나 파멸을 야기할 수 있다. 다른 하나는, 세계가 일정한 규칙을 갖고 전개되리라 예측하고 통제하기에는 너무 복잡해졌다. 지금은, 인류가 발명하고 발전시켰지만 제어할 수 없는 과학의 결과물, 언제라도 상업적으로 이용될 수 있는 기술력, 대량살상무기의 확산, 극단적 집단에 대한 통제력 상실, 도덕과 인간의 가치에 대한 혼란, 종교에 대한 신뢰의 상실 등이 어우러지면서 불현듯 어떤 일이 일어날지 모르는 시대가 되었다. 이런 의미에서, 이 시대는 종말론적인 성격을 가진다. 인류의 어머니 되는 지구의 위기가 예상치 못한 방법으로 급하게 올 수도 있다. 21세기는 참으로 '종말론적인 시대'로 진입했다.[93]

21세기의 시대정신을 진단한 네 가지는 모두 '역사적 사고'와는 대립하거나 충돌한다. 이 점에서, 21세기의 시대정신의 특징을 '탈역사화'로 규정할 수 있다. 탈역사화가 진행되면, 순환적이고 공간적인 사고가 힘을 발휘한다. 탈역사화에 개인주의적 성향이 더해지면, 탈역사화는 강한 흐름이

---

93 김동건,『김동건의 신학 이야기: 모든 사람에게』(서울: 대한기독교서회, 2014), 288-92.

될 것이다. 이념은 역사적 사고의 산물이다. 이미 이념의 시대는 지나갔다. 이 시대는 누구도 이념을 위해 죽거나 희생하지 않는다. 역사적 사고는 힘을 잃고 있다.

21세기에 사람들은 역사적 사고가 주는 '부담'에서 더욱 벗어나려고 할 것이다. 역사적 사고는 인간을 역사의 중심에 두지만, 동시에 역사는 인간에게 엄청난 부담을 준다. 왜냐하면 인간은 역사의 의미를 묻게 되고, 역사가 주는 책임을 감당해야 하기 때문이다. 역사 책임적 사고에서는 역사가 나아가야 할 미래와 지향점을 생각해야 한다. 이런 역사적 사고의 바탕 위에서, 개인을 희생하는 이념적 사고도 가능했던 것이다. 그러나 21세기의 시대적 흐름은 역사가 주는 부담을 거부하고 있다. 지금은 새로운 사고방식이 형성되고 있다. 그것은 개인적이고, 해체적이고, 다원주의적이고, 기술주의적이고, 유사과학주의적인 사고이다. 21세기의 이런 시대적 특징들이 탈역사화를 재촉하고 있다.

3. 결론

탈역사화가 그리스도론에 어떤 영향을 미칠지에 대한 판단은, 역사가 그리스도론에 미친 영향에 대한 평가와 함께 이루어져야 한다. 역사가 신학과 신앙에 미친 영향에는 부정적인 면과 긍정적인 면이 함께 있다.

19세기의 개신교 정통주의는 역사가 신앙에 미친 부정적인 면에 집착했다. 역사는 하나님의 계시 같은 초월적 실체를 다룰 수 없으며, 역사는 계시를 역사 안의 사건으로 환원시킨다. 그 당시 자유주의 신학은 역사를 배타적이고 절대적인 규범으로 사용했다. 역사를 배타적인 규범으로 사용하면, 하나님의 자유, 초월성, 그리스도의 신성 등은 자신만의 독특성을 상실한다. 이런 맥락에서, 정통주의 교회가 신봉했던 기적의 가능성이 무시되고, 전통적 그리스도론은 도그마의 그리스도론으로 비판받고, 성서마저 역사비평의 대상이 되었던 것이다. 정통주의 입장에서는 역사의 규범성을 그대로 받아들일 수 없었다. 하지만 20세기 이후, 역사가 주는 부정적인 요소는 상당히 해소되었다. 19세기를 지배하던 역사주의와 역사실증주의의 역사관을 그대로 따르는 학자는 거의 없다. 지금은 학자들 사이에서 역사와 역사의식 자체가 문제가 아니라, 역사관과 그에 따른 해석학이 문제라는 인식이 상당히 공유되고 있다.

역사적 사고가 가져온 긍정적인 부분도 상당히 많다. 19세기 이후 역사적 사고는 성서가 가지는 역사성을 재발견했다. 성서는 순환-공간적 사고에 반해 역사적 사고의 원형을 가지고 있다. 성서는 창조에서 시작하여, 현재를 거쳐, 하나님 나라의 완성으로까지 나아가는 역사성을 명확히 한다. 태초의 창조와 역사의 완성 사이에는 하나님의 섭리가 현재한다. 섭리사상은 전적으로 하나님의 역사성에 기인한다. 하나님의 현재적인 활동, 곧 피조물을 버려두지 않고 관계하시며 하나님 나라의 완성으로 이끌 것이라는 것이 섭리사상이다. 하나님을 '시간 안'에서 체험하는 역사성이 기독교를 다른 자연종교와 구별되게 한다. 그리스도는 역사 안으로 성육신했고, 역사 안에서 십자가에 달렸다. 그리스도의 구원도 공간적 구원이 아니라, 역사적 구원이다. 삼위일체 하나님의 역사성은 하나님 나라를 향한 방향성을 분명히 지시한다. 기독교인의 강력한 소명과 실천도 하나님 나라를 향한 역사성 안에서 나온다. 역사성이 확고하지 않으면, 실천의 동력이 약해진다. 인류에게 익숙한 사고는 순환적인 사고이다. 역사성이 흐려지면, 인간의 사고는 순환적 사고나 신플라톤주의적인 범신론이 된다. 성서의 역사성은 인간이 역사의 부담을 벗어버리고 순환적 사고로 돌아가려는 유혹을 제지한다.

한편, 역사적 예수의 탐구도 부정적인 면과 긍정적인 면을 함께 가진다. 부정적인 요소로 몇 가지를 생각할 수 있다. 첫째, 역사적 예수의 탐구는 일반 기독교인에게 가능하지 않다. 역사비평방법을 사용할 수 있는 소수의 학자들에게만 가능하다. 둘째, 역사적 예수의 탐구가 신앙을 유발하지 못한다. 역사적 예수를 찾았다고 해서 신앙이 확보되지 않는다. 역사가가 예수를 재구성하는 데 성공해도 그 결과가 자동으로 역사가와 독자를 신앙으로 인도하지는 않는다. 셋째, 역사적 예수의 추구는 신앙의 그리스도와의 갈등을 야기했다. 역사적 예수와 신앙의 그리스도 사이의 연속성이 과제로 남는다.

그럼에도 불구하고, 역사적 예수의 탐구는 상당한 공헌을 했다. 첫째, 역사적 예수를 추구하면서 '예수의 사역'에 대해 깊이 있는 연구가 이루어졌다. 예수의 선포, 비유, 가르침, 예수의 말씀 등에 초점을 둔 연구로 인해, 예수에 대해 그 이전 어느 때보다 심도 있는 이해가 가능해졌다. 둘째, 역사적 예수의 탐구는 역사비평방법을 발전시켰고, 역사비평방법의 발전은 복음서와 복음서의 전승들에 대한 뛰어난 관점들을 제공했다. 셋째, 역사적 예수의 탐구는 도그마에 빠진 그리스도의 모습에 문제를 제기했다. 기독교의 역사에서, 교회는 그리스도론을 공식 교리의 틀 안에 두는 경향이 있었다. 역사적 예수의 탐구는 공식 교리와 교회의 교권을 벗어나 새롭게 예수를 보는 지평을 열었다.

역사와 신앙/신학의 관계는 이중적이다. 앞서 보았듯이, 역사가 신학에 미치는 영향에는 부정적인 면도 있고 긍정적인 면도 있다. 그래서 그리스도론이 역사 연구에 종속되어서도 안 되지만, 그리스도론 연구가 비역사적이 되는 것도 위험한 것이다. 마찬가지로, 21세기 다가오는 탈역사화가 신학과 그리스도론에 가져올 결과에는 긍정적인 면과 부정적인 면이 모두 있다. 긍정적인 면은, 역사라는 배타적인 범주를 넘어서 자연과 우주라는 피조세계 전체를 아우를 수 있는 범주의 변화에서 찾을 수 있다. 하지만 탈역사화가 야기할 부정적인 면도 상당하다. 대체로 아래와 같은 위험이 예상된다.

(1) 구원을 역사적 관점에서 보는 구속사관이 흐려진다. 하나님 나라를 지향하는 확고한 방향성을 상실한다.
(2) 그리스도론이 개인적 관심과 개인적 구원관에 따라 왜곡될 가능성이 있다.
(3) 예수를 따르는 제자도와 성서의 실천이 사회-경제적 차원으로부터 후퇴한다. 성서의 실천이 개인적인 윤리가 되고 역사 책임적 과제를 잃어버린다.
(4) 그리스도에 대한 고백, 곧 신앙이 공간적이 되고, 개인적인 것으로

환원된다. 교회가 신앙의 공동체적 차원을 상실할 가능성이 높다.
(5) 역사비평이 완전히 배제되면, 그리스도론에 대한 최소한의 객관성과 규범이 상실된다.

21세기에 탈역사화는 시대적 흐름으로 나타나고 있으며, 막을 수는 없다. 역사의 시대로 돌아갈 수도 없고, 과거로 회귀해서도 안 된다. 몇 가지 대안을 생각해 볼 수 있다. 대응방법은 탈역사화가 주는 장점과 역사가 주는 긍정적 요소를 함께 추구하는 것이다. 여기서는 그리스도론과 연관해서, 두 가지 대안을 제시한다.

첫째, '새로운 관점'에서 신앙과 역사의 만남, 혹은 역사적 예수와 신앙의 그리스도 사이의 연속성과 조화가 확립되어야 한다. 만약 역사적 예수의 탐구가 바울서신과 요한문서와 연속성을 가질 수 없다면, 역사적 예수의 탐구는 예수론(Jesusology)이 될 수밖에 없다. 또한 역사적 예수의 모습이 신앙의 그리스도와 전혀 다르다면, 예수 그리스도에 대한 성서의 통일성은 심각하게 훼손될 것이다. 지금까지 역사적 예수의 탐구와 전통적인 그리스도론은 대체로 갈등을 가졌다. 이제는 역사적 예수와 신앙의 그리스도 사이의 연속성을 수립하고 조화를 추구해야 할 때가 되었다. 지금은 역사적 예수와 신앙의 그리스도의 연속성을 추구했던 '새 탐구'의 한계를 극복할 수 있는 요소를 상당히 가지고 있다. 무엇보다 먼저 복음서, 요한문서, 바울서신을 통일성 있게 볼 수 있는 시야를 견지하는 것이 중요하다. 앤더슨(P. N. Anderson)은 요한복음의 역사성이 인정받고 공관복음과 화해가 이루어지면 역사적 예수의 '제4의 탐구'가 될 것이라고 주장한다.[94] 그의 주장은 좋은 지적이며, 최근에 요한복음의 역사성에 대해 관심

---

94 Paul N. Anderson, "Aspects of Historicity in the Fourth Gospel: Consensus and Convergences," in *John, Jesus, and History*, vol. 2: *Aspects of Historicity in the Fourth Gospel*, eds. Paul N. Anderson, Felix Just, and Tom Thatcher (Atlanta:

이 높은 것도 긍정적이다. 그러나 요한복음의 역사성만으로는 충분하지 않다. '연속성'에 대한 새로운 시도는 공관복음, 요한서신, 바울서신의 통전성 위에서 이루어져야 한다. 그것은 역사적 예수의 독특성과 요한문서/바울서신의 핵심적 신앙고백 사이의 연속성을 확립함으로써 가능하다.[95] 다음으로, 역사적 예수의 탐구에 다양한 방법론이 필요하다. 탈역사화의 시대에 더는 역사적 예수의 탐구가 과거와 같은 열정을 불러오지는 못한다. 이미 역사적 예수의 탐구에서 '역사비평방법'만으로는 한계에 도달했다. 역사비평방법이 '역사-인류학적' 방법으로 대체되어야 한다는 주장도 제기된다.[96] 지금은 역사비평방법 외에 여러 비평방법이 예수 연구에 사용되고 있다. 또한 예수 연구에서 학제 간의 연구도 어느 때보다 활발하다. 역사적 예수의 탐구가 시작된 지 약 250년이 되었고, 이제 역사적 예수의 탐구가 성숙해야 할 때가 되었다. 즉 두 가지, (1) 역사적 예수의 탐구가 공관복음의 의존성에서 탈피하여 성서의 통전성을 확보하고, (2) 역사적 예수의 탐구가 역사비평방법의 배타성을 벗어나서 학제 간의 연구와 조화를 이룰 때, 역사적 예수의 탐구는 새로운 차원으로 들어갈 수 있다. 이때 역사적 예수의 탐구는 '역사비평방법으로 재구성된 예수'라는 정의를 넘어설 것이다. 이것이 '예수 연구'의 진정한 제4의 탐구가 될 것이다.

둘째, 그리스도론의 패러다임의 변화가 필요하다. 그것은 우주라는 더 넓은 범주와 성서의 역사성을 함께 유지하는 것이다. 이 작업은 이중적 성격을 가진 것으로, 두 가지 관점이 함께 유지되어야 한다. (1) 역사를 대신하여, 자연과 우주를 신학의 범주로 봐야 한다. 생태계와 우주를 포용할

Society of Biblical Literature, 2009), 386.
95 다음 책은 최근의 예수 연구의 결과를 반영하면서, 역사적 예수의 독특성과 예수를 따르던 추종자들의 고백 사이의 연속성을 밝히고 있다. 김동건, 『예수: 선포와 독특성』(서울: 대한기독교서회, 2018).
96 Beilby and Eddy, "The Quest for the Historical Jesus," 43.

수 있는 범주가 필요하다. 그것은 '우주적' 관점에서 성서를 해석하고 신학/그리스도론의 지평을 우주로 확장하는 것이다. 창조, 구원, 신 경험, 하나님 나라의 완성을 피조세계라는 만유를 중심으로 봐야 한다. 인간과 역사를 범주로 하여 성서를 해석하는 것은 폭이 좁다. 이미 더 넓은 우주의 시대가 다가왔다. (2) 동시에 성서가 가지는 역사적 성격을 잊어서는 안 된다. 기독교가 오랫동안 유지한 유신론에는 하나님의 인격성과 역사성이 중심에 있다. 역사 속에서 응답하고 교제하는 하나님의 인격성과 하나님 나라를 향해 섭리하시는 그의 역사성은 분리되지 않는다. 역사적 사고는 공간적 사고를 극복할 수 있다. 구속사관의 성격과 하나님 나라를 향한 방향성은 역사적 전거(典據)를 필요로 한다. 역사와 역사의식은 기독교적 사고의 결정적인 전거이다.

구체적으로는, 우주적 그리스도와 유신론의 중심 사상인 인격성-역사성을 함께 유지하는 그리스도론이 하나의 대안이 될 수 있다. 21세기는 새로운 우주관이 만들어지는 시대이다. 고전적 유신론보다는 기독교적 범재신론이 필요하며, 우주적 그리스도론이 적합한 유형이다. 21세기에도 여전히 역사적 예수에 대한 추구는 필요하다. 역사적 예수는 그리스도론의 내용이며 근거이다. 역사적 예수가 배제되는 우주적 그리스도론은 추상적이며 공허하다. 본 책 제3장에서 다룬 "우주적 그리스도와 역사적 예수의 조화 유형"은 우주적 그리스도와 유신론의 인격성-역사성을 동시에 추구하고 결합하려는 필자의 시도이다. 21세기에 우주적 그리스도와 역사적 예수의 조화를 추구하는 다른 많은 시도들이 나오기를 기대한다.

Christ

in the Public Sphere

제9장 공적 영역의 그리스도

1. 교회와 공공기관의 관계

2. 공적신학의 전통과 네 모델

   1) 20세기 중반까지

   2) 현대의 공적신학: 20세기 중반 이후

   3) 공적신학의 네 모델: 2010년 이후

      (1) 전통 모델

      (2) 실천 모델

      (3) 상황 모델

      (4) 글로벌 모델

3. 결론: 전망과 지역교회 모델

   1) 전망

   2) 공적신학에 대한 규정

   3) 지역교회 모델

      (1) 공적신학을 위한 주체로서의 지역교회

      (2) 공적 신앙과 공적 신앙인의 양성

      (3) 세상에서 그리스도 고백하기

근대 이후 교회의 가르침은 공적 영역에서 물러나고 공적 영역을 상실하는 역사였다. 현재 기독교 신앙은 개인과 교회의 영역에 머물고 있다. 그리스도는 개인의 그리스도, 교회의 그리스도가 되었다. 기독교인의 신앙생활은 교회활동에 국한되고, 교회의 가르침은 일요일에 교회 내에서 행해지는 것으로 제한된다.

삼위 하나님은 세계를 창조했으며, 세계를 다스리고 섭리한다. 하나님이 공적인 영역과 사적인 영역 모두를 다스리는 것은 당연하다. 그리스도는 사적인 영역과 공적인 영역 모두에서 그리스도이다. 그리스도는 세상의 그리스도이고, 세상을 구원하는 자이다. 하지만 기독교는 사적인 영역으로 후퇴했고, 공적인 역할을 거의 상실했다. 그리스도는 기독교인에게 개인적이고 사적으로 고백되지만, 공적 영역에서 그리스도로 고백되지 않는다. 21세기에 그리스도론의 당면한 과제 중의 하나는 그리스도론의 공적 영역의 회복이다. 현재 진행되고 있는 신학의 사사화(私事化)가 더 심화된다면, 그리스도론의 공적 기능은 마비된다. 따라서 신학과 신앙의 공적 영역의 회복은 그리스도론적인 이슈이며, 그리스도의 주권 회복의 문제이다. 신앙, 교회, 신학의 공적 성격이 회복될 때, 그리스도는 공공의 그리스도가 될 것이다.

본 장에서는 '공적신학'에 대한 논의를 살펴보면서, 사사화가 일어나게 된 문제의 근원이 무엇인지, 그리고 그에 대한 대안을 찾아보려 한다.

1. 교회와 공공기관의 관계

교회와 공공기관의 관계는 긴 역사를 가진다. 공공기관은 국가를 위시해 시민이 속해 있는 공적인 기관과 기구를 말한다. 국가를 대표적인 공공기관으로 볼 수 있다. 기독교에는 공적신학의 전통이 있다. 기원은 성서에서 비롯된다. 성서는 공적인 성격을 가지고 있다. 하나님의 창조에서 하나님 나라라는 구원의 완성에 이르기까지 신학의 모든 주제가 공적인 측면을 지닌다.

성서

구약의 '하나님의 백성'은 공동체를 중심으로 하는 공적인 개념이다. 이스라엘을 대표하는 열두 지파는 종교적인 부족일 뿐만 아니라, 정치-사회적 집단이다. 이스라엘에서는 야훼 신앙이 정치-종교적 공동체의 중심을 구성했다. 구약 시대의 토라(Torah)는 개인의 생활의 규범이며, 동시에 공동체 윤리와 삶의 근거였다. 십계명은 하나님과의 관계(1-4계명)와 이웃과의 관계(5-10계명)를 분리하지 않고 함께 유지한다. 하나님에 대한 신앙을 토대로 이웃에 대한 사랑을 명기한 구약의 사상은 신앙이 개인의 차원에 머물지 않는다는 것을 보여준다.[97] 이런 의미에서, 토라는 본질

---

97 Richard D. Nelson, "The Old Testament and Public Theology," *Currents in Theology and Mission* 36, no. 2 (April 2009): 87–89.

으로 하나님 앞에서 어떻게 거룩한 공동체로 살 것인지를 가르친다.

구약의 핵심인 하나님의 정의사상, 희년사상, 계약사상, 약자에 대한 사상은 야훼 신앙의 진수를 보여준다. 야훼 신앙은 고난당하는 자, 억압받는 자, 과부와 고아로 상징되는 사회적 약자에 대한 공적인 책임과 연결되어 있다. 예언자들의 회개 요청은 대부분 이스라엘 공동체를 향했고, 왕과 기득권층에 대한 비판도 공동체적인 심판의 성격을 가지고 있다. 토라, 사사기, 예언서가 하나님의 공의를 강조하고,[98] 사회적 약자를 배려하며, 불의에 대해 공동체의 회개를 요청한 것은 오늘날의 공적신학의 뿌리가 된다.

예수의 선포와 활동은 공적이었다. 예수는 에세네파와 같이 세상을 멀리하지 않았고, 개인적이고 은밀하게 제자 집단을 모으지도 않았다. 예수의 공생애 사역은 종교적-사회적 영역 모두에 충격적이었다. 예수 당시 종교적 영역과 사회적 영역은 엄격하게 나누어져 있지 않았다. 유대사회에서는 종교적으로 죄인이면 사회에서도 정당한 위치를 가질 수 없었다. 반면 바리새인과 서기관은 종교 지도자들이었을 뿐 아니라, 사회에서도 존경받는 집단을 형성하고 있었다. 당시 '죄'는 종교-사회적 영역에서 규정되었기 때문에, 예수의 '죄 용서'는 종교-사회적 의미를 모두 가지고 있었다. 예수는 병자를 고치고는 사죄선언을 한다. "네 죄 사함을 받았느니라."(마 9:2) 유대교에서 하나님 외에는 누구도 죄를 용서할 수 없었다. 예수의 사죄선언은 신성모독이었으며, 동시에 사회구조를 뒤집는 일이었다. 예수가 유대사회에서 형성된 죄의 개념을 받아들이지 않은 것은 그 사회의 체제와 질서를 거부하는 것으로 여겨졌다. 그렇기에 예수의 활동은 당시 지배계층과 종교 지도자들 모두의 분노를 격발했던 것이다.

---

98   Cf. Richard D. Nelson, "Judges: A Public Canon for Public Theology," *Word & World* 29, no. 4 (Fall 2009): 397-406.

한편, 회개는 죄로부터 돌아섬이다. 회개가 개인적인 죄에서 돌아서는 것이기도 하지만, 잘못된 사회 조직과 구조로부터 돌아서는 것이기도 하다. 회개는 한 개인이 가지는 지난 과오에 대한 후회와 회한이 아니다. 예수의 회개는 야훼의 백성이 범해서는 안 되는 사회적 무책임에서 돌아오라는 호소를 포함하고 있었다.[99] 회개는 아주 적극적인 개념이다. 예수가 선포한 회개는 우리가 어떻게 살아야 하는지를 말하는 집합적인 용어로서, 곧 '하나님 앞에서의 삶'을 말한다. 예수의 회개 요청은 개개인을 하나님 앞에 세우는 선포이면서 동시에 공적인 차원을 가진다.(막 1:15)

예수가 행한 기적과 치유도 유대의 지배계층과 로마 당국의 눈에는 위험한 행동이었다. 예수의 사역에는 기적과 개방식사가 연결되어 있다. 예수가 무리와 나눈 개방식사의 친교에는 종교적 의미와 사회적 의미가 함께 들어 있다. 기적은 무상으로 행해졌고, 식사는 개방되어 누구든지 참여할 수 있었다. 무상의 치유와 누구나 참여하는 개방식사는 유대교의 엄격한 정결규정에 대한 도전이었고, 사회적 계층을 구별하는 경계선을 허무는 행위였다. 예수의 죽음의 원인도 종교적이면서 정치적이었다. 유대교 집단에서 시작되어 로마제국의 십자가에 처형된 예수의 죽음에는 종교적 동기와 정치적 이유가 함께 있었다.[100] 예수의 죽음은 한 개인의 사적인 죽음이 아니었다.

예수는 종교적인 수도사가 아니다. 그는 내면적 성찰에 몰입하는 고독

---

99 Dunn, *Jesus Remembered*, 498-500; Joshua D. Chatraw, "Balancing Out (W)right: Jesus' Theology of Individual and Corporate Repentance and Forgiveness in the Gospel of Luke," *Journal of the Evangelical Theological Society* 55, no. 2 (June 2012): 303-05.

100 예수가 체포된 직접적인 원인인 성전청결과 십자가의 죽음에 대해, 유대의 종교 지도자와 로마의 권력 모두가 관여했다는 견해에는 학자들 사이에 넓은 동의가 있다. Gnilka, *Jesus of Nazareth*, 277-78; Crossan, *Jesus*, 196; Horsley, *Jesus and the Politics of Roman Palestine*, 164.

한 수행자도 아니었다. 그는 공개적으로 하나님 나라를 선포했고, 공개적으로 죄인들과 식사했으며, 안식일에 공개적으로 병자를 치유했다. 그는 공적으로 죄인들을 용서했다. 예수의 삶이 공적인 삶이고, 예수 자신이 공적인 존재였다. 예수는 종교적 영역에 머물지 않았다. 예수에게 공적인 영역과 사적인 영역의 구별은 없었다. 예수의 부활도 마찬가지이다. 만약 한 랍비가 홀로 부활했다면, 무슨 의미가 있었겠는가. 예수의 부활현현은 추종자들에게 하나님 나라를 향한 사명을 지시했다. 예수의 부활은 만인의 부활의 근거이고, 모든 생명의 소망이다. 예수의 하나님 나라의 선포에서부터 죽음과 부활에 이르기까지 모든 것이 공적이었다.

교회와 공적 기관

고대 그리스와 로마의 도시국가에서 종교와 국가는 거의 구별되지 않았다. 삶의 종교적 차원과 사회적 차원도 분리되지 않았다. 현대에 익숙한 신앙공동체와 시민공동체라는 구별된 개념이 없었다. 한 공동체는 종교공동체이면서 생활공동체였다. 어떤 개인이 그 공동체가 섬기는 신을 숭배하는 것은 공동체의 일원으로서 당연한 의무였다. 개인은 공동체를 떠나서 생존하기 어려웠고, 종교적 파문은 일종의 사형선고였다. 종교와 국가에 대한 애국심은 분리되지 않았다. 종교는 시민종교의 형태를 가지고 있었고, 폴리스(polis)의 시민들을 하나로 묶어서 애국심으로 연결하였다. 모든 도시는 자신을 지켜주는 신을 가지고 있었다. 고전적인 시민종교의 형태는 로마의 도시국가에서도 나타난다. 종교는 국가의 질서와 가치에 도전을 하거나 혼란을 초래하지 않았고, 종교는 기존 제도와 질서를 신성한 것으로 인정했다.

그러나 교회의 태동은 로마제국의 시민종교와 피할 수 없는 갈등을 일으켰다. 기독교인들은 예수 그리스도에 대한 신앙과 로마제국의 제의(祭儀)에 참여하는 것은 양립할 수 없는 것으로 믿었다. 초기교회가 의도적으로 제국과 마찰을 일으킨 것은 아니지만, 교회는 황제의 권력을 신성한 것으로 보지 않았다. 로마제국의 입장에서는 제국의 종교에 헌신하지 않는 것은 제국에 대한 충성을 거부하는 것이었다. 그래서 기독교인은 종교적 갈등보다는 제국에 충성하지 않는다는 의심을 받았으며, 심한 박해의 대상이 되었다. 이때부터 교회와 공공기관의 관계가 본격적으로 이슈가 되었다. 교회가 처음 형성될 때, 교회는 국가와 어떻게 관계를 가져야 할지에 대해 신학적으로 정립하지 못했다. 몇 세기가 지나면서 교회와 국가의 관계에 따른 유형들이 나타났고, 지금까지 양자의 관계는 중요한 주제로 다루어진다.

기독교 역사에는 교회와 국가의 관계를 설정하려는 다양한 시도들이 있었다. 현대에 와서 교회와 국가, 혹은 교회와 문화의 관계는 관점에 따라 몇 가지 접근방법이 나온다. 첫째, 교회/기독교와 국가/문화의 관계를 유형적으로 보는 방법이다. 이 입장은 특별한 강조점 없이 교회와 국가의 관계를 이론적으로 분류한다. 니버(H. R. Niebuhr)의 기독교와 문화의 관계 설정이 대표적이다.[101] 둘째, 문화단일주의를 벗어나 문화의 다양성을 전제로 하는 접근방법이다. 베반스(S. B. Bevans)는 교회와 문화의 관계에서 서구인의 시각을 탈피하고, 제3세계의 상황과 다문화 현상을 고려하는 모델을 제시했다.[102] 셋째, 국가에 대한 교회의 공적인 책임이라는 관점

---

[101] 니버는 기독교와 문화의 관계를 다섯 유형, 곧 문화에 대립하는 그리스도, 문화의 그리스도, 문화 위의 그리스도, 그리스도와 문화, 문화의 변혁자 그리스도로 분류했다. 니버의 유형론은 기독교와 문화의 관계 설정에서 빼놓을 수 없는 고전이 되었다. 하지만 니버는 문화를 인간 정신활동의 '현상'이라는 일반적이고 보편적인 것으로 다루었기 때문에, 그의 이론을 특정 문화에 실제로 적용하기에는 어려움이 있다. [Cf. H. Richard Niebuhr, *Christ and Culture* (London: Faber and Faber, 1952), 45.] 니버는 문화를 단일하게 이해할 뿐 아니라, 문화를 바라보는 시각 역시 서양 기독교의 시각에서 벗어나지 못했다.

[102] 베반스는 교회와 문화의 관계를 번역 모델, 인류학적 모델, 실천 모델, 종합 모델, 초월 모델 등 다섯 가지로 제시한다. 베반스는 해당 지역의 사회와 특수한 상황을

에서 관계를 설정하는 방법이다. 교회와 국가의 관계를 실천과 변혁의 차원에서 접근하는 방법으로서, 공적 신학자인 포레스터(D. B. Forrester)가 제시했다.[103]

이렇게 교회와 국가의 관계를 다양한 관점에서 설정할 수 있지만, 기본적인 유형은 크게 세 가지이다.

첫째, 분리 유형이다. 분리 유형은 교회와 세속사회를 분리해서 본다. 이 유형의 교회는 스스로를 반-세속적, 혹은 대항-문화적으로 생각한다. 교회는 세속사회와 일정한 거리를 두며, 때에 따라 적극적으로 분리한다. 교회와 국가를 '대립'으로 보는 입장도 분리 유형으로 분류할 수 있다. 분리 유형은 교회와 세상의 대립을 적극적으로 극복하려고 하지 않는다. 이 유형의 기독교인들은 스스로를 세상과 멀리해서 순수성을 지켜야 한다고 믿는다. 그들은 세상에 관여하지 않을 뿐 아니라 세상의 권력과 정치에도

우선적으로 고려했다. [Stephen B. Bevans, *Models of Contextual Theology* (New York: Orbis, 1998), 7.] 베반스가 상황을 고려하지 않은 '일반적인' 신학을 거부한 것은 긍정적이다. 하지만 베반스는 상황을 절대화했기 때문에, 모든 모델이 가치-중립적이 되었다. 그는 교회가 상황에 따라 어떤 모델이건 골라서 사용하거나 연결해서 사용할 수 있다고 주장한다. [Ibid., 27-28.] 베반스의 모델 이론에는 기독교가 취해야 할 공적 책임과 방향성 제시가 없다.

103 포레스터는 교회와 문화의 관계를 '실천'의 관점에서 세 유형으로 나눈다. 첫째, 테르툴리아누스(Tertullianus) 유형은 교회와 국가를 분리한다. 교회는 사회와 국가에 관심을 가지지 않으며, 교회의 순수성을 유지하는 것에 집중한다. 둘째, 유세비우스(Eusebius) 유형은 교회와 국가의 일치를 추구한다. 이 유형을 정당화하는 신학을 궁정신학이라 부를 수 있다. 셋째, 아우구스티누스(Augustinus) 유형은 교회와 국가를 분리하지도 않고 일치시키지도 않는다. 교회와 국가는 모두 필요하지만, 각기 성격과 역할은 다르다. [Duncan B. Forrester, *Theology and Politics* (Oxford: Blackwell, 1988), 20-23.] 포레스터는 아우구스티누스 유형을 이상적으로 보면서, 실천적으로 재해석한다. 그는 교회가 국가에 종속되어서는 안 되며, 절대적 도성을 향해 역사적 책임을 감당해야 한다고 보았다. 포레스터는 교회의 실천적, 공적, 비판적 역할을 강조한다. [Ibid., 57-59.]

아무런 책임감을 가지지 않는다. 분리 유형에서 교회는 세상에 참여하지 않으며 세상의 변혁에도 관심이 없다.

둘째, 일치 유형이다. 일치 유형은 교회와 국가를 일원적 관점에서 본다. 콘스탄티누스 황제(Constantinus I) 이후 일치 유형이 나타났다. 기독교는 로마제국의 공인된 종교가 되었다. 콘스탄티누스는 기독교를 국가적이고 공식적인 신앙으로 만들었다. 기독교 황제인 콘스탄티누스는 교회와 로마제국이라는 두 기관을 통합하고, 축복을 통해 두 기관을 하나로 만들었다. 일치 유형에서는 교회와 국가가 일원화되기 때문에 교회는 국가에 속하는 부속기관이 된다. 국가의 통치자는 하나님의 뜻을 수행하는 자이고, 땅 위에서 하나님의 대리자이다. 국가나 통치자에게 대항하는 것은 하나님의 뜻에 대항하는 것으로 간주된다. 일치 유형에서는 국가의 지도자가 메시아적 인물로 여겨지기도 한다. 일치 유형에서 기독교와 국가 사이의 구별은 없어지고 긴장도 없다.

셋째, 조화 유형이다. 교회와 국가를 구별하면서 조화를 추구하는 유형이다. 교회와 국가는 함께 공존하면서 각자 자신의 존재 의미를 가진다. 둘은 일치하지도 않지만 서로 배타적인 것은 아니다. 교회는 근본적으로 하나님 나라를 지향하며 국가에 종속되지 않는다. 교회는 지상에서 국가와 조화의 관계를 추구한다. 교회는 정의와 평화의 유지를 위해 국가를 필요로 한다. 교회와 국가 양자는 자신의 정체성을 가지며, 고유의 성격과 역할을 추구한다.

대체로 위 세 가지 유형으로 교회와 공공기관의 관계를 볼 수 있다. 역사적으로 볼 때, 분리 유형과 일치 유형은 상당히 위험하다. 분리 유형은 교회와 세상을 나눈다. 그리스도는 교회의 그리스도일 뿐이다. 이 유형에서는 세계에 대한 하나님의 섭리와 지배가 무시된다. 분리 유형은 세상의 공적 영역을 포기하는 것이다. 한편, 일치 유형은 교회와 하나님 나라가 이상적으로 일치된다면, 가능할 수도 있다. 하지만 현재의 교회는 하나님 나라가 아니다. 교회는 현재의 온갖 모순을 극복하고 하나님 나라를 향하는 과정에 있다. 그러므로 교회와 국가, 혹은 교회와 세상의 일치는 위험하다. 일치 유형에서는 정치가 적극적으로 종교에 침투할 수 있다. 극단적으로는 콘스탄티누스 황제로부터 히틀러(A. Hitler)의 정치적 메시아주의까지 유사한 사례가 역사에 끊임없이 나타났다. 최근 이슬람 국가가 전쟁을 신의 재가를 받은 거룩한 전쟁이라 일컫는 것, 미국과 영국 같은 기독교 국가가 자국의 이익을 추구하는 전쟁에 개입하면서 교회의 축복을 요청하는 것도 유사한 경우이다.

세 유형 중에서 조화 유형이 가장 바람직하다. 하지만 조화 유형에서는 교회와 국가의 관계 설정에 따라 세부적으로 다양한 모델들이 나온다. 필자는 조화 유형 중에서 '연대와 긴장'의 모델을 바람직한 관계로 제시한다.[104] 즉 교회는 어떤 사건이나 활동이 성서의 가치와 일치할 때 공공기관과 협력하고, 그렇지 못할 때 반대의 입장을 가져야 한다. 교회는 문화와 역사를 하나님의 섭리의 장으로서 애정과 책임감을 가지고 대해야 한다. 교회는 역사와 공적 기관을 통해 주시는 하나님의 뜻도 소홀히 해서는 안 된다. 반면 교회가 추구하는 근본적인 가치는 국가와 문화를 초월한다. 교회는 기독교적 가치를 가지고 세계를 개혁하고 때로는 공적 기관들과 의견을 달리한다. 당연히 교회는 국가나 문화와 일치될 수 없고 일정한 긴장을 가진다. 교회가 국가와 가지는 '연대와 긴장'의 관계는 바로 교회의 세상에 대한 공적 책임을 의미한다.

교회의 사적 영역으로의 후퇴

초기 기독교가 로마제국과 관계를 시작한 이후 교회와 공공기관의 역

---

104 김동건, "기독교와 문화: 21세기에 바람직한 관계 설정을 모색하며," 『21세기 신학의 과제』, 김동건 편 (서울: 대한기독교서회, 2006), 211-45.

사는 현재까지 지속되고 있다. 양자의 관계는 시대에 따라 유형이 변화되고 다양한 형태로 나타났지만, 대체로 위에서 언급한 세 유형을 벗어나지 않았다. 역사적으로 볼 때, 16세기 종교개혁 이전의 유럽에서는 교회와 국가의 분리 유형이 우세하지는 않았다. 기독교에는, 국가를 영원한 것으로 보지 않고, 기독교 진리의 보편성을 믿는 전승이 있었다. 그러나 종교개혁 시대 이후에는 교회와 공공기관의 분리가 우세했다. 18세기 계몽주의가 되면서 교회와 공공기관의 분리는 심화된다. 계몽주의는 교회가 종교적 영역으로 물러가는 전환점이 되었다. 계몽주의 이후 교회가 공적인 영역에서 물러나면서, 역사에서 하나님의 뜻을 찾으려는 조화 유형은 대단히 위축되었다. 그 후 교회와 국가의 관계는 분리 유형의 부각으로 이어졌다.

교회는 계몽주의를 거치면서 영적이고 사적인 영역에 안주했다. 한편, 세상은 그 자체 내에서 자신의 존재 이유와 목적을 가지며 공적인 영역을 차지했다. 대부분의 일반 시민은 역사와 공적 영역에 신성한 하나님의 뜻이 있다고 생각하지 않았고, 교회도 국가가 하나님의 뜻을 추구해야 된다고 요구하지 않았다. 계몽주의 이전 유럽의 기독교 국가에서는, 사회생활에서 교회의 영향은 절대적이었다. 교회의 가르침은 사고의 준거(準據)였고 사회적 규범의 토대였다. 하지만 사회는 교회를 떠나 스스로 사회적 가치와 행위의 타당성을 찾았다. 19세기에는 근대 사회의 틀이 잡혔고 진리의 개념이 다양화되었다. 기독교 진리가 사회의 모든 영역에 미친다는 생각은 더는 가능하지 않았다. 사회는 세분화되고 전문화되어 갔다. 사람들의 일상생활과 사회생활은 각기 그 영역의 법칙에 따라 영위되었다. 사회법칙에 의한 사회기관의 지배, 경제성에 따른 경제활동, 과학에 의한 영역의 확대 등이 공적 영역을 차지했다. 세계는 그 나름의 법칙들 속에서 자체 질서를 가지고 있었다. 교회는 세분화된 영역들 중 하나일 뿐이었다.

이런 상황에서, 교회는 공적 영역에서 차지할 수 있는 자리를 상실했으며 사적인 영역으로 물러났다. 신앙은 사적인 것이고, 내적인 조명 혹은 내적인 확신이 되었다. 교회는 변화된 시대정신 안에서, 사회와 세계 안에서 자신의 역할을 찾지 않았다. 교회는 공공기관과의 관계를 적극적으로 모색하지도 않았다. 이런 과정을 거치며 교회는 공적인 영역을 상실했고 사사화되었다. 온 세계와 역사가 하나님의 활동의 장이라는 교회의 선포는 설 자리를 잃었다.

2. 공적신학의 전통과 네 모델

1) 20세기 중반까지

교회는 공적신학의 역사를 가지고 있다. 공적신학을 위한 근원은 성서이다. 구약과 신약은 결코 사유화될 수 없는 공적인 성격을 가지고 있다. 무엇보다 예수의 선포와 삶이 공적이다. 신학적으로는 아우구스티누스-종교개혁의 전승을 들 수 있다. 아우구스티누스(Augustinus)는 신의 도성(civitas Dei)과 땅의 도성(civitas terrena)을 구별했다. 두 도성은 함께 존재하면서 각자의 역할을 가진다. 신의 도성은 완전하고 초월적이며, 땅의 도성은 불완전하고 잠정적이다. 아우구스티누스는 기독교인이 절대적인 신의 도성에 충성해야 하지만, 상대적인 가치를 지닌 땅의 도성도 소홀히 하지 않아야 한다고 믿었다. 아우구스티누스는 땅의 도성을 하나님의 뜻을 실현할 영역으로 봄으로써, 기독교의 공적 역할을 간과하지 않았다. 아우구스티누스의 두 도성 사상은 교회와 공공기관의 상호적 관계를 보여주며, 기독교 역사에서 공적신학의 전승으로서 중요한 역할을 해왔다. 한편, 종교개혁 시대에 오면, 루터와 칼뱅을 위시한 대부분의 종교개혁가들의 신학이 공적신학의 측면을 가진다. 교회를 사적인 영역으로 취급한 개혁가는 없다. 그들은 모든 만물에 미치는 그리스도의 주권을 믿었다. 개혁가들의 신학은 역사 책임적 성격을 가지고 있으며, 공적 영역에 미치는 하나님의 섭리를 중요하게 생각했다. 그들의 개혁은 교회 내에 국한되지 않았

고, 사회적·정치적·교육적 차원의 개혁을 수반했다.[105]

20세기가 되면 공적신학의 전승을 잇는 신학이 비교적 활발하게 나타난다. 조금 확대하면, 19세기의 사회복음을 주장한 미국의 라우센부쉬(W. Rauschenbusch), 19-20세기 초 독일의 블룸하르트 부자(J. C. Blumhardt, C. F. Blumhardt), 스위스의 기독교 사회주의를 주창한 라가츠(L. Ragaz)와 쿠터(H. Kutter)를 공적신학의 흐름에 둘 수 있다. 하지만 공적신학의 현대적 전통은 바르트(K. Barth), 틸리히(P. Tillich), 라인홀드 니버(R. Niebuhr), 본회퍼(D. Bonhoeffer)를 거치면서 형성되는 것으로 보면 무난하다. 그들을 현대의 공적신학의 선구자들이라고 할 수 있다. 그중 신학적 영향력이 큰 바르트와 본회퍼를 간략히 보자.

바르트 신학은 정치적 배경을 떠나서는 올바르게 해석될 수 없다. 바르트는 평생 교회와 국가의 관계를 신학의 주제로 삼았다. 바르트의 교회와 국가에 대한 생각은 그의 신학과 함께 발전했다. 바르트는 1934년 히틀러 통치하에서 〈바르멘 신학선언〉(Barmen Theological Declaration)을 통해 단순히 신학이론을 넘어 현실 속에서 신학의 공적인 책임을 보여주었다. 〈바르멘 신학선언〉은 히틀러 정권을 비판하는 고백교회의 신학선언으로, 역사 속에서 살아 있는 신학의 모델로 남아 있다. 바르트의 교회와 국가의 관계에 대한 책 중에서, 『기독교 공동체와 시민 공동체』는 그의 사상을 보여주는 중요한 저술이다.[106] 바르트는 교회와 국가의 관계를

---

105 Cf. A. T. B. McGowan, "Church and State: The Contribution of Church History to Evangelical Models for Public Theology," *European Journal of Theology* 14, no. 1 (2005): 10-12; Richard J. Mouw, "Calvin's Legacy for Public Theology," *Political Theology* 10, no. 3 (July 2009): 431-46; James K. A. Smith, "Reforming Public Theology: Two Kingdoms, or Two Cities?," *Calvin Theological Journal* 47, no. 1 (April 2012): 122-37.

106 이 책은 바르트의 다른 글들과 함께 1960년에 영어로 출판되었고, 하도르프(D. Haddorff)의 새로운 서문이 추가되어 2004년에 다시 출판되었다. Cf. Karl Barth,

동심원의 내원과 외원의 관계로 보았다. 교회와 국가는 모두 하나님의 지배 아래에 있으며, 교회는 하나님 나라에 직접적으로 참여하고 국가는 간접적으로 참여하는 기관으로 규정했다. 『교회 교의학』에 나타난 바르트의 인간론은 기독교인의 공적인 차원을 잘 보여준다. 바르트에게 그냥 '인간'은 없다. 바르트는 모호한 인간 개념과 모호한 인간의 책임성을 논하지 않는다. 바르트에게 인간은 자연인으로서의 인간이 아니다. 바르트에게 인간은 '말씀 속'에 있는 인간이다. 바르트는 말씀의 역사성을 중요하게 여긴다. 말씀 속에 있는 인간은 분명한 책임성을 가진다. 인간은 분리된 개별적 존재로 정의되지 않는다. 바르트는 인간을 하나님의 말씀이라는 토대 위에서 이해하며, 명확한 책임성 안에 있는 인간을 '참 인간'으로 규정한다. 참 인간은 구체적으로 네 가지의 책임성을 가진다. 참 인간, 곧 말씀 속에 있는 인간은 먼저 '말씀에 대해' 책임성을 가진다. 또한 참 인간은 하나님의 계약의 파트너로서 확대된 책임성으로 나아간다. 참 인간은 '자신의 존재'에 대해 책임적이고, '이웃에 대해' 책임적이며, 나아가 이 '역사에 대해' 책임적 존재이다. "참 인간은 하나님의 계약-파트너로서 하나님과 함께 사는 자이다. 왜냐하면 하나님께서 하나님은 인간과 함께하고 인간은 하나님과 함께하는 역사(歷史), 곧 하나님이 활동하는 이 역사에 참여하도록 그를 창조했기 때문이다."[107] 인간은 하나님의 파트너로서 이 역사에 대한 책임성을 가진다. 기독교인은 종교의 영역에만 머무는 것이 아니라, 하나님의 피조세계에 대해 책임적 존재로 살아야 한다. 이것이 바로 기독교인의 공적 책임성이다. 바르트의 신학 정신은 지금의 공적신학의 원류라고 할 수 있다.[108]

      Community, State, and Church: Three Essays (Eugene: Wipf & Stock Publishers, 2004).

107 Karl Barth, *Church Dogmatics*, vol. III/2, trans. G. W. Bromiley (Edinburgh: T&T Clark, 1975), 203.

본회퍼에게 평생을 따라다닌 고민은 '왜 하나님은 세상의 주인이 되지 못하는가?'에 대한 고민이었다. 본회퍼는 무종교의 시대에도 그리스도가 여전히 세상의 주인이 될 수 있을지 반문한다. 이 질문에 대한 답변이 그의 그리스도론으로 나타났다. 본회퍼는 전통적인 그리스도론의 주제에는 크게 관심이 없었다. 그의 그리스도론은 이 세상이라는 공적 영역에서 그리스도의 의미를 추구하는 것으로 모아진다. "그리스도는 더는 종교의 대상이 아니다. 그것과는 전연 별개로, 진정으로 이 세상의 주이다."[109] 본회퍼는 '성인이 된 세상' 속에 그리스도를 만나고, 그리스도를 고백하기 위해 혼신의 힘을 다했던 것이다.

본회퍼의 동일한 고민은 '비종교화'로 나타난다. 본회퍼는 신을 인간의 내면이든, 종교의 영역이든, 인위적인 특정한 영역에 둘 때에 오는 위험을 직시했다. 여기서도 그리스도의 현존에 대한 그의 대답은 여전히 현실 역사이다. 그리스도는 이 세상의 주인으로서 이 세상에 계시다는 것이다. 본회퍼의 비종교화는 바로 세상 속에 현존하는 그리스도를 만나려는 시도이다. 본회퍼가 그렇게 강조한 윤리의 핵심, 곧 세상 속에서 신 없이 그리고 신과 함께 사는 것도, 역사 속에서 그리스도의 남은 고난에 참여하는 응답을 의미한다. 본회퍼는 그리스도를 인간 존재의 중심, 역사의 중심, 자연의 중심으로 봄으로써, 교회의 범주에 묶이지 않는 신학적 지평을 보여주었다. 본회퍼는 종교적 영역과 사회적 영역의 구별을 넘어서는 신

---

108 바르트 신학이 공적신학에 주는 통찰은 지금도 유럽과 북미뿐 아니라, 제3세계에까지 상당하다. 모에(D. T. Moe)는 나치에 저항한 바르트의 정치신학을, 미얀마의 압제적 상황을 극복할 공적신학으로 해석한다. David Thang Moe, "Reading Karl Barth in Myanmar: The Significance of His Political Theology for a Public Theology in Myanmar," *International Journal of Public Theology* 12, no. 3-4 (2018): 416-39.

109 Dietrich Bonhoeffer, *Letters and Papers from Prison*, ed. Eberhard Bethge (London: SCM, 1971), 281.

학을 전개했고, 그 신학을 삶으로 보였다. 본회퍼는 마지막 순간까지 세상의 주인은 그리스도라는 점을 양보하지 않았다.

2) 현대의 공적신학: 20세기 중반 이후

20세기 중반 이후에는 신학의 공적인 역할을 강조하는 신학이 많이 나온다. 유럽에서는 독일의 정치신학자인 메츠(J. B. Metz)와 몰트만(J. Moltmann)이 신학의 공적 역할에 관심을 기울였다. 1960년대에 메츠는 정치신학이라는 용어를 사용했고, 신학의 비판적 기능과 실천적 기능을 강조했다. 정치신학은 초기에 이념 지향적 신학이나 정치적 의도를 가진 신학으로 오해를 받았다. 정치신학은 신앙이 표현되는 장(場)이 정치적 영역이라고 보며, 신학을 사회-정치적 상황 속에서 해석한다. 몰트만 신학의 두 축은 하나님 나라와 현실세계이다. 그는 신학의 어떤 주제를 다루더라도, 하나님 나라와 현재 세계를 염두에 둔다. 몰트만은 자신에게 신학은 교의학과 신앙론이 아니라, 언제나 세상 안에서 행해지는 공적신학이라고 고백한다.[110] 몰트만은 해방신학, 민중신학, 흑인신학과 같은 실천 지향적 신학과 긴밀하게 대화했다. 몰트만의 신학은 공적신학과 다양한 해방신학에 상당히 공헌했다.

영국에서는 포레스터가 공적신학을 선도했다. 포레스터는 공적신학의 영역을 교회, 아카데미, 사회의 구성원이라는 세 차원으로 설정하고, 세 차원의 상호성과 연결을 강조한다. 그는 에든버러대학교에서 1984년에 설립된 '신학과공적이슈센터'를 중심으로 공적신학을 전개했다. 이 과정에서, 그는 대학교의 정규과정으로 석사와 박사 과정을 신설해 전문적인

110　Jürgen Moltmann, *The Coming of God: Christian Eschatology*, trans. Margaret Kohl (London: SCM, 1996), xiv.

교육을 실시했다. 포레스터는 정기적으로 공적인 이슈를 두고 신학자, 자연과학자, 사회학자, 지역의 일반인들이 참여하는 토론과 세미나를 개최했다. 포레스터의 시도는, 공적신학을 위한 전문가 교육과 대중적 확산을 위해 다양한 사회 구성원들의 참여를 제도화했다는 점에서 의의가 크다.

북미에서는 라인홀드 니버가 공적신학의 중심인물이다. 니버는 미국의 대공황을 겪으며 1930-40년대의 상황에서 신학의 역할을 고민했다. 그는 인간과 역사에 대한 낙관주의를 버리고, 신학과 기독교 윤리를 통한 현실적 대안을 평생의 과제로 삼았다. 그는 빈민 문제, 인종 갈등, 이념 문제와 같은 사회 문제에 관심을 가졌으며, 국무부의 외교정책에도 조언을 했다. 공적신학이라는 용어는 마티(M. E. Marty)가 1974년에 니버의 공헌을 평가하는 연구논문에서 처음 언급했다.[111] 마티는 공적신학을 개인적 취향을 벗어나서 사회적 기능을 수행할 수 있는 신학이라는 의미로 사용했다. 마티는 교회를 사회의 공공의 선에 이바지하는 공교회라고 규정하면서, 공동의 삶에 대한 책임감을 강조했다. 트레이시(D. Tracy)는 신학이 사회적 다원주의와 긍정적인 관계를 맺으면서 공적 역할을 할 수 있다는 입장을 가지고 있다. 그는 신학이 가지는 '세 공공성'을 사회, 학계, 교회로 규정했으며, 각 공공성에 상응하는 신학적 진술의 필요성을 주장했다.[112] 그 외 공적신학에 관심을 보이는 학자로는 실천적 상관관계 신학을 주장하는 램(M. Lamb), 해방신학과 여성신학의 관점에서 실천적 공적신학을 주장하는 챱(R. Chopp), 기독교 사회윤리의 관점에서 공적신학을 해석하는 스택하우스(M. Stackhouse) 등이 있다. 또한 예일대학교를 중심으로 일어난 탈자유주의 신학도 공적신학의 요소를 가진다. 탈자유주의 신학은 다양

111　Martin E. Marty, "Reinhold Niebuhr: Public Theology and the American Experience," *The Journal of Religion* 54, no. 4 (October 1974): 332-59.

112　David Tracy, *The Analogical Imagination: Christian Theology and the Culture of Pluralism* (London: SCM Press, 1981), 3-31.

한 신학적 요소가 결합되면서 형성되었다. 예일대학교에서 가르쳤던 리처드 니버의 간접적인 영향, 바르트 신학에 대한 프라이(H. W. Frei)의 해석, 아퀴나스 신학의 재해석, 린드백(G. Lindbeck)의 에큐메니컬 신학에 대한 사회학적-인류학적 성찰이 어우러지면서 형성되었다. 탈자유주의를 대표하는 린드백과 프라이의 신학은 공적신학의 성격을 가지고 있다. 프라이는 기독교 신앙이 개인적인 것이 아니라, 공동체성을 가진 것으로 본다. 그 중에서 프라이는 공동체와 언어에 관심을 기울였다. 프라이에게 신앙은 개인이 주관적 경험을 가지는 것이 아니고, 성서 텍스트와 공동체가 지녀온 언어를 배우는 것이다. 프라이는 기독교 공동체가 간직해 온 언어와 실천에 기독교의 독특성이 내포되어 있으며, 그 언어를 습득하고 공동체가 지켜온 규례를 실천할 때 기독교 신앙으로 들어가게 된다고 말한다. 프라이는 신앙을 개인의 경험적 사건이라기보다 공동체적 순례라고 보았다.[113]

1960년대 이후에 활발하게 전개된 행동신학은 공적신학의 한 형태이다. 남미의 해방신학, 미국과 아프리카의 흑인신학, 아시아의 해방신학, 여성신학 등 사회변혁과 실천을 지향하는 신학은 대부분 공적신학의 요소를 가지고 있다. 해방신학은 학자들에 의해 만들어진 이론 신학이 아니다. 해방신학은 신학자, 평신도, 바닥공동체의 경험이라는 세 요소가 교차하면서 형성되었다. 해방신학은 이론과 교리보다 올바른 실천(orthopraxis)을 추구한다. 그것은 신앙을 사회-경제적 차원에서 실현하고, 신앙의 공적인 역할을 강조하는 것으로 나타난다. 해방신학이 공적신학이라는 용어를 사용하지는 않았지만, 공적신학의 좋은 모델이다. 해방신학은 공적신학의 호소력과 그 실현 가능성을 실제로 보여주었다. 한국의 민중신학과 최근의 공적신학에 대한 움직임을 눈여겨볼 만하다. 민중신학은 실

113　Hans Frei, *Types of Christian Theology* (New Haven: Yale University Press, 1992), 4, 54, 113-17.

천 지향성과 함께 공적신학의 요소를 가지고 있다. 1970-80년대에 민중 목회자들이 사회의 다양한 영역에서 삶을 헌신한 것은 신학의 공적 역할을 추구한 것이었다. 안병무는 세계를 하나님이 창조한 공(公)으로 보면서, 공의 사유화를 죄로 규정하였다. 그는 공공성이라는 관점에서 예수와 하나님 나라를 해석하고, 사유화된 세계를 공으로 되돌릴 것을 강조했다. 한국에서 신학의 공적 역할을 모색하는 모임인 '공적신학과 교회연구소'(2008)가 설립된 것은 고무적이다. 최근 '아신신학연구소'에서 "21세기 우리 시대의 목회와 공적신학"이라는 주제로, 2017년에 시작하여 2020년 현재 4년째 진행하고 있는 신학자와 목회자의 공동연구도 기대된다.

공적신학에서 빼놓을 수 없는 흐름은 세계교회협의회의 신학이다. 그중에서 '신앙과 직제'와 '삶과 봉사'의 전통에 나타난 움직임을 주목할 만하다. 이 두 운동은 교회의 본질과 사회윤리의 차원에서 교회의 공적 역할을 지속적으로 보여주었다. "하나님의 선교"(웁살라, 1968)에서 시작하여, 사회의 "정의, 참여, 지탱"(JPSS: 나이로비, 1975)을 거쳐, "정의, 평화, 창조질서의 보존"(JPIC: 밴쿠버, 1983; 서울, 1990)으로 이어지는 일련의 움직임은 교회의 사회와 생태계에 대한 책임과 방향성을 보여준다. 2013년 부산에서 열린 제10차 세계교회협의회 총회의 주제도 "생명의 하나님, 우리를 정의와 평화로 이끄소서"였다. 세계교회협의회의 이러한 흐름은 기독교 신앙이 종교의 영역에 제한될 수 없다는 것을 보여준다. 지금까지 세계교회협의회의 신학은 신앙의 공적 역할에 지속적으로 관심을 보이고 있다.

3) 공적신학의 네 모델: 2010년 이후

최근의 공적신학을 특징에 따라 네 모델로 분류하려 한다. 왜냐하면 지금은 너무나 다양한 성격의 신학이 공적신학이라는 이름으로 생산되고 있어서, 공적신학의 특징과 흐름을 정확히 이해하기가 어렵기 때문이다.

공적신학이 범지구화하면서, 공적신학의 관심, 콘텍스트, 역할, 목적, 곧 공적신학의 정체성을 어떻게 규정해야 할지에 대해 생각해야 할 때가 되었다.[114] 공적신학의 최근 흐름으로는, 2010년 이후의 연구 동향을 보려 한다. 2010년을 기점으로 삼은 것은 몇 가지 이유가 있다. 먼저 2007년에 미국의 프린스턴신학교에 '공적신학을 위한 국제네트워크'가 설립되었고, 같은 해에 「국제공적신학저널」이 발간되면서 공적신학을 위한 전문적인 형태가 갖추어지기 시작했다. 또 2010년경이 되면서, 공적신학에 관한 저술과 논문의 분량이 많아졌다. 무엇보다 이 시기를 즈음해서 논문들에 나타나는 특징은, 공적신학이 세분화되고 있으며 다양한 성격의 공적신학이 나타나고 있다는 것이다.

2010년 이후의 공적신학의 흐름을 단순화하기는 어렵다. 학자들 사이에서도 사용하는 사람에 따라 공적신학의 개념과 역할이 다르다. 스미트(D. Smit)는 공적신학이 너무나 다른 개념으로 사용되기 때문에 어떤 표준적 의미로 정의 내릴 수 없고, 공적신학이 무엇인지 명확하게 규정하기 어렵다고 말한다.[115] 그래서 공적신학에 통일된 방법론이 없다는 것이 공적신학의 최대 약점으로 지적된다. 하지만 우리가 공적신학을 대할 때 가장 먼저 이해해야 할 점은, 공적신학이 단일한 성격을 가지기 어렵다는 것이다. 공적신학은 하나의 단일한 신학이 아니다. 그 이유는 포스트모던 시대의 다원성과 그 다원화된 세계 안에서 신학의 공적 역할을 추구하는 '공적신학' 자체에 내포되어 있다. 따라서 공적신학을 단순화해서 해방신학, 혹은 정치신학과 비교하는 것은 좋은 접근방법이 아니다.[116] 공적신학의

---

114 「국제공적신학저널」(International Journal of Public Theology)의 수석 편집자인 피어슨(C. Pearson)도 유사한 고민을 한다. Cf. Clive Pearson, "The Sitz im Leben of a Public Theology," International Journal of Public Theology 13, no. 1 (2019): 1-4.

115 Dirkie Smit, "Notions of the Public and Doing Theology," International Journal of Public Theology 1, no. 3 (2007): 443-46.

어떤 부류는 해방신학과 매우 유사하며 동일한 방법론을 사용하지만, 어떤 부류는 해방신학과는 전혀 다른 관심을 가지며 방법론도 판이하게 다르기 때문이다.

하지만 다양한 공적신학들이 추구하는 바를 살펴보면, 그 특징을 알 수 있다. 2010년부터 공적신학에 전혀 다른 주제들이 나타난 것은 아니다. 공적신학의 주제들은 대체로 그 이전과 연속되지만, 최근에 와서 관심의 차이가 뚜렷해지면서 어느 정도 신학적 특징이 구별된다. 즉 '공적신학'에 대한 규정, 목적, 역할에 대한 이해에서 특징이 드러난다. 필자는 2010년부터 2019년 사이의 연구 동향을 네 개의 모델로 분류했다. 어떤 연구/신학자가 반드시 하나의 모델에 속하는 것은 아니며, 복합적인 경우도 있다. 네 개의 모델을 통해 최근 공적신학의 흐름과 특징을 파악할 수 있을 것이고, 또한 무엇이 한계인지도 알 수 있을 것이다.

(1) 전통 모델

전통 모델(traditional model)에는 공적신학을 위한 성서적, 혹은 신학적 타당성을 찾는 연구들이 속한다. 전통 모델의 특징은 공적신학과 성서, 혹은 교회와의 연결을 염두에 둔다는 것이다. 이 부류의 학자들은 공적신학이 전통적인 기독교 혹은 교회와 충돌하는 것은 아니라는 입장을 가지고 있다. 따라서 전통 모델은 공적신학과 교회의 관계를 중요하게 보면서, 조화를 모색한다.

---

116 세바스찬 김(S. C. H. Kim)은 목적, 방법론, 이슈 등 몇 가지 주제를 정해 공적신학, 정치신학, 해방신학을 비교하는 도표를 만들었다. 윤철호도 세바스찬 김의 도표를 토대로 그 신학들의 차이를 이해한다. 이런 접근은 각 신학의 개괄적 이해를 도울 수는 있으나, 그 신학들을 단순화시키는 위험이 있다. Cf. Sebastian C. H. Kim, *Theology in the Public Sphere: Public Theology as a Catalyst for Open Debate* (London: SCM Press, 2011), 23-24; 윤철호, "공적신학의 주요 초점과 과제," 「한국조직신학논총」 제46집 (2016): 185-87.

전통 모델에서 공적신학에 대한 규정은 대체로 다음과 같다. '공적신학은 하나님에 대한 논의를 공적으로 해야 하며, 교회는 하나님의 통치를 세상의 공적 영역에서 적극적으로 실현해야 한다.' 공적신학에 대한 이와 유사한 입장은 포레스터가 처음 주장했다. 포레스터는, 공적신학은 기독교의 고백적이고 복음적인 특징을 포기하는 것이 아니라고 주장한다.[117] 이 입장에 따르면, 공적신학은 기독교의 특징을 포기하지 않으면서 신학의 공공성을 추구하는 것이다.[118] 따라서 기독교가 유지해 온 정체성을 포기하지 않고, 공적신학과 교회의 양립을 추구하는 모든 흐름을 전통 모델로 분류할 수 있다.

전통 모델에 속하는 연구/학자는 크게 세 분야에서 이루어진다. 첫째, 공적신학을 위한 성서적 타당성을 찾는 것이다.[119] 예를 들면, 스트레인지(D. Strange)는 21세기 및 세속화 시대에 성서의 타당성이 더 줄어드는 것이 아니라고 본다. 그는 공적신학을 위한 성서적 근거도 풍부하다고 주장한다. 그는 창조론을 공적신학의 관점에서 해석한다. 인간은 창조될 때, 문화를 형성하고 다른 피조물과 교제하며 살도록 '공적으로' 지어졌다는 것이다. 따라서 스트레인지는 인간의 정체성, 나아가 인간과 피조물의 관계, 그리고 인간과 하나님의 관계는 공적인 성격을 가진다고 본다.[120] 페디

---

117 Duncan B. Forrester, *Truthful Action: Explorations in Practical Theology* (Edinburgh: T&T Clark, 2000), 127-28.

118 선(A. Son)은 포레스터의 정의를 받아들이는 이유를, 기독교의 독특성을 포기하지 않아도 되기 때문이라고 말한다. Angella Son, "Practicing Public Pastoral Theologies in Contexts of Difference: Finding Goodness in One Another," *Journal of Pastoral Theology* 25, no. 3 (November 2015): 168-69.

119 공적신학의 성서적 근거와 타당성은 공적신학의 주요 주제이다. Cf. Darrell L. Bock, "The Use of Scripture in the Public Square," *Criswell Theological Review* 15, no. 2 (Spring 2018): 27-37.

120 Dan Strange, "Not Ashamed! The Sufficiency of Scripture for Public Theology," *Themelios* 36, no. 2 (August 2011): 238-60.

슨(A. Paddison)은 공적신학의 성서해석에 관심을 가진다. 그는 성서가 공적신학을 위한 텍스트가 될 수 있다고 믿는다. 그는 성서가 다양한 관점, 곧 교회 중심적, 교리 중심적, 신앙생활 중심적으로 해석되었듯이, 이제는 '공적신학의 관점'에서 해석되어야 한다고 주장한다. 공적신학의 관점은 '세상에서 하나님의 활동'이라는 시각으로 성서를 읽는 것을 말한다. 그는 요한계시록 일부(계 21:1-22:5)를 예시로 제시하고, 공적신학의 관점에서 해석했다.[121]

둘째는, 공적신학을 신학의 전통적 주제(삼위일체, 그리스도론, 화해론 등), 혹은 교회의 전통적 활동(목회, 선교, 설교 등)과의 조화를 추구하는 것이다. 리스(N. N. Reese)는 삼위일체론을 공적신학의 차원에서 해석한다. 리스는 피조세계를 공적 세계로 보며, 공적 영역의 변화는 성령에 의한다고 본다. 리스는 성령에 대한 강조와 함께, 공적 영역의 변화에서 삼위 하나님의 연합과 참여를 강조한다. 공적 영역이 삼위 하나님의 섭리 아래 있으며, 삼위 하나님에 의해 완성되어 간다는 '삼위일체적 공적신학'을 주장한다.[122] 선(A. Son)은 공적신학의 목회적 차원에 관심을 가진다. 그는 공적신학이 기독교의 독특한 진리 주장을 제거하지 않으면서, 공적 역할을 할 수 있다고 본다. 그는 다양한 종교, 문화, 인종에 있는 선함(goodness)을 수용하는 방법을 제시한다. 또한 그는 서로 다른 종교, 문화, 인종과의 만남에서 '목회적 차원'을 주장하는데, 대표적으로 겸손을 상호 이해를 위한 가장 중요한 덕목으로 본다.[123] 헌스버거(G. R. Hunsberger)는 공적신학

---

121 Angus Paddison, "Theological Interpretation and the Bible as Public Text," *Journal of Theological Interpretation* 8, no. 2 (Fall 2014): 175-92.

122 Naomi Noguchi Reese, "Colin E. Gunton and Public Theologians: Toward a Trinitarian Public Theology," *Evangelical Review of Theology* 41, no. 2 (April 2017): 150-65.

123 Son, "Practicing Public Pastoral Theologies in Contexts of Difference," 168-71.

과 교회의 선교가 공존할 수 있는지를 고심한다. 그는 두 가지를 제안한다. 하나는, 선교, 예배, 신앙의 공적 성격을 회복하는 것이다. 다른 하나는, 공적 영역을 '공적인 생활'로 확대하는 것이다. 그는 이 두 가지 방법에 의해, 공적 생활 안에서 선교적 의미를 찾을 수 있다고 본다.[124]

셋째는, 공적신학의 관점으로 기독교 전승 안에 있는 신학자들을 해석함으로써, 공적신학과 기독교 전승과의 연대를 추구하는 것이다. 전통 모델에서, 중요한 신학자에게서 공적신학의 요소를 찾는 작업은 연구의 많은 부분을 차지한다. 이미 바르트, 본회퍼, 라인홀드 니버 등에 대해서는 다양한 관점에서 연구가 이루어졌다. 그 외에도, 18세기 개신교 정통주의 신학자 조나단 에드워즈(J. Edwards)[125]부터 20세기 인권운동가였던 마틴 루터 킹(M. L. King)[126]까지 다양한 연구가 이루어지고 있다.

전통 모델과 성서, 기독교 전승, 교회와의 관계는 굳건하다. 다만 공적신학에서 지역교회의 역할이 적극적으로 모색되지 않는 한계는 가지고 있다. 전통 모델이 타종교, 시민단체 활동, 사회복지, 인권운동에 대해 긍정적이지만, 적극성에 대해서는 학자에 따라 편차가 있다.

124　George R. Hunsberger, "Can Public Theology and Missional Theology Talk to Each Other? Imagination and Nuance for the Church's Public Practices," *Cultural Encounters* 8, no. 2 (2012): 5-18.

125　거에뜨(F. Guyette)는 조나단 에드워즈를 공적신학의 관점에서 해석한다. 그는 에드워즈가 주장한 자비, 양심, 평화, 사랑은 공적신학이 추구하는 공동의 덕목이 될 수 있다고 주장한다. Fred Guyette, "Jonathan Edwards, The Ethics of Virtue and Public Theology," *International Journal of Public Theology* 4, no. 2 (2010): 158-74.

126　망(P. Z. Mang)은 공적신학을 '공적인 이슈'에 대해 증언하는 것으로 본다. 이 관점에서 망은 정의, 자유, 인권을 강조한 마틴 루터 킹을 공적 신학자로 해석한다. Pum Za Mang, "Martin Luther King and Public Theology," *The Asia Journal of Theology* 29, no. 2 (October 2015): 227-50.

(2) 실천 모델

실천 모델(praxis model)은 실천에 강한 동인을 가지고 신학의 공적 역할을 추구한다. 대부분의 공적신학은 실천을 전제로 하기 때문에, 실천 지향적 성격을 가진다. 다만 실천 모델은 공적신학의 다른 모델들보다 더 실천 지향적이다. 공적신학의 실천 모델이 해방신학이나 정치신학과 같은 행동신학으로 대체되지는 않지만, 현실을 보는 관점은 상당히 유사하다. 섹스턴(J. S. Sexton)은 공적신학이 행동신학과 구별 없이 '나란히', 그리고 '함께' 신학 작업을 수행한다고 주장한다.[127] 실제로 실천 모델은 다양한 행동신학, 곧 해방신학,[128] 여성신학,[129] 흑인신학[130]과 주제에 대한 인식

---

127 Jason S. Sexton, "Confessional Theology in Public Places," *International Journal of Public Theology* 10, no. 2 (2016): 244.

128 산체즈(T. G. Sánchez)는 남미에서 개신교 복음주의 교회의 발전과정을 공적신학의 관점에서 연구했다. 그의 연구는 복음주의 교회라 하더라도, 남미 사회에서 부패와의 투쟁, 사회정의의 구현, 사회구원의 선포에서 해방신학과 유사한 성격을 가지는 것을 보여준다. Tomás Gutierréz Sánchez, "A Culture of Values and Justice: Public Theology through Latin American Protestant Christianity," *Journal of Latin American Theology* 11, no. 2 (2016): 61-102.

129 피트맨(J. Pitman)은 호주의 '여성 공적신학'의 발전과정을 추적했다. 그녀는 호주의 개신교 역사에서, 19세기에 여성안수가 시작되었고, 20세기에 여성 목회자의 여성신학적 자각과 경험이 풍부해지면서 여성 공적신학이 내용을 갖추게 된 것으로 본다. 즉 여성신학의 발전과정과 여성 공적신학의 발전과정이 같은 궤적을 가진다고 볼 수 있다. [Julia Pitman, "Feminist Public Theology in the Uniting Church in Australia," *International Journal of Public Theology* 5, no. 2 (2011): 143-64.] 한편, 마일스-트리블(V. Miles-Tribble)은 공적신학을 여성신학의 관점에서 해석함으로써, 공적 영역의 에토스로서 '회복의 정의'를 제시한다. Valerie Miles-Tribble, "Restorative Justice as a Public Theology Imperative," *Review & Expositor* 114, no. 3 (2017): 366-79.

130 존슨(A. E. Johnson)은, "하나님은 흑인이다."라는 선언은 조직신학의 진술이 아니라, 공적신학의 진술이라고 말한다. 이유는, '하나님이 흑인이 되었음'을 구체적인 사회 안에서 공적으로 선언한 사건이기 때문이라는 것이다. [Andre E. Johnson, "God is a Negro: The (Rhetorical) Black Theology of Bishop Henry McNeal

을 공유한다. 부텔리(F. G. K. Buttelli)는 남아프리카에서 공적신학은 목적과 방법론에서 해방신학과 유사하다는 것을 보여주면서, 공적신학은 민주사회에서 행동신학의 한 부류라고 규정한다.[131] 실천 모델이 행동신학과 유사한 성격을 가진다는 점에서 실천 모델을 해방 모델이라 부를 수도 있다.[132]

실천 모델에서 신학의 역할에 대한 규정과 방법론도 해방신학을 위시한 행동신학과 유사하다. 방법론 중에서 무엇보다 실천을 위한 '성서와 현실'에 대한 해석학이 동일하다. 이 점에서 실천 모델과 행동신학을 구별하지 않고 '연속적'으로 보는 것도 가능하다. 즉 1960-70년대에 태동한 행동신학이 20세기 후반이 되면서 동력이 약화되었다가, 최근에 공적신학이 주는 통찰로 인해 새롭게 활력을 얻었다고 할 수 있다. 한편, 실천 모델이 구체적 상황을 중요시 여기는 측면에서는 '상황 모델'과 유사하지만, 상황 모델에 비해 사회-경제-정치적 차원의 변화에 더 집중한다. 따라서 실천 모델에서는 행동신학에서 중요한 주제였던 정의, 화해, 평등, 성차별,

---

Turner," *Black Theology: An International Journal* 13, no. 1 (April 2015): 29-40.] 존슨의 주장은 흑인신학의 '블랙 메시아'에 대한 주장과 동일하다. 다만 거기에 '공적 성격'을 추가했을 뿐이다.

131　Felipe Gustavo Koch Buttelli, "Public Theology as Theology on Kairos: The South African Kairos Document as a Model of Public Theology," *Journal of Theology for Southern Africa*, 143 (July 2012): 90-106. 한편, 쿠프만(N. Koopman)은 정의, 자유, 평등, 인권, 인간의 존엄성이 성취되지 않을 때, 공적신학의 주장이 얼마나 추상적이 되는지를 역설한다. [Nico Koopman, "Envision and Criticize: Doing Public Theology When Democracy Seems to Fail," *International Journal of Public Theology* 13, no. 1 (2019): 94-108.] 즉 억압과 고통으로부터의 해방에 참여하지 않는 공적신학은 그 의미를 상실한다는 것이다.

132　그러므로 공적신학의 '실천 모델'을 해방신학/행동신학과 유사한 것으로 볼 수 있고, 비교연구를 할 수 있다. 하지만 '공적신학'을 해방신학/행동신학과 비교하는 것은 매우 모호하다. 공적신학은 해방신학/행동신학보다 훨씬 더 다양한 관점을 가진 신학이다.

인권, 인종 문제가 중요한 이슈이다.[133]

실천 모델과 성서, 신학적 전승, 교회의 전통적 활동과의 관계는 복합적이다. 실천 모델은 대체로 성서의 핵심 사상과 신학적 전승에 대해서는 존중을 보인다. 왜냐하면 실천 모델은 실천을 위한 기본적인 전거(準據)를 성서와 기독교 전승에 상당 부분 의존하기 때문이다. 하지만 실천 모델의 학자들 사이에 설교, 선교, 봉사활동 같은 교회의 전통적 주제에 대해서는 입장이 단일하지 않다. 각 신학자와 연구를 사례별로 보면, 교회와 연대를 추구하는 그룹부터 교회와의 관계를 고려하지 않는 그룹까지 편차가 크다. 실천 모델에서 타종교, 시민단체, 이념단체와의 연대는 자연스럽다. 실천 모델은 해방적 차원에서 유사한 목적을 가진 대부분의 그룹과 연대한다.

(3) 상황 모델

상황 모델(contextual model)은 공적신학의 역할을 구체적인 상황 안에서 추구하는 유형이다. 하지만 상황 모델이 '상황' 안에서 모든 종교, 문화, 이념의 다원화를 용인한다는 점에서 다원주의적이다. 즉 상황 모델은 상황-다원주의적 성격을 가지고 있다. 일견 상황주의적 측면과 다원주의적 측면이 조화를 이루기 어려운 요소로 보일 수 있지만, 상황 모델에서는 두 요소가 아주 잘 어울린다. 그 이유를 보자.

상황 모델은 '공적신학'을 구체적인 상황과 정치적 현실 아래에서 규정한다. 정치적 현실과 그 사회의 특수성을 떠난 신학은 무의미하다. 따라서 공적신학의 타당성도 보편적 논의에서 찾을 수 없고, 구체적인 그 사회 안에서 추구된다.[134] 이 점에서 상황 모델은 명확하게 상황주의적이다. 한

---

133 Sebastian C. H. Kim, "The Relation between Justice and Peace in Public Theology," *International Journal of Public Theology* 7, no. 3 (2013): 235-39.

134 João Décio Passos, "Public Theology in Brazil: The Political and Institutional

편, 상황 모델은 주어진 사회 안에서 어떠한 종교, 철학, 이념에도 우선성을 주지 않는다. 즉 상황 모델은 '구체적인 하나의 사회'를 공적 영역이라고 보며, 그 공적 영역 내에서 다원주의적 가치를 추구한다. 그러므로 상황 모델에서는 기독교도 특권적 위치에 있지 않다. 기독교는 다른 종교, 철학, 이념 중의 하나일 뿐이다. 따라서 상황 모델에서, 공적신학은 종교적 다원주의, 문화적 다원주의, 타종교, 다양한 가치, 철학과 협력하는 신학이라고 할 수 있다.[135] 이런 의미에서, 상황 모델에서 공적신학은 다원주의적이며, 공적신학을 상호 관용에 바탕을 둔 '관용적 공적 다원주의'라고 표현할 수 있다.[136]

상황 모델에서 공적신학의 목표는 그 사회가 동의하는 '공동의 선'을 추구하는 것이다. 공적신학의 목표에 대해 학자들 사이에 여러 의견이 있지만, 상황 모델과 글로벌 모델에서 가장 많은 지지를 받는 입장은 '공동의 선'이다.[137] 즉 이 모델의 목표는 성서와 기독교의 가치를 공적 영역에서 실천하는 것이 아니라, 공동의 선을 추구하면서 그 신학적 타당성을 찾는

Aspects," *International Journal of Public Theology* 6, no. 1 (2012): 23.

135 Sexton, "Confessional Theology in Public Places," 242-44.

136 '관용적 공적 다원주의'(tolerant public pluralism)라는 표현은 힘스트라(J. L. Hiemstra)가 칼뱅주의를 공적신학의 관점에서 해석하면서 사용한 용어이다. Cf. John L. Hiemstra, "A Calvinist Case for Tolerant Public Pluralism: The Religious Sources of Abraham Kuyper's Public Philosophy," *Religious Studies and Theology* 34, no. 1 (2015): 53-83. 공적신학에서 다원성은 상당히 긍정적으로 받아들여진다. 특히 다종교 사회/국가에서는 공적신학의 다원적 성격이 중요하게 취급된다. 싱기(E. G. Singgih)는, 공적신학은 특정 종교에 우선성을 두어서는 안 된다고 강조한다. 싱기는 인도네시아의 경우를 분석하면서, 종교적 우선주의는 반드시 갈등을 야기한다고 주장한다. Emanuel Gerrit Singgih, "What Has Ahok to Do with Santa? Contemporary Christian and Muslim Public Theologies in Indonesia," *International Journal of Public Theology* 13, no. 1 (2019): 25-39.

137 Pedro Arana, "Towards a Biblical Public Theology," *Journal of Latin American Theology* 11, no. 2 (2016): 43.

것이다.

만약 '공동의 선'이라는 용어가 보편적 개념으로 이해된다면, 상황 모델의 상황우선주의와 모순적으로 보일지도 모르겠다. 하지만 내용을 보면 전혀 그렇지 않다. 상황 모델에서는 주어진 상황, 곧 하나의 사회 안에 여러 종교, 집단, 인종이 함께 살고 있으며, 그것을 하나의 공적 영역으로 본다. 상황 모델의 공동의 선은, 이 공적 영역 안에 있는 그 사회 구성원들이 동의할 수 있는 '공동의 선'을 말한다. 따라서 한 사회에 해당되는 공동의 선은 다른 지역, 사회, 문화, 국가에 보편적으로 적용되지 않는다. 정리하면, 상황 모델에서 공적신학은 '공동의 선'을 추구한다. '공동의 선'은 상황을 초월하여 보편적으로 규정될 수 있는 가치나 선이 아니다. 공동의 선이 무엇인지는 구체적인 상황 안에서 규정된다. 따라서 상황 모델에서 절대적 가치란 없다. 구체적인 상황 안에서 공동의 선을 찾는 것이기 때문에, 공적신학의 활동의 영역은 다양하고 넓다.

상황 모델이 '공동의 선'을 추구한다는 점에서 '글로벌 모델'과 유사하다. 또한 21세기에 상당수의 공적 이슈는 세계적이며 동시에 지역적인 특징이 있다.[138] 21세기는 공적 이슈의 세계화와 지역화가 상호영향을 주기 때문에, 이 현상을 신학의 글로컬리제이션(glocalization)이라 부를 수 있다. 글로컬리제이션의 차원에서 보면, 상황 모델과 글로벌 모델의 관심과 주제가 유사하다. 하지만 상황 모델과 글로벌 모델 사이에 명확한 차이가

---

138 생태와 환경은 글로벌 모델에서 중요한 주제이지만, 중국에서는 상황 모델의 특징으로 나타난다. 왜냐하면 중국은 생태학적 논의에도 정부의 정치적 입장이 포함될 수 있기 때문이다. 또한 공적신학의 자연에 대한 입장에서도 유교, 불교, 도교와 같은 전통적인 문화적 요소를 무시하지 못한다. Pan-chiu Lai, "Ecological Theology as Public Theology: A Chinese Perspective," *International Journal of Public Theology* 11, no. 4 (2017): 477-500; Zhibin Xie, "Why Public and Theological? The Problem of Public Theology in the Chinese Context," *International Journal of Public Theology* 11, no. 4 (2017): 381-404.

있다. 그것은 '관점'의 차이이다. 양자는 동일한 이슈를 보더라도 서로 다른 시각에서 본다. 즉 글로벌 모델이 공동의 선을 '범지구적 차원'에서 보는 것에 반해, 상황 모델은 공동의 선을 구체적 '상황 안'에서 본다. 따라서 상황 모델의 입장에서는, 글로벌 모델이 추구하는 범지구적 공동의 선에 대해 회의적이다. 예를 들면, 코크런(J. R. Cochrane)은, 글로벌 모델의 관점을 가진 스토라(W. F. Storrar)가 주장하는 '공적 분노', 혹은 '범지구적 분노'를 신랄하게 비판한다. 코크런은 공적 분노는 동일하지 않으며, 지역, 경제, 사회, 성별, 인종에 따라 분노의 성격과 크기가 다르다는 것이다.[139] 코크런의 주장은, 공적신학자는 '범지구적'이라는 안전한 공간에 머물면서 신학을 해서는 안 된다는 경고의 의미를 가지고 있다.

한편, 상황 모델이 구체적인 상황 안에서 변화를 추구한다는 점에서 실천 모델과 유사하다. 하지만 실천 모델이 사회-경제-정치적 영역에서의 해방적 실천에 관심을 두는 것에 반해, 상황 모델은 해방적 차원의 색채가 옅으며 관심 이슈는 더 다양하다. 몇 가지 예를 보자.

시너(R. von Sinner)는 브라질에서 '공적신학'의 의미를 묻는다. 그는 브라질에서는 누구도 '공적신학'을 이해하지 못한다고 말한다. 브라질은 가톨릭 국가로서 신학과 교회활동은 누구에게나 공개적이고, 기독교와 관련된 것은 어떤 것도 비밀이 없으며, 언제나 언론과 대중매체를 통해 논의되고 공지된다는 것이다. 기독교는 시민의 생활과 연관이 있으며, 심지어 국가공휴일도 기독교 축일과 연관이 있다.[140] 시너는 브라질에서 공적신학의 역할을 다양하게 재규정해야 할 필요성을 제기했다. 이런 브라질 상황에서, 파소스(J. D. Passos)는 브라질의 교육제도를 공적신학의 차원에

---

139 James R. Cochrane, "Against the Grain: Responsible Public Theology in a Global Era," *International Journal of Public Theology* 5, no. 1 (2011): 44-62.

140 Rudolf von Sinner and Ronaldo de Paula Cavalcante, "Public Theology in Brazil," *International Journal of Public Theology* 6, no. 1 (2012): 1-6.

서 조명했다. 교육기관에서 차지하는 종교와 신학교육의 비중, 합법성, 타당성을 검토하면서, 다른 분야의 지식과 비교해 종교교육의 적절한 균형을 논의했다.[141] 즉 상황 모델에서는 국가의 교육기관에서 차지하는 기독교의 역할을 재고하게 하는 것도 공적신학의 역할에 해당된다. 또 스토다트(E. Stoddart)는, 공적신학은 공적인 이슈에 기독교인이 어떻게 참여할 것인지에 대한 성찰이라고 본다. 그는 2014년 당시 스코틀랜드에서 가장 큰 공적인 이슈였던 스코틀랜드 독립투표의 신학적 타당성을 논했다. 그는 이 연구의 말미에, 공적신학은 혁명적이라기보다는 개혁적이라는 말로 끝을 맺는다.[142] 스코틀랜드의 민족독립이라는 이슈도 공적신학의 범위에 들어온다. 영국이라는 안정된 제1세계에서, 스토다트에게 공적신학은 제도의 개선이라는 실천적 개혁으로 해석되었다. 한편, 도슨(M. Dawson)은 잉글랜드 시민들이 선진국과 개발도상국 사이의 불공정한 무역구조로 인해 발생하는 부의 편중, 환경파괴, 노동력 착취, 인권침해를 해소하려는 공정무역에 관심을 가지는 것을 분석하였다. 도슨은 시민들이 공정무역에 참여함으로써, 공적 영역에서 기독교적 가치관을 실현할 수 있다는 가능성을 보여준다. 즉 유럽의 제1세계 국가에서 실제적인 기독교 인구

---

141 Passos, "Public Theology in Brazil," 23-36. 공적신학에서, 공적신학과 국가의 학교교육의 관계는 중요한 이슈이다. 크게 두 주제로 논의가 되고 있다. 첫째, 공적 영역에서 종교교육과 학교교육 사이의 '이론적' 차이를 메우는 작업이다. [Cf. Manfred L. Pirner, "Public Religious Pedagogy: Linking Public Theology, Social Theory and Educational Theory," *International Journal of Public Theology* 11, no. 3 (2017): 328-50.] 둘째, 주어진 사회 내에서, 종교교육과 학교교육 사이의 '구조적-제도적' 괴리를 줄이는 작업이다. Cf. Howard John Worsley, "Mission as Public Theology: Bridging the Worlds of Mission and Religious Education(RE) in Church of England Schools," *Missiology* 46, no. 2 (2018): 171-82.

142 Eric Stoddart, "Public Practical Theology in Scotland: With Particular Reference to the Independence Referendum," *International Journal of Practical Theology* 18, no. 2 (2014): 317-47.

는 줄어들고 있으며, 기독교인은 명목상의 신자일 뿐이다. 이런 상황에서, 공적신학의 역할은 기독교인이 공적 영역에서 기독교적 가치관을 실현할 수 있는 방법을 제시하고, 그것을 통해 신앙의 활기를 찾을 수 있도록 하는 것이다.[143]

상황 모델에서 성서, 기독교 전승, 교회와의 관계는 깊지 못하다. 상황 모델에서 성서는 중요한 근거이며 존중받는다. 하지만 성서적 가치가 우선되지는 않는다. 성서는 중요한 전거의 역할을 하지만, 절대적이지는 않다. 기독교적 전승과 교회는 중립의 위치를 가진다. 기독교와 교회는 여러 종교, 가치, 철학, 이념들 중의 하나이다. 타종교, 시민단체, 사회-복지단체 등과의 연대는 당연하게 여겨진다.

(4) 글로벌 모델

글로벌 모델(global model)은 공동의 선을 범지구적 차원에서 추구한다. 글로벌 모델에서 공적신학의 관심은 확연히 자연, 기후, 생태계, 땅, 지구이다. 글로벌 모델의 신학적 관점을 보자. 스코트(P. M. Scott)는, 창조는 선한 것이며, 하나님의 선함(goodness)에서 비롯되었다고 본다. 그는 피조 세계를 통해서만 하나님을 인식할 수 있다고 말한다. 그는 하나님이 피조 세계를 섭리하며 종말까지 함께하실 것이라고 믿는다. 그는 이렇게 문제를 제기한다. 인위적 기후변화로 인해 창조의 미래가 파괴된다면, 하나님의 미래는 어떻게 되는가?[144] 스코트는 종말론을 하나님의 미래의 '최종성'

---

[143] Cf. Mark Dawson, "Church Action for Fair Trade as Public Theology: Learning from the Experience of the Mainstreaming of Fair Trade in the United Kingdom," *International Journal of Public Theology* 13, no. 1 (2019): 55-71.

[144] 글로벌 모델에서 기후변화는 아주 중요한 이슈이다. 프레타임(K. Fretheim) 역시 기후변화에 대한 대처가 '인류세 시대'에 공적신학이 추구해야 할 최우선 주제라고 본다. 그는 민주사회에서 인권정의를 요구하듯이, 현시대에는 '기후정의'가 요구된다고 주장한다. Kjetil Fretheim, "Democracy and Climate Justice: Public Theology

이라 부른다. 스코트에게 피조세계의 파괴는 하나님의 선함에 대한 도전이다. 그는 인간은 지금, 세계의 '선함의 충만'과 파괴를 향하는 '긴-현재' 사이의 갈림길에 있다고 본다.[145] 스코트에게 공적신학은 하나님의 피조물인 지구의 파괴를 막는 것이며, 그 결과는 하나님의 존재와도 연결된다.

피어슨(C. Pearson)은, 공적신학은 공동의 선을 추구하는 것이라고 규정한 후, 인류의 공동의 선은 기후와 환경이라고 말한다. 그는 인간의 '공적 생활'에 가장 큰 영향을 미치는 것은 가이아(Gaia), 곧 땅이라고 주장한다. 피어슨에게는 땅 자체가 공적 영역이며, 땅을 지키는 것이 공적신학의 역할이다. 피어슨은 자연의 파괴 앞에서 새로운 형태의 신정론이 나타날 것이라고 경고한다.[146] 즉 사회의 부조리와 악의 현실에서 '하나님은 어디 있느냐?'고 물었던 신정론이, 이제 자연의 파괴라는 재난의 현실에서 '하나님은 무엇을 하는가?'라는 문제를 제기한다는 것이다. 이런 맥락에서, 글로벌 모델에서는 생물의 환경, 물 관리, 공기오염, 지구온난화, 심지어 동물보호가 주요한 이슈가 된다.[147]

글로벌 모델이 사회, 경제, 정치적 이슈를 외면하는 것은 아니다. 스토라는, 공적신학은 반드시 공적(公的)이어야 한다고 강조한다. 그는 오늘의 '공적'은 '지구적'이라고 본다. 현재 찢기고 나누어진 지구라는 현실을

---

in the Anthropocene," *International Journal of Public Theology* 12, no. 1 (2018): 56-72.

145 Peter Manley Scott, "The Future as God's Amnesty? A Public Theology of Resistance for a Changing Climate," *International Journal of Public Theology* 4, no. 3 (2010): 314-31.

146 Clive Pearson, "The Purpose and Practice of a Public Theology in a Time of Climate Change," *International Journal of Public Theology* 4, no. 3 (2010): 356-59.

147 글로벌 모델에서 동물은 하나님의 피조물로서 중요하게 취급된다. Cf. Sebastian C. H. Kim, "Globalization and Global Inequality," *International Journal of Public Theology* 7, no. 1 (2013): 1-4.

공적신학의 영역으로 여긴다. 그는 가난, 사회적 소외, 폭력, 불평등의 해소를 위해 공적인 참여를 요청한다.[148] 앞에서 본 것처럼, 스토라의 주장은 사회적 변화를 추구하는 실천 모델이나 상황 모델과 유사하지만, 접근 방식에서 차이가 있다. 즉 정의의 실현과 경제적 불균형을 해소하는 관점이 '범지구적'이다. 글로벌 모델은 불의, 경제 문제, 전쟁, 기아, 고통을 세계적 차원에서 본다. 따라서 공적 이슈를 먼저 세계적인 차원에서 보면서, 각 지역의 분열과 불균형, 소외, 갈등을 해소함으로써 분열된 지구를 회복할 수 있다고 생각한다. 즉 이것은 어떤 지역의 특수한 상황에서 출발하지 않고, 범지구적 관점에서 각 지역의 상황으로 접근하는 방식이다.

첨언하여, 글로벌 모델이 공유하는 중요한 시각이 있다. 그것은 글로벌 모델로 분류할 수 있는 신학자들의 '현시대'에 대한 인식이다. 글로벌 모델은 현시대를 후기 세속 시대, 혹은 후기 세속주의로 본다. 즉 19세기에 시작된 세속주의, 곧 종교가 공적 생활에 개입할 수 없고 영향을 미칠 수 없다는 세속주의가 절정에 달했으며, 이제 후기 세속주의 시대로 접어들었다고 믿는다. 따라서 글로벌 모델에서는 기존의 공적신학을 넘어서는 다양한 시도가 이루어진다. 몇 가지 주목할 만한 시도를 보자. 호그(M. S. Hogue)는 이제 세속화와 다원주의를 당연한 것으로 전제해야 하며, 누구에게나 설득력 있는 규범적 신학을 제시해야 한다고 주장한다. 그는 범지구화 시대에 공동의 도덕을 향상시키기 위해 후기 세속주의를 받아들일 것을 표방하면서, 이 시대에 통용될 수 있는 '실용적 공적신학'을 제안한다.[149] 브라운(M. Brown)은 기존의 공적신학이 기독교 중심, 신학자 중

---

148 William F. Storrar, "The Naming of Parts: Doing Public Theology in a Global Era," *International Journal of Public Theology* 5, no. 1 (2011): 23-43.

149 Michael S. Hogue, "After the Secular: Toward a Pragmatic Public Theology," *Journal of the American Academy of Religion* 78, no. 2 (June 2010): 346-74. 다음의 논문은 유사한 주제에 대해 다른 관점에서 접근한다. Cf. Elaine

심, 교회 중심이었기 때문에 공적 이슈를 부각시키는 데 실패했다고 주장한다. 그는 세속화 시대에는 공적신학이 시민 신학자들로 구성되는 '시민신학'이 되어야 한다고 주장한다. 시민신학에서는 '공동의 선'에 대한 덕목들도 다양하게 나올 수 있다는 것이다.[150] 케이디(L. E. Cady)는 1970년대 공적신학이 출현했음에도 불구하고, 두드러진 현상은 기독교가 공적 영역에서 후퇴하여 변방으로 밀려난 것이라고 본다. 후기 세속 시대에는 가치, 이념, 종교적 주장들이 극단화되어 통일될 수 없기 때문이다. 그는 전혀 새로운 형태의 공적신학의 필요성을 주장하면서, '종교-세속적 모델'의 개발을 하나의 가능성으로 언급한다.[151] 따라서 글로벌 모델에서 '교회를 떠나 문화와 세계 속으로 들어가자'라는 슬로건은 자연스러운 것이며,[152] 공적신학의 관점은 범지구적이 될 수밖에 없다.

글로벌 모델에서 성서, 기독교 전승, 교회와의 관계는 약하다. 성서는 존중되지만, 특정 테마에 치중된다. 글로벌 모델은 전통적 기독교와 교회로부터 탈피하려 한다. 그것은 기독교와 교회를 적대시하기 때문이 아니라, 세속화된 범지구적 시대에 기독교 중심과 교회 중심적 사고는 불가능하다고 보기 때문이다. 시민단체, 국제적 활동을 하는 비정부기구(NGO), 환경단체 등과의 연대감은 활발하다. 앞으로 글로벌 모델은 사회단체화

Graham, "Reflexivity and Rapprochement: Explorations of a 'Postsecular' Public Theology," *International Journal of Public Theology* 11, no. 3 (2017): 277-89.

150 Malcolm Brown, Stephen Pattison, and Graeme Smith, "The Possibility of Citizen Theology: Public Theology after Christendom and the Enlightenment," *International Journal of Public Theology* 6, no. 2 (2012): 183-204.

151 Linell E. Cady, "Public Theology and the Postsecular Turn," *International Journal of Public Theology* 8, no. 3 (2014): 292-312.

152 Tokunbo Adelekan and Andre L. Price, "From the Church to Culture: Towards a Theology of Public Engagement," *Ogbomoso Journal of Theology* 16, no. 2 (2011): 137-39.

될 가능성도 배제할 수 없다.[153]

이상으로 최근의 공적신학의 흐름을 네 개의 모델로 살펴보았다. 각 모델은 공적신학에 대한 자신의 목표를 가지고 있다. 네 모델의 학자들은 각기 기독교의 사사화를 극복하고 신학의 공적 역할을 회복하기 위한 방법을 모색한다. 각 모델은 서로 다른 강조점과 장점을 가지고 있으며, 다른 방식으로 공적신학에 기여하고 있다. 네 모델 중에서 어느 하나를 절대화하기는 어렵다. 다만 네 모델 모두에서 드러나는 두 가지 한계가 있다.

하나는, 공적신학의 주체는 신학자들이다. 신학자들이 신학적 이론을 수립하고 논의를 주도한다. 하지만 공적신학에서 일반 신자가 할 수 있는 역할은 거의 없다. 다른 하나는, 교회의 역할이 무시되거나, 매우 위축되었다. 특히 지역교회가 공적 영역에서 할 수 있는 대안이 마련되지 않았다. 대부분의 공적신학은 지역교회와 연대하려는 움직임조차 없다.

우리는 과거의 행동신학이 주는 교훈을 잊어서는 안 된다. 1960-80년대 태동한 남미의 해방신학과 한국의 민중신학 등 다양한 행동신학은 학문적 공헌이 컸다. 하지만 그들은 교회와의 연대에서 실패했다. 남미의 바닥공동체와 민중교회는 소수였다. 당시 해방신학과 민중신학이 기존 교회와 연대했다면, 참으로 큰 반향을 일으켰을 것이다. 신학자가 주체가 되고, 기존 교회와 분리된 운동은 한계가 있다. 이런 종류의 운동은 진정한 '공적 운동'이 되기 어렵다. 물론 공적신학이 주장하는 공적 책임과 범지구적 책임은 중요하다. 관건은 공적 책임과 기독교의 정체성을 함께 유지하는 것이다. 이상 지적한 공적신학의 두 가지 한계에 대해서는 결론에서 대안을 제시하겠다.

---

153 이 책의 "공적신학의 네 모델: 2010년 이후" 부분은 필자의 다음 글을 참조 및 인용했다. 김동건, "공적신학의 모델들: 2010-2017년의 연구 흐름을 중심으로," 「신학사상」 제180집 (2018): 109-39.

3. 결론: 전망과 지역교회 모델

결론에서는, 먼저 공적신학에 대한 앞으로의 전망을 보겠다. 다음으로, 공적신학의 정체성과 나아가야 할 방향성을 위해 공적신학이 어떤 성격이어야 할지를 규정하겠다. 마지막으로, 공적신학의 새로운 모델로서 지역교회 모델을 제시하려 한다.

1) 전망

앞에서 계몽운동 이후 교회의 공적인 역할이 축소되는 과정도 보았고, 또한 공적신학을 위한 다양한 시도들도 보았다. 최근 공적신학의 출현은 대단히 긍정적이지만, 공적신학이 대중적 영향을 끼치지 못하고 있다. 공적신학은 지금도 여전히 교회와 신학 그룹들 사이에서 소수의 입장에 속한다. 교회가 사적-종교적 영역으로 후퇴한 것은 큰 시대적 흐름 속에서 일어났기 때문에 회복이 쉽지 않다. 공적신학이 소수 입장으로 머물고 있는 이유를 세 가지로 볼 수 있다.

첫째, 공적 이슈에 대한 신학적 대응이 미흡하다. 공적신학은 자신이 속한 지역에 대한 공적 관심과 구체적 이슈들을 심화시켜야 한다. 한국을 예로 들면, 공적신학은 한반도의 평화, 핵무기와 통일, 환경과 생태계, 빈부격차, 계층 갈등, 청소년 교육, 자살, 과학과 종교의 갈등, 미래사회에서의 삶 등 공적 이슈에 대해 신학적 입장을 충분히 제시하지 못하고 있다.

둘째, 공적신학을 위한 다양한 전문가로 구성된 협의체가 거의 없다. 공적인 이슈를 다루기 위해서는 신학자만으로는 한계가 있다. 여러 전문인들이 참여할 수 있는 단체와 기구가 필요하다. 즉 신학자, 경제학자, 과학자, 심리학자, 사회-정치학자, 환경 전문가 등으로 구성된 협의체가 필요하다. 이런 협의체에서 공적 이슈에 대해 토론, 진단, 대안 제시가 이루어져야 한다. 또한 공적신학을 확산시킬 수 있는 도구가 미흡하다. 현재 공적신학이 다루고 있는 주제와 신학적 해석이 교회와 일반 시민에게 알려질 수 있는 수단이 없다.

셋째, 지역교회의 공적신학에 대한 인식이 부족하다. 현재 교회와 사회는 이원화되어 있고, 그 괴리는 줄어들지 않고 있다. 지역교회와 평신도가 주체가 되는 공적 신앙의 형성이 전혀 이루어지지 않고 있다. 기독교 2,000년의 지난 역사를 볼 때, 교회를 움직이지 못한 신학운동은 언제나 한계를 가졌다. 다가오는 미래에는 어떨까? 피스(S. Paeth)는 21세기의 공적신학의 미래는 다원주의, 세속주의, 범지구화에 의해 영향을 받을 것이라고 말한다.[154] 다원주의, 세속주의, 범지구화는 모두 21세기의 시대정신을 구성하는 주된 요소라는 점에서, 피스의 주장이 틀린 말은 아니다. 그러나 필자의 생각은 다르다. 공적신학의 미래는 시대정신에 대한 교회의 '응답'에 따라 달라질 것이다. 이미 우리 모두는 21세기의 시대정신 안에 있으며, 그것을 피할 길은 없다. 하지만 공적신학의 미래는 현재의 시대정신이 결정하는 것이 아니라, 그 시대정신에 교회가 어떻게 응답하는지에 달려 있다.

21세기의 공적신학의 미래를 결정할 가장 중요한 요소는 '교회'이다. 교회가 변화되지 않고는 기독교의 사사화는 막지 못한다. 진정한 개혁은

---

154 Scott Paeth, "Whose Public? Which Theology? Signposts on the Way to a 21st Century Public Theology," *International Journal of Public Theology* 10, no. 4 (2016): 461-85.

교회의 변화를 수반하며, 교회가 변화할 때 시대가 달라진다. 세속화 시대, 다원화 시대, 포스트모던의 시대에도, 이 사실은 달라지지 않을 것이다. 그것은 '가시적 교회'를 절대적으로 보기 때문이 아니라, 그리스도가 세상의 주인이면서 동시에 교회의 주인이기 때문이다. 교회는 그리스도의 몸이다. 그리스도의 세상의 머리 되심이 교회를 위축시키지 않는다. 즉 세상과 교회는 그리스도 안에서 대립을 극복할 수 있으며, 양자는 함께 하나님 나라를 향한다. 교회는 역사의 완성이라는 그리스도의 사역에 동참함으로써 자신의 정체성을 가진다. 교회는 성서의 정신, 그리스도의 가르침, 성서의 진리를 선포하는 가장 중요한 기관이다. 교회와 함께하지 못하는 기독교 운동은 있을 수 없다.

그렇다면 앞으로 공적신학은 어떻게 전개될 것인가? 전망은 밝지 못하다. 공적신학은 신학적으로는 최근에 활발했고, 당분간은 더 관심을 끄는 분야가 될 것이다. 그러나 공적 영역에서 교회는 더 위축될 가능성이 크다. 앞으로 21세기는 획일화와 다원화라는 이중적인 성격을 가질 것이다. 한편, 현시대는 그 기저에 효율성과 경제성을 추구하는 사고구조, 과학적 성취와 그에 따른 기술력, 빠른 정보교환을 공유함으로써 어느 시대와도 비교될 수 없는 속도로 문화가 획일화되고 있다. 다른 한편, 진리/가치 개념이 완전히 다원화되면서 한 집단 내에서조차 동일한 가치체계를 공유하기 힘든 포스트모더니즘의 특징이 확산되고 있다. 여러 사회와 계층에서 일어나는 문화의 획일화 현상과 진리/가치 개념의 개인화 및 세분화는 서로 상반되는 것 같지만 함께 21세기 사회의 특징적인 한 면을 이룰 것이다.

앞으로 획일화와 다원화라는 이중성이 대단히 위험한 형태로 결합될 가능성이 있다. 예를 들면, 생명복제, 유전자 편집, 인공지능의 발전이 일정 수준에 도달하면, 그 기술의 사용과 상업화가 순식간에 범지구적으로 보편화될 것이다. 그에 반해, 그 기술에 대한 가치평가와 사용용도는 매우 다원화될 것이고, 그에 대한 공통의 윤리와 공공성에 대한 규범을 만들기는 쉽지 않을 것이다. 따라서 물질적 사고와 유사과학주의에 대한 맹신은 보편화-획일화되면서, 동시에 인간의 사회에 대한 책임성과 도덕적 가치는 개인적으로 파편화-다원화되어 어떠한 공동체적 함의를 이루기 어려운 시대가 될 수도 있다.

이미 획일화와 다원화라는 이중성 아래 사회구조가 전환되고 있다. 이런 현상이 심화하면, 공적 영역이 그 구성원들로부터 통전성을 확보하기 어렵고, 공적 영역이라는 경계 자체가 모호해질 것이다. 그러면 한 사회 안에서도 구성원들의 통일된 입장을 공론화하기 어려운 상태가 된다. 가치의 보편화와 가치의 세분화가 상호영향을 주면서, 가치관의 글로벌한 차원과 로컬한 차원이 기묘하게 결합되는 가치체계의 글로컬(glocal) 시대가 예상된다. 이러한 상황에서, 21세기에 공적신학의 역할이 쉽지는 않다. 계몽주의 이후 시대정신이 변화했을 때, 기독교가 잘 대응하지 못한 여파가 지금까지 이어지고 있다. 21세기에, 시대정신이 다시 크게 변화하고 있다. 지금 교회가 잘 대처하지 못하면, 기독교의 공적 역할은 회복하기가 더욱 요원해진다. 무엇보다 공적신학이 지역교회와 연대하지 못하기 때문에, 실천적 차원이 매우 취약하다. 지역교회가 공적신학의 중심이 되고 기독교인의 공적 신앙이 회복되지 않으면, 공적신학은 일부 신학자들의 학문적 영역을 넘어서지 못할 것이다.

2) 공적신학에 대한 규정

공적신학은 최근 약 10년 동안 신학의 가장 활발한 주제들 중의 하나이다. 공적신학은 신학의 기능이 개인적 차원에 머물지 않는다고 보며, 신학의 사회적이고 공적인 역할을 추구한다. 하지만 학자에 따라 공적신학에 대한 규정이 다르다. 공적신학의 규정이 다르면, 공적신학의 관점, 역할, 목표도 다르다. 필자는 앞으로의 논의를 위해 네 가지로 공적신학을 규정하려 한다. 공적신학을 '정체성', '다(多)학문성', '실천성', '교회와 공적 신앙'의 차원에서 보려 한다.

첫째, 공적신학의 정체성이다. 공적신학은 신학적 전거를 성서에 둬야 한다. 공적신학은 세계를 하나님의 창조로 보며, 하나님의 지배가 교회와 세계 모두에 미친다고 믿는 신학이다. 교회와 세계는 이원론적으로 대립되지 않는다. 교회와 세계는 함께 하나님 나라를 지향하는 상호적인 관계이다. 교회의 공적인 기능은 하나님 나라를 향한 사회적 책임에서 온다. 공적신학은 성서의 정신과 가치를 공적 영역에서 실현하는 신학이다. 따라서 공적신학의 근거는 성서이지, 공동의 선이 아니다. 공동의 선은 문화, 시대, 역사적 배경에 따라 변화한다. 공적신학은 성서의 선포, 곧 생명, 사랑, 평화, 용서, 화해 같은 가치를 공적 영역에서 실현하기 위해 타종교, 철학, 이념과 사상적으로 연대할 수 있다. 공적신학이 전거를 성서에 둔다고 해서, 편협해지지 않는다. 성서는 결코 폐쇄적이고 배타적인 경전이 아니다. 역사적으로 볼 때, 편협한 교리와 신조는 있었지만, 성서가 편협한 것은 아니었다. 성서는 놀라운 책이다. 예수가 선포한 생명, 용서, 구원의 우선성, 화해, 평화 등은 다른 종교와 철학에서 볼 수 없는 독특하고 넓은 의미를 가지고 있다. 예수의 선포와 가르침은 누구와도 대화하고 동행할 만큼 광활하다. 그 과정에서 공동의 선을 추구할 수 있다. 하지만 성서 대신 공동의 선을 기준으로 삼으면, 기독교는 자신의 정체성을 상실한다. 후기 세속 시대에 기독교는 정체성에 크게 도전을 받을 것이다. 정체성을 상실한 신학, 교회, 기독교 모임, 기독교 운동은 사회에서 긍정적 역할을 할 수 없다. 오히려 기독교가 자신의 정체성을 확고히 함으로써 후기 세속 시대를 극복할 수 있다. 다만 기독교의 범위를 넘어서는 활동을 위해, 이 시대를 매개할 수 있는 새로운 언어와 개념이 요구된다.

둘째, 공적신학은 교회와 신학의 역할이 사적-종교적 영역에 국한될 수 없고, 공적 기능을 가진다고 믿는 신학이다. 기독교가 공적인 역할을 포기하고 개인적, 영적, 혹은 교회 공동체 내의 영역에만 치중할 때, 기독교는 사사화된 종교가 되고, 또 그에 봉사하는 신학은 사사화된 신학이 될 수밖에 없다. 공적신학은 하나님 나라를 향한 분명한 역사관 위에서 공적인 이슈에 대해 신학적으로 대화하고 성찰해야 한다. 이 목적을 위해 공적신학은 다양한 학문과 교류하고, 전문성을 가진 협의체를 구성해서 대안을 모색해야 한다. 따라서 공적신학은 다(多)학문적 성격을 가지며, 학제 간의 교제에 개방적이다. 공적신학은 공적 이슈를 신학의 주제로 삼고, 공적 이슈에 대해 신학적으로 대안을 제시해야 한다. 공적신학이 지금 진행 중인, 지금 가장 응급한, 지금 가장 많은 사람에게 필요한 공적 이슈를 다루지 못한다면, 공적신학은 생명력을 상실한다. 이 점에서 공적신학은 언제나 새로운 신학이며, 언제나 열린 신학으로서의 자기 정체성을 가져야 한다.

셋째, 공적신학은 공적인 영역에서의 변화를 추구하는 신학이다. 공적신학이 변화를 추구한다는 점에서, 공적 영역에 대한 정의가 필요하다. 공적 영역은 교회, 학계, 사회, 자연이라는 네 범주로 구성된다. 공적신학은 성서의 가치를 공적으로 확산하고 그에 따라 세상의 개혁을 모색한다. 따라서 공적신학은 신학의 공적 기능에 대한 이론뿐만 아니라, 구체적 상황 속에서 실천을 염두에 둬야 한다. 그러므로 공적신학은 공적인 영역이 하나님 나라를 향할 수 있도록 행동하는 신학이다. 이를 위해 공적신학은 모든 공공기관, 사회적 프로그램, 타종교, 비정부기구와 실천적 연대를 해야 한다. 실천의 방법은 공적신학의 네 모델에서 나타난 방법론을 탄력적으로 적용할 수 있다. 즉 해방신학의 '성서와 실천'의 해석학적 나선, 상황신학의 비판적 상관방법, 각 지역과 상황의 상호성, 범지구적 정황에 대한 조망을 고려할 만하다.

넷째, 공적신학은 지역교회와 일반 신자들이 주체가 되어 공적 영역에서 신앙을 고백하며 '공적 신앙'에 따라 살도록 돕는 신학이다. 공적신학은 신학자가 주체가 될 때 실패한다. 공적신학은 소수의 신학자에 의한 신학이 아니다. 우리가 살고 있는 사회, 곧 공적 영역을 개혁하는 일은, 다양한 사회-경제-정치적 영역에서 생활하는 평신도가 주체적으로 참여할 때 가능하다. 공적 신앙의 구심점은 지역교회가 되어야 하고, 교회는 신앙을 가치관과 연결하는 작업을 통해 공적 신앙을 형성해야 한다. 신앙은 개인적인 요소와 공적인 요소를 함께 가진다. 개인의 회심과 결단은 각 개인의 삶의 기반이다. 동시에 신앙은 이웃과 교제하며 사회에서 어떻게 살아야 할 것인지에 대한 가치관을 내포한다. 즉 신앙의 공적인 측면이다. 지금까지는 교회가 신앙의 개인적 측면에 치중했다. 교회가 신앙을 일상생활의 가치관과 연결하는 일을 하지 않으면, 신앙은 개인의 내면에 머물게 된다. 교회의 공적 역할을 회복하는 일은 신자들의 공적 신앙의 회복에 결정적으로 의지한다. 따라서 공적신학은 지역교회가 구심점으로 설 수 있고, 교회를 중심으로 공적 신앙이 선포될 수 있도록 봉사하는 신학이다.

3) 지역교회 모델

앞서 우리는 공적신학을 네 가지로 규정했다. 그중의 첫 세 가지는 신학적 정체성, 학제 간의 교류, 공공기관과의 연대와 상관이 있다. 이와 연관된 실천사항은 대체로 기존의 공적신학이 관심을 가지고 있는 부분이다. 이 분야에서는 이미 다양한 시도가 나타났다. 하지만 네 번째인 '지역교회와 일반 신자'에 대해서는 공적신학이 크게 관심을 가지지 않는다. 또한 공적신학의 네 모델의 다양한 시도들 중에도 '교회'를 중심으로 하는 모델이 없다. 따라서 기독교와 신앙의 사사화를 막기 위해 가장 필요한 것이 교회의 변화라는 것을 고려할 때, 교회가 주체가 되는 모델이 요청된다. 필자는 지역교회와 신자가 '공적 신앙'의 주체가 되는 지역교회 모델을 제안한다.

(1) 공적신학을 위한 주체로서의 지역교회

먼저 교회에 대해 살펴보고, 공적신학을 위한 교회의 역할을 보겠다. 공적신학이 확산되는 데 가장 중요한 요소는 지역교회의 변화이다. 현재 많은 교회가 자신의 교회에만 골몰하는 '지역교회주의'에 빠져 있다. 지역교회주의는 교회를 방주의 개념으로 보면서 구원을 세상과 함께하는 구원이 아니라, 세상으로부터의 구원으로 생각한다. 이런 사고는 교회와 세상의 이원화를 가져왔다. 교회는 스스로 자신을 종교적 영역에 가두었다. 지역교회가 모든 관심과 예산을 자신의 교회를 위해 사용하고, '내 교회만 잘되면 된다.'고 생각하는 것은 교회가 예수 그리스도를 머리로 하는 공교회(公敎會)라는 사실을 망각한 것이다. 지역교회가 공교회의 역할을 상실함으로 교회 자체가 '사사화'되었다. 교회의 이런 걸음걸이는 올바르지도 않지만, 지역교회가 추구하는 양적 성장에서조차 더는 성공적이지 않다. 자신의 교회만을 중심으로 하는 지역교회의 온갖 노력에도 불구하고 기독교 인구는 줄고 있다.

교회의 머리는 그리스도이고, 세상의 머리도 그리스도이다. 그런데 교회는 스스로의 주인이 되어서, 세상과 담을 쌓고 있다. 교회는 세상과 대립해서는 안 되고, 세상과 함께 하나님 나라를 지향해야 한다. 지역교회주의는 이미 실패했다. 지역교회주의가 지속되면, 기독교는 더욱 위축될 것이고, 결국 '명목상의 기독교'의 한 형태가 될 것이다. '명목상의 기독교'라는 말은, 자신은 기독교인이라고 생각하지만 실제는 기독교인의 정체성 없이 살아가는 '명목상의 기독교인들'의 기독교를 말한다. 그것은 숫자만 기독교인으로 집계되는 통계상의 기독교라고 할 수 있다. 앞으로 교회를 떠나는 사람이 점차 늘어나면서, 명목상의 기독교인의 숫자는 많아질 것이다. 기독교가 '명목상의 기독교'가 되면, 기독교의 정체성이 흔들리면서 매우 위태로운 상태가 된다.

어떤 교회론을 가질지가 관건이다. 만약 교회를 가시적 교회로 규정하고, 다시 "교회 밖에는 구원이 없다."라고 주장하면, '교회 중심적 배타주의'가 될 수밖에 없다. 구원을 교회에 국한시킨 이 정의(extra ecclesiam nulla salus)는, 구원을 가톨릭교회에 결부시켰던 피렌체 공의회(1439-42)에 바탕을 두고 있다. 그러나 500년 후 제2차 바티칸 공의회(1962-65)에서는 교회를 가시적 교회로 국한하지 않고 '하나님의 백성'으로 봄으로써 익명의 그리스도인 및 선한 사람에 대한 구원의 가능성을 열어두었다.

교회론은 반드시 그리스도론과 함께 규정되어야 한다. 교회가 자신의 정체성을 회복하는 일이 우선이다. 교회는 전통적으로 네 가지 표식을 통해 규정되었다. "우리는 '하나의', '거룩한', '보편적', 그리고 '사도적' 교회를 믿습니다." 이 고백은 역사에 나타난 교회의 중요한 특징을 상징적으로 표현한 것이다. 교회의 네 가지 표식은 중요한 기준으로서 오늘날에도 교회를 보는 시각을 제공한다. 필자는 네 가지 표식을 이렇게 해석한다.

(a) 교회는 언제나 그리스도에 의존한다.(엡 1:23, 골 1:18) 역사적으로 보면, 교회가 스스로 주인이 될 때 언제나 위기가 왔다. 교회는 자신을 위해 존재하지 않는다. 그리스도를 머리로 지상의 모든 교회는 하나이며 그리스도의 몸이다.

(b) 교회는 하나님 나라를 지향한다. 교회는 하나님 나라가 이 땅에 이루어지도록 헌신하는 공동체이다. 교회가 하나님 나라를 향한 방향성을 잃을 때, 교회는 인간의 집단이 된다. 하나님 나라의 최종적인 완성은 교회를 넘어서고, 인류를 넘어서며, 자연을 포함한 피조세계의 완성이다.(엡 1:10, 골 1:20) 교회의 거룩성은 교회 자체에서 기인하지 않는다. 교회의 거룩성은 그리스도로부터 오며, 하나님 나라를 향한 교회의 헌신에서 그 거

룩성이 확인된다.

　(c) 교회는 성령의 이끌림을 받는다. 교회는 성령의 피조물이다.(행 2:1 이하) 성령은 교회에 종속된 영이 아니다. 성령은 이 순간에도 피조세계 안에서 활동하고 있으며, 궁극적으로 만유를 회복할 것이다. 성령은 생명의 영으로서, 모든 생명의 근원이며 차별 없이 만유를 자신 안에 둔다. 교회의 보편성은 성령의 보편성 안에서 확보된다.

　(d) 교회는 하나님의 백성이다.(히 8:10, 벧전 2:9-10) 교회는 하나님께 속한 백성이지, 그 본질은 건물, 행정, 조직에 있지 않다. 하나님의 백성은 공동체성을 의미한다. 교회는 성직자의 교회도 아니고, 사사로운 개인의 집단도 아니다. 교회 공동체는 하나님 나라를 향한 전위대이며 역사에 대한 책임적 과제를 가진다. 이 역사 책임적 소명 위에 교회의 사도적 전승이 있다.

　그러므로 바른 교회론은 교회와 세상의 이분화에 빠지지 않는다. 교회는 하나님 나라를 향하며, 세상에 열린 공동체이다. 교회주의/지역교회주의는 공적신학과 대립된다. 교회주의와 공적신학은 서로 충돌하며 연대하지 못한다. 그러나 교회는 그 자체로 공적인 성격을 가진다. 교회 자체가 공교회이며, 사유화될 수 없는 하나님 나라를 향한 기관이다. 교회의 설교, 기도, 신앙생활, 봉사에도 공적인 성격이 있다. 따라서 교회가 하나님 나라를 향한 바른 정체성을 가진다면, 공적신학의 주체가 될 수 있다.

　공적신학이 유의해야 할 점은 교회의 성격이다. 교회는 공적신학의 한 영역이면서, 또한 공적신학을 규정하고 확산시키는 중심이다. 교회는 세상 속에서 세상의 일부로 존재하지만, 동시에 세상의 기관과는 다른 고유한 정체성을 가진다. 교회는 예수 그리스도에게서 비롯되었으며, 메시아적이고 종말론적인 성격을 가진다. 이 점에서 교회는 세상의 어떤 기관과도 구별된다. 교회에는 사회적 기관과 일치될 수 없는 독특성이 있다. 그러므로 교회가 대학이나 사회처럼 공적신학의 하나의 영역에 머물 수는 없다. 교회는 공적신학의 한 영역이면서, 동시에 공적신학의 주체가 되는 이중적 성격을 가진다.

또한 현실적으로 지역교회들이 주체가 될 때, 공적신학은 활기를 띠며 확산될 수 있다. 비록 공적신학이 사회적 이슈를 신학적으로 논의하고, 사회의 기관들과 연대하며, 이론 작업을 하더라도, 그것만으로 공적신학이 강한 실천을 유발하기는 어렵다. 지역교회들이 주체가 되지 못하면, 공적신학은 일부 신학자들의 이론 영역에 머물고 만다. 20세기에 바르트와 본회퍼를 비롯해 해방신학, 여성신학, 흑인신학을 거쳐 최근의 유럽, 북미, 아시아의 공적신학으로 이어지는 좋은 신학적 전승이 있음에도 불구하고, 기독교의 사사화를 막지 못했다. 왜인가? 실패의 이유를 하나만 든다면, 바로 지역교회와 평신도가 공적신학에 참여하지 않았고, 또한 그들이 공적신학의 주체가 되지 못했기 때문이다.

공적신학은 먼저 지역교회와 충분히 연대해야 한다. 교회와의 연결이 확고하지 못한 상태에서, 공적신학이 신학의 사회적 역할을 강조하고 사회의 공공기관과의 연대에 치중하면, 오히려 지역교회와 갈등을 일으키고 지역교회와 분리된다. 결국 지역교회가 공적신학의 주체로서 구심점이 되어야 하고, 지역교회를 통해 신앙의 공적 역할이 방사형으로 실천되고 확산되어야 한다. 교회는 세상으로부터 모이면서 세상으로 흩어지는 그리스도의 몸의 기능이 있다. 지역교회가 약해지면 공적신학의 실현은 한계에 부딪힌다. 지역교회가 쇠락하면, 공적신학도 함께 쇠퇴할 것이다. 지역교회가 자신이 속한 지역에서 공적신학을 위한 '센터'가 될 때 공적신학은 활기를 가질 것이다.

(2) 공적 신앙과 공적 신앙인의 양성

기독교인은 개인이지만 동시에 공동체적 성격을 가진다. 기독교인은 사적 인간이 아니다. 사적인 인간은 신앙을 사적으로 소유하고, 그리스도도 자신의 사적인 영역에 둔다. 기독교인이 사사화되면, 교회는 사적 인간이 모이는 집단이 된다. 기독교 신앙은 결코 사유화되지 않는다. 한 사람이 자신의 결단에 의해 믿음에 도달했다고 느낄지라도, 그것은 개인의 신앙이 아니다. 하나님의 은혜가 선행될 때, 인간은 믿음으로 나아갈 수 있다. 믿음은 인간의 내면적 자각이나 종교적 수행에서 발생하지 않는다. 그러므로 믿음의 결단은 하나님의 선물이고 은혜의 결과이다. 하나님의 은혜를 체험하고, 하나님의 허락하심 속에서 인간은 감히 '나는 믿습니다.'(credo)라고 고백할 수 있다. 그러므로 믿음의 주체는 내가 아니라, 하나님인 것이다. 또한 한 사람이 신앙을 고백한다는 것은, 그 자신이 교회라는 공적이고 책임적인 공동체의 일원으로서만 가능한 일이다. 비록 한 개인의 입을 통해 신앙이 고백되더라도, 그 고백은 교회 공동체 밖에서 이루어진 것이 아니다. 한 명의 기독교인이 자신의 신앙을 고백할 때, 그것은 교회에 의해 이루어진 공적이고 책임적인 인식 속에 자신을 포함하는 것이다.[155] 즉 기독교인의 신앙은 '공적 신앙'(public faith)이다. 개인이 마음대로 처분할 수 있는 사적인 신앙이 아니다. 기독교인의 신앙 자체가 '공적 신앙'의 성격을 가지고 있다.

지역교회는 공적 신앙을 회복하고 자신의 신앙을 공적인 영역에서 실천할 수 있는 '공적 신앙인'을 양성해야 한다. 교회는 구호만으로 공적 신앙인을 양성할 수 없다. 21세기에 기독교는 공적 영역에서 물러나 완전히 종교적-사적 영역으로 쇠퇴할 위기에 처해 있다. 교회는 기독교의 위기를 이겨낼 수 있는 공적 신앙인의 양성을 계획적으로 실행해야 한다. 공적 신앙과 공적 신앙인을 준비시키기 위해서는 상당한 시간이 필요하다. 지역

---

155 Karl Barth, *Credo: A Presentation of the Chief Problems of Dogmatics with Reference to the Apostles' Creed*, trans. J. Strathearn McNab (London: Hodder & Stoughton, 1936), 3-4.

교회가 공적 신앙과 공적 신앙인을 위해 할 수 있는 것으로 10개의 항목을 제시한다. 10개의 항목은 예제이고, 각 지역교회는 상황에 맞게 수정, 보완해서 활용하면 된다.

(a) 설교와 기도의 공적 성격을 회복한다. 목회자는 설교에서 생명, 평화, 정의, 생태계 보존, 사회적 이슈와 연관된 주제를 일정 부분 반영한다. 또한 공정한 사회, 불균형이 해소되는 경제, 증오와 전쟁 같은 어두운 힘의 극복, 자연환경과 피조세계의 회복을 주제로 기도회를 가진다. 기존의 기도회 시간에 공적 주제를 추가하는 것만으로도 훌륭한 시작이 될 수 있다.

(b) 교회학교의 교육과정에 공적 이슈와 연관된 프로그램을 추가한다. 주일학교, 중고등부, 대학-청년부 단위로 공적인 관심사와 연관된 주제로 교육하는 시간을 가진다. 가끔 수련회 주제를 공적인 가치가 있는 것으로 선정한다. 이런 교육을 통해 기독교인 학생들이 성서적 사회관, 경제관, 인간관, 환경관, 지구관을 가질 수 있다. 학생들이 신앙에 공적 성격이 있다는 것을 알 때, 그들은 자신의 신앙에 자부심과 사명감을 가질 것이다. 그들은 미래의 공적 신앙인으로 성장할 것이다.

(c) 공적 신앙을 위한 독서모임을 가진다. 사회, 경제, 정치, 환경, 생태계 등 공적 주제와 연관된 독서 및 그에 대한 신앙의 의미를 나눈다.

(d) 공적 신앙을 선도할 수 있는 소그룹, 혹은 청-장년을 양성한다. 이것은 교회 밖에서 공적 신앙을 적극적으로 실현할 수 있는 지도자를 양성하는 일이다. 기독교인의 정체성을 가지고 사회의 다양한 계층에서 활동하고, 타종교, 사회단체, 비정부기구와 연합활동을 할 수 있는 자를 준비한다.

(e) 신앙과 삶의 괴리를 극복하기 위한, 목회자와 신자가 함께하는 대화모임을 활성화한다. 주제는 목회자와 신자 가운데 누구나 선정할 수 있다.

(f) 다양한 전공을 가진 신자들이 공적 이슈에 대해 대안을 제시할 수 있는 모임을 결성한다. 생활에서 할 수 있는 일과 사회에서 할 수 있는 일을 찾아내고, 공유하고 알린다. 지역교회의 위치와 상황에 따라 다양한 형태의 모임이 가능하다. 농촌 지역이라면, 생태농법, 땅 살리기, 땅과 인간의 치유를 위한 프로그램을 주제로 할 수 있다.

(g) 교회적 차원에서 절기별로 공적인 주제를 선별한다. 그 주제에 맞는 전문인과 대화하고 결과를 신앙적으로 정리하는 기회를 마련한다. 교인들이 신앙의 개인적 차원과 공적 차원의 연관성에 대해 궁금해하는 주제는 많다. 예를 들면, 기독교인의 직업관, 신앙인의 전쟁 참여, 믿지 않는 자와의 결혼, 낙태, 동성애, 가정폭력, 성차별, 물질의 기부, 안락사, 신앙과 자연과학, 환경오염, 생태계 보존 등이다.

(h) 교회의 부서별 차원에서 사회적, 역사적, 환경-생태적으로 이슈가 된 지역을 방문하거나 봉사활동을 한다. 예를 들면, 자연재해를 당한 지역, 역사적 참사를 당한 지역을 방문해서 신앙의 의미를 찾아본다. 혹은 신앙으로 역사적 고통을 이겨낸 곳, 생태계가 잘 보존된 지역을 방문할 수도 있다. 그 지역들을 방문하고 신앙의 의미를 되새기는 것으로도 좋고, 여력이 되면 봉사활동-환경지킴이 등으로 연결한다.

(i) 지역교회가 사회의 봉사기관과 결연을 맺거나 직접 운영한다. 이를 위해 교회는 예산의 10%를 세상을 위해 사용하도록 배정한다. 각 지역교회는 다양한 형태의 봉사기관-단체와 연계할 수 있다. 물질적 도움이 필요한 기관, 장애인, 어린이, 노인을 위한 단체가 될 수도 있고, 혹은 자살예방 센터, 청소년 심리상담, 그 외 다양한 상담센터를 후원하거나 운영할 수도 있다. 한 지역교회가 한 봉사기관-단체와 연결하는 것을 목표로 한다. 지역교회의 규모가 작아서 단독으로 활동하기 어려우면, 하나의 기관이나 단체를 후원하는 것도 동일한 의미를 가진다.

(j) 가정, 직장, 사회에서 공적 신앙인으로 사는 것에 대한 경험, 사례,

대안을 나누는 시간을 갖는다. 주보, 교회 소식지, 부서별 자료집에 소개해도 되고, 필요하면 사례발표의 시간을 마련한다. 이 부분은 '세상에서 그리스도 고백하기'와 연결된다.

지역교회가 이런 과정을 거치면서, 기독교인들은 신앙의 공적인 성격을 배우고 실천하게 된다. 그들은 점차 '하나님의 세상에서의 활동'이라는 시각으로 성서를 읽는 방식도 배우게 될 것이다. 자신의 개인적 영역의 신앙과 사회적 영역에서의 삶의 괴리도 줄어든다. 사회적 실천을 하면서, 타종교, 사회단체, 비정부기구와 연대도 하게 될 것이다. 또한 타종교와 교리적 대화를 우선하지 않고, 생명을 살리는 실천을 통해 연대의 참 의미를 깨닫게 된다. 이런 경험을 통해, 기독교인은 자신의 삶을 주관하는 하나님과 세상에서 역사하시는 하나님이 동일한 분이라는 것을 알게 될 것이다. 그러면서 개인적 신앙, 사적 영역의 교회, 종교적 영역의 기독교가 차츰 신앙의 공적 영역을 회복하며 하나님 나라를 향할 것이다.

여기서 하나의 의문을 가질 수 있겠다. 공적 신앙의 주체를 지역교회와 일반 신자로 규정하고, 공적 신앙인을 양성하는 것이 교회에 부담이 될 것인가? 그렇지 않다. 각 교회의 상황에 맞게 활용한다면, 결코 어려운 일이 아니다. 공적 신앙의 회복운동은 무거운 의무가 아니다. 오히려 지역교회를 활성화하고, 신자의 신앙을 살아 있게 만든다. 현대 개신교의 위기 중의 하나는 교회에서 비롯된다. 교회가 설교와 교회성장 프로그램에만 치중하면서, 신앙적 가치관을 교육하는 일을 소홀히 했다. 교회의 가장 중요한 역할을 망각한 것이다. 개신교에는 설교가 예배의 중심에 있다. 설교가 대단히 중요한 것은 사실이다. 하지만 설교는 제한된 시간에 선포되기 때문에, 신자의 신앙과 삶을 충분히 연결하지 못한다. 설교는 주로 믿음의 당위성과 결신을 강조한다. 하지만 신자들은 설교만으로는 자신의 신앙을 삶 속에서 실현하기 어렵다.

대부분의 신자들은 공적 영역에서 기독교적 가치관을 가지고 사는 훈련을 받지 못했다. 그들은 삶과 연관된 많은 문제들에 대해 신앙적으로 대답하지 못한다. 삶에서의 질문에 답하지 못하면, 결국 신앙과 삶은 분리된다. 우리 주변을 보면, 기독교인의 공적 영역에서의 삶은 비기독교인과 실제적으로 아무런 차이가 없다. 신자로서 교회를 오랫동안 다니고 열심히 설교를 들어도, 공적 영역에서 신앙적으로 살아가지 못한다. 그 신자는 결국 교회에 다니는 것에 회의를 가지게 되고, 교회를 떠나게 된다. 이것이 현대 교회가 직면한 문제 중의 하나이다.

모든 기독교인은 성서의 세계와 자신이 속한 시대 사이에서 '긴장'을 가진다. 성서의 가르침대로 사는 것과 세상에서 자신의 삶이 일치되지 않는 한, 누구나 괴리를 가질 수밖에 없다. 그렇다고 신앙을 교회라는 종교적 영역에 가두어두면, 신앙은 생명력을 잃는다. 그것은 신앙과 일상생활이 분리되고 이원화되기 때문이다. 성서대로 사는 것과 세상의 삶 사이의 괴리를 해소해 주는 것이, 성서적 시각으로 세상을 보고 성서적 가치관에 따라 사는 훈련, 곧 공적 신앙의 양성이다. 교회가 공적 신앙의 길을 열어줘야 신앙과 삶의 이원적 괴리가 해소된다. 교회에서 신자들이 공적 신앙을 가지고 사는 훈련을 한다면, 오히려 교회가 활기를 띨 것이다.

(3) 세상에서 그리스도 고백하기

공적 신앙의 주체는 지역교회와 일반 신자들이다. 그리스도인이 세상에서 그리스도를 고백할 때 신앙은 공적이 된다. 교회는 예수 그리스도가 주라는 것을 세상과 역사에서 증언해야 한다. 그리스도는 교회의 주이고, 동시에 세상의 주이다. 그리스도를 교회 내에 가두어둬서는 안 된다. 근대 이후 250년간 그리스도는 교회의 포로가 되었다. 공적 신앙이 회복될 때, 공적 영역에서 그리스도의 지배와 주권이 드러난다.

공적 신앙은 모호하거나 추상적이지 않다. 교회의 공적 신앙의 마지막 단계는, 신자들이 공적 영역에서 그리스도를 고백하면서 사는 것이다. 그리스도인은 격리된 개인이 아니다. 기독교 신앙에는 개인적 차원과 공동체적 차원이 함께 있다. '신앙을 고백하는 것'은 구체적으로 성서적인 '가치관'을 가지고 사는 것을 말한다. 신앙은 단순히 감정적인 변화를 의미하지 않는다. 신앙은 일상생활과 공적 영역에서 어떻게 살아야 하는지에 대한 가치관을 내포한다. "당신은 신앙이 있느냐?"라는 물음은, "당신은 기독교 가치관에 따라 사는가?"라는 물음을 의미한다. 삶 속에서 신앙이 공허하다고 느끼는 이유는 어떻게 살 것인지에 대한 '신앙의 내용'이 없기 때문이다. 신앙이 삶의 중요한 결정들에 영향을 미치지 못한다면, 그 신앙은 무기력한 신앙이다.

현실에서 공적 신앙인으로 살아가는 것은 오랜 훈련이 필요하다. 훈련 자체가 삶이다. 그 훈련은 모든 기독교인이 추구해야 할 성화의 삶이다. 기독교인에게 중생과 함께 시작되는 성화는 공적인 영역을 포함한다. 기독교인에게 공적인 영역은 성화를 위한 장(場)이다.

기독교와 교회는 21세기에 시험대에 올랐다. 교회의 그리스도가 공적인 영역에서도 그리스도가 될지, 혹은 그리스도가 사적인 영역에 갇혀 기독교의 정체성마저 흐릿해질지가 결판이 날 것이다. 공적 신앙운동은 우리 삶 속에서 그리스도 고백하기 운동이다. 공적 신앙의 구심점은 교회이고, 주체는 신자들이다. 지역교회는 반드시 활성화되고 공적 신앙의 중심이 되어야 한다. 신자들은 교회에 모이고, 세상으로 흩어진다. 지금 유럽처럼 지역교회가 위축되고 교회에 모이지 않는 상황에서는 활발한 공적 신앙이 일어날 수 없다. 공적신학은 신학자 중심의 용어이다. 공적신학의 실현은 공적 신앙과 함께해야 한다. 지역교회와 신자가 주체가 되는 공적 신앙을 회복하지 않으면, 21세기에 기독교는 결정적으로 위기에 처한다. 모든 그리스도인이 주체가 되는 공적 신앙이 요청된다. 공적 신앙이 살아날 때, 그리스도는 공공의 그리스도가 된다.

The Decline of Comprehensive Christology

and the Emergence of Private Christology

제10장 포괄적 그리스도론의 쇠퇴와 사적 그리스도론의 등장

1. 상황 그리스도론과 포괄적 그리스도론
2. 사적 그리스도론의 출현
3. 결론

21세기에 기독교는 포괄적 그리스도론의 쇠퇴라는 위기를 맞이할 가능성이 크다. 포괄적 그리스도론의 쇠퇴는 종교로서의 기독교의 쇠락과 병행할 것이다. '포괄적 그리스도론'은 그리스도론이 갖추어야 할 일정한 내용, 구조, 형식을 가진 그리스도론을 말한다. 포괄적 그리스도론은 대체로 세 가지 요소를 가지고 있다. 첫째, 성서적 근거와 균형이다. 성서적 토대와 함께 성서의 특정 사상에 치우치지 않는다. 둘째, 그리스도의 인격에 대한 내용이 있어야 한다. 인격론은 그리스도의 선재, 성육신, 세 위격의 관계, 양성론으로 구성된다. 셋째, 그리스도의 사역에 대한 내용이 있어야 한다. 이는 전통적으로 속죄론과 구원론을 의미한다. 현대에는 그리스도론이 역사적 예수의 선포, 말씀, 가르침, 비유 같은 공생애 사역을 포함한다.

그리스도론의 역사를 보면, 시대를 대표하는 그리스도론은 대체로 세 가지 요소를 충족했다. 세 요소 중에서 어떤 부분을 지나치게 해석하거나 문제가 생기면 논쟁이 벌어졌고, 때로는 해결을 위해 공의회가 열리고 교리가 제정되었다. 그러나 앞으로 포괄적 그리스도론은 쇠퇴하고, 지역교회 차원이나 소수 집단의 기독교인이 자신이 원하는 사적 그리스도론을 추구할 가능성이 상당하다. 본 장에서 그 이유와 대응방안을 보려 한다.

1. 상황 그리스도론과 포괄적 그리스도론

최근 50년간의 그리스도론의 흐름을 볼 때, 가장 두드러진 것은 다양한 관점의 그리스도론이 출현한 것이다. 20세기 중반 이후 상황신학이 부상했고, 상황신학의 그리스도론은 다양한 형태로 나타났다. 상황신학은 '상황'(context)이 제공하는 관점으로 성서를 해석한다. '상황'은 정의에 따라 그 폭이 아주 넓다. 다양한 상황신학이 나왔다는 것은 그만큼 문화, 사회, 경제, 인종적 상황이 다양해졌다는 것을 의미한다.

상황신학은 처음 1960년대 남미에서 해방신학이라는 이름으로 나타났다. 1970년대가 되면서 제3세계를 중심으로 여러 형태의 상황신학이 나왔다. 아시아에서는 한국의 민중신학, 인도의 달리트신학, 타이완의 제3의눈신학, 태국의 물소신학, 그리고 불교 문화와 힌두교 문화를 매개로 한 여러 신학이 뒤를 이었다.

상황신학은 처음에는 제3세계를 중심으로 형성되었으나, 금세 새로운 추세를 만들었다. 제1세계 안에서도 다양한 상황에서 비롯된 신학들이 나타났다. 미국의 흑인신학, 미국의 원주민신학, 일본의 부라쿠민신학은 제1세계에 속하지만, 제1세계 안에서 차별받고 소외된 자들의 경험을 관점으로 성서를 해석했다. 흑인신학 중에서도 미국의 흑인신학과 아프리카의 흑인신학은 관점이 다르고, 성서해석과 추구하는 것에도 차이가 있다. 아프리카 안에서도 남아프리카공화국은 자신들의 흑인신학을 추구했다. 아프리카는 지역에 따라 예수를 '추장', '치유자', '형제', '조상'으로 해석하면서 자신들만의 그리스도론을 만들어냈다. 아프리카 대륙에서 각자 처한 상황이 다르고, 그에 따라 성서에 대한 해석이 달랐기 때문이다.

마찬가지로 여성신학도 관점에 따라 성격을 달리하는 '여성신학들'로 구체화되었다. 초기 여성신학(feminist theology)은 여성의 해방이라는 관점을 가지고 시작되었다. 1970년대가 되면서 백인 중산층 여성의 시각을 거부하는 움직임이 나왔고 우머니스트신학(womanist theology)이 등장했다. 뒤이어 아시아의 여성신학이 나왔다. 지금은 '여성신학'이 하나의 개념으로 정의될 수 있는 일반적이고 단일한 성격으로 존재하지 않는다. 여성신학이 성적 차별과 가부장적 구조의 극복, 불평등 해소를 통한 인간성 회복을 추구하면서 출발하였으나, 곧 지역차이, 계급차이, 인종차이에 따라 여성이 처한 상황이 전혀 다르다는 것을 인식했던 것이다.

상황신학의 태동부터 지금까지의 흐름을 보면 두 가지 특징이 나타난다. 하나는, 상황신학을 만들어내는 '상황'이 점차 세분화되고 있다. 1960-70년대 초기에는 남미의 해방신학, 아프리카 해방신학, 아시아의 해방신학처럼 '상황'의 범위가 한 대륙 혹은 한 국가의 문화, 종교, 사회, 경제적 정황을 반영했다. 하지만 상황은 짧은 시간에 구체화되고 세분화되었다. 하나의 나라 안에서도 지역, 계급, 인종, 경제, 종교적 상황에 따라 신학적 관점이 달라졌다. 지금은 동일한 인종, 성별, 지역 안에서도 다양한 상황신학이 나타나고 있다. 둘째, 다양한 상황신학은 그만큼 다양한 상황 그리스도론(contextual Christology)을 만들어냈다. 새로운 신학의 출현이 그리스도론과 무관한 경우는 없다. 신학은 직접이든 간접이든 그리스도론과 관계된다. 다양한 상황 속에서 예수 그리스도는 해방자 그리스도, 민중 예수, 달리트 예수, 블랙 메시아 등으로 해석되었다.

상황신학이 부상하게 된 이유를 여러 차원에서 분석할 수 있다. 여기서는 그 이유를 시대정신의 변화와 문화의 분화현상이라는 차원에서 보려 한다. '관점'의 다양화는 그냥 발생하지 않는다. 하나의 관점이 형성되는 것은 사회-경제를 포함한 그 지역의 문화와 무관하지 않다. 더 큰 스펙트럼에서 보면, 상황신학의 태동과 세분화는 20세기의 시대정신의 변화 안에서 일어났다. 위에서 언급했듯이, 상황신학은 처음에는 제3세계를 중심으로 나타났다. 제3세계의 지역문화와 서구문화에서 생산된 신학 사이에 갈등이 일어난 것이다. 서구에서 형성된 그리스도론이 남미의 상황에 맞지 않았고, 아시아의 문화에서는 의미가 없었다. 즉 문화와 상황의 차이에 따른 신학적 타당성 문제가 수면 위로 올라왔다. 거기에 남미의 사회적 모순, 경제적 불평등, 가난, 정치적 억압과 같은 동기가 더해지면서, 우리 상황에 맞는 '우리의 신학'에 대한 욕구가 상황신학으로 표출되었다. 1960년대에 남미의 해방신학은 제3세계 신학이 출현하게 된 뇌관의 역할을 했다. 아시아의 여러 국가와 아프리카에서도 '우리의 신학'에 대한 요청이 봇물처럼 터져나왔다.

상황신학의 출현은 20세기 중반 토착화신학이 부상한 때와 시기적으로 비슷하고, 탈서구 신학이라는 지향점도 유사하다. 토착화신학은 어떤 지역에서는 뚜렷한 신학적 흐름으로 나타났고, 어떤 곳에서는 명확하게 드러나지는 않았다. 신학의 토착화는 예견된 일이며 피할 수 없는 과정이다. 왜냐하면 모든 시대는 성서의 예수 그리스도를 새롭게 만나야 한다. 그 시대와 만남을 통해 예수 그리스도는 동시대인에게 현존한다. 동시대와 대화성을 가지기 전에는, 예수 그리스도는 성서의 텍스트 속에 머물고 있을 뿐이다. 따라서 모든 그리스도론은 성서와 각 시대 사이의 해석학적 괴리를 메워야 한다. 즉 아우구스티누스의 그리스도론과 칼뱅의 그리스도론이 아무리 훌륭해도 그것을 오늘에 반복할 수는 없다. 우리는 이 시대 속에서 예수 그리스도와 대화하고 만나야 하며, 예수 그리스도를 재해석하고 괴리를 메우는 해석학적 과정에서 필연적으로 동시대의 상황을 반영할 수밖에 없다. 즉 동시대 상황을 반영한다는 것은, 자신이 속한 문화를 일정 부분 예수 이해에 반영한다는 것이고, 그 결과는 일종의 토착화현상으로 나타나게 된다.

상황을 떠난 신학은 없다. 오래전 유럽도 기독교를 받아들이면서 문화적 적응기를 거쳤다. 다만 유럽에서는 문화와 기독교가 밀착하여 긴 시간을 함께 왔기 때문에 '토착화'의 문제가 부각되지 않았을 뿐이다. 근대에 이르기까지, 유럽은 기독교의 중심이었다. 유럽의 여러 나라는 비교적 비슷한 문화권을 형성하고 있고, 종교 상황도 복잡하지 않다. 유럽은 기독교가 절대적으로 우세한 지역이다. 그러므로 문화적 동질성이 강하고, 다(多)종교 상황이 아니기 때문에 문화와 기독교의 갈등이 심각하지 않았을 뿐이지, 기독교는 유럽에서도 문화적 토착화의 과정을 겪었다. 유럽 신학도 유럽의 문화 안에서 자란 신학이고, 유럽의 상황신학이라 할 수 있다.

그리스도론의 역사를 보면 언제나 '그리스도론'은 시대정신과 대화를 하면서 만들어졌다. 인간이 시간과 공간 안에 존재한다는 것은 특정 상황 안에 있다는 의미이다. 누구도 자신의 상황과 문화를 떠나서 존재할 수는 없다. 2,000년 전 예수 그리스도의 성육신과 공생애 사역도 특정 문화 안에서 일어났다. 그러므로 문화적 특성을 반영한 그리스도론이 나오는 것이 이상한 일은 아니다. 그럼에도 불구하고, 최근 약 50년 동안의 상황 그리스도론은 2,000년의 기독교 역사에서 보기 힘든 몇 가지 특징이 있다. 그것을 세 가지 항목으로 보겠다.

구원론의 선행

상황 그리스도론에서는 그리스도의 의미를 묻는 구원론이 그리스도의 존재에 대한 질문인 인격론에 선행한다. 상황 그리스도론은 구원론적 동기로 인해 구체화되었다. 방법론적으로, 전통적인 그리스도론은 성서 텍스트(text)에서 시작하여, 상황(context)을 해석하는 방법을 택했다. 그러나 상황신학은 예외 없이 자신이 처한 상황에서 출발하고, 상황 자체가 성서를 해석하는 관점이 된다. 상황이 그리스도의 의미를 새롭게 묻게 되었고, 상황이 그리스도론의 동기가 된 것이다. '상황'이라는 관점을 통해 해방하는 예수, 가난한 자를 편드는 예수, 인종차별을 원하지 않는 예수, 성차별을 원하지 않는 예수가 발견되었다. 이렇게 상황신학은 구원론적 동기로부터 예수의 존재로 나아갔다. 즉 상황 그리스도론에서는 구원론이 그리스도의 인격에 선행하며, 그리스도론의 형태를 결정한다. 다른 말로, 상황 그리스도론은 구원론적 요청에 의한 그리스도론이라고 할 수 있다. 그렇기 때문에 특정 상황인 경제적 불평등, 성차별, 인종차별, 계급차별이 해소되거나 달라지면, 그 상황에서 태동된 그리스도론은 동력을 상실하거나 상황의 변화에 따라 형태가 달라진다.

그리스도론에서, 그리스도의 인격론과 구원론이 분리되지 않는 것이 이상적이다. 구원론이 인격론을 지배하는 것은 바람직하지 않다. 물론 구원론적 동기가 그리스도론의 출발이 될 수는 있다. 하지만 구원론적 동기가 그리스도의 존재와 인격을 이끌어서는 안 된다. 구원론이 그리스도의 인격에 앞서면, 인간의 구원에 대한 다양한 염원이 그리스도에 투사된다. 그리스도론의 역사에서 이런 위험이 있어 왔다. 사회주의적 이념으로 그리스도를 해석하고, 그리스도를 계급투쟁의 혁명가로 보는 것도 크게 다르지 않다. 또한 자본주의적 이념으로 그리스도를 해석하거나, 그리스도를 물질적 축복을 가져오는 '번영의 그리스도'로 보는 것도 마찬가지이다. 상황 그리스도론은 구원론과 인격론의 관계 정립을 과제로 남겼다.

편파적 그리스도론

해방신학은 상황 그리스도론 중에서 가장 체계를 잘 갖추고 있다. 해방신학을 대표하는 그리스도론은 대체로 포괄적 그리스도론의 형태를 가진다. 학자에 따라 차이는 있지만, 보프(L. Boff), 소브리노(J. Sobrino), 구티에레즈(G. Gutiérrez), 세군도(J. Segundo)의 그리스도론은 성서적 근거, 그리스도의 인격, 그리스도의 구원이라는 핵심 주제를 다룬다. 하지만 상황이라는 관점에 따라 모든 주제를 해석하기 때문에, 어떤 주제도 그 관점에 따른 편향을 피할 수는 없다. 그 편향성이 해방신학의 독특성이며, 장점이기도 하고, 단점이기도 한 것이다. 보프의 그리스도론은 해방신학 중에서 매우 균형 있는 그리스도론이다. 보프는 정통교리에 익숙하며, 그의 그리스도론과 삼위일체론은 니케아-칼케돈 전승을 염두에 두고 있다. 그럼에도 보프는 상황이 주는 관점에서 해석된 '편파적 그리스도'를 제시한다. 보프는 『해방자 예수 그리스도』의 영어판을 출판할 때, "변방에서 본 그리스도론적 견해"라는 후기를 추가했다. 거기서 보프는 이렇게 주장한다.

> 우리는 어떤 그리스도론도 중립적인 것은 없다고 단언해야 한다. 모든 그리스도론은 편파적이고 의도를 가지고 있다. …예수 그리스도를 해방자라고 선포하는 그리스도론은 억압받고 압제받는 집단의 경제적, 사회적, 정치적 해방을 위한 사명을 가지고 있다.[156]

보프의 말은 일리가 있다. 모든 그리스도론은 문화적, 사회적, 경제적 상황을 반영할 수밖에 없고, 그런 의미에서 편파적이다. 한편, 보프의 말은 놀랍다. 보프는 공개적으로 '모든 그리스도론은 편파적이다.'라고 선언했다. 기독교는 2,000년 동안 그리스도론은 보편적이어야 한다는 믿음을 가지고 있었다. 그래서 우리 시대에 객관적-보편적인 그리스도론에 대한 믿음이 깨졌다는 것, 그리고 보프의 선언이 많은 상황신학들에 의해 호응을 받았다는 것, 그것이 놀라운 것이다.

그리스도론의 역사에 새로운 장이 열렸다. '상황'이 해석학의 요소가 되고, 상황에 의한 관점으로 '성서'의 그리스도를 해석한다. 이제 그리스

---

156 Leonardo Boff, *Jesus Christ Liberator: A Critical Christology for Our Times*, trans. Patrick Hughes (London: SPCK, 1980), 265–66.

도가 편파적인 모습으로 재구성되는 것을 당연하게 받아들이는 시대가 되었다. 최근 50년 동안 각자의 상황만큼이나 다양한 '그리스도들'이 제시되었다. 그것은 세분화된 문화, 세분화된 상황, 세분화된 관점에 따라, 자신의 필요만큼 그리스도를 해석했기 때문이다. 상황 그리스도론은 자신의 관점과 동기에 충실한 그리스도론을 추구하는 것이 일차적 목적이다. 성서의 균형과 조화에 우선적인 무게를 두지 않는다. 포괄적 그리스도론에 대한 기대와 요구는 매우 낮아지고 있다. 이것이 최근 그리스도론에서 나타나는 현상이다.

상황과 성서

18세기부터 시작된 역사적 예수의 탐구는 역사적 예수와 신앙의 그리스도 사이에 간격을 만들었고, 그에 따라 역사적 예수와 신앙의 그리스도의 연속성을 확보해야 하는 과제가 대두되었다. 유사하게, 상황 그리스도론은 여러 모습의 상황 그리스도와 성서의 그리스도 사이의 연속성이라는 문제를 제기한다. '성서의 그리스도'를 객관적으로 정형화할 수는 없지만, 성서적 균형과 통전성이라는 주석적 기준을 제시할 수는 있다. 만약 그리스도론에 성서의 주석적 근거가 우선되지 않는다면, 그리스도론의 타당성은 상황에 맡겨지게 된다. 따라서 예수 그리스도에 대한 문화-상황적 해석이 그 자체적인 타당성을 확보할 수 있을지가 관건이다. 앞으로, 결국 성서의 예수 그리스도를 자유롭게 해석할 수 있는 여백이 '얼마나' 될지가 시험받을 것이다. 성서의 일부분만 받아들이거나, 혹은 어떤 특정 상황에만 호응하는 그리스도론이 가능할 것인가? 반대로, 상황 그리스도와 성서의 그리스도 사이의 연속성을 추구해야 할 것인가? 이 질문에 대한 답변은 아직 컨센서스를 이루지 못하고 있다. 지금도 여전히 상황과 관점의 세분화는 진행되고 있다. 상황신학과 함께 발생한 일련의 특징들은 전통적인 포괄적 그리스도론의 쇠퇴를 보여준다.

2. 사적 그리스도론의 출현

　상황 그리스도론에는 긍정적인 측면이 많다. 그리스도론을 상황이라는 관점에서 볼 수 있게 했고, 실천적 해석학을 발전시켰으며, 서구의 시각을 벗어나 그리스도론 연구에 새로운 활력을 불러왔다. 무엇보다 그리스도론에서 실천의 차원이 부각된다. 다수의 상황 그리스도론이 소외된 자를 편들고 배려하는 성서의 정신을 살린 것도 훌륭하다. 제3세계를 중심으로 신학적 주체성을 회복한 것도 좋다. 상황신학에 부정적인 요소들이 없는 것은 아니지만, 전체적으로 보면 긍정적으로 평가할 수 있다.

　그러나 그리스도론의 미래에 대한 전망이 밝지는 않다. 앞으로 그리스도론의 형태는 다르게 전개될 것이다. 상황 그리스도론은 지속되고 있고, 그와 함께 '사적(私的) 그리스도론'이 나타나고 있다. 사적 그리스도론은 주관적 신앙에 종속되는 그리스도론을 말한다. 그것은 개인적이고 주관적인 차원의 그리스도론이다. 사적 그리스도론의 출현이 상황 그리스도론에 의해 발생한 것은 아니다. 둘 사이에 직접적인 연관성은 없다. 상황 그리스도론과 사적 그리스도론은 구조와 추구하는 바가 완전히 다르다. 하지만 양자 모두 자신의 상황에 충실하며, 또한 자신이 속한 상황에서 발현되었다는 유사점은 있다.

　상황 그리스도론의 '관점'은 대부분 공동체적이고, 억압받고 고통받는 약자의 입장에서 비롯된다. 상황 그리스도론은 실천 지향적이며, 사회적 약자를 위해 헌신하는 자기-희생적이다. 상황 그리스도론에는 상당히 전문적인 신학자들이 참여하며, 다수는 최소한의 성서적 토대를 가지고 있다. 반면 사적 그리스도론의 관점은 개인적이고, 주관적이며, 자기-중심적이다. 사적 그리스도론은 성서적 균형이나 근거에 개의치 않는다. 사적 그리스도론은 오직 '나를 위한' 그리스도만 강조하는 그리스도론이다. 사적 그리스도론은 교회 안팎에서 소집단 차원에서 나타난다. 전통적인 기준에 의하면 그리스도론이라고 말하기 힘든, '파편적 그리스도론'이다.

사적 그리스도론의 출현은 21세기 시대정신의 변화에 기인한다. 약 50년 전 상황신학이 나타났을 때와는 시대정신이 달라지고 있다. 1960-70년대는 포스트모던 현상이 초기 단계였기 때문에 문화의 분화현상과 진리 개념의 개인화가 강하지 않았다. 그때는 획일성과 보편적 사고의 틀이 해체되는 시기였다. 상황신학의 학자들은 교회의 권위에 복종하지 않고 정통 교리에 맞설 수 있는 주체성을 가지고 있었다. 그들은 자신의 관점에서 성서를 해석했고, 성서해석의 다원화를 두려워하지 않았다. 또한 그 시대는 이념의 시대였고 역사의식이 중요한 역할을 할 때였다. 그렇기 때문에 상황신학은 공동체성을 강조했고, 자신의 문화와 고유성에 관심을 가지는 토착화에 호의적이었다. 이런 배경에서, 역사 지향적 사고와 함께 가난한 자에게 편파적 사랑을 부여하는 상황신학이 나올 수 있었다. 상황신학의 태동은 그 시대 속에서 아주 긍정적인 응답의 결과였다.

그러나 지금은 상황이 다르다. 포스트모던적인 문화의 분화, 획일성과 보편성에 대한 거부, 개인과 자율성에 대한 강조는 더 심화되고 있다. 또한 21세기는 이념의 시대가 아니다. 이념의 시대는 20세기와 함께 지나갔다. 역사적 사고도 매우 흐려졌다. 이 시대는 누구도 역사의 목적을 고민하지 않고, 역사의 의미를 묻지 않는다. 21세기는 완연히 탈역사의 시대로 들어왔다. 이념의 시대에는 자신을 헌신하는 낭만이 있었다. 자신보다 공동체를 우선하는 자기 희생도 있었다. 지금은 그 자리에 기술주의, 유사과학주의, 정보의 팽창과 그 정보에 대한 개인적 사용, 가상사회와 상업성이 들어왔다. 공동체에 대한 책임과 도덕성보다 개인적인 가치와 자율을 우선시하는 시대이기 때문에, 공동체와 그 미래를 위한 함의는 점차 가지기 어려워진다.

　시대의 흐름은 그리스도론에 반영될 수밖에 없다. 교회는 공동체성이 약화되고, 기독교인들은 체계적인 교리나 포괄적인 그리스도론에 무관심하게 될 것이다. 포괄적 그리스도론은 일부 학자들의 전유물이 될 뿐이고, 지역교회는 자신의 관심에 따라 움직이는 집단이 된다. 지금은 다문화라는 말이 무색할 정도로 문화 자체가 다원화되면서 사회의 여러 차원에서 발생한 요소들이 서로 섞여가는 상황이다. 어떤 삶이 바람직한지, 어떤 행위가 옳은지에 대한 '판단 자체'가 혼합주의적 성격을 가진다. 결국 이 시대는 가치체계가 통일성을 상실하면서 혼합주의가 나타나기에 좋은 환경이 되고 있다.

　종교혼합주의는 종교, 철학, 사상적 원리가 결합하면서 형성된다. 기독교 초기인 헬레니즘 문화에서 상당히 활발하였고, 선교과정에서 고유문화와 접하면서도 나타났다. 하지만 21세기에는 과거와는 달리 심각한 형태의 신(新)-혼합주의가 나타날 것이고, 기독교의 정체성이 흔들릴 가능성이 있다. 기독교 역사에서 가장 다루기 어려운 형태의 혼합주의가 될 것 같다. 21세기의 신-혼합주의는 최소한 두 가지 특징을 가진다. 하나는, 과거의 혼합주의가 주로 타종교와 철학과 결합했다면, 신-혼합주의는 종교와 철학적 요소 외에도 다양한 문화, 이념, 과학주의, 상업주의와 결합하고 있다. 거의 모든 요소가 신-혼합주의의 재료가 되고 있다. 다른 하나는, 신-혼합주의는 일정한 조직 없이 다양한 형태로 나타나고 있다. 과거에는 혼합주의가 조직화되거나 일정한 형태를 가지고 있었다. 교회는 그 집단과 논쟁하고 다툴 수가 있었다. 그런데 21세기에는 신-혼합주의가 개인적인 형태로, 때로는 지역교회 단위로, 때로는 교회 밖의 소집단 형태로, 문화가 세분화되어 퍼져나가듯이 확산될 가능성이 있다.

21세기의 신-혼합주의와 사적 그리스도론은 같은 뿌리를 가지고 있다. 그들은 큰 시대적 물결 안에서 나왔기 때문에 쉽게 격파되지 않는다. '종교로서의 기독교'는 한계를 드러내고 있다. 종교로서의 기독교는 목회자와 교파가 있고, 교회조직이 있으며, 교회라는 일정한 장소에 모여 정기적인 예배와 집회를 하는 형태를 말한다. 종교조직이나 교파로서의 기독교는 위축되고 있고, 앞으로 더 가속화될 것이다. 제도화된 교회는 쇠퇴하고, 그에 따라 교회는 개인의 영성과 욕구에 영합하려는 유혹에 빠진다. 교회는 공동체성을 상실하고 자유로운 종교활동을 중심으로 재편될 가능성이 크다. 지역교회의 비중이 줄어들고, 개인의 선호에 따라 참여할 수 있는 비정형화된 교회와 사이버 교회의 비중이 높아질 것이다. 기독교에서 점점 개인적 영성, 개인적 체험, 개인적 위로가 차지하는 비중이 커지고 있다. 신-혼합주의는 더욱 쉽게 파급되고, 심지어 기독교인이라고 해서 반드시 기독교라는 하나의 종교에 집착하지 않는 상황이 오고 있다. 이제부터는 사적 그리스도론이 확산되는 반면, 교회의 지도력과 체계적 대응은 점차 약화되는 시대가 될 수 있다.

3. 결론

21세기가 전 세대에 비해 종교에 호의적일지, 혹은 비호의적일지를 속단하기는 어렵다. 종교학자와 미래학자 사이에도 의견은 일치되지 않는다. 일부는 후기 세속사회에서 종교의 역할이 더욱 쇠퇴할 것으로 본다. 실제로 20세기에 기독교인의 숫자가 줄고, 교회의 영향력이 쇠퇴했다. 그러나 일부는 후기 세속주의에서는 종교의 역할에 대한 재고가 일어날 수 있다고 본다. 다원화-세속화 사회 속에서 오히려 종교가 사회에 영향력을 미칠 수 있다는 주장이다. 어느 예상이 옳을까? 현재 진행되고 있는 후기 세속주의에 대해 진단하기는 쉽지 않다. 그레이엄(E. Graham)은 후기 세속주의를 어색함과 모순이 공존하는 '새로운 제3의 공간'이라고 규정했다. 종교에 대한 회의주의와 종교적 믿음에 대한 새로운 갈구가 함께 뒤섞여 표출될 것이라는 뜻이다.[157] 그레이엄의 주장은 정당하다. 다가오는 시대에, 사람들의 종교에 대한 감정은 회의와 기대, 거부와 희망, 환멸과 끌림이 교차할 것이다.

21세기가 기독교에 새로운 가능성과 기회일 수도 있다. 그러나 그것이 교회주의, 혹은 기독교 배타주의의 시대로 회귀할 수 있다는 의미는 아니다. 교회가 진정 거듭나 교회주의를 벗어나면서 시대정신과 대화한다

---

157 Elaine Graham, *Between a Rock and a Hard Place: Public Theology in a Post-Secular Age* (London: SCM Press, 2013), 52-53.

면, 세상의 중심에 설 수 있는 가능성이 있다. 21세기 위기의 시대에, 교회는 정체성을 분명히 해야 한다. 문제는 어떤 정체성인지에 달려 있다. 교회가 자신을 위해 존재하며, 교회의 존재 목적이 교회의 유지에 치중하는 교회주의, 즉 폐쇄적 정체성(closed identity)을 가진다면, 교회는 21세기에 어떤 역할도 하지 못할 것이다. 교회주의는 성서적이지도 않고, 현시대와 대화성도 없다. 그러나 교회가 하나님의 나라를 향하는 열린 정체성(open identity)을 가지고 세상에 봉사한다면, 21세기에 중요한 역할을 할 것이다. 교회가 열린 정체성 속에 있을 때, 어떤 이념, 철학, 가치와도 대화하고 연대할 수 있다. 교회가 자신을 향해 닫혀 있지 않기 때문이다. 교회가 하나님 나라를 향하는 길에서 동행하지 못할 사람, 이념, 철학은 없다.

21세기의 사적 그리스도론에 대한 대응방법으로 두 가지를 제시한다. 하나는, 교파와 교단을 넘어서는 교회일치가 필요하다. 개신교가 가톨릭보다 사적 그리스도론에 더 취약하다. 개신교에는 모든 결정을 개별 지역 교회가 하는 지역교회주의의 뿌리가 깊다. 지역교회주의는 사적 그리스도론에 더 취약하고, 대응하기는 더 어렵다. 지역교회 차원에서 여러 형태의 사적 그리스도론을 분석하고 극복하는 대안을 마련하기가 쉽지 않기 때문이다. 심지어 혼합주의와 사적 그리스도론이 지역교회 안으로 침투해 들어오더라도, 목회자가 그것을 찾아내서 대처하기가 어렵다. 그러므로 개신교 교파들의 일치뿐만 아니라, 가톨릭과 동방정교를 포함한 범그리스도교의 연합이 이루어져야 한다. 한 교파는 다른 교파의 적이 아니다. 교회가 일치되고, 공교회의 형태가 되면, 사적 그리스도론에 대응하기에 좋은 환경이 마련된다.

다른 하나는, 적절한 그리스도론의 모델들을 제시하는 것이다. 가톨릭, 동방정교, 성공회, 세계교회협의회가 협력하여, 모델이 될 수 있는 그리스도론을 제시하는 것이다. 그들은 다양한 지역, 문화, 인종이 사용할 수 있는 모델들을 제시하고, 지역교회는 그 모델들을 상황에 맞게 수정하여 사용한다. 또한 개신교의 경우, 교단 총회, 노회, 신학대학, 지역교회, 신학연구소가 협의체를 구성하여 이 시대에 맞는 그리스도론의 모델들을 만들고 지역교회에 알린다. 현재 개신교 교단의 공식 그리스도론은 대부분 오래되고 경직된 모델이다. 기독교인은 21세기에 살고 있다. 교회가 기독교인의 삶과 무관한 '그리스도'를 선포할 때, 그들은 사적 그리스도론의 유혹에 빠진다.

한 시대에 하나의 그리스도론만 존재하는 것은 아니다. 그리스도론의 역사를 보면, 한 시대에도 교회를 이끌던 여러 '그리스도론들'이 있었다. 얼마의 예를 보면 쉽게 알 수 있다. 기독교 초기에 이레네우스(Irenaeus), 테르툴리아누스(Tertullianus), 오리게네스(Origenes), 아타나시우스(Athanasius) 등 교부들의 그리스도론은 교회에서 중요한 역할을 했다. 그들의 그리스도론은 당시 동시대인들이 예수 그리스도를 만날 수 있는 모델이었다. 비슷한 시기에 살았던 카파도키아 교부들(Cappadocian Fathers)과 아우구스티누스(Augustinus)도 동방과 서방이 처한 서로 다른 교회적, 신학적, 문화적 상황에 따라 그 시대를 매개할 수 있는 그리스도론을 제시했다. 종교개혁 시대의 루터(M. Luther), 츠빙글리(H. Zwingli), 부처(M. Bucer), 칼뱅(J. Calvin)과 같은 개혁가들의 그리스도론도 마찬가지이다. 그들의 그리스도론은 자신만의 특징이 있지만, 모두 중요한 모델로서 그 시대에 일정한 역할을 했다.[158]

---

[158] 기독교의 역사 2,000년을 그리스도론의 관점에서 보면, 교회의 위기 때마다 그리스도론이 중요한 역할을 했다는 것을 알 수 있다. 그 시대를 매개할 수 있는 그리스도론이 없으면, 기독교인의 신앙은 활기를 잃는다. 지나간 과거의 그리스도론은 새로운 시대를 매개하지 못한다. 물론 지나간 그리스도론이 새로운 시대를 매개하기도 한다. 하지만 그것은 그 시대에 새롭게 해석될 수 있을 때이다. 그리스도론이 동시대에 예수 그리스도를 살아 있는 방법으로 해석하지 못할 때 교회는 경직된다. 그리스도론의 역사는, 어떻게 새로운 그리스도론이 나타나고 사라졌는지, 또 어떤 그리스도론이 자신의

지금은 정통 그리스도론의 범위 안에 있으면서, 다양한 강조점을 가진 그리스도론의 모델들이 필요하다. 지역교회의 목회자가 혼자서 잘 균형이 갖추어진 포괄적 그리스도론을 만들기는 쉽지 않다. 그러므로 가톨릭, 동방정교, 성공회, 세계교회협의회, 혹은 개신교 각 교단 차원의 협의체에서 공인된 그리스도론의 모델들은 지역교회들에게 중요한 기준이 된다. 21세기는 시대정신이 급변하므로 그리스도론의 모델들은 한 세대 간격으로 재해석하는 작업이 필요하다. 만약 이렇게 공인된 다양한 그리스도론의 모델들이 제시된다면, 소집단의 사적 그리스도론에 대한 욕구도 줄어들고 소집단을 양성화할 수 있다. 설교에서 그 시대와 지역교회에 맞는 그리스도론에 토대를 둔 그리스도가 선포된다면, 교회는 활기를 찾을 것이다.

시대를 넘어서 오랫동안 영향을 미쳤는지를 보여준다. 기독교 역사는 각 시대를 의미 있게 만들었던 그리스도론들을 간직하고 있다. 이에 대해서는 다음의 책을 참고하라. 김동건, 『그리스도론의 역사』.

Scientific Determinism

and Christ

제11장 과학적 결정론과 그리스도

1. 자연과학과 사고방식의 변화
2. 과학적 결정론
3. 열린 결론

20세기에 자연과학은 인류사에 결정적인 흔적을 남겼다. 21세기도 자연과학의 시대가 될 것 같다. 자연과학의 모든 분야가 비약적인 발전을 거듭하고 있다. 앞으로 20년간의 변화는 지난 세기의 발전과 비할 수 없을 것이다. 21세기에 인간의 삶에 가장 큰 영향을 주는 분야는 자연과학이다.

자연과학에 의해 주도될 미래사회는 긍정적인 면과 부정적인 면이 공존한다. 자연과학의 발전은 21세기에 인류가 과거에는 꿈꾸지 못한 새로운 세계를 열어줄 것이다. 인간의 기대수명이 단기간에 길어져 100세 시대가 되었다. 인간의 기대수명의 연장은 이미 새로운 세계가 시작되었다는 것을 상징적으로 보여준다.[159] 인간의 질병치료와 생명연장과 함께 삶의 다양한 분야에서 개선이 일어나고 있다. 하지만 부정적인 면도 있다. 그중의 하나는 과학의 발전과 함께 야기될 '과학적 결정론'이다. 본 장에서는 과학적 결정론이 발생하는 이유와 그 여파, 그리고 대응방안에 대해 논의하려 한다.

---

159 하라리(Y. N. Harari)는 21세기에 인간의 기대수명이 길어지면서, 드디어 불멸에 도전할 것이라고 예측한다. 하라리에게 동의할지 여부와는 별개로, 인간의 생명에 대한 개념이 극적으로 달라지는 새로운 시대가 오고 있는 것은 사실이다. Cf. Yuval Noah Harari, *Homo Deus: A Brief History of Tomorrow* (New York: HarperCollins Publishers, 2017), 21-28.

1. 자연과학과 사고방식의 변화

자연과학의 발전은 과학의 분야에만 한정되지 않는다. 자연과학은 종교를 포함한 인간 삶의 전 영역에 영향을 미친다. 심지어 자연과학에서 일어난 사건이 세계관과 우주관의 변화로 이어진 경우도 드물지 않다. 16세기의 코페르니쿠스(N. Copernicus)와 갈릴레이(G. Galilei)에 의한 지동설은 우주관을 바꾸었다. 지동설은 당시의 기독교적 세계관, 그 세계 안에서의 인간 이해, 나아가 성서관에도 영향을 주었다. 1859년 다윈(C. Darwin)의 『종의 기원』에서 비롯된 진화론은 과학의 발전에 결정적인 이정표가 되었을 뿐 아니라, 인류의 사상사에도 영향을 주었다. 진화론은 기독교의 창조론, 인간의 기원, 하나님의 섭리론에까지 영향을 미쳤다. 물론 진화론은 그리스도론에도 심대한 영향을 미쳤고, '진화적 그리스도론'의 유형이 나타나는 계기가 되었다.[160] 사회적 가치, 자연과학, 철학, 종교, 기술문명과 같은 다양한 요소가 얽혀 세계관과 우주관을 형성한다. 세계관과 우주관은 사고의 틀이다. 한 인간이 가지는 신앙도 그 시대의 세계관이나 우주관과 무관하지 않다.

---

160 다니엘스(J. C. Daniels)는 진화론이 그리스도론에 미친 영향을 시대와 학자에 따라 분석했다. 그중에 가장 주목할 부분은 새로운 자연신학과 진화적 그리스도론(evolutionary Christology)의 등장이다. Joel C. Daniels, "Christology, Evolution, and Cultural Change," *Anglican Theological Review* 96, no. 3 (Summer 2014): 435-59.

지금은 자연과학의 여러 분야에서 연구와 발전이 거듭되면서 급격하게 세계관과 우주관을 변화시키고 있다. 천체물리학은 시간과 공간의 개념을 변화시켰다. 과거에는 절대적 개념으로 받아들였던 '시간'과 '공간'에 대한 생각이 달라졌다. 시간이 중력과 속도의 영향을 받는다는 것을 알게 되었으며, 시간에 대한 절대적 개념이 무너졌다. 공간은 닫혀 있지 않고 무한하게 열려 있다는 것도 밝혀졌다. 과거에는 공간을 닫힌 폐공간으로 생각했고, 그에 따라 위와 아래가 있었다. 폐공간 개념은 3차원적이고 지구 중심적 개념이므로 매우 한계가 있는 사고이다. 우주 공간은 위와 아래로 나눌 수 없으며, 거의 무한하게 열려 있다. 최근에는 빛이 속도와 중력에 따라 휘고 굽는다는 것이 알려졌다. 시간과 공간도 분리되지 않고 서로 섞이고 얽힐 수 있다는 것도 밝혀졌다.[161] 과거에 철학과 인문과학에서 시간과 공간은 사고를 위한 절대 형식으로서 결코 변하지 않는 기본 범주로 간주되었다. 하지만 시간과 공간의 절대성이 과학에 의해 무너졌다.

최근에는 '공간의 차원'에 대한 연구가 진전되고 있다. 인간의 행동과 사고는 3차원 안에서 이루어진다. 차원이 달라지면, 공간과 시간의 개념을 비롯해서 인식의 기능과 감각 자체가 달라진다. 낮은 차원의 인식체계로는 상위 차원을 이해하기 어렵다. 현재 물리학자들은 대체로 우주에서 4차원 이상을 인정하며, 일부는 5-7차원도 가능하다고 본다. 랜들(L. Randall)에 따르면, 3차원보다 더 많은 차원의 공간이 없다면 우주의 많은 의문에 대해 대답하기가 불가능하다. 더 높은 차원의 공간만이 물리와 우주의 현상에 대해 답변이 가능하다.[162] 다차원에 대한 연구가 코페르니쿠

---

161 Stephen Hawking and Leonard Mlodinow, *The Grand Design* (New York: Bantam Books, 2010), 155-67.

162 Lisa Randall, *Warped Passages: Unraveling the Mysteries of the Universe's Hidden Dimensions* (New York: HarperCollins Publishers, 2005), 3-5; Ido Efrati, "In Pursuit of Dark Matter, An Elusive Cosmic Celebrity," *Haaretz*, March 1, 2018,

스의 태양중심설, 아인슈타인(A. Einstein)의 상대성이론에 이어 인류의 사고방식을 변화시킬 물리학의 세 번째 혁명이 될 것이라는 전망도 있다.

생물학은 과학의 어떤 분야보다 놀랄 만한 발전을 이룩했다. 생물학은 유전학, 세포생물학, 진화생물학, 인류학, 생태학 등 세분화된 분야에서 활발한 연구가 이루어지고 있다. 생명과학은 생명복제와 유전자 편집 때문에 대중적으로도 깊은 관심을 불러일으켰다. 1993년 「뉴스위크」는 표지기사에서 인간의 배자를 나누는 복제 기술이 아직은 환상이라고 주장했다.[163] 하지만 불과 4년 후 1997년 스코틀랜드에서 복제양 '돌리'(Dolly)가 태어나면서 포유동물의 복제가 가능하다는 것을 입증했다. 2000년 영국이 인간 배아복제를 합법화했고, 2001년 미국의 어드밴스드 셀 테크놀로지(ACT)가 사람의 체세포를 이용한 인간 배아복제에 성공했다. 그 후 지금은 동물의 체세포복제(cloning)는 당연하게 받아들이고 있으며, 그 역량도 나날이 개선되고 있다. 배아복제 기술이 개발된 지 불과 20여 년이 지난 지금은 누구나 인간복제가 가능하다는 생각을 한다. 이제 인간의 복제가 현실로 나타났을 때, 인류의 미래에 미칠 영향과 윤리적 문제에 대한 대응이 시급한 상황이 되었다. 어쩌면 이미 인간이 복제되어 어딘가에서 살고 있을지도 모른다.

인간 게놈(genome) 프로젝트는 인간에 대한 이해를 완전히 새롭게 만든다. 유전자에 대해 더 많이 알게 되면서, 어떤 특정 유전자가 인간의 어떤 부분에 간여하는지를 밝혀내고 있다. 유전자는 머리카락의 색깔이나 질병과 같은 '생물학적' 부분뿐만 아니라, 인간의 습관, 감정, 행동 패턴에까지 영향을 미친다. 일부 유전자는 모험을 즐기는 것에 연관되며, 이 유

---

https://www.haaretz.com/science-and-health/.premium.MAGAZINE-in-pursuit-of-dark-matter-the-elusive-cosmic-celebrity-1.5866248.

163 David Gelman and Karen Springen, "How Will the Clone Feel?" *Newsweek*, Korean edition. November 10, 1993, 14-19.

전자가 있는 사람과 없는 사람의 행동에 차이가 있다. 또한 스트레스를 받아도 우울증에 걸리지 않는 유전자가 발견되었고, 인간이 외로움을 느끼는 것도 유전자의 영향이라는 보고도 나왔다.[164] 지금은 인간의 감정, 지능, 희생정신과 같은 심리적-정신적 요소까지 유전자와 연결시키고 있다.

유전자 조작은 일상생활에 깊이 들어왔다. 유전자 변형 식품이 대중화된 것은 벌써 상당히 오래되었다. 유전자 치료가 1990년대에는 희귀 유전 질환에만 국한되었으나, 종양, 심혈관 질환, 후천성면역결핍증(AIDS)의 치료 등으로 확대되고 있다. 유전자에 대한 기술은 치료에만 국한되지 않는다. 보다 우수한 유전자에 대한 갈구는 유전자 조작을 현실화하는 강력한 동인이다. 현재 줄기세포에 대한 연구와 함께 유전자 조작이 인간의 정신적인 부분으로까지 확대되고 있다. 유전자 조작은 '우월한 인간 종족'의 출현을 예상하게 한다. 지금은 종이 다른 개체 간의 이종복제(hybrid)도 가능해졌다. 앞으로 인간의 생명체복제가 어디까지 발전할지는 누구도 예단하기 힘든 상황이다.

자연과학의 발전이 기술주의와 결합하면 파급이 커지고, 예측도 힘들어진다. 기술주의는 과학에서 얻어진 지식을 활용해서 시대의 변화를 선도하고 있다. 지금 진행되는 4차 산업혁명도 자연과학의 결과와 기술주의가 결합되면서 이루어진 것이다. 변화 중에서 가장 급진적인 형태는 생물체와 비생물체의 혼합이다. 뇌를 클라우드에 연결하거나, 뇌에 인공지능을 이식하는 형태의 결합이 가시권에 들어왔다. 미래학자이며 구글의 엔지니어링 디렉터인 커즈와일(R. Kurzweil)은 머지않아 나노봇을 뇌의 모세혈관에 이식해 인간의 신피질을 클라우드 속 인공 신피질에 연결하여 사

---

164 Cf. "Genetic Variation Study Suggests Personalized Therapy Approach for Anxiety and Depression," *Genetic Engineering & Biotechnology News*, July 3, 2019, https://www.genengnews.com/news/genetic-variation-study-suggests-personalized-therapy-approach-for-anxiety-and-depression/.

고를 확장할 수 있다고 주장한다. "인류는 컴퓨터에 접속하듯이 클라우드에 연결할 수 있는 하이브리드 뇌를 가지게 될 것이다."165 그는 클라우드를 통해 신피질을 확장하면 1-2초 안에 1만 개의 컴퓨터 데이터에 접근할 수 있을 것으로 추측한다. 커츠와일은 인간의 뇌가 컴퓨터와 결합해서 진화할 것이며, 2030년까지는 사이보그가 출현할 것으로 예상한다.166 사이보그와 하이브리드가 본격적으로 출현하면, 그들을 인간으로 봐야 할지의 문제가 대두될 것이다. 또한 그들에 대한 구원의 문제도 논의하지 않을 수 없다. '제3의 존재' 혹은 '포스트휴먼'으로 불리는 사이보그와 하이브리드의 출현은 구원론과 그리스도론에 상당한 논란을 일으킬 것이다.167

---

165 "Humans Will Have Cloud-Connected Hybrid Brains by 2030, Ray Kurzweil Says," *Learning Mind*, January 29, 2019, https://www.learning-mind.com/humans-will-have-cloud-connected-hybrid-brains-by-2030-ray-kurzweil-says/.
166 Ibid. 인간의 뇌에 칩을 이식해서 컴퓨터에 연결하는 정도는 조만간 실현될 수 있을 것이다. 테슬라의 창업자인 머스크(E. R. Musk)는, 뇌에 칩을 이식해서 컴퓨터와 스마트 폰에 연결하는 기술을 개발했다고 발표했다. 그는 2019년 7월 「뉴욕 타임스」와의 대화에서, 2020년에 첫 번째 시술자가 나올 것이라고 장담했다. John Markoff, "Elon Musk's Neuralink Takes Baby Steps to Wiring Brains to the Internet," *The New York Times*, July 16, 2019, https://www.nytimes.com/2019/07/16/technology/neuralink-elon-musk.html.
167 그리스도론에서는 자연과 우주를 포괄하는 그리스도의 우주성이 논의된다. 그런데 이제 자연과학에 의해 새로운 차원의 구원론과 그리스도론이 논의될 가능성이 있다. 멀지 않은 미래에, 사이보그와 하이브리드가 출현할 가능성이 상당하다. 사이보그와 하이브리드 유(類)의 '제3의 존재'가 출현한다면, 그리스도론의 차원에서도 복잡한 문제가 발생한다. 먼저 사이보그와 하이브리드를 인격체로 봐야 할 것인지의 문제가 있다. 그리고 인격체로 본다면, 그들에게 구원은 무엇을 의미하는지, 그들도 그리스도의 구원의 범위에 포함되는지가 주제가 될 것이다. 따라서 사이보그와 하이브리드를 위한 그리스도의 존재양식도 하나의 주제가 될 수 있다. 지금 '제3의 존재'를 수용할 수 있는 그리스도론과 구원론을 고려해야 할지를 단정하기는 어렵다. 하지만 현시점에서 '주체적 자의식'이라는 하나의 기준을 제시할 수는 있다. 만약 미래의 어느 시점에, 사이보그나 하이브리드가 주체적으로 '나'라는

자연과학의 결과와 기술주의의 대중적 파급은 시대정신을 바꾸고 있다. 인간의 생각, 생활습관, 심지어 종교에도 영향을 준다. 신학에 끼치는 자연과학의 영향은 철학, 역사학, 심리학 같은 어느 인문학 이상이다. 이제 기독교의 가치 개념의 근간이 되어 온 시간과 영원의 개념도 재해석해야 할 때가 되었다. 생명과학의 발전은 창조, 생명, 인간, 죽음, 부활의 개념을 전적으로 재고하게 만든다. 기독교의 기본 주제들에 대해서도 재해석이 요구된다. 교회가 성서를 지나간 언어, 가치, 개념으로 선포할 때, 기독교인의 삶은 시대적 괴리를 느낀다. 그 시대를 떠난 교회의 선포는 공허해진다. 기독교는 시대정신의 변화를 주의 깊게 살펴보지 않을 수 없다.

자의식을 가지고 응답하고 행동한다면, 그때는 우리도 그들의 구원과 그리스도의 새로운 존재양식을 논의해야 할 것이다. 만약 사이보그와 하이브리드가 구원의 대상이 된다면, 그리스도의 우주성의 범주에서 논의가 가능할 것이다. 우주성에 대해서는, 이 책 제3장의 "6. 제3의 본성과 개방적 인격"을 참고하라.

2. 과학적 결정론

기독교는 자연과학의 발전을 두려워하거나 부정적으로 봐서는 안 된다. 자연과학의 발전은 지금까지 여러 분야에서 인류에게 긍정적으로 공헌했다. 자연과학 자체는 성서와 교회에 문제가 되지 않는다. 일부 부정적인 결과는 과학 자체에 의한 것이라기보다는 인간의 오용이나 잘못된 판단에 기인한다. 앞으로 전개될 미래사회에는 틀림없이 어두운 면들이 있을 것이다. 그러나 그것이 자연과학 때문은 아니다. 문제는 과학이 아니라, 과학의 발전과 시대정신의 변화에 걸맞는 종교적 응답이 결여되었기 때문이다. 기독교는 반-과학주의의 길을 택해서는 안 되며, 과학과 적극적으로 대화해야 한다. 기독교는 과학의 주류와 대화해야 하고, 특정 종교적 시각으로 과학을 해석하는 극단적인 입장을 경계해야 한다.

그러나 자연과학의 발전이 대중화되면서 나타날 부정적 영향도 있다. 그중에서 우려되는 것은 '과학적 결정론'이다. 이는 생물학적 결정론[168]과 기술주의적 결정론[169]보다 넓은 개념이다. 미래사회는 점차 과학과 그 결

---

168 생물학적 결정론(biological determinism)은 어떤 인종이나 집단에게 나타나는 특성 행동이 그들이 물려받는 생물학적 원인에 기인한다는 이론이다. L. L. Mai, M. Young Owl, and M. P. Kersting, eds., *The Cambridge Dictionary of Human Biology and Evolution* (Cambridge: Cambridge University Press, 2005), 62.

169 기술주의적 결정론(technological determinism)은 테크놀로지에 내재된 어떤 요소가 인간의 행동과 역사에 영향을 미치고 특정한 형태를 만든다는 이론이다. Bryan S. Turner, ed., *The Cambridge Dictionary of Sociology* (Cambridge: Cambridge

과물에 의존할 것이고, 사회의 구조와 일상생활도 과학에 의해 유지되는 시스템으로 변화하고 있다. 인공지능(AI), 사물인터넷(IoT), 로봇에 의해 통제되는 사회에서 인간의 사고는 점차 과학적 결정론의 형태가 될 가능성이 있다. 과학적 결정론은 유사과학주의의 형태로 나타날 것이고, 종교적 성격을 가질 수도 있다. 유사과학주의는 과학주의가 대중화되면서, 과학에 대한 합리적 판단을 내리기보다는, 과학과 기술에 전적으로 의존하면서 과학이 모든 것을 결정한다는 사고이다. 앞으로 유사과학주의가 부상할 수 있고, 최소한 21세기의 시대적 흐름에서 한 부분을 차지할 것으로 예상된다.

그 이유를 조금 구체적으로 보자. 2016년 3월 알파고가 이세돌 9단과 세기의 바둑시합을 했다. 알파고는 구글 딥마인드가 개발한 인공지능 프로그램이다. 알파고는 5판 중에 4승을 거두었다. 바둑시합을 계기로 인공지능에 대한 대중적 관심이 높아졌다. 인공지능이 단순히 계산을 하거나 제공된 정보를 분석만 하는 것이 아니라, 스스로 학습할 수 있다는 것도 알려졌다. 약 1년이 지난 2017년에는 알파고 제로(AlphaGo Zero)가 개발되어 이세돌을 이긴 알파고를 100 대 0으로 이겼고, 이 사실은 과학 학술지 「네이처」에 소개되었다.[170] 바둑에서는 인공지능이 인간의 지능을 능가하는 특이점(singularity)을 지난 것으로 평가한다.

최근 언론에서 인공지능에 대해 자주 언급하고 있으며, 인공지능에 대한 사람들의 기대와 우려도 높아졌다. 사람들의 인공지능에 대한 부정

University Press, 2006), xvi, 570.
170 Satinder Singh, "Learning to Play Go from Scratch," *Nature*, October 19, 2017, vol. 550, 336-37. https://www.nature.com/articles/550336a.epdf?shared_access_token=QbXlOw9nSIP_MS1moc_M0tRgN0jAjWel9jnR3ZoTv0PvinEKRXS2Dk736vL8i-Uo2-6AN8KRxOlLhDGorUgFzEgC3fwrX95r3LQ7u2FBwQ5axjmpMSZrWg4i6D7_g5rV5ze0zLhgo4jufsSKL-UZmw%3D%3D.

적 입장은 인간의 직업을 대체할 것이라거나, 인간이 인공지능에 종속될 것이라는 불안이다. 하지만 인공지능은 이미 여러 분야에서 실용화되고 있다. 'AI 닥터'의 진단은 그 분야의 뛰어난 의사들의 평균치보다 우수하다.[171] 지금은 미국, 유럽, 아시아의 여러 나라에서 아이비엠(IBM)의 인공지능 의사인 '왓슨 포 온콜로지'가 암 진단에 활용되고 있다.

인공지능이 여러 분야에서 인간 전문가보다 우수하다는 것을 입증하고 있다. 인공지능이 인간을 따라하는 수준이 아니라 새로운 것을 만들어 내는 수준에 이르렀다. 인공지능이 작곡, 그림, 문학 같은 창작 분야에까지 인간의 영역을 넘본다. 앞으로 인공지능이 언어를 인식하고 감정적 반응을 할 수 있는 인간 뇌처럼 기능이 확장될 것으로 전망된다. 인공지능이 점차 여러 분야에서 자리를 잡을 때, 사람들은 인공지능에 더 의존하게 될 것이다. 그들은 인공지능이 인간보다 더 우수하다고 믿을 것이며, 과학에 대한 의존도 절대화될 수 있다.

사물인터넷이 사회구조, 가정생활, 개인의 사생활에까지 깊숙이 들어오고 있다. 인간은 편리성과 효율성을 추구할 것이고, 인터넷으로 유지되고 통제되는 사회를 피하기는 어려워 보인다. 인터넷이 사회의 유지에 사용되는 만큼, 인간의 자율성과 개인의 판단과 결정권은 제한될 것이다. 또한 인간의 생명체복제와 유전자 조작은 인간의 사고를 근본적으로 변화시키고 있다. 인간의 지능, 감정, 습관, 행동, 종교성까지 유전자에 의해 결정된다는 생각이 점차 보편화되고 있다. 유전자 조작 능력이 발전할수록 유전자 결정론이 대중적으로 팽배해질 것이다. 결함 있는 유전자를 치료하는 수준을 넘어, 우수한 유전자에 대한 욕구도 강해질 것이다. 물론 과

---

[171] Wang Xiaodong, "AI Defeats Elite Doctors in Diagnosis Competition," *The Star Online*, July 2, 2018, https://www.thestar.com.my/tech/tech-news/2018/07/02/ai-defeats-elite-doctors-in-diagnosis-competition.

학적으로 '유전자 결정론'은 실현되지 않을 수도 있다.[172] 하지만 전문적인 의미의 '유전자 결정론'의 출현 여부와 상관없이, 유전자가 인간의 많은 부분을 결정할 것이라는 대중적 확신은 나타날 것이다. 이미 지금도 다수의 사람들은 돈을 잘 버는 디엔에이(DNA), 공부 잘하는 디엔에이, 성격 좋은 디엔에이, 비만 디엔에이 등을 언급하며 유전자 결정론을 자연스럽게 받아들이고 있다. 「뉴욕 타임즈」에서 베스트셀러로 선정된 『미래산업보고서』에서, 로스(A. Ross)는 알약 하나로 마음의 병을 치료할 수 있다고 주장한다. 조현병, 우울증, 자살충동에 관계된 유전자를 100개가량 파악했으며, 조만간 유전자 치료로 정신질환을 고칠 수 있다는 것이다. 나아가 유전자 검사를 통해 인간이 어떤 병에 걸리고 몇 살까지 살 수 있을지를 알 수 있다고 말한다.[173] 로스의 예상이 얼마나 실현될지는 알 수 없지만, 그의 주장은 모든 것이 유전자가 결정한다는 일반인의 사고를 일정 부분 반영하고 있으며, 또한 그의 생각이 대중적 사고에 영향을 주고 있다는 사실은 분명하다.

인공지능, 사물인터넷, 유전자 조작의 발전이 예상외로 부진할 수도 있고, 예상보다 더 놀라운 결과를 가져올 수도 있다. 결과가 어느 쪽이 되든지, 초점은 달라지지 않는다. 초점은, 많은 분야에서 과학의 발전은 과학에 대한 인간의 의존을 높이고, 과학이 모든 것을 결정한다는 결정론적인 사고를 만들 것이라는 점이다. 자연과학 자체가 결정론적인 요소를 가

---

172 유전체학(genomics)의 전문가인 벤터(C. Venter)는 우리가 유전자 결정론을 지지할 수 있을 만큼 충분한 유전자를 갖고 있지 않다고 말한다. 벤터의 말은 인간 유전자의 숫자가 기대보다 적고 초파리에 비해 크게 많지 않다는 것을 토대로 한다. 유전자 분석만으로 생명현상을 모두 해석할 수 없다는 주장이다. Cf. 에른스트 마이어, 『이것이 생물학이다』, 고인석·김은수·박은진·이영돈 외 옮김 (서울: 바다출판사, 2016), 362-63.

173 Alec Ross, *The Industries of the Future* (New York: Simon & Schuster, 2017), 53-60.

지는 것은 아니다. 자연과학과 기술주의가 모든 것을 결정할 수는 없다. 과학의 결과가 대중적 믿음의 한 형태로 나타날 때, 결정론적 요소를 가지게 된다. 즉 결정론적 사고는 과학에 의해 파생되는 대중적 사고방식의 형태이다. 인간은 자신이 속한 시대정신 안에서 살아간다. 21세기의 시대정신은 유사과학주의적 시대정신이 지배할 가능성이 상당하다. 현시대의 변화는 자연과학과 기술주의가 주도하고 있다. 지금 진행 중인 4차 산업혁명도 그 사실을 보여준다. 21세기 변화의 상당 부분이 과학과 연관이 있으며, 인간의 과학에 대한 의존은 심화된다. 이 변화들이 수렴되어 만드는 물결이 과학적 결정론이다. 그 형태는 유사과학주의적 성격을 가지거나, 과학과 기술주의에 과도하게 의존하는 형태가 될 것이다.

16-17세기부터 시작된 자연과학의 혁명적 발전은 기독교에 두 번의 충격을 주었다. 첫 번째 충격은, 과학이 세계와 우주를 자연적 방법으로 설명한 것이다. 두 번째 충격은, 지금 형성되고 있는 과학적 결정론이다. 그 의미를 하나씩 보겠다.

먼저, 첫 번째 충격을 보자. 과학이 세계를 '자연적 방법'으로 설명한다는 것은, 이 세계의 모든 현상과 사건을 원인과 결과에 따라 설명하는 것이다. 최근 약 300년에 걸친 자연과학의 영향을 '자연적 방법'이라는 한마디로 말할 수 있다. 자연과학은 어떤 '사건'이 일어나는 내적 원인을 찾아내고, 그에 맞는 일정한 규칙과 법칙에 따라 그 사건을 설명함으로써, 그 사건에 신의 초-자연적/초-역사적 개입을 용납하지 않았다. 예를 들면, 다윈주의에서는 '생명의 탄생'과 '진화의 과정'을 자연적인 방법으로 설명했다. 진화론이 생명과 종(種)의 발전을 자체적인 원인과 규칙에 따라 설명한 것이다. 따라서 진화론은 기독교에 최소한 두 가지 주제에 결정적인 도전이 되었다. 그것은 창조론과 섭리론이다. 하나님이 모든 생명을 창조했다는 창조론과 하나님이 역사에 개입하고 간섭한다는 섭리론은 심각한 도전을 받았다.

　마이어(E. Mayr)는 과학과 신학의 차이를 이렇게 말한다. "과학과 신학을 나누는 것은 아주 쉽다. 왜냐하면 과학자는 자연세계가 어떻게 움직이는지를 설명하려고 초자연적인 것을 끌어들이지는 않으며, 또한 자연세계를 이해하기 위해 신적인 계시에 의존하지 않기 때문이다."[174] 마이어의 말은 단순하지만 명료하다. 자연과학이 별의 움직임, 빛의 굴절, 중력의 법칙, 열역학, 자기장 등을 자연적인 방법으로 설명함으로써, 그 이전 시대에 신의 초월적 개입을 주장하던 신학은 설 자리가 없어졌다. 중세를 지나기까지 기독교는 고대 시대의 우주관을 유지했고 천동설을 믿었다. 16세기에 기독교는 지동설에 의해 큰 타격을 받았다. 그러나 더 정확하게 말하면, 지동설에 의해 타격을 받은 것이 아니라, 지동설에 잘 대처하지 못한 교회와 신학 때문에 타격을 입은 것이다. 성서는 자연과학 책이 아니며, 성서가 천동설을 과학적으로 진술한 것도 아니다. 당시 교회는 지동설을 받아들이면 하나님과 성서의 권위가 상실될 것이라고 생각했고, 갈릴레이를 가택연금에 처하는 최악의 방법을 택했다. 그 후 기독교는 19세기에 진화론과 대립했으며, 지금까지 과학과 크고 작은 갈등을 이어왔다.

　역사적으로 기독교는 자연과학과의 갈등을 잘 해결하지 못했고, 기독교의 신뢰가 심각하게 손상되는 결과를 가져왔다. 만약 기독교가 자연과학과 적극적으로 대화하면서 성서 진리의 타당성을 추구했더라면, 오늘의 기독교는 훨씬 높은 신뢰도를 유지했을 것이다. 하지만 기독교는 적절한 입장을 취하지 못했다. 기독교는 오랫동안 자연과학의 발전과 진보에 부정적 자세를 보였다. 기독교가 더는 적대적으로 과학을 대할 수 없게 되자, 그 다음으로 취한 자세는 과학의 발전을 방관하며 지켜본 것이었다. 결과적으로, 기독교 신자들은 성서의 세계와 과학의 세계 사이의 괴리

174　마이어, 『이것이 생물학이다』, 59.

속에서 고통을 받았다. 교회가, 자연적 방법으로 해석된 세계와 종교적 방법으로 해석된 세계 사이의 갈등을 해결해 주지 못했기 때문이다.

자연과학과 연관된 두 번째 충격은 과학적 결정론이다. 과학적 결정론은 첫 번째 충격과는 종류가 다르다. 첫 번째 충격은 기독교에 충격이었지만, 사회와 인류의 발전에 부정적이지는 않았다. 하지만 만약 과학적 결정론이 대중적인 사고로 자리 잡는다면, 인류와 기독교 모두에 매우 부정적인 영향을 미칠 것이다.

21세기 과학적 결정론은 운명론의 한 형태가 될 것이다. 그것은 대단히 우울한 색깔의 운명론이다. 미래에 대한 긍정과 기쁨의 운명론은 아니다. 왜냐하면 인간의 결정권과 창조성이 박탈되는 것이기에 그러하다. 우월한 유전자 치료나 조작을 받지 못한 자연인은 열등한 인간 그룹으로 분류될 수도 있다. 미래사회는 혁신을 지속할 수 있는 창조적인 소수와 사회를 통제하고 관리할 수 있는 일부에 의해 유지될 것이다. 소수의 집단 외에 다수는 관리받는 대상이 되고, 과학적-기술적 결정론에 빠져 살아갈 수도 있다. 만약 유전자 조작으로 모든 것을 결정하고, 인간의 경험과 지능보다 뛰어난 인공지능이 나오고, 인간의 감정과 정신적인 부분까지 조절이 될 수 있다면, 인간만이 할 수 있는 고유성은 심각하게 도전받게 된다.

만약 결정론이 미래사회를 지배한다면, 인간은 자신의 개성과 창의성을 상실한 채 무기력한 운명론자가 될 것이다. 결정론이 적극적인 운명론이 아닐지라도, 좌절감이나, 인간은 스스로 자신의 한계를 넘어설 수 없다는 절망감의 형태로 나타날 수는 있다. 그렇다면 인류의 역사에서, 인간이 자신의 미래와 한계를 과학에 의존하는 시대가 오게 된다. 그때는 '과학'은 만능이 되고, 신이 된다. 결정론적 사고는 인간의 창의성, 밝고 빛나는 인간적 모습, 더 나은 자신을 위한 고뇌, 미래를 위해 헌신하는 인간, 자기 결단, 이웃을 위한 희생, 이 모든 것을 경멸할 것이다. 그러므로 과학적 결정론은 우울한 성격일 수밖에 없으며, 미래를 살아가는 인류 모두에게 도전이다.

    또한 과학적 결정론은 기독교에도 심각한 도전이다. 인간론, 그리스도론, 종말론 등 거의 모든 성서 주제와 충돌이 예상된다. 그중에 그리스도론과의 문제만 간략히 보자. 성서는 인간이 은혜에 의해 그리스도를 향해 결단한다고 말한다. 종교적으로는 회개이다. 인간이 유전자에 의해 종교성이 발현될 수 있고, 유전자에 의해 정신상태가 조절될 수 있다면, 예수 그리스도의 회개의 요청과 인간의 결단은 무의미해질 것이다. 더는 그리스도의 '선행적 은혜'가 개입하기 어렵다. 오직 믿음으로 의로워진다는 이신칭의의 교리는 공허해진다. 인간의 죄에 대한 개념도 달라질 것이고, 그리스도의 속죄의 필요성과 타당성도 흐릿해질 것이다. 예수 그리스도의 십자가와 대속의 능력도 과거의 추억이 된다. 전통적으로, 기독교인은 평생 성화의 길을 걷도록 요청받고, 그 삶은 그리스도를 따르는 제자도의 길이다. 인간의 역량과 재능이 유전자에 의해 결정되고, 사회는 거대한 컨트롤 타워에 의해 관리된다면, 인간 개개인을 향한 성화의 요청은 힘을 잃는다.

3. 열린 결론

언젠가 현실이 될 수도 있는 과학적 결정론은 기독교와 인류가 함께 극복해야 할 과제이다. 필자가 과학적 결정론과 연관해서 미래를 부정적으로 보는 염세주의를 확산하려는 것은 전혀 아니다. 기독교인은 미래가 하나님 안에서 완성될 것이라는 긍정적인 믿음을 가지고 있지만, 미래에 닥칠 위험에 대해서도 인식하면서 대응해야 한다. 본 장에서 과학적 결정론을 극복할 수 있는 분명한 대안을 제시하기는 어렵다. 대응방법은 교회를 포함한 여러 차원에서 모색되어야 한다. 이런 의미에서 본 장의 결론은 열어두어야 하고, 누구나 참여하면서 올바른 길을 찾아가야 할 공간으로 두고 싶다.

다만 지금은 기독교 차원의 대응방법으로 하나의 방향을 지적하려 한다. 그 방향은 성서 본연의 정신을 지키는 것이다. 성서 본연의 정신은 결정론적이 아니다. 성서는 어떤 종류의 결정론과도 대립된다. 성서는 인격적 하나님을 증언한다. 인격적 신관은, 신과 인간의 대화성을 근거로 하는 신 이해이다. 대화는 독백이 아니고, 살아 있는 신과의 교제를 의미한다. 교제는 고정되지 않고, 진전한다. 하나님은 언제나 살아서 현재하며, 인간에게 응답한다. 하나님의 응답은 현재적이고, 그의 응답은 언제나 사람을 변화시켰다. 하나님이 모세의 기도에 응답했고, 이사야의 기도에 응답했고, 바울의 기도에 응답했다. 하나님의 응답 속에서 그들의 삶은 놀랍게 달라졌다. 이렇게 기독교 신관은 모든 종류의 결정론이나 운명론과 충돌한다.

　기독교 신앙은 하나님과 인간의 '상호성'에 특징이 있다. 인간은 하나님과 대화한다. 인간은 내면의 자신과 대화하는 것이 아니다. 신앙은 인간이 홀로 수행을 하거나 해탈함으로써 얻어지지 않는다. 인간은 하나님과의 교제를 통해 '자신의 한계'를 넘어선다. 인간의 죽을 수밖에 없는 한계, 곧 허무의 힘, 인간 근원의 상실, 인간을 지배하는 온갖 부정적인 힘, 인간을 사로잡고 있는 이 모든 한계와 힘을 성서는 '죄'로 표현한다. 인간의 한계를 극복하는 것은 인간의 잠재적 능력에 의해서가 아니라, 그리스도의 은혜에 의한다. 그래서 그리스도와의 교제는 인간 내면을 넘어서는 교제이며, 나의 운명을 넘어선다.

　유전자 조작과 인공지능이 인간의 어떤 부분을 조작하고 통제하더라도, 인간에게는 파괴되지 않는 고유한 하나님의 형상(imago Dei)이 있다. 그것이 바로 인간 자신을 넘어서 하나님과 교제할 수 있는 능력이며 영성이다. 그래서 인간은 하나님과 대화하고 하나님과 교제할 수 있다. 인간이 자신 내면의 능력을 넘어 하나님과 교제할 수 있는 고유성은 상호적 성격을 가진다. 그러므로 기도도 인간이 홀로 도달할 수 있는 소원 성취가 아니라, 하나님과 인간 사이에서 발생한다. 인간과 하나님의 교제는 은혜에 의한다. 은혜는 인간의 내면에서 오지 않고 외부에서 온다.

　성서는, 인간의 운명과 미래는 인간 홀로 결단하는 내면의 능력에서 비롯되지 않는다고 가르친다. 인간의 구원은 하나님과의 교제에서 이루어지는 것이고, 외부로부터의 은혜와 만나면서 성취된다. 그리스도의 은혜, 곧 '외래의 의'(alien righteousness)가 인간을 새롭게 한다. 인간의 운명을 이길 수 있는 힘은, 내면에서 오지 않는다. 이것이 성서의 핵심 증언이다. 그러므로 인격성과 교제, 인간을 넘어서는 외래의 의, 상호성을 강조하는 성서적 종교, 곧 기독교는 과학적 결정론에 쉽게 무너지지 않는다. 과학적 결정론은 인간의 유전자, 인간의 지능, 사회의 통제 시스템에 영향을 주겠지만, 인간을 넘어서는 외래의 의와 하나님과의 상호성을 파괴하지는 못한다.

　또한 성서의 영성은 인간 내면의 자각이나 깨달음에서 비롯되지 않는다. 성서의 영성은 그리스도의 영성이고, 성령의 영성이다. 이 점에서 성서의 영성은 철저히 삼위 하나님과 인간 사이에서 발생한다. 영성이 인간 내면의 능력이라면, 과학적 결정론의 지배를 벗어나지 못한다. 그런 영성은 인간의 유전자 조작만으로도 영향을 받는다. 그러나 성령의 경험은 인간을 변화시킨다. 성령은 생명의 영이고, 창조의 영이다. 성령은 근원적으로 창조성을 의미한다. 성서의 영성은 일상에서 일어나는 하나님의 지속되는 창조(creatio continua)의 경험이다. 창조는 태초의 순간에 고정되지 않는다. 우리는 매일의 새로운 창조에서 성령을 경험한다. 성서의 영성은 무에서 만유를 창조한 삼위 하나님에 의한다. 기독교의 영성, 곧 성령에 의지하는 영성은 본질적으로 창조적 영성이다. 성령으로 비롯된 영성은 인간을 새롭게 하는 영성이며, 모든 속박과 한계로부터 해방하는 영성이며, 자유하게 하는 영성이다. 생명을 새롭게 하는 성령의 체험은 모든 운명론을 이길 수 있는 근원적인 힘이다. 과학적 결정론의 시대에 강력하게 부각될 부분은 성서의 '영성'이다.

　마지막으로 질문과 답변을 하나 남긴다. 미래에 운명론과 결정론이 시대적 흐름으로 나타난다면, 기독교가 이겨낼 수 있을까? 답변은 '기독교에 달려 있다.'는 것이다. 기독교가 성서의 정신을 떠난다면, 어떤 종교보다 가장 큰 타격을 입을 것이다. 반면 기독교가 성서의 정신에 충실하다면, 이겨낼 수 있다. 기독교의 역사를 돌아보면, 기독교에 수많은 위기가 있었지만, 기독교가 성서의 정신을 지킬 때 언제나 위기를 극복했다. 반면 기독교가 성서의 근본정신을 떠나거나, 교권화되어 경직되거나, 시대정신을 외면했을 때 위기는 심화되었다. 21세기의 과학적 결정론도 기독교에 큰 위기이지만, 동시에 기독교의 본질을 찾고 회복할 수 있는 시험대이기도 하다.

미래사회가 과학의 결과를 활용하는 기준은 효율성과 상업성으로 대변할 수 있다. 예를 들면, 인공지능에 의존하는 것도 인공지능이 인간의 판단보다 더 효율적이고 상업성이 있다고 보기 때문이다. 인간의 유전자 조작도 효율성을 높이고, 상업적 가치가 있는 범위 안에서 보편화될 것이다. 지금 진행 중인 4차 산업혁명도 효율성과 상업성을 추구하며 발전하고 있다. 미래사회의 움직임은 효율성과 상업성의 궤도를 따를 것이고, 과학적 결정론도 그 흐름 안에서 나타날 것이다.

하지만 성서의 정신은 효율성과 상업성과는 전혀 맞지 않다. 그것이 성서이고, 성서의 근본정신이 그러하다. 성서에는 비효율적이고 비상업적인 이야기로 가득하다. '포도원의 품꾼'의 비유에서, 아침 일찍 온 품꾼부터 오후 늦게 온 품꾼까지 모두 동일한 삯을 받는다.(마 20:1-15) 주인은 세상과는 전혀 다른 새로운 가치와 질서를 세운다. 하나님의 지배 아래에서 기존의 가치는 폐기되고 새로운 세계로 들어간다. 성서는 새로운 가치와 새로운 질서를 선언하는 책이다. 양 백 마리 중에 한 마리를 잃어버렸을 때, 주인은 양 아흔아홉 마리를 들판에 두고 목숨을 걸고 양 한 마리를 찾으러 간다.(눅 15:4-6) 가난한 과부의 두 렙돈의 헌금을 부자의 큰 액수보다 더 귀하게 본다.(눅 21:1-4) 예수는 세상에서 가장 낮게 평가되고 의지할 곳 없는 병자, 걸인, 버려진 자를 친구로 삼았다. 예수는 낮은 자의 친구였고 죄인들의 친구였다.(눅 7:34) 예수의 삶과 행위는 우리를 당황하게 한다. 성서는 효율성과 상업성을 가르치지 않는다. 성령은 공의(갈 5:5), 평화(갈 5:22), 좌절을 이기는 진정한 기쁨(살전 1:6, 갈 5:22), 희망(롬 15:13), 생명(롬 8:2), 그리고 사랑(롬 5:5, 고전 13:13)의 영이다.

기독교의 역사는 교회가 초대교회 때부터 오늘까지 어떻게 걸어왔는지를 보여준다. 교회는 실수도 많았고, 비난도 많이 받았다. 하지만 교회는 위기 때마다 성서로 돌아갔고, 성서를 따름으로 자신의 믿음을 역사에서 검증받았다. 2,000년 역사의 교회가 하루아침에 만들어진 것이 아니다. 성서의 정신을 실천하는 기독교인이 매 시대마다 있었다. 그들은 자신의 유익을 구하지 아니했고, 효율성과 상업성의 유혹에 넘어가지 않았다. 그들은 평화를 갈구하며, 좌절을 이기는 기쁨과 희망을 선포했다. 그들은 타인의 생명을 위해 자신을 헌신했고, 이웃사랑을 실천했다. 기독교인의 숱한 자기 희생과 순교의 피가 기독교의 전승에 깊게 배어 있다. 다가오는 21세기에도, 성서의 정신을 새롭게 해석하면서 이러한 전승을 이어가는 신앙인들이 나올 것이다.

성부, 성자, 성령, 삼위일체 신관은 결정론과 운명론을 거부한다. 기독교의 인격적 신관, 그리스도의 현존과 그의 의(義), 창조의 성령은 본질적으로 결정론을 이길 수 있는 요소를 가진다. 기독교는 결정론이나 운명론과 가장 충돌하는 종교이고, 또한 이길 수 있는 힘도 있다. 언젠가 인간 존재의 한계가 주는 운명론이 어두운 그림자를 드리울 때, 인류가 그리스도와 대화하기를 바란다. 인간이 모든 종류의 결정론 앞에서 좌절할 때, 구원의 손길은 운명론을 넘어서는 그리스도의 은혜를 통해 올 것이며, 그것은 그리스도와의 상호 교제 안에서 구체화될 것이다. 우리가 21세기에 과학적 결정론이라는 어두운 기운을 이길 수 있는 힘을 성서에서 찾기를 소망한다.

Christ

of the Earthlings?

제12장 지구인의 그리스도?

1. 외계의 지적 생명체
2. 예수 그리스도의 보편성

1. 외계의 지적 생명체

영국 일간지 「가디언」은 외계인에게 연락이 오면 지구인은 신중해야 한다는 호킹(S. Hawking)의 경고를 2016년 9월 23일 기사에 실었다. 외계인이 지구에 대해 호의적이지 않을 가능성을 염두에 둔 경고였다. 호킹은 2017년에도 지능이 높은 외계인들이 침략할 대상을 찾기 위해 우주를 돌아다니며 다른 문명을 약탈하고 그 행성을 식민지화할 가능성이 있다고 경고했다. 호킹은 시간이 지날수록 점차 외계 생명체의 존재를 믿게 되었다고 말한다.[175] 하지만 호킹의 발언이 현대인에게 더는 놀랍게 들리지 않는다. 우주관이 변하고 있기 때문이다.

고대의 프톨레마이오스(Ptolemaios)의 천동설은 약 1,500년간 유지되다가 16세기 코페르니쿠스의 지동설에 의해 대체되었고, 지동설은 새로운 우주관이 되었다. 그 후 지구 중심에서 태양계 중심의 우주관이 자리를 잡았다. 큰 변화였다. 하지만 코페르니쿠스 이래 더 큰 변화가 21세기에 일어나고 있다. 그동안 믿어온 태양계 중심의 우주관이 변하고 있다. 무한한

---

175 Hannah Devlin, "Stephen Hawking Warns against Seeking out Aliens in New Film," *The Guardian*, September 23, 2016, https://www.theguardian.com/science/2016/sep/23/stephen-hawking-warns-against-seeking-out-aliens-in-new-film.; Jeanna Bryner, "Stephen Hawking's Most Intriguing Quotes on Aliens, Women and the Future of Humanity," *Live Science*, March 14, 2018, https://www.livescience.com/62015-stephen-hawking-quotes.html.

우주의 발견과 함께 지구가 속한 태양계는 작은 한 점에 불과하다는 것을 알게 되었다.

즉 지구 중심에서 태양계 중심으로, 다시 태양계 중심에서 우주 중심으로 새로운 우주관이 만들어지고 있다. 그동안 우주에 대한 지식은 꾸준히 증진되었다. 우주에 대한 새로운 사실들이 전문가의 손에서 대중화되기까지는 시간이 걸린다. 우주에 대한 지식이 다른 과학적 발견과 시대적 변화와 함께 일정한 임계점에 도달하면 급격한 변화를 겪게 된다. 세계관의 변화나 우주관의 변화 같은 대중적 믿음을 수반하는 종류의 변화는, 일정한 전환의 순간을 거치면서 혁명적으로 바뀐다. 인류는 오랫동안 태양계 중심의 사고를 했지만, 이제 변화의 임계점에 가까이 왔다.

우주의 기원에 대한 이해는 증진되고 있다. 빅뱅이론이든, 급팽창이론이든, 머지않아 우주의 기원에 대해 보다 명확한 설명이 나올 것이다. 우주에 작용하는 여러 에너지 장과 힘을 통합해서 보는 통일장이론은 상당한 수준에 도달했다. 호킹은 관찰과 일정한 법칙으로 통일장이론을 입증하게 된다면, 긴 우주의 연구사에서 성공적 사건이 될 것이고, 그것은 우주에 대한 '위대한 설계'를 의미하는 것이라고 말한다.[176] 통일장이론이 입증될지 여부는 알 수 없으나, 우주의 기원과 무한한 우주에 대한 이해가 빠르게 발전하는 것은 사실이다. 21세기 중반이 되기 전에 우주관이 완전히 변화될 것이다. 최근에 '무한한' 우주에 대한 일반인의 인식이 보편화되고 있다. 우주관의 변화는 단순히 우주에 대한 이해의 변화 그 이상이다. 우주관의 변화는 우주 안에서 차지하는 지구의 존재에 대한 인식을 다르게 만든다. 지구에 대한 인식의 변화는 인간 존재의 의미, 나아가 신의 의미를 다시 물을 것이다.

무한한 우주를 설명하기 위해 인류는 아주 가까이 왔다. 우주가 무한

---

176 Hawking and Mlodinow, *The Grand Design*, 180-81.

하다거나 팽창한다는 것이 정확한 표현은 아니다. 공간이 휘어져 있기 때문에 우주가 무한하게 펼쳐져 있지는 않다. 우주의 팽창은 별들 사이의 간격이 멀어진다는 뜻이다. 인간은 무한한 우주에 대해 알게 되면서, 지구가 우주에서 차지하는 비중이 얼마나 작은지 알게 되었다. 우주에 대한 새로운 이해와 함께 21세기에는 외계 생명체의 존재를 확인하게 될 것이다. 우리 세대, 혹은 다음 세대에는 '외계 지성체'(extraterrestrial intelligence, ETI)에 대한 진전된 지식이 확보될 것이다. 자연과학의 발견과 발전 중에서 기독교와 그리스도론에 미칠 가장 큰 하나의 사건을 고른다면, 그것은 외계의 지적 생명체의 존재이다.

과학적인 방법으로 우주에서 지적 존재를 찾는 작업은 오래되었다. 지금도 여러 방법으로 지구에서 우주를 향해 신호를 보낸다. 「뉴욕 타임즈」는 비공식적으로 외계로부터 지구로 온 시그널이 있었다는 기사를 2016년 9월 1일 자 신문에 보도했고,[177] 「가디언」은 외계 지성체와 어떻게 소통할 것인지에 대한 대중적 논의를 2019년 7월 1일에 기사화했다.[178] 물론 이 기사들이 외계 존재를 확정한 것은 아니다. 다만 그만큼 외계 존재의 가능성을 무시할 수 없다는 것을 말하고 있다.

외계 생명체가 종교에 미치는 영향은 종교에 따라 차이가 크다. 불교,

---

[177] Dennis Overbye, "A Call from Outer Space, or a Cosmic Wrong Number?" *The New York Times*, September 1, 2016, http://www.nytimes.com/2016/09/02/science/seti-investigates-an-alien-radio-signal.html?rref=collection%2Fsectioncollection%2Fscience&action=click&contentCollection=science&region=rank&module=package&version=highlights&contentPlacement=1&pgtype=sectionfront&_r=0.

[178] Ian Sample, "How Should We Respond to Alien Contact? Scientists Ask the Public," *The Guardian*, July 1, 2019, https://www.theguardian.com/science/2019/jul/01/do-you-think-that-there-is-alien-life-beyond-earth-first-contact.

힌두교, 도교 같은 자연종교는 파장이 덜하다. 기독교에는 자연이 아니라, 하나님과 인간이 중심에 있다. 이런 면에서 전통적 기독교는 인간 중심적 종교라 할 수 있다. 기독교는 아주 심각한 혼란을 겪을 것이다. 기독교는 교파와 조직이 강한 종교이기 때문에 타격이 아주 크다. 기독교 신학도 충격을 피할 수 없다. 신학은 지구 중심적 사고 위에서 이루어졌다. 신학의 모든 주제와 교리는 지구 중심적 관점에서 해석되었다. 그리스도론도 마찬가지로 지구 중심적이다. 즉 기독교인이 믿어온 전통적 하나님은 지구 중심적인 신이다. 반면 인간을 많은 피조물 중의 하나로 보면서, 신관을 새롭게 형성하려는 진지한 시도는 아주 최근에야 나타났다.

외계 생명체가 확인될 경우 발생할 수 있는 문제를 보자. 두 경우가 예상된다. 하나는, 스스로 존재에 대한 인식을 할 수 없는 비지성적 생명체의 경우이다. 다른 하나는, 지적인 활동을 할 수 있고, 스스로 자기 인식의 능력을 가진 경우이다. 전자의 경우는 혼란이 덜할 것이다. 심각한 경우는 후자이다. 만약 외계 지성체가 주체성을 가지고 지적인 활동을 할 수 있다면, 종교성을 가지고 종교적 행위를 할 가능성이 있다. 「내셔널 지오그래픽」은 인류의 종교행위와 지성의 관계를 추적하는 연구를 했다. 그 연구는 인간의 종교적 행위가 지적인 문화활동보다 앞선다는 결론을 내렸다. 인간이 문화생활을 하며 만든 최초의 구조물은 대부분 종교적 의미를 가진 것이다.[179] 이런 연구에 비추어본다면, 외계 존재에게 주체적으로 인식할 수 있는 지성이 있다면, 종교성도 있을 것으로 추측할 수 있다. 그렇다면 외계 지성체가 자신의 종교와 신을 가지고 있을 가능성을 배제할 수 없다.

---

179 Charles C. Mann, "The Birth of Religion," *National Geographic* 219, no. 6 (June 2011): 35-59.

2. 예수 그리스도의 보편성

새로운 우주관의 시대에는 그리스도론에 대한 새로운 이해가 필요하다. 외계 지성체가 확인된다면, 그리스도론은 심각한 재해석이 요구된다. 전통적인 그리스도론은 지구 중심적일 뿐 아니라, 인간 중심적인 구조를 가지고 있다. 무엇보다 예수 그리스도의 구원이 보편적 성격을 가질 수 있을지, 예수의 선포와 가르침이 무한한 우주를 포함할 수 있을지가 과제로 떠오른다. 본 책의 "제3장 우주적 그리스도와 역사적 예수의 조화 유형" 역시 어느 정도 새로운 우주관을 염두에 둔 것이다.

2009년 11월 가톨릭교회는 로마에서 외계 생명체의 존재에 대한 학술대회를 열었다. 교황청 천문대장 푸네스(J. Funes)는 대회를 마치면서, 외계 존재가 없는 것으로 밝혀질 경우에 "지구가 매우 특별한 창조물이라는 뜻이며, 인간은 지구를 보호할 의무에 더욱 충실해야 한다."라고 말했다. 이어서 그는 "외계에 지능을 갖춘 존재가 있다면 그도 역시 신의 창조물"이라고 발표했다.[180]

푸네스의 마무리 말은 흥미롭다. 외계 생명체도 신의 창조물이라는 그의 말은 가톨릭의 고민을 단적으로 보여준다. 푸네스는 외계 생명체의 존재 여부가 어떻게 결론이 나더라도 기독교에 타격이 되지 않는 방안을 모

---

180 신정선, "바티칸, 외계인 있다면 그 역시 신(神)의 창조물," 「조선일보」, 2009년 11월 12일, http://news.chosun.com/site/data/html_dir/2009/11/12/2009111200136.html.

색한 것으로 보인다. 하지만 외계 생명체가 실제로 존재할 경우, '그 존재도 신의 창조물'이라는 선언만으로 모든 문제가 해결되는 것은 아니다. 그것은 중세의 기독교가, 지구가 우주의 중심이고 태양이 지구를 회전한다고 선언한 것이나 별 차이가 없다. 왜 외계 생명체가 인간이 믿는 신의 창조물인지, 그 신은 어떤 신인지에 대한 답변이 이루어져야 한다.

외계 지성체가 존재할 가능성을 단정하기 어렵지만, 기독교가 외계 지성체에 대해 신학적으로 준비할 필요는 있다. 다음의 두 가지 전제를 조건으로, 조금 논의를 하려 한다. 하나는, 외계 지성체가 종교적이며 지적인 대화가 가능한 존재이다. 다른 하나는, 기독교가 외계 지성체도 성서의 하나님의 피조물이라고 간주하는 것이다. 이 두 가지 전제를 벗어난다면, 외계 지성체에 대해 더는 신학적으로 논의할 필요가 없다. 또한 외계 지성체가 우리의 상상을 벗어난다면, 역시 논의의 초점을 찾기가 어려울 것이다.[181] 그러나 위 두 가지 전제가 충족된다면, 기독교는 그 외계 지성체에 대해 논의를 시작하는 것이 좋을 것이다. 위 두 전제 위에, 대화의 방향을 생각해 보자.

무엇보다 기독교에 더는 종교나 교파의 의미는 없어진다. 가톨릭이든, 개신교이든, 둘 사이에 별 차이는 없다. 종교, 교파, 조직으로서의 기독교

---

181 레인(A. N. S. Lane)은, 외계 지성체는 우리가 상상하는 것과 매우 다를 것이라고 예상한다. 그는 그리스도의 십자가의 속죄를 넓게 해석하더라도, 속죄의 능력이 우주의 한 끝에는 미쳐도 다른 은하계에까지 미칠 수는 없을 것이라고 주장한다. 또한 성서가 말하는 '새 하늘과 새 땅'의 비전이 지구가 속한 우주에 국한될 것이며, 은하계를 넘어설 수 없을 것이라고 말한다. [Anthony N. S. Lane, "Is the Truth Out There? Creatures, Cosmos and New Creation (Part two)," *The Evangelical Quarterly* 85, no. 1 (January 2013): 3-18.] 누구도 레인의 주장에 찬성하기도 어렵고, 반대하기도 어렵다. 인간은 아직 3차원을 벗어난 사고를 하지 못한다. 우리는 아직 다른 은하계의 시간과 공간의 개념을 모른다. 따라서 새 하늘과 새 땅의 비전이 어떤 우주관 안에서 이해될지를 판단하기는 이르다.

는 중요하지 않을 것이다. 사실 예수는 종교도 아니고, 교파도 아니다. 최후의 경우, 우리는 성서 곧 예수의 선포와 가르침을 남기고, 종교의 이름, 교파, 직제는 포기할 수 있다. 성서와 제도화된 기독교의 정체성은 동일하지 않다. 기독교의 정체성을 구성하는 요소 중에 성서를 제외한 전승, 교리, 직제를 포기한다고 해서 기독교가 없어지지 않는다. 지금의 기독교의 정체성은 성서 위에 지난 2,000년의 전승, 교리, 직제가 더해지면서 형성되었다. 즉 현재의 기독교의 정체성은 지구 중심적 토대 위에서 틀이 만들어졌다. 그러므로 외계 지성체와 우리가 성서의 하나님에 대해 대화하기 위해서는, 기독교는 지금까지 가져온 과거의 정체성을 완전히 넘어서야 한다. 그렇다면 성서는 우주적 관점에서 재해석될 것이고, 기독교의 정체성도 새롭게 형성될 것이다.

기독교의 입장에서는, 성서를 외계 지성체와 함께 공유할 수 있을지가 최후의 쟁점이 될 것이다. 다른 말로, 성서의 예수 그리스도가 외계 생명체를 포용할 수 있을까? 먼저 그리스도론의 '형식'으로는 가능하다. 그리스도의 임재의 모양은 다양하다. 그리스도의 현존양식을 우주적으로 볼 수 있고, 교리적인 부분도 재해석할 수 있다. 그리스도의 인격을 '참 하나님과 참 인간'이라는 두 본성에서, 제3의 본성인 '우주성'을 더해 삼성론으로 정립하는 것도 가능하다. 삼성론은 성서적 근거도 상당히 마련할 수 있다. 우주적 그리스도론은 기본 범주가 '우주'이기 때문에, 외계 지성체와 대화하는 데 걸림돌은 없다. 또 그리스도론의 형식을 영-그리스도론의 유형으로 발전시켜도 되고, 신관은 범재신론으로 형태를 잡으면 된다.

그러나 결국 성서의 내용이 결정적으로 중요하다. 성서가 우주적 개방성을 가지려면, 기독교와 외계 지성체가 동의할 수 있는 상호 '보편성'이 있어야 한다. 서로에게 보편성을 가질 수 없는 신을 논하거나, 그 신을 의미 있게 받아들이기를 강요할 수는 없다. 보편성을 확인하기 위해서는 두 가지가 가능한지를 봐야 한다. 하나는, 우주적 존재로서의 신 개념이 구축될 것인지 여부이다. 다른 하나는, 생명, 용서, 사랑, 화해와 같은 성서의 근본적 가치를 함께 공유할 수 있을지 여부이다. 전자는 존재론적인 차원이라서, 외계 지성체와 대화 가운데 찾아가야 할 부분이다. 신론은 범재신론의 유형이 될 가능성이 크지만, 지금 확정하기에는 이르다. 오히려 후자가 실제적인 보편성의 기준이 된다. 즉 성서의 예수 그리스도가 제시한 그 가치와 정신을 공유할 수 있을지가 관건이다. 기독교가 종파, 조직, 제도와 같은 종교적 형식을 포기하더라도, 포기할 수 없는 최후의 것이 있다. 그것은 역사적 예수의 선포와 말씀이며, 바로 성서의 핵심 내용이다.

예수의 선포가 우주적 성격을 가질 수 있을까? 예수 선포의 중심은 생명과 사랑이다. 하지만 예수의 생명과 사랑의 가르침, 하나님의 뜻, 하나님 나라의 선포는 그냥 나온 것이 아니다. 예수의 선포의 역사적 정황을 봐야 한다. 당시 예수의 선포는 세 가지 한계를 깨트렸다. 즉 예수의 선포는 유대교라는 '종교', 율법성이라는 '교리', 유대인이라는 '민족'의 한계를 뛰어넘었다. 조금 구체적으로 보자.

첫째, 유대인들에게 유대교는 다른 어떤 종교와도 비교할 수 없는 절대 종교였다. 예수는 한 명의 유대인이었고, 유대의 종교와 관습을 대체로 존중했다. 예수의 삶의 자리는 유대의 사회와 종교와 분리되지 않는다.[182] 하지만 예수는 유대교라는 '종교' 안에 머물러 있지 않았다. 유대교의 지도자들이 유대교의 종교성을 절대화했을 때, 예수는 결코 그들을 용납하지 않았다.

둘째, 율법은 유대교에서 절대적인 위치에 있었다. 유대인들에게 율법은 죽느냐, 사느냐의 문제였다. 하지만 예수는 율법의 본질은 존중했으나,

---

182 Dunn, *Jesus Remembered*, 88-89. 예수를 유대교의 상황 안에서 이해해야 하는 것은 분명하다. 그러나 그것이 예수가 유대교라는 종교를 옹호했다는 의미는 아니다.

율법의 규례와 조항에 묶이지 않았다. 예수는 율법과 율법을 해석하는 원칙인 할라카(Halakah) 사이에 엄격한 경계선을 그었다. 예수는 유대전승의 할라카를 따르지 않았고, 그 대신 하나님의 뜻에 따라 율법을 해석했다.[183] 예수는 사람들을 율법의 형식이 아니라, '하나님의 뜻' 앞에 세웠다.

셋째, 유대인들에게 야훼는 열조의 하나님이었고, 유대 민족의 하나님이었다. 유대인들에게 구원은 오직 그들에게 주어지는 것이었으며, 이방인은 구원에서 배제되었다. 하지만 예수의 구원에는 저주를 받을 것이라고 여겨지던 죄인들과 이방인들이 포함되었다. 예수의 성전정화도 유대인과 이방인의 구별을 철폐한 사건으로 볼 수 있다. 1세기 예루살렘 성전은 무엇보다 야훼를 만나는 '만남의 장소'였다. 성전은 오직 유대인을 위한 장소였고, 성전은 유대인과 이방인이 가장 극명하게 나누어지는 곳이었다. 하지만 예수에게 하나님은 만인의 하나님이었고, 성전은 만인을 위한 집이었다.[184] 예수의 성전정화는 유대인과 이방인의 구별을 폐지하고[185] 제

---

[183] 예수가 율법 자체를 거부한 것은 아니다. 마이어(J. P. Meier)는 예수가 자신의 할라카를 가지고 율법을 해석했다고 보았다. [John P. Meier, *A Marginal Jew: Rethinking the Historical Jesus*, vol. 4: *Law and Love* (New Haven: Yale University Press, 2009), 293-96.] 필자는 예수가 율법을 일관되게 해석했다는 점에서 예수에게 어떤 기준이 있었다고 동의한다. 다만 그 기준이 유대교 종파들의 할라카와는 명백히 달랐다. 예수는 율법의 형식적인 준수를 거부하고, 율법의 원정신을 따랐다. Cf. Francois Viljoen, "Jesus' Teaching on the Torah in the Sermon on the Mount," *Neotestamentica* 40, no. 1 (2006): 151-52.

[184] "만민이 기도하는 집"(막 11:17)이라는 표현은 기원후 67-70년 사이에 성전이 '모두에게' 개방되지 않은 상태를 반영하며, 마가의 편집일 가능성이 있다. 그러나 예수가 성전을 만인을 위한 곳으로 본 것은 분명하다. 마가복음에 기록된 예수의 성전정화는 역사적 예수에게로 소급된다. "너희는 강도의 소굴을 만들었도다"라는 구절은 구약(렘 7:11)에서 인용된 것이며, 예수의 진정성 있는 말씀으로 간주된다. [Cf. Marcus J. Borg and John Dominic Crossan, *The Last Week: What the Gospels Really Teach about Jesus's Final Days in Jerusalem* (New York: HarperOne, 2006), 49-52.] 예수의 성전정화를 비-역사적으로 보는 학자는 거의 없다. 호슬리(R. A. Horsley)는 성전정화를 예수 활동에서 가장 중요한 사건이

도화된 권위로 하나님의 임재를 막는 성전주의를 파괴한 것으로 해석될 수 있다.[186]

달리 말하면, 역사적 예수의 가르침은 종교에 내포된 배타성, 종교의 형식과 구조, 교리적 경직성, 민족과 국가의 범위를 넘어선다. 이 점에서, 예수의 가르침은 우주적 성격을 가질 수 있다.

예수의 선포에서 생명과 사랑이 전면에 드러나고, 용서와 화해, 헌신과 자비, 정의와 평화 등이 따라온다. 예수의 이 가르침이 성서 전체를 관통한다. 하나님은 생명의 근원이다. "그 안에 생명이 있었으니 이 생명은 사람들의 빛이라."(요 1:4) 우리는 생명 안에서 하나님을 만날 수 있다. 또한 우리는 사랑 안에서 하나님을 만난다. "하나님은 사랑이시라 사랑 안에 거하는 자는 하나님 안에 거하고 하나님도 그의 안에 거하시느니라."(요일 4:16) 예수의 생명과 사랑은 종교와 교리의 범위를 넘어선다. 우리는 기독교라는 종교의 이름, 교파, 조직을 포기할 수 있지만, 예수의 가르침을 포기할 수는 없다. 따라서 지구의 그리스도의 추종자와 외계 지성체와의 관계는 생명과 사랑 같은 핵심가치를 공유할 수 있을지에 달려 있다.

외계 지성체가 생명과 사랑을 존중한다면, 우리는 한 형제가 될 수 있다. 생명과 사랑이 그들에게 보편적 가치를 가질 수 있다면, 그 외의 모든 차이들은 사소하다. 지구인과 그들은 서로 배려하고 교제할 수 있다. 생명을 살리고 사랑을 실천하면서, 우리는 함께 생명과 사랑의 하나님을 만날 것이고, 한 하나님을 고백할 것이다. 그러나 만약 외계 지성체가 생명

며, 이스라엘 갱신운동의 정점으로 본다. Horsley, *Jesus and the Politics of Roman Palestine*, 11, 65.

185 J. Bradley Chance, "The Cursing of the Temple and the Tearing of the Veil in the Gospel of Mark," *Biblical Interpretation* 15, no. 3 (2007): 290-91.

186 Ira Brent Driggers, "The Politics of Divine Presence: Temple as Locus of Conflict in the Gospel of Mark," *Biblical Interpretation* 15, no. 3 (2007): 227-29.

과 사랑에 반한다면, 아마 그들의 신은 파괴의 신이요, 증오의 신이요, 죽음의 신일 것이다. 그렇다면 그것은 어둠의 힘이다. 예수는 죽음과 악의 근원과 싸웠고, 선한 싸움에서 승리했다. 예수의 선포에서 생명이 죽음을 이기고, 사랑이 증오와 파괴를 이겼다. 아마 미래의 기독교인들은 예수의 길을 따를 것이다. 그들은 생명을 지키고 모두를 사랑할 것이지만, 어둠과 악의 힘에는 맞설 것이다.

무한한 우주에서 지구가 외로운 별이 아니기를 바란다. 언젠가 우주에서 지적인 존재를 만나고, 생명과 사랑의 교제를 나눌 수 있다면 멋진 일일 것이다. 그들의 이름이 무엇이든지, 우리는 한 신앙과 믿음을 나눌 수 있을 것이다. 외계 생명체와의 만남이 우리의 믿음을 확인하는 순간이 되기를 소망한다.

_ 참고 도서

_ 인명 찾아보기

_ 주제 찾아보기

참고 도서

Abelard, Peter. "Exposition of the Epistle to the Romans." In *A Scholastic Miscellany: Anselm to Ockham*, edited by Eugene R. Fairweather, 276–87. Louisville: Westminster Press, 1956.

Adelekan, Tokunbo, and Andre L. Price. "From the Church to Culture: Towards a Theology of Public Engagement." *Ogbomoso Journal of Theology* 16, no. 2 (2011): 137–60.

Allen, Paul L. "Sin and Natural Theology: An Augustinian Framework Beyond Barth." *Neue Zeitschrift für Systematische Theologie und Religionsphilosophie* 57, no. 1 (2015): 14–31.

Anderson, Paul N. "Aspects of Historicity in the Fourth Gospel: Consensus and Convergences." In *John, Jesus, and History,* vol. 2: *Aspects of Historicity in the Fourth Gospel*, edited by Paul N. Anderson, Felix Just, and Tom Thatcher, 379–86. Atlanta: Society of Biblical Literature, 2009.

Anselm of Canterbury. *Why God Became Man*. Edited by Brian Davies and G. R. Evans. *Anselm of Canterbury: The Major Works*. Oxford: Oxford University Press, 1998.

Aquinas, Thomas. *On Nature and Grace: Selections from the Summa Theologica of Thomas Aquinas*. Edited by A. M. Fairweather. Philadelphia: Westminster Press, 1954.

Arana, Pedro. "Towards a Biblical Public Theology." *Journal of Latin American Theology* 11, no. 2 (2016): 35–59.

Arminius, James. *The Works of James Arminius*. 2 vols. Translated by James Nichols and William Nichols, London edition. Grand Rapids: Baker Book House, 1986.

Augustine of Hippo. "A Treatise on Grace and Free Will." In *Nicene and Post-Nicene Fathers*, 1st ser., vol. 5, edited by Philip Schaff, 436-65. Edinburgh: T&T Clark, 1991.

———. "A Treatise on Nature and Grace, Against Pelagius." In *Nicene and Post-Nicene Fathers*, 1st ser., vol. 5, edited by Philip Schaff, 121-51. Edinburgh: T&T Clark, 1991.

———. "A Treatise on the Spirit and the Letter." In *Nicene and Post-Nicene Fathers*, 1st ser., vol. 5, edited by Philip Schaff, 83-114. Edinburgh: T&T Clark, 1991.

———. *City of God*. Edited by Philip Schaff. *Nicene and Post-Nicene Fathers*, 1st ser., vol. 2. Edinburgh: T&T Clark, 1991.

———. *Letters of St. Augustine*. Edited by Philip Schaff. *Nicene and Post-Nicene Fathers*, 1st ser., vol. 1. Edinburgh: T&T Clark, 1991.

———. "On Original Sin." In *Nicene and Post-Nicene Fathers*, 1st ser., vol. 5, edited by Philip Schaff, 237-55. Edinburgh: T&T Clark, 1991.

———. "On the Merits and Remission of Sins, and on the Baptism of Infants." In *Nicene and Post-Nicene Fathers*, 1st ser., vol. 5, edited by Philip Schaff, 15-68. Edinburgh: T&T Clark, 1991.

Baghos, Mario. "The Conflicting Portrayals of Origen in the Byzantine Tradition." *Phronema* 30, no. 2 (2015): 69-104.

Baker, William R. "The Chalcedon Definition, Pauline Christology, and the Postmodern Challenge of 'From Below' Christology." *Stone-Campbell Journal* 9, no. 1 (Spring 2006): 77-97.

Balabanski, Vicky. "The Holy Spirit and the Cosmic Christ: A Comparison of Their Roles in Colossians and Ephesians, or 'Where Has the Holy Spirit Gone?'" *Colloquium* 42, no. 2 (November 2010): 173-87.

Barth, Karl. *Community, State, and Church: Three Essays*. Eugene: Wipf & Stock Publishers, 2004.

———. *Church Dogmatics*. 14 vols. Edited by G. W. Bromiley and T. F. Torrance. Edinburgh: T&T Clark, 1956-1975.

———. "No! Answer to Emil Brunner." In *Natural Theology: Comprising "Nature and*

Grace" by Emil Brunner and the Reply "No!" by Karl Barth. Translated by Peter Fraenkel, 65–128. London: The Centenary Press, 1945.

_____. *Credo: A Presentation of the Chief Problems of Dogmatics with Reference to the Apostles' Creed*. Translated by J. Strathearn McNab. London: Hodder & Stoughton, 1936.

Behr, John. *Irenaeus of Lyons: Identifying Christianity*. Oxford: Oxford University Press, 2013.

Beilby, James K., and Paul Rhodes Eddy. "The Quest for the Historical Jesus: An Introduction." In *The Historical Jesus: Five Views*, edited by James K. Beilby and Paul Rhodes Eddy, 9–54. Madison: IVP, 2009.

Bevans, Stephen B. *Models of Contextual Theology*. New York: Orbis, 1998.

Bird, Michael F. "Shouldn't Evangelicals Participate in the 'Third Quest for the Historical Jesus'?" *Themelios* 29, no. 2 (Spring 2004): 5–14.

Blackburn, Barry L. "The Miracle of Jesus." In *The Cambridge Companion to Miracles*, edited by Graham H. Twelftree, 113–30. Cambridge: Cambridge University Press, 2011.

Bock, Darrell L. "The Use of Scripture in the Public Square." *Criswell Theological Review* 15, no. 2 (Spring 2018): 27–37.

Boer, William den. "'Cum delectu': Jacob Arminius's(1559–1609) Praise for and Critique of Calvin and His Theology." *Church History and Religious Culture* 91, no. 1–2 (2011): 73–86.

Boff, Leonardo. *Trinity and Society*. Translated by Paul Burns. Kent: Burns & Oates, 1988.

_____. *Jesus Christ Liberator: A Critical Christology for Our Times*. Translated by Patrick Hughes. London: SPCK, 1980.

Boff, Leonardo, and Clodovis Boff. *Salvation and Liberation: In Search of a Balance between Faith and Politics*. Translated by Robert R. Barr. Quezon City: Claretian Publications, 1985.

Bond, Helen K. *The Historical Jesus*. London: T & T Clark International, 2012.

Bonhoeffer, Dietrich. *Letters and Papers from Prison*. Edited by Eberhard Bethge. London: SCM, 1971.

_____. *Christology*. Translated by John Bowden. London: Collins, 1966.
Bonner, Gerald. *Freedom and Necessity: St. Augustine's Teaching on Divine Power and Human Freedom*. Washington, D.C.: The Catholic University of America Press, 2007.
Borg, Marcus J. *Jesus: Uncovering the Life, Teachings, and Relevance of a Religious Revolutionary*. San Francisco: HarperSanFrancisco, 2008.
_____. *Jesus, A New Vision: The Spirit, Culture, and The Life of Discipleship*. San Francisco: Harper & Row, 1991.
Borg, Marcus J., and John Dominic Crossan. *The Last Week: What the Gospels Really Teach about Jesus's Final Days in Jerusalem*. New York: HarperOne, 2006.
Borg, Marcus J., and N. T. Wright. *The Meaning of Jesus: Two Visions*. New York: HarperCollins e-books, 2007.
Borsch, Frederick H. "Mary and Scripture: A Response to Mary: Grace and Hope in Christ. An Agreed Statement of the Anglican-Roman Catholic International Commission." *Anglican Theological Review* 89, no. 3 (Summer 2007): 375-99.
Boursier, Helen Taylor. "The Necessity of Social Just-ness for a Postmodern Ecclesiodicy." *Theology Today* 72, no. 1 (April 2015): 84-99.
Bracken, Joseph A. "Incarnation, Panentheism, and Bodily Resurrection: A Systems-Oriented Approach." *Theological Studies* 77, no. 1 (March 2016): 32-47.
Breidenthal, Thomas E. "Following Jesus Outside: Reflections on the Open Table." *Anglican Theological Review* 94, no. 2 (Spring 2012): 257-62.
Bridges, Carl B. "Degrees of Punishment and Reward in the Gospels: Exegesis and Praxis." *Stone-Campbell Journal* 14, no. 1 (Spring 2011): 81-86.
Brown, Malcolm, Stephen Pattison, and Graeme Smith. "The Possibility of Citizen Theology: Public Theology after Christendom and the Enlightenment." *International Journal of Public Theology* 6, no. 2 (2012): 183-204.
Brunner, Emil. *The Christian Doctrine of the Church, Faith, and the Consummation: Dogmatics III*. Translated by Olive Wyon. London: Lutterworth Press, 1962.
_____. "Nature and Grace." In *Natural Theology: Comprising "Nature and Grace" by Emil Brunner and the Reply "No!" by Karl Barth*. Translated by Peter Fraenkel, 15-64. London: The Centenary Press, 1945.

Bryan, Christopher. "The Universe and God: Mistakes Old and New." *Sewanee Theological Review* 58, no. 2 (Easter 2015): 253–60.

Bultmann, Rudolf. "The Primitive Christian Kerygma and the Historical Jesus." In *The Historical Jesus and the Kerygmatic Christ: Essays on the New Quest of the Historical Jesus*. Translated and edited by Carl E. Braaten and Roy A. Harrisville, 15–53. New York: Abingdon Press, 1964.

_____. *Jesus and the Word*. Translated by Louise Pettibone Smith and Erminie Huntress. New York: Charles Scriber's Sons, 1958.

_____. "New Testament and Mythology." *Kerygma and Myth: A Theological Debate*, vol. 1. Translated by Reginald H. Fuller. London: SPCK, 1957.

_____. *Theology of the New Testament*, vol. 1. Translated by Kendrick Grobel. London: SCM, 1952.

Burke, Trevor J. "The Parable of the Prodigal Father: An Interpretative Key to the Third Gospel(Luke 15:11–32)." *Tyndale Bulletin* 64, no. 2 (2013): 217–38.

Buttelli, Felipe Gustavo Koch. "Public Theology as Theology on Kairos: The South African Kairos Document as a Model of Public Theology." *Journal of Theology for Southern Africa* 143 (July 2012): 90–106.

Cady, Linell E. "Public Theology and the Postsecular Turn." *International Journal of Public Theology* 8, no. 3 (2014): 292–312.

Calvin, John. *Commentary on Galatians*, vol. 1. Translated by James Anderson. *Commentary on Galatians*. Albany: AGES Software, The Ages Digital Library, 1998.

_____. *Institutes of the Christian Religion(1559)*. Edited by John T. McNeill. *Calvin: Institutes of the Christian Religion*. Philadelphia: Westminster Press, 1960.

Castillo, Daniel P. "Integral Ecology as a Liberationist Concept." *Theological Studies* 77, no. 2 (June 2016): 353–76.

Chance, J. Bradley. "The Cursing of the Temple and the Tearing of the Veil in the Gospel of Mark." *Biblical Interpretation* 15, no. 3 (2007): 268–91.

Chatraw, Joshua D. "Balancing Out (W)right: Jesus' Theology of Individual and Corporate Repentance and Forgiveness in the Gospel of Luke." *Journal of the*

Evangelical Theological Society 55, no. 2 (June 2012): 299-321.

Chigumira, Godfrey. "Mary as a Symbol of Inspiration for the Empowerment of Southern African Christian Women Disproportionately Infected/Affected by HIV and AIDS." *Black Theology: An International Journal* 12, no. 2 (August 2014): 117-38.

Christian, David, Cynthia Stokes Brown, and Craig Benjamin. *Big History: Between Nothing and Everything*. New York: McGraw-Hill Education, 2013.

Clayton, Philip, and Arthur Peacocke, eds. *In Whom We Live and Move and Have Our Being: Panentheistic Reflections on God's Presence in a Scientific World*. Grand Rapids: William B. Eerdmans Pub., c2004.

Cochrane, James R. "Against the Grain: Responsible Public Theology in a Global Era." *International Journal of Public Theology* 5, no. 1 (2011): 44-62.

Cone, Steven D. "Non-Penal Atonement and Anselm's Satisfaction Theory." *Stone-Campbell Journal* 18, no. 1 (Spring 2015): 27-44.

Cooper, John W. *Panentheism: The Other God of the Philosophers, From Plato to the Present*. Grand Rapids: Baker Academic, 2006.

Cornwall, Susannah. "Sex Otherwise: Intersex, Christology, and the Maleness of Jesus." *Journal of Feminist Studies in Religion* 30, no. 2 (Fall 2014): 23-39.

Couenhoven, Jesse. "Grace as Pardon and Power: Pictures of the Christian Life in Luther, Calvin, and Barth." *Journal of Religious Ethics* 28, no. 1 (Spring 2000): 63-88.

Craffert, Pieter F. "Did Jesus Rise Bodily from the Dead?: Yes and No!" *Religion & Theology* 15, no. 1-2 (2008): 133-53.

Crossan, John Dominic. "Response to Robert M. Price." In *The Historical Jesus: Five Views*, edited by James K. Beilby and Paul Rhodes Eddy, 84-88. Madison: IVP, 2009.

_____. *Jesus: A Revolutionary Biography*. New York: HarperSanFrancisco, 1994.

_____. *The Historical Jesus: The Life of a Mediterranean Jewish Peasant*. New York: HarperSanFrancisco, 1991.

Crossan, John Dominic, and Richard G. Watts. *Who Is Jesus?: Answer to Your Questions about the Historical Jesus*. Louisville: WJK, 1996.

Crouzel, Henri. *Origen*. Translated by A. S. Worrall. Edinburgh: T&T Clark Ltd., 1989.

Cullmann, Oscar. *Christ and Time: The Primitive Christian Conception of Time and History*. Translated by Floyd V. Filson. Philadelphia: Westminster Press, 1964.

Cumming, Richard Paul. "The Problem of Universal Salvation in the Theology of Emil Brunner." *Union Seminary Quarterly Review* 65, no. 1-2 (2015): 74-95.

Daniels, Joel C. "Christology, Evolution, and Cultural Change." *Anglican Theological Review* 96, no. 3 (Summer 2014): 435-59.

Dawson, Mark. "Church Action for Fair Trade as Public Theology: Learning from the Experience of the Mainstreaming of Fair Trade in the United Kingdom." *International Journal of Public Theology* 13, no. 1 (2019): 55-71.

Deckers, Jan. "Christianity and Ecological Ethics: The Significance of Process Thought and a Panexperientialist Critique of Strong Anthropocentrism." *Ecotheology: Journal of Religion, Nature & the Environment* 9, no. 3 (December 2004): 359-87.

Diène, Doudou. "The Challenges of Diversity: Ethnic and Religious." *Dialogue & Alliance* 29, no. 2 (Winter 2015): 63-65.

Dombrowski, Daniel A. "The Process Continues…." *Religious Studies Review* 35, no. 2 (June 2009): 91-97.

Driggers, Ira Brent. "The Politics of Divine Presence: Temple as Locus of Conflict in the Gospel of Mark." *Biblical Interpretation* 15, no. 3 (2007): 227-47.

Dunn, James D. G. "Reappreciating the Oral Jesus Tradition." *Svensk exegetisk årsbok*, 74 (2009): 1-17.

_____. *Jesus Remembered*. Grand Rapids: William B. Eerdmans Publishing Company, 2003.

_____. *The Theology of Paul the Apostle*. Grand Rapids: Wm. B. Eerdmans Publishing Co., 1998.

Ebeling, Gerhard. *The Lord's Prayer in Today's Word*. Translated by James W. Leitch. London: SCM, 1966.

_____. *Word and Faith*. Translated by James W. Leitch. London: SCM, 1963.

_____. *The Nature of Faith*. Translated by Ronald Gregor Smith. London: Collins, 1961.
Edmondson, Stephen. "Opening the Table: The Body of Christ and God's Prodigal Grace." *Anglican Theological Review* 91, no. 2 (Spring 2009): 213-34.
Eliade, Mircea. *The Myth of the Eternal Return: Or, Cosmos and History*. Princeton: Princeton University Press, 1974.

Faricy, Robert. "The Exploitation of Nature and Teilhard's Ecotheology of Love." *Ecotheology* 10, no. 2 (August 2005): 181-95.
Forrester, Duncan B. *Truthful Action: Explorations in Practical Theology*. Edinburgh: T&T Clark, 2000.
_____. *Theology and Politics*. Oxford: Blackwell, 1988.
Frei, Hans. "Response to 'Narrative Theology: An Evangelical Appraisal.'" In *Theology and Narrative: Selected Essays*, edited by George Hunsinger and William C. Placher, 207-12. Oxford: Oxford University Press, 1993.
_____. *Types of Christian Theology*. New Haven: Yale University Press, 1992.
Fretheim, Kjetil. "Democracy and Climate Justice: Public Theology in the Anthropocene." *International Journal of Public Theology* 12, no. 1 (2018): 56-72.
Fuchs, Ernst. *Studies of the Historical Jesus*. Translated by Andrew Scobie. London: SCM, 1964.
_____. "The New Testament and Hermeneutical Problem." In *The New Hermeneutic*, edited by James M. Robinson and John B. Cobb, 111-45. New York: Harper & Row, 1964.
_____. "The Task of New Testament Scholarship for the Church's Proclamation Today." In *Christianity Divided: Protestant and Roman Catholic Theological Issues*, edited by Daniel J. Callahan, Heiko A. Oberman and Daniel J. O'Hanlon, 79-88. London and New York: Sheed and Ward, 1961.
Funk, Robert W. *Honest to Jesus: Jesus for a New Millennium*. New York: HarperSanFrancisco, 1996.

Gandolfo, Elizabeth O'Donnell. "A Truly Human Incarnation: Recovering a Place for Nativity in Contemporary Christology." *Theology Today* 70, no. 4 (January

2014): 382-93.

Gelman, David, and Karen Springen. "How Will the Clone Feel?" *Newsweek*. Korean edition. November 10 (1993): 14-19.

Gnilka, Joachim. *Jesus of Nazareth: Message and History*. Translated by Siegfried S. Schatzmann. Peabody: Hendrickson Publishers, 1997.

González, Justo L. *A History of Christian Thought*, vol. 3. Nashville: Abingdon, 1980.

Gordon, Joseph Kenneth. "Deifying Adoption as Impetus for Moral Transformation: Augustine's Sermons on the Christological Ethics of 'Godhood.'" *Stone-Campbell Journal* 16, no. 2 (Fall 2013): 193-206.

Gowler, David B. *What Are They Saying about the Historical Jesus?* New York: Paulist Press, 2007.

Graham, Elaine. "Reflexivity and Rapprochement: Explorations of a 'Postsecular' Public Theology." *International Journal of Public Theology* 11, no. 3 (2017): 277-89.

_____. *Between a Rock and a Hard Place: Public Theology in a Post-Secular Age*. London: SCM Press, 2013.

Grenz, Stanley J. *Reason for Hope: The Systematic Theology of Wolfhart Pannenberg*. Grand Rapids: Wm. B. Eerdmans Publishing Co., 2005.

Griffin, David Ray. "Scientific Naturalism, the Mind-Body Relation, and Religious Experience." *Zygon* 37, no. 2 (June 2002): 361-80.

_____. *Unsnarling the World-Knot: Consciousness, Freedom, and the Mind-Body Problem*. California: California University Press, 1998.

_____. *God and Religion in Postmodern World: Essays in Postmodern Theology*. Albany: SUNY Press, 1989.

Guyette, Fred. "Jonathan Edwards, The Ethics of Virtue and Public Theology." *International Journal of Public Theology* 4, no. 2 (2010): 158-74.

Halloran, Nathan, "Evolution and the Nature and Transmission of Original Sin: Rahner, Schoonenberg and Teilhard de Chardin." *Colloquium* 44, no. 2 (November 2012): 177-93.

Harari, Yuval Noah. *Homo Deus: A Brief History of Tomorrow*. New York: HarperCollins Publishers, 2017.

Hartshorne, Charles, and William L. Reese. *Philosophers Speak of God*. Chicago: University of Chicago Press, 1953.

Haskell, Rob. "Process Theology: A Christian Option or a New Religion?" *Evangelical Review of Theology* 36, no. 4 (October 2012): 302-15.

Hawking, Stephen, and Leonard Mlodinow. *The Grand Design*. New York: Bantam Books, 2010.

Hay, Andrew R. "The Heart of Wrath: Calvin, Barth, and Reformed Theories of Atonement." *Neue Zeitschrift für Systematische Theologie und Religionsphilosophie* 55, no. 3 (2013): 361-78.

Heckart, Jennifer L. "Sympathy for the Devil? Origen and the End." *Union Seminary Quarterly Review* 60, no. 3-4 (2007): 49-63.

Hedges, Paul M., and Anna Halafoff. "Globalisation and Multifaith Societies." *Studies in Interreligious Dialogue* 25, no. 2 (2015): 135-61.

Heim, S. Mark. "Religion in the Perspective of 'Big History'." *Harvard Theological Review* 107, no. 1 (January 2014): 114-26.

Heisenberg, Werner. *Physics and Beyond: Encounters and Conversations*. New York: Harper & Row, 1971.

Helm, Paul. *John Calvin's Ideas*. New York: Oxford University Press, 2006.

Heringer, Seth. "Forgetting the Power of Leaven: The Historical Method in Recent New Testament Theology." *Scottish Journal of Theology* 67, no. 1 (February 2014): 85-104.

Hick, John. *Christianity at the Centre*. London: Macmillan, 1986.

_____. *God Has Many Names: Britain's New Religious Pluralism*. London: Macmillan, 1980.

_____. "Jesus and the World Religions." In *The Myth of God Incarnate*, edited by John Hick, 167-85. London: SCM, 1977.

Hicks, John Mark. "Classic Arminianism and Open Theism: A Substantial Difference in Their Theologies of Providence." *Trinity Journal* 33, no. 1 (Spring 2012): 3-18.

Hiemstra, John L. "A Calvinist Case for Tolerant Public Pluralism: The Religious Sources of Abraham Kuyper's Public Philosophy." *Religious Studies and Theology* 34, no. 1 (2015): 53-83.

Hogue, Michael S. "After the Secular: Toward a Pragmatic Public Theology." *Journal of the American Academy of Religion* 78, no. 2 (June 2010): 346–74.

Holden, William, Kathleen Nadeau, and Emma Porio. *Ecological Liberation Theology*. Cham: Springer, 2017.

Holliday, Lisa R. "Will Satan Be Saved? Reconsidering Origen's Theory of Volition in Peri Archon." *Vigiliae Christianae* 63, no. 1 (2009): 1–23.

Horsley, Richard A. *Jesus and Magic: Freeing the Gospel Stories from Modern Misconceptions*. Cambridge: James Clarke & Co., 2015.

_____. *Jesus and the Politics of Roman Palestine*. Columbia: University of South Carolina Press, 2014.

_____. *Archaeology, History, and Society in Galilee: The Social Context of Jesus and the Rabbis*. Oregon: Trinity Press International, 1996.

Hulst, Fulco van. "Abelard on Atonement: Through Love or Through Penal Substitution? Reading Abelard from a Peace Church Perspective." *Baptistic Theologies* 6, no. 2 (Fall 2014): 14–23.

Hunsberger, George R. "Can Public Theology and Missional Theology Talk to Each Other? Imagination and Nuance for the Church's Public Practices." *Cultural Encounters* 8, no. 2 (2012): 5–18.

Irenaeus. *Against Heresies*. Edited by Alexander Roberts and James Donaldson. *The Ante-Nicene Fathers*, vol. 1. Edinburgh: T&T Clark, 1993.

Isaacs, Mark D. "Pierre Teilhard de Chardin: And the Quest for an Interface between Science and Religion." *Journal of Unification Studies* 10 (2009): 141–71.

James, Mark Randall. "The Beginning of Wisdom: On the Postliberal Interpretation of Scripture." *Modern Theology* 33, no. 1 (January 2017): 9–30.

Jenson, Robert W. "Gratia non Tollit Naturam sed Perficit." *Pro Ecclesia* 24, no. 1 (Winter 2015): 115–23.

Jeremias, Joachim. *New Testament Theology: The Proclamation of Jesus*. Translated by John Bowden. New York: Charles Scribner's Sons, 1971.

_____. *The Parables of Jesus*. Translated by S. H. Hooke. London: SCM, 1963.

Johanson, Todd. "Pluralistic Inclusivism and Christian-Muslim Dialogue: The Challenge of Moving beyond Polite Discussion toward Reconciliation and Peace." *Journal of Ecumenical Studies* 51, no. 1 (Winter 2016): 31-53.

Johnson, Andre E. "God is a Negro: The (Rhetorical) Black Theology of Bishop Henry McNeal Turner." *Black Theology: An International Journal* 13, no. 1 (April 2015): 29-40.

Johnson, Luke Timothy. "Learning the Human Jesus: Historical Criticism and Literary Criticism." In *The Historical Jesus: Five Views*, edited by James K. Beilby and Paul Rhodes Eddy, 153-77. Madison: IVP, 2009.

Johnson, Maxwell E. "The Blessed Virgin Mary and Ecumenical Convergence in Doctrine, Doxology, and Devotion." *Worship* 88, no. 6 (November 2014): 482-506.

Jones, Howard A. "The Vision of Father Pierre Teilhard de Chardin: The Life of an Unconventional Spiritual Visionary." *Journal for Spiritual & Consciousness Studies* 39, no. 1 (May 2016): 24-30.

Joseph, Simon J. "'Why Do You Call Me 'Master'…?' Q 6:46, the Inaugural Sermon, and the Demands of Discipleship." *Journal of Biblical Literature* 132, no. 4 (Winter 2013): 955-72.

Käsemann, Ernst. *Perspectives on Paul*. Translated by Margaret Kohl. London: SCM, 1971.

_____. *Jesus Means Freedom*. Translated by Frank Clarke. London: SCM, 1969.

_____. *New Testament Questions of Today*. Translated by W. J. Montague. London: SCM, 1969.

_____. *The Testament of Jesus: A Study of the Gospel of John in the Light of Chapter 17*. Translated by Gerhard Krodel. London: SCM, 1968.

_____. *Essays on New Testament Themes*. Translated by W. J. Montague. London: SCM, 1964.

Kelly, Anthony J. "'The Body of Christ: Amen!': The Expanding Incarnation." *Theological Studies* 71, no. 4 (December 2010): 792-816.

Kilgallen, John J. "Was Jesus Right to Eat with Sinners and Tax Collectors?" *Biblica* 93, no. 4 (2012): 590-600.

Kim, Dong-Kun. *Jesus: From Bultmann to the Third World*. Bern: Peter Lang, 2002.

Kim, Sebastian C. H. "Globalization and Global Inequality." *International Journal of Public Theology* 7, no. 1 (2013): 1-4.

———. "The Relation between Justice and Peace in Public Theology." *International Journal of Public Theology* 7, no. 3 (2013): 235-39.

———. *Theology in the Public Sphere: Public Theology as a Catalyst for Open Debate*. London: SCM Press, 2011.

King, Ursula. "One Planet, One Spirit: Searching for an Ecologically Balanced Spirituality." *Ecotheology* 10, no. 1 (April 2005): 66-87.

Kirkpatrick, Martha. "'For God So Loved the World': An Incarnational Ecology." *Anglican Theological Review* 91, no. 2 (Spring 2009): 191-212.

Knight, Christopher C. "Science and the Eastern Orthodox Church: Historical and Current Perspectives." *Science & Christian Belief* 25, no. 1 (April 2013): 37-52.

Knitter, Paul F. *No Other Name?: A Critical Survey of Christian Attitudes Toward the World Religions*. New York: Orbis Books, 1985.

Koopman, Nico. "Envision and Criticize: Doing Public Theology When Democracy Seems to Fail." *International Journal of Public Theology* 13, no. 1 (2019): 94-108.

Kümmel, Werner Georg. *Promise and Fulfilment: The Eschatological Message of Jesus*. Translated by Dorothea M. Barton. London: SCM, 1957.

Küng, Hans. *Justification: The Doctrine of Karl Barth and a Catholic Reflection*. Translated by Thomas Collins, Edmund E. Tolk, and David Granskou. London: Burns & Oates, 1981.

———. *On Being a Christian*. Translated by Edward Quinn. London: Collins, 1977.

Küster, Volker. "Jesus and the Minjung Revisited: The Legacy of Ahn Byung-Mu (1922-1996)." *Biblical Interpretation* 19, no. 1 (2011): 1-18.

Kyrtatas, Dimitris J. "The Origins of Christian Hell." *Numen: International Review for the History of Religions* 56, no. 2/3 (2009): 282-97.

LaHurd, Carol Schersten. "Cosmic Crucified or One Ultimate Reality? On Becoming a Committed Pluralist." *Currents in Theology and Mission* 42, no. 1 (January-

February 2015): 30-37.

Lai, Pan-chiu. "Ecological Theology as Public Theology: A Chinese Perspective." *International Journal of Public Theology* 11, no. 4 (2017): 477-500.

Lam, Joseph C. Quy. "Revelation, Christology and Grace in Augustine's Anti-Manichean and Anti-Pelagian Controversies." *Phronema* 28, no. 2 (2013): 131-49.

Lane, Anthony N. S. "Is the Truth Out There? Creatures, Cosmos and New Creation (Part two)." *The Evangelical Quarterly* 85, no. 1 (January 2013): 3-18.

Licona, Michael R. "Is the Sky Falling in the World of Historical Jesus Research?" *Bulletin for Biblical Research* 26, no. 3 (2016): 353-68.

Loftin, R. Keith. "A Barthian Critique of the Covenant of Redemption." *Trinity Journal* 38, no. 2 (Fall 2017): 203-22.

Long, Jeffery D. "Universal Avatā: A Hindu Theology of Divine Incarnation in the Tradition of Sri Ramakrishna." *Studies in Interreligious Dialogue* 22, no. 2 (2012): 170-85.

Louth, Andrew. "Pseudonymity and Secret Tradition in Early Christianity: Some Reflections on the Development of Mariology." *St Vladimir's Theological Quarterly* 60, no. 4 (2016): 431-51.

Mai, L. L., M. Young Owl, and M. P. Kersting, eds. *The Cambridge Dictionary of Human Biology and Evolution*. Cambridge: Cambridge University Press, 2005.

Mang, Pum Za. "Martin Luther King and Public Theology." *The Asia Journal of Theology* 29, no. 2 (October 2015): 227-50.

Mann, Charles C. "The Birth of Religion." *National Geographic* 219, no. 6 (June 2011): 35-59.

Marshall, I. Howard. "Jesus as Messiah in Mark and Matthew." In *The Messiah in the Old and New Testaments*, edited by Stanley E. Porter, 117-43. Grand Rapids: Wm. B. Eerdmans Publishing Co., 2007.

Marty, Martin E. "Reinhold Niebuhr: Public Theology and the American Experience." *The Journal of Religion* 54, no. 4 (October 1974): 332-59.

McGowan, A. T. B. "Church and State: The Contribution of Church History to Evangelical Models for Public Theology." *European Journal of Theology* 14, no. 1

Meier, John P. *A Marginal Jew: Rethinking the Historical Jesus*, vol. 4: *Law and Love*. New Haven: Yale University Press, 2009.

_____. *A Marginal Jew: Rethinking the Historical Jesus*, vol. 2: *Mentor, Message and Miracles*. New York: Doubleday, 1994.

Migliore, Daniel L. *Faith Seeking Understanding: An Introduction to Christian Theology*. Grand Rapids: Wm. B. Eerdmans Publishing Co., 2004.

Milad, Corine B. "Incarnation and Transfiguration: Origen's Theology of Descent." *Journal of Theological Interpretation* 12, no. 2 (Fall 2018): 200–16.

Miles-Tribble, Valerie. "Restorative Justice as a Public Theology Imperative." *Review & Expositor* 114, no. 3 (2017): 366–79.

Moe, David Thang. "Reading Karl Barth in Myanmar: The Significance of His Political Theology for a Public Theology in Myanmar." *International Journal of Public Theology* 12, no. 3–4 (2018): 416–39.

Moltmann, Jürgen. "The Resurrection of Christ and the New Earth." *Communio Viatorum* 49, no. 2 (2007): 141–49.

_____. *Experiences in Theology: Ways and Forms of Christian Theology*. Translated by Margaret Kohl. London: SCM Press, 2000.

_____. *The Coming of God: Christian Eschatology*. Translated by Margaret Kohl. London: SCM, 1996.

_____. *Jesus Christ for Today's World*. Translated by Margaret Kohl. Minneapolis: Fortress Press, 1994.

_____. *God in Creation: A New Theology of Creation and the Spirit of God*. Translated by Margaret Kohl. Minneapolis: Fortress Press, 1993.

_____. *The Crucified God: The Cross of Christ as the Foundation and Criticism of Christian Theology*. Translated by R. A. Wilson and John Bowden. Minneapolis: Fortress, 1993.

_____. *The Spirit of Life: A Universal Affirmation*. Translated by Margaret Kohl. Minneapolis: Fortress Press, 1993.

_____. *The Trinity and the Kingdom: The Doctrine of God*. Translated by Margaret Kohl. Minneapolis: Fortress Press, 1993.

_____. *The Way of Jesus Christ: Christology in Messianic Dimensions*. Translated by

Margaret Kohl. London: SCM, 1990.

Mouw, Richard J. "Calvin's Legacy for Public Theology." *Political Theology* 10, no. 3 (July 2009): 431-46.

Nelson, Richard D. "Judges: A Public Canon for Public Theology." *Word & World* 29, no. 4 (Fall 2009): 397-406.

_____. "The Old Testament and Public Theology." *Currents in Theology and Mission* 36, no. 2 (April 2009): 85-94.

Nengean, Isaiah Gesa. "The Imago Dei as the Imago Trinitatis: An Analysis of Jürgen Moltmann's Doctrine of the Image of God." *The Westminster Theological Journal* 71, no. 2 (Fall 2009): 490.

Nguyen, Dinh Anh Nhue. "What Could Jesus Mean in Recommending His Disciples to Hate Their Parents(Lk 14:26): The Perspective of Qumran Texts." *Colloquium* 47, no. 2 (November 2015): 292-317.

Niebuhr, H. Richard. *Christ and Culture*. London: Faber and Faber, 1952.

Noble, Thomas A. "The 'Necessity' of Anselm: The Argument of the Cur Deus Homo." *Wesleyan Theological Journal* 50, no. 1 (Spring 2015): 53-66.

Oakes, Kenneth. "The Question of Nature and Grace in Karl Barth: Humanity as Creature and as Covenant-Partner." *Modern Theology* 23, no. 4 (October 2007): 595-616.

Ogden, Schubert M. *Is There Only One True Religion or Are There Many?* Dallas: Southern Methodist University Press, 1992.

Olson, Daniel C. "Matthew 22:1-14 as Midrash." *Catholic Biblical Quarterly* 67, no. 3 (July 2005): 435-53.

Olson, Roger E. "A Postconservative Evangelical Response to Panentheism." *Evangelical Quarterly* 85, no. 4 (October 2013): 328-37.

_____. "Arminianism is Evangelical Theology." *Wesleyan Theological Journal* 46, no. 2 (Fall 2011): 7-24.

_____. "Deification in Contemporary Theology." *Theology Today* 64, no. 2 (July 2007): 186-200.

_____. *The Story of Christian Theology: Twenty Centuries of Tradition and Reform*. Illinois: InterVarsity Press, 1999.

Origen. *Commentary on the Gospel of John*. Edited by Alexander Roberts and James Donaldson. *The Ante-Nicene Fathers*, vol. 10. Edinburgh: T&T Clark, 1993.

_____. *De Principiis*. Edited by Alexander Roberts and James Donaldson. *The Ante-Nicene Fathers*, vol. 4. Edinburgh: T&T Clark, 1993.

Paddison, Angus. "Theological Interpretation and the Bible as Public Text." *Journal of Theological Interpretation* 8, no. 2 (Fall 2014): 175-92.

Paeth, Scott. "Whose Public? Which Theology? Signposts on the Way to a 21st Century Public Theology." *International Journal of Public Theology* 10, no. 4 (2016): 461-85.

Paget, James Carleton. "Quest for the Historical Jesus." In *The Cambridge Companion to Jesus*, edited by Markus Bockmuehl, 138-55. Cambridge: Cambridge University Press, 2001.

Panikkar, Raimundo. *The Unknown Christ of Hinduism: Towards an Ecumenical Christophany*. New York: Orbis Books, 1981.

Pannenberg, Wolfhart. *The Historicity of Nature: Essays on Science and Theology*. Edited by Niels Henrik Gregersen. West Conshohocken: Templeton Foundation Press, 2008.

_____. *Toward a Theology of Nature: Essays on Science and Faith*. Edited by Ted Peters. Louisville, Kentucky: Westminster/John Knox Press, 1993.

_____. *An Introduction to Systematic Theology*. Grand Rapids: William B. Eerdmans Pub., 1991.

_____. *Systematic Theology*, vol. 2. Translated by Geoffrey W. Bromiley. Grand Rapids: William B. Eerdmans Publishing Company, 1991.

_____. *The Apostles' Creed in the Light of Today's Questions*. Translated by Margaret Kohl. Philadelphia: Westminster Press, 1972.

_____. *Jesus: God and Man*. Translated by Lewis L. Wilkins and Duane A. Priebe. London: SCM, 1968.

Parmer, Mary Foster. "Saying Yes to God's Call: The Prophetic Voices of Mary and

Mary." *Journal of Theta Alpha Kappa* 34, no. 1 (Spring 2010): 32-46.

Passos, João Décio. "Public Theology in Brazil: The Political and Institutional Aspects." *International Journal of Public Theology* 6, no. 1 (2012): 23-36.

Pattison, George. *Paul Tillich's Philosophical Theology: A Fifty-Year Reappraisal.* New York: Palgrave Macmillan, 2015.

Pearson, Clive. "The Sitz im Leben of a Public Theology." *International Journal of Public Theology* 13, no. 1 (2019): 1-4.

_____. "The Purpose and Practice of a Public Theology in a Time of Climate Change." *International Journal of Public Theology* 4, no. 3 (2010): 356-72.

Peppard, Michael. "Torah for the Man Who Has Everything: 'Do Not Defraud' in Mark 10:19." *Journal of Biblical Literature* 134, no. 3 (2015): 595-604.

Peters, Karl E. "Some Correlations between Methods of Knowing and Theological Concepts in Arthur Peacocke's Personalistic Panentheism and Nonpersonal Naturalistic Theism." *Zygon* 43, no. 1 (March 2008): 19-26.

Phelps, Hollis. "Overcoming Redemption: Neoliberalism, Atonement, and the Logic of Debt." *Political Theology* 17, no. 3 (May 2016): 264-82.

Pinson, J. Matthew. "The Nature of Atonement in the Theology of Jacobus Arminius." *Journal of the Evangelical Theological Society* 53, no. 4 (December 2010): 773-85.

Pirner, Manfred L. "Public Religious Pedagogy: Linking Public Theology, Social Theory and Educational Theory." *International Journal of Public Theology* 11, no. 3 (2017): 328-50.

Pitman, Julia. "Feminist Public Theology in the Uniting Church in Australia." *International Journal of Public Theology* 5, no. 2 (2011): 143-64.

Poirier, John C. "Jesus as an Elijianic Figure in Luke 4:16-30." *The Catholic Biblical Quarterly* 71, no. 2 (April 2009): 349-63.

Porter, Jean. "Responsibility, Passion, and Sin: A Reassessment of Abelard's Ethics." *Journal of Religious Ethics* 28, no. 3 (Fall 2000): 367-94.

Powell, Mark Allan. *Jesus as a Figure in History: How Modern Historians View the Man from Galilee.* Louisville: Westminster John Knox Press, 1998.

Price, Robert M. "Jesus at the Vanishing Point." In *The Historical Jesus: Five Views*, edited by James K. Beilby and Paul Rhodes Eddy, 55-83. Madison: IVP, 2009.

Qin, Daniel. "The Starting Point of Christology: From Below or From Above? Part 1." *Asian Journal of Pentecostal Studies* 18, no. 1 (February 2015): 21-37.

Raith II, Charles. *Aquinas and Calvin on Romans: God's Justification and Our Participation*. Oxford: Oxford University Press, 2014.
_____. "Aquinas and Calvin on Merit, Part II: Condignity and Participation." *Pro Ecclesia* 21, no. 2 (Spring 2012): 195-210.
Randall, Lisa. *Dark Matter and the Dinosaurs: The Astounding Interconnectedness of the Universe*. New York: HarperCollins, 2015.
_____. *Warped Passages: Unraveling the Mysteries of the Universe's Hidden Dimensions*. New York: HarperCollins Publishers, 2005.
Reese, Naomi Noguchi. "Colin E. Gunton and Public Theologians: Toward a Trinitarian Public Theology." *Evangelical Review of Theology* 41, no. 2 (April 2017): 150-65.
Reuschling, Wyndy Corbin. "Zacchaeus's Conversion: To Be or Not To Be a Tax Collector(Luke 19:1-10)." *Ex auditu* 25 (2009): 67-88.
Robinson, James M. *The Gospel of Jesus*. New York: HarperSanFrancisco, 2006.
Ross, Alec. *The Industries of the Future*. New York: Simon & Schuster, 2017.

Sánchez, Tomás Gutierréz. "A Culture of Values and Justice: Public Theology through Latin American Protestant Christianity." *Journal of Latin American Theology* 11, no. 2 (2016): 61-102.
Scaer, David P. "Epistles before Gospels: An Axiom of New Testament Studies." *Concordia Theological Quarterly* 77, no. 1-2 (January-April 2013): 5-21.
Schröter, Jens. *Jesus of Nazareth: Jew from Galilee, Savior of the World*. Translated by Wayne Coppins and S. Brian Pounds. Waco: Baylor University Press, 2014.
Scott, Peter Manley. "The Future as God's Amnesty? A Public Theology of Resistance for a Changing Climate." *International Journal of Public Theology* 4, no. 3 (2010): 314-31.

Sexton, Jason S. "Confessional Theology in Public Places." *International Journal of Public Theology* 10, no. 2 (2016): 232-46.

Siecienski, A. Edward. "Mariology in Antioch: Mary in the Writings of Chrysostom, Theodoret of Cyrus, and Nestorius." *St Vladimir's Theological Quarterly* 56, no. 2 (2012): 133-69.

Simpson, Benjamin I. "Current Trends in Third-Quest Research." *Bibliotheca Sacra* 171, no. 682 (April-June 2014): 189-209.

Singgih, Emanuel Gerrit. "What Has Ahok to Do with Santa? Contemporary Christian and Muslim Public Theologies in Indonesia." *International Journal of Public Theology* 13, no. 1 (2019): 25-39.

Sinner, Rudolf von, and Ronaldo de Paula Cavalcante. "Public Theology in Brazil." *International Journal of Public Theology* 6, no. 1 (2012): 1-6.

Smit, Dirkie. "Notions of the Public and Doing Theology." *International Journal of Public Theology* 1, no. 3 (2007): 431-54.

Smith, James K. A. "Reforming Public Theology: Two Kingdoms, or Two Cities?" *Calvin Theological Journal* 47, no. 1 (April 2012): 122-37.

Sobrino, Jon. "The Witness of the Church in Latin America." In *The Challenge of Basic Christian Communities: Papers from the International Ecumenical Congress of Theology, February 20-March 2, 1980, São Paulo, Brazil*. Translated by John Drury, edited by Sergio Torres and John Eagleson, 161-88. New York: Orbis Books, 1981.

Son, Angella. "Practicing Public Pastoral Theologies in Contexts of Difference: Finding Goodness in One Another." *Journal of Pastoral Theology* 25, no. 3 (November 2015): 168-71.

Stanton, Graham N. *The Gospels and Jesus*. Oxford: Oxford University Press, 1990.

Stoddart, Eric. "Public Practical Theology in Scotland: With Particular Reference to the Independence Referendum." *International Journal of Practical Theology* 18, no. 2 (2014): 317-47.

Storrar, William F. "The Naming of Parts: Doing Public Theology in a Global Era." *International Journal of Public Theology* 5, no. 1 (2011): 23-43.

Strahan, Joshua Marshal. "Jesus Teaches Theological Interpretation of the Law:

Reading the Good Samaritan in Its Literary Context." *Journal of Theological Interpretation* 10, no. 1 (Spring 2016): 71-86.

Strange, Dan. "Not Ashamed! The Sufficiency of Scripture for Public Theology." *Themelios* 36, no. 2 (August 2011): 238-60.

Strout, Shawn. "Jesus' Table Fellowship, Baptism, and the Eucharist." *Anglican Theological Review* 98, no. 3 (Summer 2016): 479-94.

Studer, Basil. *The Grace of Christ and the Grace of God in Augustine of Hippo: Christocentrism or Theocentrism?* Minnesota: The Liturgical Press, 1997.

Swidler, Leonard J. "Three Paths-Whither?" *Journal of Ecumenical Studies* 50, no. 2 (Spring 2015): 197-201.

Tatarnic, Martha S. "Whoever Comes to Me: Open Table, Missional Church, and the Body of Christ." *Anglican Theological Review* 96, no. 2 (Spring 2014): 287-304.

Tatum, W. Barnes. *Jesus: A Brief History*. Oxford: Wiley-Blackwell, 2009.

Teilhard de Chardin, Pierre. *Heart of Matter*. Translated by René Hague. San Diego: A Harvest Book, 1978.

_____. *Christianity and Evolution*. Translated by René Hague. San Diego: A Harvest Book, 1974.

_____. *Activation of Energy*. Translated by René Hague. New York: Harcourt Brace Jovanovich, 1971.

_____. *Human Energy*. Translated by J. M. Cohen. London: Collins, 1969.

_____. *Science and Christ*. Translated by René Hague. New York: Harper & Row, 1968.

_____. *Man's Place in Nature: The Human Zoological Group*. Translated by René Hague. London: Collins, 1966.

_____. *Hymn of the Universe*. Translated by Gerald Vann. London: Collins, 1965.

_____. *The Future of Man*. Translated by Norman Denny. New York: Harper & Row, 1964.

_____. *The Divine Milieu: An Essay on the Interior Life*. Translated by Bernard Wall. New York: Harper & Brothers, 1960.

_____. *The Phenomenon of Man*. Translated by Bernard Wall. New York: Harper &

Row, 1959.

Thatamanil, John. "Tillich and the Postmodern." In *Cambridge Companion to Paul Tillich*, edited by Russell Re Manning, 288-302. Cambridge: Cambridge University Press, 2009.

Theissen, Gerd, and Annette Merz. *The Historical Jesus: A Comprehensive Guide.* Translated by John Bowden. Minneapolis: Fortress Press, 1998.

Tillich, Paul. *Systematic Theology.* 3 vols. London: James Nisbet and Company Limited, 1968.

Toffler, Alvin, and Heidi Toffler. *Revolutionary Wealth: How It Will Be Created and How It Will Change Our Lives.* New York: Doubleday, 2007.

Towne, Edgar A. "The Variety of Panentheisms." *Zygon* 40, no. 3 (September 2005): 779-86.

Tracy, David. *The Analogical Imagination: Christian Theology and the Culture of Pluralism.* London: SCM Press, 1981.

Tucker, Travis D. "An Ecumenical Response to the 'Sunday-Monday Gap': Two Themes in E. Glenn Hinson and Pierre Teilhard de Chardin." *Journal of Ecumenical Studies* 47, no. 1 (Winter 2012): 87-100.

Turner, Bryan S. ed. *The Cambridge Dictionary of Sociology.* Cambridge: Cambridge University Press, 2006.

Twelftree, Graham H. *Jesus the Exorcist: A Contribution to the Study of the Historical Jesus.* Tübingen: J. C. B. Mohr, 1993.

Tzamalikos, P. *Origen: Cosmology and Ontology of Time.* Leiden & Boston: Brill, 2006.

Ucko, Hans. "Part 1: Thinking Together on Religious Pluralism: Truth or Truths-How Does This Fit in a World of Religious Plurality?" *Journal of Ecumenical Studies* 52, no. 1 (Winter 2017): 15-27.

Vashum, Ahao. "Liberation as a Theological Theme: Exploring the Theme of Liberation in the Works of Some Selected Theologians." *Asia Journal of Theology* 19, no. 2 (October 2005): 333-49.

Viljoen, Francois. "Jesus' Teaching on the Torah in the Sermon on the Mount." *Neo-

testamentica 40, no. 1 (2006): 135-55.
von Rad, Gerhard. *Old Testament Theology: The Theology of Israel's Prophetic Traditions*, vol. 2. Translated by D. M. G. Stalker. New York: Harper & Row, Publishers, 1965.
Vorster, Nico. "'United but not Confused': Calvin's Anthropology as Hermeneutical Key to Understanding his Societal Doctrine." *Journal of Church & State* 58, no. 1 (Winter 2016): 117-41.

Webb, Robert L. "Jesus' Baptism: Its Historicity and Implications." *Bulletin for Biblical Research* 10, no. 2 (2000): 261-309.
Williams, Benjamin J. "Brotherhood Motifs in the Parable of the Prodigal Son." *Restoration Quarterly* 56, no. 2 (2014): 99-109.
Wilson, Paul Scott. "Postmodernity and Preaching." *Touchstone* 32, no. 1 (February 2014): 12-20.
Wohrer, Cyril. "Pop Patristic Reincarnation? A Critique of Origen's Alleged Doctrine of Reincarnation." *Religious Studies and Theology* 31, no. 1 (2012): 91-103.
Wolter, Michael. *Paul: An Outline of His Theology*. Waco: Baylor University Press, 2015.
Worsley, Howard John. "Mission as Public Theology: Bridging the Worlds of Mission and Religious Education(RE) in Church of England Schools." *Missiology* 46, no. 2 (2018): 171-82.
Wright, Nigel G. "Universalism in the Theology of Jürgen Moltmann." *Evangelical Quarterly* 84, no. 1 (January 2012): 33-39.
Wynne, Jeremy J. "Serving the Coming God: The Insights of Jürgen Moltmann's Eschatology for Contemporary Theology of Mission." *Missiology* 35, no. 4 (October 2007): 437-52.

Xie, Zhibin. "Why Public and Theological? The Problem of Public Theology in the Chinese Context." *International Journal of Public Theology* 11, no. 4 (2017): 381-404.

Yip, George. "The Contour of a Post-Postmodern Missiology." *Missiology* 42, no. 4

(October 2014): 399-411.

Zanden, Gerard van. "'I Forgave You All that Debt…': Breukelman's Explanation of the Parable of the Unforgiving Servant(Mt 18:23-25) Compared with Barth's Doctrine of Substitution." *Zeitschrift für Dialektische Theologie* 32, no. 1 (2016): 136-62.

김동건. 『그리스도론의 역사: 고대 교부에서 현대 신학자까지』. 서울: 대한기독교서회, 2018.
_____. 『예수: 선포와 독특성』. 서울: 대한기독교서회, 2018.
_____. "공적신학의 모델들: 2010-2017년의 연구 흐름을 중심으로." 「신학사상」 제180집 (2018): 109-39.
_____. 『김동건의 신학 이야기: 모든 사람에게』. 서울: 대한기독교서회, 2014.
_____. "크로산이 '역사적 예수'에 사용한 방법론 연구." 「신학사상」 제159집 (2012): 45-80.
_____. "기독교와 문화: 21세기에 바람직한 관계 설정을 모색하며." 『21세기 신학의 과제』. 김동건 편, 211-45. 서울: 대한기독교서회, 2006.
_____. "포스트모던 신론: David Ray Griffin을 중심으로." 「신학과 목회」 제13집(1999): 113-39.
김용복. 『한국 민중과 기독교』. 서울: 형성사, 1981.
안병무. 『민중신학 이야기』. 서울: 한국신학연구소, 1987.
윤철호. "공적신학의 주요 초점과 과제." 「한국조직신학논총」 제46집 (2016): 175-214.

뒤르, 한스 페터 외. 『신, 인간 그리고 과학』. 여상훈 옮김. 서울: 시유시, 2003.
마이어, 에른스트. 『이것이 생물학이다』. 고인석·김은수·박은진·이영돈 외 옮김. 서울: 바다출판사, 2016.
바그너, 헤르빅. "한국의 민중신학자들에게 보내는 편지." 『민중신학, 세계 신학과 대화하다』. 이정용 편, 261-77. 서울: 동연, 2010.
푈만, H. G. 『교의학』. 이신건 옮김. 서울: 신앙과지성사, 2012.
한, 페르디난트. 『신약성서신학』, vol. 1. 김문경 외 옮김. 서울: 대한기독교서회, 2007.

Amos, Jonathan. "Geologists Search for Anthropocene 'Golden Spike'." *BBC News*, August 30, 2016. http://www.bbc.com/news/science-environment-37200489.

Boseley, Sarah. "World Hunger on the Rise as 820m at Risk, UN Report Finds." *The Guardian*, July 15, 2019, https://www.theguardian.com/world/2019/jul/15/world-hunger-un-report.

Bryner, Jeanna. "Stephen Hawking's Most Intriguing Quotes on Aliens, Women and the Future of Humanity." *Live Science*, March 14, 2018, https://www.livescience.com/62015-stephen-hawking-quotes.html.

Cyranoski, David. "Russian Biologist Plans More CRISPR-Edited Babies." *Nature*, June 10, 2019, vol. 570, 145-46. https://www.nature.com/articles/d41586-019-01770-x.

Devlin, Hannah. "Stephen Hawking Warns against Seeking out Aliens in New Film." *The Guardian*, September 23, 2016. https://www.theguardian.com/science/2016/sep/23/stephen-hawking-warns-against-seeking-out-aliens-in-new-film.

Efrati, Ido. "In Pursuit of Dark Matter, An Elusive Cosmic Celebrity," *Haaretz*, March 1, 2018. https://www.haaretz.com/science-and-health/.premium.MAGAZINE-in pursuit of dark matter the elusive cosmic celebrity 1.5866248.

"Genetic Variation Study Suggests Personalized Therapy Approach for Anxiety and Depression." *Genetic Engineering & Biotechnology News*, July 3, 2019, https://www.genengnews.com/news/genetic-variation-study-suggests-personalized-therapy-approach-for-anxiety-and-depression/.

"Humans Will Have Cloud-Connected Hybrid Brains by 2030, Ray Kurzweil Says." *Learning Mind*, January 29, 2019, https://www.learning-mind.com/humans-will-have-cloud-connected-hybrid-brains-by-2030-ray-kurzweil-says/.

Markoff, John. "Elon Musk's Neuralink Takes Baby Steps to Wiring Brains to the Internet." *The New York Times*, July 16, 2019, https://www.nytimes.com/2019/07/16/technology/neuralink-elon-musk.html.

Orth, Maureen. "How the Virgin Mary Became the World's Most Powerful Woman." *National Geographic*, December 2015. https://www.nationalgeographic.com/magazine/2015/12/virgin-mary-worlds-most-powerful-woman/.

Overbye, Dennis. "A Call from Outer Space, or a Cosmic Wrong Number?" *The New York*

Times, September 1, 2016. http://www.nytimes.com/2016/09/02/science/seti-investigates-an-alien-radio-signal.html?rref=collection%2Fsectioncolletion%2Fscience&action=click&contentCollection=science&region=rank&module=package&version=highlights&contentPlacement=1&pgtype=sectionfront&_r=0.

Sample, Ian. "How Should We Respond to Alien Contact? Scientists Ask the Public." *The Guardian*, July 1, 2019, https://www.theguardian.com/science/2019/jul/01/do-you-think-that-there-is-alien-life-beyond-earth-first-contact.

Sherwood, Harriet. "'Christianity as Default is Gone': The Rise of a Non-Christian Europe." *The Guardian*, March 21, 2018. https://www.theguardian.com/world/2018/mar/21/christianity-non-christian-europe-young-people-survey-religion.

Singh, Satinder. "Learning to Play Go from Scratch." *Nature*, October 19, 2017, vol. 550, 336-37. https://www.nature.com/articles/550336a.epdf?shared_access_token=QbXlOw9nSIP_MS1moc_M0tRgN0jAjWel9jnR3ZoTv0PvinEKRXS2Dk736vL8i-Uo2-6AN8KRxOlLhDGorUgFzEgC3fwrX95r3LQ7u2FBwQ5axjmpMSZrWg4i6D7_g5rV5ze0zLhgo4jufsSKL-UZmw%3D%3D.

Xiaodong, Wang. "AI Defeats Elite Doctors in Diagnosis Competition." *The Star Online*, July 2, 2018. https://www.thestar.com.my/tech/tech-news/2018/07/02/ai-defeats-elite-doctors-in-diagnosis-competition.

신정선. "바티칸, '외계인 있다면 그 역시 신(神)의 창조물'." 「조선일보」, 2009년 11월 12일. http://news.chosun.com/site/data/html_dir/2009/11/12/2009111200136.html.

인명 찾아보기

갈릴레이(Galilei, Galileo) 85, 413, 424

거에뜨(Guyette, Fred) 361n.125

고든(Gordon, Joseph K.) 230n.245

고펠트(Goppelt, Leonhard) 39

구티에레즈(Gutiérrez, Gustavo) 261n.5, 399

그닐카(Gnilka, Joachim) 40

그레고리우스(Gregorius I) 172

그레고리우스(Gregorius of Nyssa) 205

그레이엄(Graham, Elaine) 406

그리거슨(Gregersen, Niels H.) 93n.68

그리핀(Griffin, David R.) 121-124, 123-124n.114, 145

김동건(필자) 32n.5, 50, 50n.27, 64n.35, 73, 76, 78n.60, 82, 94-96, 97n.70, 118, 123n.114, 124, 142, 145, 153, 153n.151, 178n.174, 185, 188n.188, 188-189, 191n.192, 204-205, 208, 210n.219, 212, 216n.222, 226, 235n.255, 290, 334, 346, 358, 375, 378, 381-382, 427, 442n.183

김 세바스찬(Kim, Sebastian C. H.) 358n.116

네스토리우스(Nestorius) 62

능언(Nengean, Isaiah G.) 152n.151

니버(Niebuhr, H. Richard) 343, 343n.101, 355

니버(Niebuhr, Reinhold) 261n.5, 350, 354, 361

니터(Knitter, Paul F.) 68

다니엘스(Daniels, Joel C.) 413n.160

다윈(Darwin, Charles) 413

던(Dunn, James D. G.) 40, 59, 70n.45, 308-309, 309n.71, 313

데커스(Deckers, Jan) 123-124n.114

도드(Dodd, Charles H.) 217, 218n.228

도슨(Dawson, Mark) 368

디에느(Diène, Doudou) 276

라가츠(Ragaz, Leonhard) 350

라너(Rahner, Karl) 66

라우센부쉬(Rauschenbusch, Walter) 350

라이마루스(Reimarus, Hermann S.) 39, 295, 295n.25

라이트(Wright, Nicholas T.) 305

라이트(Wright, Nigel G.) 201n.209

라허드(LaHurd, Carol S.) 278n.19

랜들(Randall, Lisa) 125-126, 126n.119, 414

램(Lam, Joseph C. Q.) 230n.245

램(Lamb, Matthew) 354

레싱(Lessing, Gotthold E.) 295n.25

레이스(Raith II, Charles) 236n.258

레인(Lane, Anthony N. S.) 439n.181

로빈슨(Robinson, James M.) 216n.222

로스(Ross, Alec) 422

루실링(Reuschling, W. C.) 245n.273

루터(Luther, Martin) 27, 91, 153, 155, 201-202n.209, 235n.254, 261n.5, 292, 349, 408

르낭(Renan, Joseph E.) 39

리스(Reese, Naomi N.) 360

리즈(Reese, William L.) 92

리츨(Ritschl, Albrecht) 31, 179

린드백(Lindbeck, George) 355

마르크스(Marx, Karl) 139-140

마이어(Mayr, Ernst) 424

마이어(Meier, John P.) 219, 313, 442n.183

마일스-트리블(Miles-Tribble, V.) 362n.129

마티(Marty, Martin E.) 354

막시무스(Maximus the Confessor) 150n.148

망(Mang, Pum Z.) 361n.126

머스크(Musk, Elon R.) 417n.166

메츠(Metz, Johannes B.) 353

모에(Moe, David Thang) 352n.108

몰트만(Moltmann, Jürgen) 27, 46-47, 76n.59, 82, 92-93, 99, 105-113, 107n.91, 109n.98, 117-118, 128-132, 147, 150-154, 150n.148, 152-153n.151, 160, 179, 200-203, 201-202n.209, 203-204n.213, 205-206, 290, 353

바그너(Wagner, Herwig) 76n.59

바르트(Barth, Karl) 26-27, 29, 66, 160, 173n.165, 179, 179-180n.178, 196-200, 205-206, 226, 237-242, 238n.260, 238-239n.264, 240n.268, 241n.270, 350-351, 350n.106, 352n.108, 361, 384

바오로 2세(Paul II, John) 77

바이스(Weiss, Johannes) 39, 217, 296

발타자르(Balthasar, Hans U. von) 66, 205
배슘(Vashum, Ahao) 261n.5
버미스(Vermes, Geza) 70n.45
베반스(Bevans, Stephen B.) 343,
　　343-344n.102
베어(Behr, John) 173n.166
베일(Bayle, Pierre) 295n.25
베자(Beza, Théodore) 191
벤터(Venter, Craig) 422n.171
보그(Borg, Marcus J.) 39, 219, 307-308,
　　313-315
보른캄(Bornkamm, Günther) 39
보프(Boff, Leonardo) 42-43, 49, 66,
　　258-259, 399-400
본회퍼(Bonhoeffer, Dietrich) 27, 32n.5, 66,
　　160-161, 350, 352-353, 361, 384
부리(Buri, F.) 179
부시어(Boursier, Helen T.) 278n.22
부처(Bucer, Martin) 190, 408
부텔리(Buttelli, Felipe G. K.) 363
불트만(Bultmann, Rudolf) 27, 47-48, 243,
　　297, 297n.26, 323n.89
브라운(Brown, Malcolm) 371
브라이언(Bryan, C.) 164-165n.162
브루너(Brunner, Emil) 27, 66, 226, 237-240,
　　237-238n.259, 238n.260, 239n.266,
　　240n.268, 242

블룸하르트(Blumhardt, Christoph F.)
　　173n.165, 350
블룸하르트(Blumhardt, Johann C.)
　　173n.165, 350

산체즈(Sánchez, Tomás G.) 362n.128
샌더스(Sanders, Ed P.) 39, 70n.45
샤르댕(Chardin, Pierre Teilhard de) 78n.60,
　　82, 99-104, 103n.80, 104n.81, 107n.91,
　　109n.98, 110-113, 111n.102, 117-118,
　　128, 147-149, 152-153, 160
선(Son, Angella) 359n.118, 360
세군도(Segundo, Jordan) 399
섹스턴(Sexton, Jason S.) 362
소브리노(Sobrino, Jon) 32n.5, 43, 259, 399
쉘링(Schelling, Friedrich W.) 92
슈바이처(Schweitzer, Albert) 39, 217, 296
슈트라우스(Strauss, David F.) 39
슐라이어마허(Schleiermacher, Friedrich) 31,
　　179
스미트(Smit, Dirkie) 357
스위들러(Swidler, Leonard J.) 275
스코트(Scott, Peter M.) 369-370
스택하우스(Stackhouse, Max) 354
스토다트(Stoddart, Eric) 368
스토라(Storrar, William F.) 367, 370-371

스투더(Studer, Basil) 229n.243
스트레인지(Strange, Dan) 359
스피노자(Spinoza, Benedictus de) 90, 295n.25
시너(von Sinner, Rudolf) 367
싱기(Singgih, Emanuel G.) 365n.136

아르미니우스(Arminius, James) 190, 190-191n.192, 192-193
아벨라르(Abelard, Peter) 175-177, 176n.172, 177n.173
아우구스티누스(Augustinus) 27, 91, 153, 226-232, 228n.240, 229n.243, 230n.245, 242, 261n.5, 349, 397, 408
아인슈타인(Einstein, Albert) 415
아퀴나스(Aquinas, Thomas) 27, 91, 177-179, 226, 233-236, 235n.254-256, 236n.258, 242
아타나시우스(Athanasius) 408
안병무 356
안셀무스(Anselmus, Cantaberiensis) 27, 56, 174-175, 174n.167, 291
알트하우스(Althaus, Paul) 32
앤더슨(Anderson, Paul N.) 332
에드워즈(Edwards, Jonathan) 361, 361n.125
에라스무스(Erasmus, Desiderius) 292

에벨링(Ebeling, Gerhard) 39, 297, 301-303
엘리아데(Eliade, Mircea) 135-136
예레미아스(Jeremias, Joachim) 39, 218, 218n.228, 309n.71
오리게네스(Origenes) 27, 91, 172, 185-190, 188n.186, 188n.188, 189n.190, 190n.191, 203, 205, 408
옥덴(Ogden, Schubert M.) 277
옥스(Oakes, Kenneth) 241n.270
올슨(Olson, Roger E.) 191n.192, 235n.256
요한(John of Damascus) 151n.148
요한슨(Johanson, Todd) 277
우코(Ucko, Hans) 279n.23
울스턴(Woolston, T.) 295n.25
웨슬리(Wesley, John) 195
위니(Wynne, Jeremy J.) 204n.213
윌슨(Wilson, Paul S.) 278n.20
유세비우스(Eusebius) 344n.103
윤철호 358n.116
융엘(Jüngel, Eberhard) 66
이그나티우스(Ignatius) 65
입(Yip, George) 276, 278n.21
이레네우스(Irenaeus) 91, 172-173, 173n.166, 408

젠슨(Jenson, Robert) 235n.255

존슨(Johnson, Andre E.) 362-363n.130

존슨(Johnson, Luke T.) 310

찹(Chopp, Rebecca) 354

츠빙글리(Zwingli, Huldrych) 190, 408

치구미라(Chigumira, Godfrey) 63n.34

칼뱅(Calvin, John) 27, 91, 155, 175, 177-179, 178n.174, 179-180n.178, 190-191, 199, 201n.209, 235n.254, 236, 236n.258, 292, 349, 397, 408

캅(Cobb, John B.) 123n.114

커즈와일(Kurzweil, Ray) 416-417

커크패트릭(Kirkpatrick, Martha) 119-120n.110

케이디(Cady, Linell E.) 372

케제만(Käsemann, Ernst) 39, 297-299, 304

켈러(Kähler, Martin) 296

켈리(Kelly, Anthony J.) 78n.60

코크런(Cochrane, James R.) 367

코페르니쿠스(Copernicus, Nicolaus) 413, 434

콘(Cone, James) 261n.5

콘스탄티누스(Constantinus I) 345-346

쿠터(Kutter, Hermann) 350

쿠퍼(Cooper, John W.) 92-93

쿠프만(Koopman, Nico) 363n.131

쿨만(Cullmann, Oscar) 218, 218n.227

퀴스터(Küster, Volker) 76n.59

큄멜(Kümmel, Werner G.) 217, 217n.226

큉(Küng, Hans) 32, 35-36

크라우제(Krause, Karl C. F.) 92

크래퍼트(Craffert, Pieter F.) 166

크로산(Crossan, John Dominic) 39, 59, 218, 218n.229, 306-307, 306n.55, 310, 312n.80, 313-315

크뤼천(Crutzen, Paul) 84

키릴로스(Kyrillos) 62

킬갤런(Kilgallen, John J.) 245n.272

킹(King, Martin L.) 361, 361n.126

타이센(Theissen, Gerd) 39-40, 294n.24, 314

테르툴리아누스(Tertullianus) 27, 65, 408

테이텀(Tatum, W. Barnes) 295n.24

트레이시(Tracy, David) 354

틸리히(Tillich, Paul) 32-34, 36, 73-75, 74n.51, 74n.53, 116-117, 128, 350

파니카(Panikkar, Raimundo) 68-69

파소스(Passos, João D.) 367

판넨베르크(Pannenberg, Wolfhart) 28, 32, 32n.5, 34, 36, 48, 66, 92-93, 93n.66-67, 144, 179

펑크(Funk, Robert W.) 39, 308, 313-315

페디슨(Paddison, Angus) 359-360

펠라기우스(Pelagius) 153, 231, 284

포레스터(Forrester, Duncan B.) 344, 344n.103, 353-354, 359, 359n.118

포레스트(Forrest, Peter) 123n.114

포이어바흐(Feuerbach, Ludwig) 139

폰 라트(von Rad, Gerhard) 136

푈만(Pöhlmann, Horst G.) 29

푸네스(Funes, J.) 438

푹스(Fuchs, Ernst) 39, 297, 299-303

프라이(Frei, Hans W.) 322n.88, 355

프라이스(Price, Robert M.) 310, 316

프레타임(Fretheim, Kjetil) 369n.144

프톨레마이오스(Ptolemaios) 85, 434

피스(Paeth, Scott) 375

피어슨(Pearson, Clive) 357n.114, 370

피트맨(Pitman, Julia) 362n.129

하도르프(Haddorff, David) 350n.106

하라리(Harari, Yuval N.) 412n.159

하이젠베르크(Heisenberg, Werner) 125, 125n.117

하트숀(Hartshorne, Charles) 92, 123n.114

한(Hahn, Ferdinand) 40

해스컬(Haskell, Rob) 123n.114

허버트(Herbert, E.) 295n.25

허젠쿠이(賀建奎) 326n.92

헌스버거(Hunsberger, George R.) 360

헤겔(Hegel, Wilhelm F.) 92

헤이(Hay, Andrew R.) 179-180n.178

헤지스(Hedges, Paul M.) 275

헬름(Helm, Paul) 178n.174

호그(Hogue, Michael S.) 371

호슬리(Horsley, Richard A.) 307, 442n.184

호킹(Hawking, Stephen) 434-435

홀리데이(Holliday, Lisa R.) 190n.191

화이트헤드(Whitehead, Alfred N.) 123n.114

히틀러(Hitler, Adolf) 346, 350

힉(Hick, John) 68-70, 70n.45

힘스트라(Hiemstra, John L.) 365n.136

주제 찾아보기

가이아 370

가톨릭교회 63, 63n.33, 64n.35, 77, 179, 226, 231, 275-276, 319, 382, 407, 409, 438-439

가현설(론) 61, 132

간성(intersex) 66

개방식사 210, 210n.219, 341

개방적 인격(성) 71, 83, 159-160, 165, 167, 418n.167

개신교 신학 160, 237

개인주의 325, 327

개혁교회 179, 185, 190-191n.192, 193-196, 199, 205-206

개혁신학 190, 190-191n.192

객관성 125, 131, 242, 274, 314, 322, 322n.88, 324, 332

객관적 은혜 196

객관적 중재 197

객관적 화해 196-197, 199

결정론 143, 156, 195n.197, 206, 212-213, 419, 419n.168-169, 422-423, 425, 427, 429, 431

경제적 정의 222

계몽주의 27, 31, 88, 130, 291-294, 324, 347, 377

계시-사건(들) 71-73, 76

고대 교부 171

고백교회 350

고전적 유신론 78, 82, 90, 93, 97n.70, 116, 118, 123n.114, 159, 334

공간적 사고 133, 334

공공기관/공적 기관 339, 343, 346, 348, 379-380, 384

공동의 선 284, 365-367, 369-370, 372, 378

공적 분노 367

공적 신앙(인) 375, 377-378, 380-381, 385-390

공적신학

    글로벌 모델 124n.114, 365-367,

366n.138, 369-372, 369n.144,
370n.147
상황 모델 363-369, 366n.138, 371
실천 모델 362-364, 363n.132, 367, 371
전통 모델 358-359, 361
공적신학과 교회연구소 356
공적신학과 성서 358
공적신학을 위한 국제네트워크 357
공적신학의 전통 339
공적신학의 주체 373, 383-384
공적신학 지역교회 모델 374, 381
공적 영역 132, 338, 345, 347, 349,
352, 359-361, 362n.129, 365-366,
368-370, 368n.141, 372-373, 376-380,
385, 388-390
과학적 결정론 412, 419-420, 423, 425-431
교리적 접근 32, 282
교부 시대 171
교회와 공공기관 339, 343, 345-347, 349
교회와 국가의 관계
분리 유형 344-345, 347
연대와 긴장 346
일치 유형 345-346
조화 유형 345-347
교회주의 383, 406-407
구어양식 309, 311n.79
구어전승 309, 309n.71, 311n.79

구원
공간적 구원 216, 330
교회 밖에는 구원이 없다(extra ecclesiam
nulla salus) 382
구원의 다차원성 215, 222
구원의 선취 223
생명 살림과 구원 258, 260-262
역사적 구원 330
구원론
구원의 범위 103, 185, 188-189, 194,
195n.197, 196, 199, 204-207, 212,
417n.167
구원의 역사 56, 63n.33, 64n.35, 110,
121, 128, 142, 146, 182, 205-206,
220, 229
구원의 최종성 211
영지주의적인 구원관 204
유토피아적 목표 259
은혜와 구원 193, 207, 249, 251
이중적인 죄와 은혜 177
제한구원 vs. 만유구원 170, 185,
204-207, 212
하나님의 구원의지 185, 195, 204, 207,
209, 211-212, 214, 244, 245n.272
구원론의 선행 184, 398-399
구원사건 74-76, 223, 242, 247, 249,
251-252, 264-265

구원의 완성 27, 91, 95-96, 99, 116, 142, 146, 153, 155, 170, 182-183, 185-186, 188, 204, 206, 212, 215, 220, 223, 259, 265, 268, 313, 319, 339

구원의 현재성 114, 215-217, 219-220, 222, 252, 264

구전성 311, 311n.79

「국제공적신학저널」 357, 357n.114

규범적 신학 71, 371

그리스도 중심 신학 26, 68

그리스도론의 방법론

    귀납적 31

    상향식 33-34, 37

    상황과 실천으로부터의 방법 42-45, 49

    아래로부터의 방법 27-29, 31-38, 32n.5, 42, 46-50

    앞으로부터의 방법 46-47, 109

    역사적 예수의 탐구로부터의 방법 37-40, 38n.14-15

    연역적 31

    위로부터의 방법 26-30, 32, 32n.5, 34-36, 41-42, 46-50

    인식론적 방법 25, 42

    존재론적 접근 29, 49

    종말론적 관점 46-47, 105, 109

그리스도론적 절대성 283

그리스도-오메가 101, 148

그리스도와 우주의 상호성 96, 142, 147, 150

그리스도의 부활 39, 106-107, 129, 166, 182, 301, 314, 342

그리스도의 선재 26-28, 35, 37, 65, 88, 394

그리스도의 신성 24, 26-29, 31, 34, 36, 39-41, 56, 65-66, 88, 159, 162, 319, 329

그리스도의 인격성 24n.1, 54, 56-57, 71-72, 76, 78, 85-87, 89, 109-111, 116-118, 150-152, 158-159, 165-166, 171, 179, 184, 267, 272, 283, 319, 394, 399-400, 440

그리스도의 절대성 69, 273-274, 279-280, 282-285

그리스도의 제3의 본성 83, 160, 319, 440

그리스도화 101, 148-149

글로컬리제이션 366

기독교

    교단 407-409

    기독교와 타종교 275, 282

    기독교의 위기 382, 385, 388, 390, 429-431

    명목상의 기독교 381-382

    전승과 교리 281

    사회주의 350

기술주의 326-328, 403, 416, 418, 423

기후변화 369, 369n.144

내재(성) 90-92, 95, 116, 122, 147, 151, 154, 157, 239

내재 위격성(enhypostasis) 164

니케아(공의회) 26-27, 56, 162, 171

니케아-콘스탄티노플 신조 43

다문화 24n.1, 71, 278n.22, 343, 404

다양성 106, 186, 273-276, 279n.23, 343

다원성 71, 132, 272-280, 278n.21-22, 357, 365n.136

다원주의 68, 68n.39, 70-71, 184, 272-275, 277, 283-284, 354, 365, 365n.136, 371, 375

다원주의적 성육신 해석 68, 70-71

다원주의적 포용주의 277

다인종 278n.22

다종교 24n.1, 71, 365n.136

단성론 논쟁 163

대속의 결과 175

대속의 십자가 121

대속의(적) 죽음 107, 136, 173, 175-176, 194, 206

도그마의 그리스도 75, 181, 295, 331

도덕 감화설 175-176

도르트 회의(1618-19) 195

도시국가 342

독립성과 주체성 156

독서행위 320-324, 386

독자반응비평 321-322

독자의 자율성 321

독특성 34-36, 39-41, 55, 71-73, 75-76, 115n.105, 132, 181, 219, 283, 285, 297-299, 303-304, 309, 313, 329, 333, 333n.95, 355, 359n.118, 383, 400

동방교부(들) 101, 185, 235n.256

동방교회 91, 150n.148, 228n.240

동방정교 64n.35, 276, 407, 409

동일본질(homoousios) 26-29, 56, 162

동정녀 탄생 59-61, 63-65

두 본성(론) 27-29, 33, 56, 62, 66-67, 78, 86, 88-89, 159, 162-164, 178n.174, 319-320, 440

땅의 도성 349

로고스 62, 91, 158-159, 163-164, 189

로고스 그리스도론 65, 88

로마제국 341-343, 345-346

르네상스 291-292

마리아론 58, 61-64, 62n.32, 64n.35

만유구원(론) 98, 111-112, 142, 146, 153,

166, 170, 183, 185, 190, 195n.197,
199, 200-207, 201n.209, 202n.209,
203n.213, 205, 208n.216, 211-212, 214,
223, 238, 281, 284-285

만족설 174-175

말씀

말씀의 선재 26, 62

말씀의 성육신 62

말씀의 역사성 38, 351

말씀의 진정성 311n.78-79, 442n.184

메시아성 35-36, 39-40, 150

메시아의 희망 139-140

모더니즘 121-123, 273-274, 278n.20

무생물 122-124

무 탐구 295n.24, 296

문화다원주의 275

문화신학 88

물질과 정신 104

미래학자(들) 325, 406, 416

민중(오클로스) 75, 76n.59

민중신학 73, 75, 76n.59, 353, 355, 373, 395

〈바르멘 신학선언〉(1934) 350

반성의식 100

반(半)펠라기우스주의 153, 193,
193-194n.196

방법론 24-26, 29, 32-35, 32n.5, 37,
38n.14, 40, 42-47, 49-51, 109,
180-181, 184, 293, 304, 306, 306n.55,
311-312, 320, 323, 333, 357-358,
358n.116, 363, 379, 398

배상설 172-173

배타주의 272, 275, 277, 284, 382, 406

범경험주의 122, 123-124n.114, 124

범신론 90-91, 93, 93n.66, 95, 97n.70,
115-116, 140-141, 147-148, 152-154,
152-153n.151, 330

범재신론

네 가지 기준 94, 96

동방교회의 범재신론 91

범재신론과 범신론 90, 141, 153

범재신론의 범위 92

범재신론의 틀 82, 99, 111, 114

범재신론의 형태 82, 90, 92-93, 96

삼위일체론적 범재신론 87

성서적 범재신론 96-97, 97n.70, 146,
153-154

심포지엄(2001) 94

인격적-역사적 범재신론 133

범재신론과 삼위일체론 97

범주의 변화 77, 331

보존의 은혜 238

보편사 34

보편성 45, 115, 115n.105, 132, 162, 195,
    200, 211, 228, 273-274, 278n.20-21,
    279n.23, 281, 347, 383, 403, 440-441
복음의 총화 198-199
복제
    배아복제 415
    생명(체)복제 376, 415-416, 421
    이종복제 326, 416
    인간복제 184, 325-326, 415
    체세포복제 415
부의 창출 325
부활사건 301-302
부활체 166
부활현현 64, 301, 309, 314, 342
불트만 학파 297, 304, 310
불확정성의 원리 125
비기독교인의 생명 살림 262, 264-265
비-묵시적/비-종말적 예수 313-314
비위격성(anhypostasis) 163
비존재 33, 117, 187, 189
비종교화 352
빅 히스토리 144-145, 145n.136

사도신경 64
사랑화 109n.98, 149
사물인터넷(IoT) 420-422

사사화(私事化)
    교회의 사사화 348, 381
    기독교의 사사화 373, 375, 379-380,
        384
    신앙의 사사화 380
    신학의 사사화 338, 379
사실성 59, 322
사유화 349, 356, 383, 385
사이보그와 하이브리드 417, 417-418n.167
사적 그리스도론 394, 402-403, 405,
    407-409
4차 산업혁명 325, 416, 423, 430
사탄 162, 172, 203, 220-221, 298
사회-경제적 영역 258, 260, 262
사회복음 350
사회의 봉사기관 387
사회적 구원 180, 182-183, 318
사회적 책임 378
삼위일체(론)
    삼위일체론의 구조 47
    삼위일체론의 근거 28
    삼위일체론적 사건 64
    삼위일체론적 진술 58
삼위일체 르네상스 87
삼위일체 신관 56, 91, 431
삼위일체적 그리스도론 47, 88, 105
삼위일체 하나님 87, 94, 108, 145, 151, 182,

　　　　330

삼중직(munus triplex) 105, 178-180

상호관계(correlation) 118n.109

상호내재(페리코레시스, perichoresis) 93,
　　　111-112, 147, 150-155, 150n.148,
　　　153n.151, 157

상호성 81, 96, 117, 128, 142, 147, 150-151,
　　　154, 156, 353, 379, 428-429

상호의존 33

상황 그리스도론 45, 50n.27, 88, 396,
　　　398-399, 401-402

상황신학 32n.5, 379, 395-403

새로운 존재 73-74, 74n51, 119, 159

새로운 창조 108, 429

새 탐구 39, 296-297, 304-305, 305n.53,
　　　310, 312, 315, 332

생명 살림 45, 71, 258, 260-262, 264-265

생태계 67, 71, 77-78, 84, 87, 89, 93,
　　　104n.81, 106, 109, 112, 130, 167,
　　　182-184, 222, 260-262, 260n.3,
　　　261n.6, 264, 269, 285, 318-319, 333,
　　　356, 369, 374, 386-387

생태신학 182-183, 261, 261n.6

생태학 415

생태학적 구원 190

서방교회 61, 90-91, 235n.256

서사비평 38n.14, 321-324

선택과 유기의 예정 191

섭리
　　구원섭리 97
　　섭리론 413, 423
　　섭리사상 330
　　예정과 섭리 214
　　은혜와 섭리 191
　　하나님의 섭리 73, 92, 120n.110,
　　　140-142, 206, 330, 345-346, 349,
　　　360

성공회 63, 63n.33, 210n.219, 407, 409

성령
　　성령과 예수 60, 64, 73
　　성령의 경험/체험 108, 429
　　성령의 보편성 383
　　성령의 역사 64, 86
　　성령의 영성 429
　　성령의 임재 74

성서
　　도마복음 211n.220, 311-312n.80
　　바울서신 26, 332-333
　　복음서/공관복음(서) 112, 266,
　　　294-296, 299, 308-309, 309n.71,
　　　311n.80, 321-323, 331-333
　　성서 번역본 292
　　성서의 두 표상 205-207
　　성서자료 39

역사학의 대상 131
　　　요한문서 26, 299, 332-333
　　　Q자료 295, 312n.80
　성서의 언어 60, 322n.88
　성서의 역사관 142
　성서의 절대성 285
　성서의 정체성 137
　성육신
　　　계시로서의 성육신 34, 56, 70, 73, 76, 155, 164
　　　대속의 관점 186, 207
　　　삼위일체 교리의 출발점인 성육신 27-28, 34, 56, 58, 86
　　　성육신의 과정 28, 55, 57, 101, 103
　　　성육신의 발전 56, 78, 78.n.60, 103, 121, 319-320
　　　성육신의 정의 54
　　　신화적 개념 59-60, 69-70
　　　신학 53-55, 57-61, 64n.35, 66, 68-69, 71, 77
　성찬 138-139, 149, 155, 210n.219
　성화 235, 268-269, 390, 426
　세계교회협의회 77, 356, 407, 409
　세례 요한 70n.45, 216-217, 216n.222, 266
　세속화 359, 371-372, 376, 406
　세 차원의 연구 306, 306n.55
　소명과 실천 140, 330

　속죄론 172-173, 174n.167, 176-177, 179-180n.178, 195-196, 195n.197, 205-206, 214, 394
　속죄의 범위 190, 191n.192, 194-196, 195n.197, 199, 204-205
　수난이야기(들) 308
　수태고지 61, 64-65, 64n.35
　순환적 반복 139
　순환적 사고 133-135, 137-141, 330
　셰키나(Shekinah) 108
　시간성
　　　비가역성과 비반복성 143
　　　사건과 시간 136
　　　이중 구조 109, 128
　시대정신 66, 293-294, 317-318, 324-325, 327, 348, 375, 377, 396-398, 403, 406, 409, 418-419, 423, 429
　시민종교 342
　신비평 320-321
　신앙과 역사 291-293, 332
　신앙과 이성 291
　신앙의 그리스도와 역사적 예수 39-40, 99, 294-295, 297, 297n.26, 304, 315, 330, 332, 401
　신의 도성 349
　신인협동(설) 153, 193
　신자연협동설 153

신정통주의 32, 237, 294

신조 285, 378

신-중심주의 272

신학과공적이슈센터(에든버러대학교) 353

신-혼합주의 404-405

신화(神化) 101, 150n.148, 228, 228n.240, 230n.245, 235n.256, 310

실증주의적 역사관 141-142, 314

십계명 339

십자가

    십자가 사건 198, 202

    십자가 승리 173

    십자가와 부활 34, 46-48, 112, 206

    십자가의 능력 196

    십자가의 사랑 176

    십자가의 속죄 196-197, 201, 204-205, 243, 439n.181

    십자가의 수난 176

    십자가의 죽음 46, 112, 121, 206, 341, 341n.100

아르미니우스주의 190, 190-191n.192, 193n.196, 194-195, 195n.197, 205

아신신학연구소 356

아이오니오스(aionios, 영원) 200

알파고(인공지능 프로그램) 420

암흑물질 125-126, 126n.119

양성(론) 37, 66, 78, 82, 86-89, 158-160, 163-165, 167, 171, 178n.174, 394

양성 그리스도론 56, 62, 66, 77-78, 87, 159, 319

양식비평 48, 323

양자역학 124-125

언어-사건 72, 302-303

에베소회의 62n.32

에큐메니컬(운동) 64n.35

여러 얼굴의 예수 306-310

여성신학 50, 66, 88, 354-355, 362, 362n.129, 384, 396

역사

    역사의 완싱 107, 223, 330, 376

    역사의 의미 74, 131, 138, 328, 403

    역사의 중심 74, 160-161, 318, 328, 352

    역사적 진술 60

역사비평방법 29, 38, 38n.14, 39-40, 48, 58, 75, 82, 101, 130-131, 180, 294, 311n.78-79, 314, 320, 322, 324, 330-331, 333

역사성 33, 38, 58-60, 82, 95, 97, 128-131, 133, 137-143, 145, 153, 210n.218, 219, 290, 299, 314, 324, 329-330, 332-334, 351

역사와 계시 293

역사와 신앙 295, 304, 315, 331

역사와 신학 59

역사와 자연 106, 132-133, 142, 220

역사의 범주 60, 77, 131-132, 141, 290, 319-320

역사의식 31, 131, 135-137, 141, 143, 293-294, 318, 329, 334, 403

역사-이후(post-history) 290

역사적 사고 31, 131-133, 135-136, 138-141, 274, 290-291, 293-294, 317-318, 327-329, 334, 403

역사적 예수

    공생애 40-41, 72, 72n.46, 85, 132, 155, 183, 216, 244-245, 263, 297, 340, 394, 398

    농민/견유철학자 306-307, 313, 316

    사회적 예언자 307-308

    성전정화 442, 442n.184

    역사적 예수의 개체성 71, 165

    역사적 예수의 독특성 303, 309, 333, 333n.95

    역사적 예수의 선포/가르침/말씀 48, 113-115, 132, 181, 300, 303, 315, 394, 441, 443

    역사적 예수의 탐구사/탐구의 역사 132, 304

    예수의 결단 72, 300-301, 303

예수의 기적 131, 216, 219, 298, 307

예수의 무죄성 58, 61, 65

예수의 신앙 300-303

예수의 행위 299, 301

우주적 그리스도와 역사적 예수 82, 113, 334, 438

유대교와 예수 207n.214

죄인들과 식사 210, 299, 342

출생 이야기의 역사성 58-59

역사적 해방 258-259, 262

역사 책임적 사고 328

연역법 24

영-그리스도론 65, 71, 73, 76, 88, 440

영성 104n.81. 122, 278n.20, 405, 428-429

예수/예수 그리스도

    독특성 34-36, 39-41, 71-73, 75-76, 181, 219, 283, 299, 303, 309, 313, 329

    부활한 몸 78n.60, 166

    비묵시적(비-묵시적) 313

    비유 29, 37, 40, 181, 301, 330

    실존적 역사의 그리스도 296

    역사적 예수와 신앙의 그리스도 39-40, 295, 297, 297n.26, 304, 315, 330, 332, 401

    예수 그리스도의 절대성 69, 273-274, 279-280, 282-285

예수의 선택 의지 267
예수의 신성 24-29, 24n.1, 31-34,
 36-41, 46, 49, 56, 62, 65-67, 77-78,
 86, 88-89, 131, 158-159, 162-163,
 178n.174, 319, 329
예수의 인성 24n.1, 25-27, 31-32,
 37-38, 46, 56, 62, 66-67, 77-78,
 86-89, 158-159, 162-167, 178n.174
윤리적 말씀 243, 248
중심으로서의 예수 그리스도 101,
 160-161, 166, 172, 229n.243, 352
중재자 29, 162, 186
편재 155-156, 165
현재의 그리스도와 역사적 예수 112
예수 그리스도의 보편성 438-444
예수론 37, 40, 46, 332
예수 세미나 39, 305, 311, 311n.78-80
예수의 인간성/인격성 32, 73, 75, 109,
 116-118, 130, 150
예정론 178, 190-194, 197-199, 206, 213,
 229n.243, 230n.245, 235n.256
옛 탐구 295-296, 304, 312, 314-315
오메가 점 100-101, 109n.98, 111, 111n.102
외계 생명체 434, 436-440, 444
외계의 지적 생명체 436
우연성 144
우주의 신성화 101, 148-149

우주의 역사(성) 133, 141-146
우주적 구원관 183
우주적 그리스도 84-85, 334
우주적 그리스도론 50n.27, 71, 78, 78n.60,
 82, 84-85, 88-90, 97-99, 105, 108,
 110-118, 128, 130, 141-142, 145, 147-
 149, 151, 153-155, 159-162, 183, 319,
 334, 440
우주적 그리스도론과 삼위일체론 85-89
우주적 몸/신체 78n.60, 101, 111-112, 118,
 128, 148-149, 154, 156
우주화 109n.98, 148
운명론 206, 425, 427, 429, 431
운명론과 결정론 206, 431
원죄 63, 102-103, 103n.80, 221, 233
원형(archetype) 73, 75, 134-135, 137-139,
 211n.220, 310, 329
위격(hypostasis) 24, 27, 85-86, 101,
 158-159, 162-164, 394
유네스코 276
유대교 55, 70n.45, 153n.151, 207n.214,
 209, 209n.217, 217n.224, 285, 298,
 340-341, 441, 441n.182, 442n.183
유대 전통 267
유물적 과학주의 122
유사과학주의 328, 377, 403, 420, 423
유월절 137, 307

유전설 61, 228, 233
유전자 184, 326, 326n.92, 376, 415-416,
　　421-422, 422n.172, 425-426, 428-430
유전자 결정론 421-422, 422n.172
윤리학 266
은혜
　　그리스도의 은혜 200, 201n.209, 203,
　　　229n.243, 238-239, 239n.264,
　　　240n.268, 241, 266, 268, 284, 428,
　　　431
　　배려하는 은혜 246-247, 249
　　보존의 은혜 238
　　선행적 은혜 193, 426
　　오직 은혜 154, 173, 191, 193, 199, 226,
　　　228-229, 231, 236, 238n.264, 240,
　　　244, 247
　　은혜와 결단 243-247
　　은혜와 구원 193, 207, 249, 251
　　은혜와 선행 236, 236n.258
　　은혜와 인간의 응답성/책임성 196, 226,
　　　237, 239
　　은혜와 인간의 주체성 242, 248-249,
　　　252
　　은혜와 인간의 협력 226, 228, 233-236
　　은혜와 자연 90, 235n.255
　　은혜와 자유의지 226, 229, 231-232
　　작용은혜와 협력은혜 234

하나님의 은혜 43, 91-92, 93n.68,
　　153-154, 175-176, 177n.173, 191,
　　193, 196, 198-199, 202n.209, 203,
　　207, 210, 214, 229, 231, 236, 238,
　　238-239n.264, 240, 242-244,
　　246-249, 251-252, 265, 385
은혜와 계시 116, 230n.245, 237
이성-역사적 사고 132
이슬람/회교 55, 63n.34, 275, 277, 285, 346
이신론(deism) 94, 116
이신칭의(以信稱義) 172, 201n.209, 426
이원론 95, 122, 190
이중예정(론) 198-199, 206
인간의 자유/의지/자유의지 177, 177n.173,
　　178, 188, 193, 197, 213, 227-232, 234,
　　236, 242
인간의 주체성 206, 240-242, 248-249, 252
인간의 책임성 173n.166, 239n.264, 240,
　　247, 267, 351
인간 중심적 사고 84, 167
인공지능(AI) 325, 376, 416, 420-422, 425,
　　428, 430
인과율 125, 125n.117
인본주의적-역사적 그리스도론 50n.27, 88
인식론적 방법 25
일신론 147

자연과 역사 142-143

자연과학 31, 99, 123, 125, 293, 315, 325, 387, 412-414, 416, 417n.167, 418-419, 422-425, 436

자연-순환적 사고 326

자연신학 105, 319-320, 413n.160

자연-우주 77, 78n.60, 89, 132, 159, 319-320

자연-우주의 범주 132, 320

자연-우주적 사고 132

자연의 해방 182-183

자유선택 231

자유의지 227, 229-232, 235-236

자유주의 신학 31-32, 37, 293-294, 314, 329

자율성 131-132, 273-274, 321, 403, 421

저자의 주도권 321

전택설 191-192

절대성

    그리스도의 절대성 273-274, 279-280, 282-285

    성서의 절대성 285

    절대성과 배타성 279, 283

    회교의 절대성 277

접촉점 70, 239-240

정신계 100

정치신학 352n.108, 353, 357, 358n.116, 362

정통실천 42

제2차 바티칸 공의회(1962-65) 382

제3세계 신학 397

제3의 가능성(Tertium non datur) 125

제3의 본성 83, 160, 319, 440

제3의 존재양식 159-162, 167, 184

제3의 탐구 39, 70n.5, 219, 305-306, 309-311, 311n.78, 311n.80, 312, 313-316

제4의 탐구 332-333

제의 134-135, 342

제자도 44, 112-113, 182, 247, 258, 260, 266-267, 283, 331, 426

제한구원 185, 212

제한구원과 만유구원 170, 185, 204-207, 323

존재론적 그리스도론 34, 50n.27, 65, 88, 130, 159

존템플턴재단 94

종교 간 대화 272-273

종교개혁가들 138, 155, 175, 292, 349

종교개혁 시대 292, 347, 349, 408

종교 공동체 342

종교다원주의 68, 76, 272-274, 277, 280, 283-284

종말론 129, 217, 218n.228, 426

죄와 구원 204, 215, 220, 222, 268

죄와 용서 174, 174n.167

죄와 은혜 172, 177
죄의 보편성 195, 228
주관적 화해 197
중생 235, 235n.254, 236n.258, 268-269, 390
지동설 85, 413, 424, 434
지역교회주의 381, 407
지옥 200-205
진화자 그리스도 109, 109n.98, 111, 128

참 인간 56, 61, 67, 77, 158, 174, 240, 351, 440
창조
    계속되는 창조 104-107, 111-112, 128, 137, 140, 429
    두 세계의 창조 186
    만유의 창조 111
    삼위일체 하나님에 의한 창조 154, 187, 207, 339, 378
    삼중적 창조(론) 105, 108-109, 111
    새 창조 105-108, 111-112, 128-129, 151-152, 201, 264, 268
    세계 창조 94
    우주의 창조 94, 102
    원창조 105, 107-109, 111, 128
    창조의 완성 94, 107, 109, 112, 151-152, 182
    창조주(자) 90-92, 94, 116, 152-153n.151, 162, 186-187, 261
    태초의 창조 140
창조론 77, 108-109, 180, 187, 190, 203, 359, 423,
창조물 187, 438-439
창조성 122-124, 145, 425, 429
창조신학 105
창조와 진화 104
창조적 진화(론) 99
천동설 165n.162, 424, 434
초월성 91, 95-96, 142, 154-157, 320, 329
총체적 해방 258-259
최후심판 185, 188, 200-203, 204n.213, 214, 229n.243

카이로스(kairos) 73, 265
카파도키아 교부들 27, 91, 408
칼케돈(회의) 26-29, 43, 47, 49, 56-57, 62, 67, 78, 158, 162-165, 167, 171, 400
케노시스 그리스도론 88
콘스탄티노플(공의회) 163-164, 171

타락 192, 227, 233

탈서구 신학 397
탈역사화 274, 316-318, 327-329, 331-333
탈자유주의 신학 322n.88, 354-355
토착화신학 397
통일/통일함(unification) 98, 101-104, 162, 200
특수성과 보편성 45

편집비평 323
편파적 그리스도 400
평등주의 306, 313
포괄적 그리스도론 99, 394, 399, 401, 404, 409
포스트모더니즘 88, 131, 273-274, 277, 280, 316, 320, 376
포용주의 272, 275, 277, 284
플라톤 사상 188n.188
플레로마(Pleroma) 102
피렌체 공의회 382
피조세계의 완성 67, 161, 382

하나님
    감추어진 하나님 155
    계시의 주체 29
    구원의지 185, 195, 204, 207, 209, 211-212, 214, 244, 245n.272
    무감각한 신 150
    비존재 33, 117
    신-인 연합 158
    역사의 하나님 141
    자발적 상호성 96
    하나님과 인간 사이의 접촉점 70, 239, 240
    하나님의 영광 121
    하나님의 인격성 82, 96-97, 117-118, 121, 247, 334
    하나님의 정의/공의 113, 175, 222, 264, 340
    하나님/신 중심 68, 70, 182
하나님과 우주(의)
    관계 95, 151, 154, 165
    교제방법 126
    상호성/상호내재(성)/상호영향/상호침투 96, 112, 151-154
    일치 147-148
하나님 나라(의)
    미래적 요소 217, 218n.229, 259
    보편성 281
    비유 181, 211
    비전 308
    선포 72, 216, 259, 283, 298, 300-301, 342

실현 107

완성 110-111, 113-114, 137, 140, 146, 263, 330, 334

현재(성)/현재적 요소 218-219, 259, 299

하나님을 낳은 자(theotokos) 62

하나님의 단독사역 193

하나님의 미래 369

하나님의 자유 95, 105, 142, 154-155, 196, 205, 212-213, 249, 329

하나님의 허락 249, 385

하나님의 허용 192

하나님의 형상(imago Dei) 119, 222, 233, 237, 238n.259, 239, 247, 264, 428

학제 간 연구 312

합리성 31, 273-274, 314

합리주의 신학 31, 293

해방

사회적-정치적 해방 258

역사적 해방 258-259, 262

죄로부터의 해방 261

해방신학 32n.5, 42-43, 45, 75, 88, 181-183, 258-262, 261n.6, 323-324, 353-355, 357-358, 358n.116, 362-363, 362n.128, 363n.132, 373, 379, 384, 395-397, 399-400

해방자 예수 181

해석학 24, 29, 32n.5, 42, 44, 243, 297, 297n.26, 301-304, 320, 329, 363, 400, 402

해석학적 나선 43-44, 379

행동신학 45, 88, 180-181, 258, 260, 355, 362-363, 363n.132, 373

행위의 계약 239

현재적 구원 264

혼합주의 404, 407

화해론 173n.165, 196-197, 199, 360

회개

회개의 결단 244, 246, 252

회개의 능력 248-249

회개의 요청 206, 209, 244-245, 249, 426

회개의 응답 245

회개의 임박성 216

회복

만유(의)회복 107, 116, 190, 190n.191, 200, 205

생태계의 회복 222-223, 262, 285

창조의 회복 108

회의주의 320, 406

효율성과 상호성 430-431

후택설 192

흑인신학 353, 355, 362, 363n.130, 384, 395

힘/힘의 장(force/force field) 93, 102, 144

김동건

영남대학교를 졸업하고(B.A.) 장로회신학대학교에서 신학공부를 시작했다.(M. Div.) 영국 에든버러대학교(University of Edinburgh)에서 석사과정을 마쳤고(Th. M.), 에든버러대학교에서 현대 그리스도론으로 박사학위를 받았다.(Ph.D.) 현재 영남신학대학교에서 교수로 재직 중이다.

그는 그리스도론, 현대신학, 교회론, 신학의 미래, 신앙과 역사, 성령론 등에 관심을 가지고 있다. 또한 역사 속에서 신학과 교회의 역할이 무엇인지에 대해 고심하며, 한국교회를 새롭게 할 대안 제시를 평생의 과제로 여긴다. 특히 좋은 제자를 양성해 하나님의 나라를 위해 기여하는 것이 그의 꿈이다. 지금은 아신신학연구소(http://astsi.org)를 중심으로 '성경 중심', '예언자적 정신', '개혁신학'이라는 세 가지 지표를 가지고 새로운 신학운동을 전개하고 있다.

짓거나 펴낸 책으로는 『그리스도는 누구인가?: 시대가 묻고 신학이 답하다』, 『그리스도론의 역사: 고대 교부에서 현대 신학자까지』, 『예수: 선포와 독특성』, 『김동건의 신학이야기: 모든 사람에게』, 『현대인을 위한 신학강의: 12개의 주제』, 『현대신학의 흐름: 계시와 응답』(I), 『신학이 있는 묵상』 시리즈, 『빛, 색깔, 공기: 우리가 죽음을 대할 때』, *Jesus: From Bultmann to the Third World*, 『신학이란 무엇인가』, 『21세기 신학의 과제』, 『신학의 전망: 21세기를 맞으며』, 『루터를 생각하며: 루터와 시대정신』 등이 있고, 옮긴 책으로는 『신학과 정치』, 『자연신학』, 『복음서와 예수』, 『이사야』 등이 있다.